Albrecht G. Schaefer

KulturSchock Philippinen

001kp-ags

AF638642

Wenn du bei Beginn einer Reise aus dem Haus trittst und einen Gecko hinter dir rufen hörst, dann wirst du eine glückliche Reise haben.
(Aus der Provinz Quezon)

Impressum

Albrecht G. Schaefer
KulturSchock Philippinen

erschienen im
Reise Know-How Verlag Peter Rump GmbH
Osnabrücker Str. 79
33649 Bielefeld

1. Auflage 2017

Gestaltung
Umschlag: G. Pawlak
Inhalt: amundo media GmbH
Fotos: siehe Fotonachweis Seite 9

Lektorat: amundo media GmbH

Druck und Bindung:
D3 Druckhaus GmbH, Hainburg

ISBN 978-3-8317-2664-6
Printed in Germany

Dieses Buch ist erhältlich in jeder Buchhandlung Deutschlands, der Schweiz, Österreichs, Belgiens und der Niederlande.
Bitte informieren Sie Ihren Buchhändler über folgende Bezugsadressen:

Deutschland
Prolit GmbH, Postfach 9, D-35461 Fernwald (Annerod) sowie alle Barsortimente

Schweiz
AVA Verlagsauslieferung AG
Postfach 27, CH-8910 Affoltern

Österreich
Mohr Morawa Buchvertrieb GmbH
Sulzengasse 2, A-1230 Wien

Niederlande, Belgien
Willems Adventure, www.willemsadventure.nl

Wer im Buchhandel trotzdem kein Glück hat, bekommt unsere Bücher auch über unseren
Büchershop im Internet: www.reise-know-how.de

002kp-ags

Wir freuen uns über Kritik, Kommentare und Verbesserungsvorschläge, gern auch per E-Mail an info@reise-know-how.de.

Alle Informationen in diesem Buch sind vom Autor mit größter Sorgfalt gesammelt und vom Lektorat des Verlages gewissenhaft bearbeitet und überprüft worden.

Da inhaltliche und sachliche Fehler nicht ausgeschlossen werden können, erklärt der Verlag, dass alle Angaben im Sinne der Produkthaftung ohne Garantie erfolgen und dass Verlag wie Autor keinerlei Verantwortung und Haftung für inhaltliche und sachliche Fehler übernehmen.

Die Nennung von Firmen und ihren Produkten und ihre Reihenfolge sind als Beispiel ohne Wertung gegenüber anderen anzusehen. Qualitäts- und Quantitätsangaben sind rein subjektive Einschätzungen des Autors und dienen keinesfalls der Bewerbung von Firmen oder Produkten.

Albrecht G. Schaefer

KULTURSCHOCK PHILIPPINEN

Vorwort

Eine Welt aus Wasser und Land, insgesamt 300.000 Quadratkilometer groß und von über 100 Millionen Menschen bevölkert, bietet eine kaum vorstellbare Vielfalt an Landschaftseindrücken. Nicht weniger abwechslungsreich ist das kulturelle Spektrum, das den Besucher erwartet. Die Philippinen waren nicht nur seit Jahrtausenden Ziel und Ausgangsbasis für Wanderungsbewegungen im südostasiatischen und pazifischen Raum, sondern auch Objekt der Begierde für europäische Seefahrer, was eine über drei Jahrhunderte währende Herrschaft der Spanier begründete und damit die am längsten währende Kolonialzeit, die ein Land je zu erdulden hatte. Die neuere Geschichte des südostasiatischen Staates, in dessen Landesnamen weiterhin der spanische König Philipp seinen Platz behauptet, brachte anschließend, unterbrochen durch die japanische Besatzung während des Zweiten Weltkrieges, eine erneute koloniale Abhängigkeit: 50 Jahre lang fühlten sich die USA berufen, die philippinischen Menschen auf den „rechten Weg der modernen Zivilisation zu geleiten".

Entsprechend vielschichtig zeigt sich die Lebensart, die den Fremden in dem aus 7107 Inseln bestehenden Archipel erwartet. Die Philippinen sind kein Ziel des Massentourismus, auch wenn es zu bestimmten Jahreszeiten mancherorts danach aussehen mag. Hierzulande haben nur wenige Veranstalter das Inselreich im Angebot. Die sich wiederholenden Naturkatastrophen, die darauf folgenden Negativschlagzeilen, aber auch die vermeintlich größere „Exotik" anderer Länder der Region Südostasien mögen Gründe dafür sein. Umso mehr liegt der Reiz für Philippinenreisende im Entdecken und Erkennen der eigenständigen Kultur, deren augenfälligstes Merkmal paradoxerweise darin liegt, dass sie sich in vier Jahrhunderten Kolonialgeschichte eine westliche Fassade zugelegt hat. Eben diese ruft bei Fremden zunächst Verwunderung, manchmal Verwirrung hervor. Hinter sie zu blicken, ist aber auch die Herausforderung, für die der Autor dieses Buches, zusammen mit den hoffentlich zahlreichen zwischenmenschlichen Begegnungen unterwegs, den Reisenden Anreize geben möchte. Denn die westlich-moderne Attitüde vieler Filipinos und deren freundliche Toleranz auch dem Fehlverhalten anderer gegenüber, mag Ausländer aus Europa, Amerika oder Australien dazu verleiten, den eigenen kulturellen Hintergrund, die vertraute Gefühlswelt auf die besuchten Menschen zu übertragen, zu erwarten, dass diese direkt verstanden wird.

„Filipino" ist nicht nur der Name der nationalen Sprache, sondern auch die Nationalitätsbezeichnung und wird im nachfolgenden Text i. d. R. als „gemeinsamer Nenner" für alle Bewohner – männliche wie weibliche – verwendet. Den zu erwartenden Erfahrungen der meisten Leser angepasst, stellt das Buch insbesondere Eigenheiten der „Tiefland-Filipinos" vor und hinterfragt sie. Einige Kapitel beschäftigen sich darüber hinaus mit indigenen Bevölkerungsgruppen.

Auch wenn vieles, erleichtert durch die landesweit recht gut kommunizierbare englische Sprache, vertraut erscheinen mag, gibt es jede Menge lokaltypischer Kulturfacetten. Dabei zu helfen, sie auszumachen, zu verstehen und sich ihnen entsprechend zu nähern, ist ein wichtiges Anliegen des „KulturSchock Philippinen". So gelingt es hoffentlich, Berührungsängste abzubauen und den global dringend benötigten „sanften" Tourismus – namentlich durch Geduld, Höflichkeit, Toleranz und Zurückschrauben eigener Ansprüche sowie Wertmaßstäbe anzustoßen. Sicher wird die Bereitschaft, sich mit den kulturellen Eigenarten anzufreunden, mit der Länge des Aufenthaltes im Gastland steigen. Doch auch die Besucher, die nur ein paar Wochen in den Philippinen reisen oder arbeiten, sind eingeladen, sich dem Kulturschock zu stellen. Es ist ein echtes Abenteuer, weil es anregt, auch die eigenen Normen und ethischen Grundlagen, Essgewohnheiten und Gesten zu hinterfragen. Wer wagt gewinnt!

Zur Entstehung des Buches: Einige Recherchen und eigene Erlebnisse des Autors fielen in die Zeit während des Übergangs zwischen zwei Regierungen, von denen die aktuelle vieles besser und anders machen will, auf teilweise sehr drastische Weise. Nicht auf alle dieser angekündigten und teilweise schon umgesetzten Neuerungen kann an dieser Stelle genauer eingegangen werden. Nichtsdestotrotz empfehle ich Philippinenreisenden das aktuelle Tagesgeschehen, gerade vor dem Hintergrund der derzeitigen Entwicklungen im Land, in den Medien zu verfolgen.

Ich wünsche Ihnen eine kurzweilige Lektüre!
Albrecht G. Schaefer

Dank

In dankbarer Erinnerung an *Estelita Sevillo „Esteling"*, die selbst an materiellen Gütern nie viel besaß und doch so viel geben konnte – an Verständnis und Menschlichkeit.

Extrainfos im Buch
ergänzen den Text um anschauliche Zusatzmaterialien, die vom Autor aus der Fülle der Internet-Quellen ausgewählt wurden. Sie können bequem über unsere spezielle Internetseite **www.reise-know-how.de/kulturschock/philippinen17** durch Eingabe der jeweiligen Extrainfo-Nummer (z. B. „#1") aufgerufen werden.

Inhalt

Der Alltag 243

Als Fremder im Kulturkreis 301

Anhang 341

Exkurse zwischendurch

Fotonachweis

Soweit der Fotograf nicht direkt am Bild vermerkt ist, stehen die Kürzel an den Abbildungen für folgende Personen, Firmen und Einrichtungen. Wir bedanken uns für ihre freundliche Abdruckgenehmigung.

ags *Albrecht G. Schaefer*
mlp *Maria-Lourdes Perlas-Schaefer*

Umschlagbilder und Buchrücken: Albrecht G. Schaefer

SMART

Verhaltenstipps von A bis Z

[<] Neugierige Blicke wie hier in einem Vorort von Legazpi City sind Reisenden gewiss (003kp Foto: ags)

- **Aberglaube:** Unter modernen, westlich-christlich erzogenen Filipinos scheinen metaphysische Erscheinungen wie nächtliche Geister oder die Wirksamkeit von Amuletten und Zeichen höchstens mit einem Lächeln registrierte Phänomene zu sein, die sie eigentlich nicht betreffen. Doch wie so vieles im Verhalten der Menschen ist diese Reaktion oberflächlich. Immer noch werden Kinder mit der Warnung vor blutsaugenden *aswang* (s. S. 108) am Abend ins Haus gerufen, auch Hochschulabsolventinnen erscheint manchmal in der Nacht eine *white lady* (s. S. 106) und oft genug denkt mancher sich versehentlich auf die Lippe beißende Politiker ernsthaft darüber nach, wer gerade wohl schlecht über ihn spricht. Wenn ein Löffel während der Mahlzeit zu Boden fällt und tatsächlich ein weiblicher Gast auftaucht, freut man sich, dass die Sprüche der Großeltern doch nicht ganz von gestern sind. Alte Bräuche und mit Traditionen eng verknüpfte Aktivitäten wie der Hausbau, die Aussaat und Ernte, die Beschneidung, der erste Haarschnitt oder der Hahnenkampf gehen auch in den Philippinen des dritten Jahrtausends immer noch einher mit Ritualen und Prozeduren, die wir „abergläubisch" nennen würden. Auf dem Land und besonders bei verschiedenen ethnischen Gruppen ist sehr oft keine klare Unterscheidung zwischen Aberglaube und Glaube an die Mächte der Natur und der Vorfahren zu treffen (siehe auch das Kapitel „Glaube und Aberglaube" ab Seite 106, insbesondere „Von Blutsaugern, Hexern und Heilern" ab Seite 108).
- **Ahnenverehrung:** Indigene Filipinos identifizieren sich eindeutig mit ihrer genealogischen Herkunft, d. h. die Ahnen, die ihnen Land, Kultur und Religion hinterlassen haben, verlangen unaufhörlich nach Respekt und Achtung. Prominent sind die Bergvölker im Norden von Luzon, wo allein beim Anblick der seit Jahrtausenden bestehenden Reisterrassen jeder Besucher den Einfluss spürt, den die frühen Filipinos auf ihre Nachfahren ausüben. Zuweilen lernen Fremde dabei auch, wie sehr Konflikte zwischen Ahnenverehrung und modernen, bürokratischen und auf ökonomische Erfolge abzielenden Interessen die Gesellschaft spalten. Themen wie Landraub, Abholzung, Vertreibung durch Minengesellschaften oder Staudammprojekte haben leider auch in den postkolonialen Philippinen Tradition. Darauf geht u. a. das Kapitel „Fremde im eigenen Land – ethnische Minderheiten" ab Seite 171 mit den Unterkapiteln „Die ersten Filipinos auf den hinteren Plätzen" ab Seite 173 sowie „Im Fadenkreuz der Mächtigen" ab Seite 176 ein. Auch die sogenannten „Tiefland-Filipinos", eine andere Bezeichnung für die modernen, mehrheitlich christianisierten Bewohner der Inseln, halten ihre durch die Kolonialgeschichte zuweilen sehr gemischte Abstam-

mungsgeschichte in Ehren. Das drückt sich z. B. in großen Familienzusammenkünften, der Pflege der Familiengrabstätten, dem gemeinhin zu verteidigenden Landbesitz aus und in der traditionell oral vermittelten Historie der Vorfahren, die oft bis zum Beginn der spanischen Kolonisation oder noch weiter zurückreichend erzählt werden kann.

- **AIDS:** Mehr als zuvor stellt die seit 1984 im Land festgestellte, global präsente Krankheit in den Philippinen ein sehr ernstes Problem dar. Nachdem die neue Bedrohung unter der Marcos-Diktatur kaum ernst genommen wurde, gehen seit den 1990er-Jahren staatliche Institutionen, kirchliche und gesellschaftliche Gruppen mit offensiven Aufklärungskampagnen an die Öffentlichkeit. Die weite Verbreitung von Prostitution vor allem in urbanen und touristischen Zentren sowie in Hafenstädten liefert eine schwierig zu kontrollierende Ansteckungsbasis. Als der philippinische Kongress noch zu Regierungszeiten von *„Noynoy" Aquino* auf Druck der katholischen Kirche – zumindest mit ihrer wohlwollenden Zustimmung – den kostenlosen Zugang zu Verhütungsmitteln wie Kondomen stoppte, stieg die Zahl der Neuinfizierten besonders in den armen Bevölkerungsteilen sprunghaft wieder an. Der Anstieg der Infizierten unter Jugendlichen bereitet nun auch dem Gesundheitsministerium der Duterte-Regierung Sorge. Dieses plant, ab 2017 Kondome in Schulen gratis zu verteilen. 2016 warnten UN, staatliche wie private Gesundheitsinstitutionen und Experten bereits vor einer schweren HIV-Krise im Land. Von 1984 bis Oktober 2016 wurden insgesamt rund 38.000 HIV-Infektionen registriert, darunter allein zwischen 2011 und 2016 über 10.000 Fälle in der Altersgruppe der 15- bis 24-Jährigen. Vor allem unter jungen Männern ist der Anteil an Neuinfizierten auffallend hoch: Von den rund 22.800 HIV-Fällen im Zeitraum von 2010 bis 2015 machten Männer 95 % aus. Das soll die Gefahr im Kontakt zwischen heterosexuellen Sexualpartnern nicht verharmlosen, Vorsicht und Vorsorge sind auf jeden Fall dringend geboten.
- **Alkohol:** Das Angebot ist groß und für fremde Besucher teilweise exotisch und verlockend. Die fröhliche Runde beim einheimischen Bier, der Sonnenuntergang über dem südchinesischen Meer oder der Visayas-See mit dem unvermeidbaren „Sundowner" in der Hand, bei einer Fiesta mit lokalem Rum mal so richtig einen draufmachen, das sind Situationen, die Touristen und auf den Inseln lebende Ausländer ausgiebig erfahren können. Abgesehen von der weitverbreiteten Alkoholsucht im Land, die in allen Gesellschaftsschichten – bei Frauen, aber mehrheitlich unter Männern – zu finden ist, spielen hochprozentige Destillate aus Reis, Palmensaft und Zuckerrohr auch bei ethnischen Gruppen eine rituelle Rolle. Vorsicht ist ratsam, wenn es in einer trink-

freudigen Gruppe allzu laut zugeht und Aggressivität spürbar wird. Bei Einladungen zum Umtrunk mit Unbekannten sollte dem Fremden stets bewusst sein, dass in den Getränken nicht nur alkoholische, sondern vielleicht betäubende Zutaten enthalten sein können (siehe auch die Kapitel „Schlagzeilen aus dem ‚wilden Osten' – die Sicherheitslage" ab Seite 332 und „Flüssige und rauchende Laster" ab Seite 248).

- **Amulette, Schutzgeister:** Ein Kruzifix oder ein Miniatur-Reisgott an der Halskette, beide Symbole sollen ihren Träger schützen, ihm Glück bringen, sei es beim Examen, beim Hahnenkampf oder in der Hoffnung auf eine gute Ernte. Amulette und Talismane wirken bei indigenen Gruppen authentisch und sind deswegen begehrte Mitbringsel, die – wer weiß – einem selbst sogar Schutz spenden werden. Fromme katholische Filipinos schwören auf Kreuz und Rosenkranz, philippinische Muslime schöpfen Kraft aus der kunstvoll gearbeiteten Darstellung des legendären Wundervogels *Sarimanok*. Die Igorot, Bontoc und andere Bergvölker von Nordluzon vertrauen *Bulul*, dem Schutzgott der Reispflanze – alles eine Frage von Glaube und Überzeugung. Gleichwohl boomt der Markt mit derlei „Ethno Art", wie man beispielsweise rund um die weltberühmten Reisterrassen von Banaue und Bontoc, im Bergstädtchen Sagada, in Zamboanga an der Sulusee oder anhand der Kunst der Batak auf Palawan sehen kann. Solange diese „indigenen" Souvenirs als lokale Produkte und nicht als Chinaimporte angeboten werden, haftet dem Geschäft mit dem Übersinnlichen wenigstens etwas von philippinischer Originalität an.

060kp-ags

- **Anrede:** „Sir" und „Ma'am" hören ausländische Besucher von freundlichen Filipinos sehr oft, nicht selten auch das philippinische, für beide Geschlechter zutreffende Pendant *„pò"*, das in jedem höflich formulierten Satz Anwendung findet. Das weltweit zunehmend lokale Grußformeln ersetzende „Hallo" bzw. „Hello" ist auf den Inseln auch in die Alltagssprache eingegangen und hat mancherorts das aus der amerikanischen Kolonialzeit stammende „Hey Joe" (angewendet für weiße Mitmenschen beider Geschlechter) verdrängt. Wer diesen „Hello"-Trend nicht immer und überall mitmachen will, sollte sich ein kleines Repertoire an Filipino- und regionalen Grußformeln zulegen. Damit erntet er auf jeden Fall Sympathie und noch mehr Freundlichkeit. Gerade beim Kontakt mit Angehörigen der indigenen Gruppen, in denen man Englisch als Lingua franca der Nationalsprache häufig vorzieht, kommen die lokalen Grüße immer gut an. Als praktische Sprachführer empfehlen sich die Bände „Tagalog" und/oder „Cebuano" der Reihe „Kauderwelsch" aus dem REISE KNOW-HOW Verlag (auch als Audioausgaben verfügbar).
- **Ansehen, Gesicht wahren:** Darum dreht sich alles – in der zwischenmenschlichen Kommunikation, im eigenen sozialen Verhalten und in der Wahrnehmung des Verhaltens der anderen. Das Bestreben, das eigene Gesicht stets zu wahren, soll unbedingt dem Ansehen der Familie nützen (siehe auch die Kapitel „‚Hiya' – Selbstachtung, Schande, Scham – was denn nun?" ab Seite 117 und „‚May mukha' – Gesicht haben, ehrenhalber" ab Seite 119). Umso unangenehmer fällt es auf den Einzelnen zurück, wenn er durch sein Fehlverhalten der Reputation der Familie schadet. Für den Fremden empfiehlt es sich nachdrücklich, dieser Mentalität Rechnung zu tragen, auch wenn das äußerlich westlich und aufgeschlossen wirkende Verhalten vieler Filipinos dazu verleiten kann, ihre Reaktionen nach eigenen Normen und Wertemustern einzustufen.
- **Ansprechen:** Vielen ausländischen Besuchern geht es zwar irgendwann auf die Nerven, doch das Ansprechen, die Fragen nach dem Namen, dem Familienstand, den Kindern, der Herkunft etc. ist für Filipinos in erster Linie ein Resultat guter Erziehung und ein Gebot der Höflichkeit. Damit soll dem Fremden gezeigt werden, dass er wahrgenommen und ihm notfalls geholfen wird. Zudem sollen die erhofften Antworten sicherlich auch die Neugier stillen. Damit haben viele Westler, die einen eher von Anonymität und Distanz gekennzeichneten so-

‹ Der Beistand des Jesuskinds stärkt das Selbstvertrauen des jungen Steuermanns

zialen Umgang mit Fremden gewohnt sind, oft Schwierigkeiten. Der gute Rat in solchen Situationen: Lassen Sie ein paar der Fragen über sich ergehen, antworten Sie mit Geduld und Höflichkeit und vergessen Sie das Lächeln nicht. Dann, vorausgesetzt, Sie haben Zeit und wollen sich „revanchieren", drehen Sie die Situation um und fragen ebenso lächelnd und höflich den philippinischen „Interviewer" nach seinen „Eckdaten". Sie werden staunen, dass Sie in den meisten Fällen lehrreiche Informationen zum Alltagsleben erhalten (siehe auch die Abschnitte „Wohin, woher Fremder? Ich bin hier!" und „Die höfliche Hand" ab Seite 308). Zu den möglicherweise schlechten Absichten von allzu neugierigen Gesprächspartnern siehe das Kapitel „Schlagzeilen aus dem ‚wilden Osten' – die Sicherheitslage" ab Seite 332.

- **Armut und Bettler:** Wer sich nach Ankunft an einem internationalen Flug- bzw. in einem Seehafen gleich zu einem exklusiven Strandresort fliegen, mit Privatfahrer in ein Fünf-Sterne-Hotel chauffieren lässt oder einen der Kreuzfahrt angepassten Ausflug gebucht hat, wird von Bettlern und auch von durch Armut geprägten Stadtvierteln zunächst wenig, vielleicht sogar gar nichts wahrnehmen. Andere Besucher empfinden die auf den von Wolkenkratzern gesäumten Straßen schlafenden, im Müll nach Essen und verwertbaren Wohlstandsresten suchenden, in Kartonverschlägen oder auf Friedhöfen hausenden Menschen zweifellos als Kulturschock. Bettelnde Straßenkinder können unbestritten lästig werden, zumal sie sehr früh in Kontakt mit Kriminalität wie Taschendiebstahl, Betrügereien, Prostitution und Drogenabhängigkeit kommen. Die Bekämpfung der Armut findet sich in jedem Aktionsplan der sich abwechselnden Regierungen wieder, schließlich sind auch die Ärmsten der Armen wahlberechtigt und schenken in ihrer Existenzangst den Versprechen der Wohlhabenden immer wieder aufs Neue Glauben. Naturkatastrophen und Vertreibung aus aufgrund ihrer Bodenschätze interessant gewordenen Gebieten und allgemeine Landflucht mehren die Massen der Armen unaufhörlich (siehe auch die Kapitel „Die Schere klafft" ab Seite 166 und „Einkommensverhältnisse und Sozialsysteme" ab Seite 169). Vor jeder Kirche, insbesondere wenn Gottesdienste abgehalten werden, kauern Arme und Behinderte, oft ältere Leute, die die Hände nach Almosen ausstrecken. An Straßenkreuzungen vor Ampeln warten bettelnde Kinder und Erwachsene auf aus dem Fenster gereichte Münzen, zuweilen bieten Jungs an, die Windschutzscheibe gegen einen Obolus zu reinigen. Die Gelegenheiten, milde Gaben zu geben oder zu verweigern, sind vielfältig. Manch ein Reisender lehnt es ab, bettelnden Kindern etwas zukommen zu lassen, da sie, so vermutet man nicht immer unberechtigt, von den Eltern zum Betteln geschickt würden. Andere verteilen Lebensmittel an Straßenkinder. Es ist schwer und an dieser Stelle kaum gerechtfertigt, verlässliche Faustregeln im Umgang mit Armen und Bettlern zu verfassen. Wer sein Gewissen ab und zu beruhigen will, sollte sich beim Geben vor allem um die Alten, Gebrechlichen und Behinderten, die kaum zu einer „anständigen" Arbeit in der Lage sind, kümmern. Wer objektiv unterscheiden kann, ob die Frau mit dem Kind auf dem Arm zu den „Profis" gehört oder wirklich in großer Not ist, wird seinem gesunden Menschenverstand entsprechend handeln. Andere mögen sich in guter Absicht vor oder nach einer Reise in die Philippinen erkundigen, wo und welche Hilfsorganisationen sich um die Armen, auch um Kinder kümmern, und dort einen Beitrag leisten wollen.

- **Ausländer/Touristen (generelles Verhältnis, Ansehen):** Dem seit vielen Jahrhunderten bestehenden, wenn auch nicht immer freiwilligen Kontakt mit Menschen aus anderen Teilen der Welt ist es geschuldet, dass Ausländer i. d. R. freundlich aufgenommen werden (siehe u. a. das Kapitel „Inseln der Hoffnung – Einwanderungs- und Fremdenproblematik" ab Seite 185). Auch der hohe Anteil an im Ausland lebenden Filipinos begünstigt eine generell hohe Akzeptanz von Fremden im eigenen Land. In fast jeder Familie gibt es jemanden, der in anderen Staaten Geld verdient und hin und wieder Produkte oder Ideen mitbringt. Das bedeutet allerdings nicht, dass die Kenntnisse über dortige Lebensumstände immer der Realität entsprechen. Generell gelten Ausländer als reich, schon allein deswegen, weil sie sich die weite Reise und die für die Mehrheit der Filipinos im Land unerschwinglichen Aufenthalte leisten können. Das gilt genauso für sogenannte Backpacker-Touristen, die allzu gerne aufgrund ihres eher lässigen Habitus meinen, sich dem einfachen Lebensstil der Filipinos besser annähern zu können. Nachlässige Kleidung und geiziges Verhalten kommen allerdings bei den Bewohnern der Philippinen gar nicht gut an und leicht resultiert die verächtliche Reaktion auf einzelne Touristen in der Pauschalierung einer ganzen Nationalität. Ähnlich verallgemeinernd, idealisierend stuft man die in den reichen Industriestaaten hergestellten Waren, Kleider und Geräte ein, die seit Kolonialzeiten als schlichtweg besser gelten und allzu gerne als Statussymbole genutzt werden. Wer mit Ausländern in näheren Kontakt kommt, wie Angestellte in der Fremdenverkehrswirtschaft, Firmenkollegen etc., kann sicher zwischen den einzelnen Nationalitäten und deren typischen Eigenschaften unterscheiden. Gelegentlich spielen Ressentiments eine Rolle, die sich ähnlich wie bei uns Europäern aus Erfahrungen beispielsweise aus der kriegreichen Vergangenheit begründen, die aber auch nach Jahrzehnten immer noch Vorurteile nähren (siehe das Kapitel „Das Bild von Touristen und von Deutschen“ ab Seite 302). Touristen sind pauschal Menschen, die Geld ins Land und möglichst direkt zu ihren Gastgebern, Bootsleuten, Jeepneyfahrern etc. bringen und sich hier und da ein Fehlverhalten erlauben dürfen. Überheblichkeit, Arroganz, beleidigende, herrische Attitüden quittieren Filipinos verständlicherweise mit zunächst stillem, „heruntergeschlucktem“ Ärger, der sich eventuell bei wiederholter Erniedrigung auch aggressiv Luft machen kann.

- **Baden/Nacktbaden:** Im katholischsten Land Asiens überrascht es nicht, dass es am Strand und beim Baden in Pool, See oder Fluss zuweilen recht konservativ, ja geradezu prüde zugeht. Zumindest kommt es uns Westlern so vor, wenn Frauen in T-Shirt und Shorts auf und ins erfrischende Nass eintauchen. Oder unter dem Schutz eines langen Handtuchs oder Sarongs bis an den Rand des Wassers gehen, um nur nicht zu viel ihres Körpers zu zeigen. Häufig erklärt man diese Gewohnheit auch mit der Scheu vor Sonnenlicht, das die Haut dunkeln lässt. Philippinische Männer sind da schon freizügiger in Badehose oder mangels dieser in Unterhose zu sehen. Ausländer, vor allem solche, die knappe Badekleidung gewohnt sind, finden die „zugeknöpfte“ Bademode philippinischer Frauen und heranwachsender Mädchen manchmal belustigend. Denen, die zu Hause oder in anderen Urlaubsländern der Freikörperkultur frönen, mag es schwerfallen, sich dem allgemeinen Nacktbadeverbot auf den philippinischen Inseln zu unterwerfen. Teilweise erscheint es höchst paradox, dass in einem Land, das immer noch als Mekka für Sextouristen gilt und wo in zahllosen Bars spärlich bekleidete Frauen an der Stange tanzen, diese eingeschränkte Badekleiderordnung herrscht. In der Regel hat niemand etwas gegen die Bikinis und knapp sitzenden Badehosen von Touristen einzuwenden, auch sich modern verhaltende Filipinos und Filipinas folgen in der Hinsicht häufig den westlichen Vorbildern. Und wenn eine Ausländerin beim Sonnenbaden am Strand den Oberkörper entblößt, wird auch nicht gleich die Sittenpolizei gerufen. Allerdings darf man sich nicht wundern, wenn sich bald kichernde Kinder und gaffende Männer in der Nähe aufhalten wollen. Die Betreiber mancher Beach Resorts genehmigen übrigens, sozusagen in Eigenverantwortung, an abgeschirmten Strandnischen das textilfreie Baden.
- **Begrüßung/Verabschiedung:** Sich per Handschlag zu begrüßen ist üblich, aber nicht zwingend.

  Männer sollten einer ihnen zunächst unbekannten Frau nicht sofort die Hand reichen. Wenn die Frau von sich aus die Handbegrüßung einleitet, ist es natürlich höflich, diese mit der eigenen rechten Hand zu erwidern. Manch ein Filipino will dem Westler imponieren, indem er beim Handschlag Druck ausübt. Doch landestypisch ist eher eine kurze, spürbare, aber nicht feste Berührung. Umarmungen zur Begrüßung und Verabschiedung sind auch unter guten Freunden und Verwandten in den Philippinen seltener als bei uns. So sollte der Fremde dieses gewohnte Ritual nicht unbedingt an den Mann oder die Frau bringen wollen. Küsschen links und rechts auf die Wangen werden nur sparsam verteilt, unter Männern allerdings gar nicht, zwischen Erwachsenen und kleinen Kindern schon eher. Für Kinder wird es manchmal zur ungeliebten Mutprobe (die eigene Kindheit lässt grüßen), wenn die älteren Verwandten sie auffordern, dem fremden Besucher ein Küsschen aufzudrücken und sich eins abzuholen. Da ist die gute alte Sitte, den rechten Handrücken des höher stehenden Erwachsenen – und diesen Rang kann ein ausländischer, einigermaßen vertrauter Besucher ebenfalls erlangen – an die eigene Stirn zu legen, vielen Kindern angenehmer. Generell lächeln die Menschen zur Begrüßung und zum Abschied. Tränen der Freude oder der Betrübtheit fließen, wie am Flughafen häufig zu sehen ist, auch schon mal in Strömen. Für weitere Details hierzu siehe auch das Kapitel „Begegnungen, Begrüßungen, Verabschiedung" ab Seite 307.

- **Bekleidung:** Schuluniformen, adrett, sogar richtig fein gekleidete Kirchgänger aller Altersstufen, sauber gekleidetes Personal ... allerorten fällt auf, wie viel Wert Filipinos auf ein attraktives Äußeres legen. Selbst die Armen halten stets gewaschene und gebügelte Kleidung unter ihren wenigen Habseligkeiten bereit, falls sie mal für einen Behördengang, eine Geburtstags- oder Trauerfeier gebraucht wird. Andererseits wirkt es auf uns etwas befremdlich, wenn Männer gerne ihr Hemd oder Shirt bis zu den Brustwarzen hochkrempeln und ihren oft dicken, nackten Bauch zwecks Abkühlung zur Schau tragen. Komisch muten mitunter auch die eigentlich feschen Uniformen von Polizisten an, wenn sie sich über die von viel Bier und Schweinefleisch aufgeblähten Bäuche ihrer Träger spannen. Doch unangenehm bis peinlich ist manchmal auch die Kleidung von Touristen, die meinen, weil sie in einem warm temperierten Land unterwegs sind, im vermeintlich coolen Schlabberhosen-, Fransen- oder Hippielook mit Badelatschen oder womöglich ganz asketisch barfuß, in verschwitzten Hemden, ohne BH und in superknappen Shorts auftreten zu müssen. Geradezu unhygienisch wirkt es, wenn sich aufgekratzte Mückenstiche entzündet haben und diese den Mitmenschen im Jeepney oder im Restaurant an nackten Füßen, Beinen oder Armen präsentiert werden. Niemand wird sie deswegen kritisieren oder anfeinden, doch die befremdeten Gefühle der Filipinos lassen sich oft am stummen, eingefrorenen Lächeln ablesen. Begibt sich ein Westler allerdings in derart lässiger und provozierender Weise gekleidet auf einen Behördengang, z. B. zur Einwanderungsbehörde, um das Visum verlängern zu lassen, wird er die Ablehnung sehr bald spüren und manchmal auch eine Mahnung hören. Dass ein Restaurant nicht mit nacktem Oberkörper und sakrale Orte wie Kirchen, Gebetsstätten, Friedhöfe etc. in dezenter Kleidung besucht werden sollen, muss hier nicht explizit erwähnt werden. Oder doch? Manch ein Globetrotter hängt vielleicht heute noch dem naiven Trugschluss an, dass seine einfache Kleidung ihn den Menschen auf der Straße näherbringen und ihn vor Betrug schützen würde ...

- **Beleidigungen:** Beiträge von Philippinenkennern und Leuten, die sich dafür halten, geben in Internetforen Kenntnis davon, dass auch Reisende auf den Inseln hin und wieder von Beleidigungen und Beschimpfungen durch Einheimische berichten. Doch es dürften ganz sicher Ausnahmen sein, denn jemanden zu beleidigen, bedeutet gemäß guter philippinischer Erziehung einen gehörigen Gesichtsverlust und der schadet dem Beleidigenden oft mehr als dem Beleidigten. Andererseits liefert das derzeitige Staatsoberhaupt wiederholt den Gegenbeweis: Seine Schimpftiraden und rüpelhaften Kommentare, die weder den Papst noch ausländische Politiker aussparen, scheinen ihm sogar Sympathisanten im eigenen Land einzubringen. Doch sollte diese in der Tat kuriose Auslegung von Diplomatensprache nicht auf den Umgang im Alltag übertragen werden. Im Band „Tagalog/Filipino“ der Kauderwelsch-Reihe aus dem Reise Know-How Verlag zitieren die Autoren ein paar deftige Schimpfworte für den Fall der Fälle, den es aber zu vermeiden gilt! Denn eine, wenn auch unachtsam geäußerte Beleidigung z. B. in einer alkoholisierten Gruppe kann blitzschnell in blutige und im schlimmsten Fall sogar tödliche Streiterei ausarten.
- **Berührungen/Körperkontakt:** Enger Körperkontakt mit völlig Fremden scheint Filipinos wenig auszumachen; das kann man täglich in vollbesetzten Bussen, Jeepneys und Tricycles beobachten. Dass mehrere Personen zusammen in einem Bett schlafen, ist ebenfalls normal und ausdrücklich erwünscht. Ältere Geschwister tragen kleinere Brüder und Schwestern oft stundenlang herum, von klein auf spüren Menschen die körperliche Nähe zu anderen. Dennoch sind physische Demons-

▷ Das Kreuz über dem Dalton-Pass erinnert an den massenhaften Tod, den der Zweite Weltkrieg über die Inseln brachte

trationen der Zuneigung in der Öffentlichkeit ausgesprochen selten und verpönt. Innige Umarmungen und Küsse erregen peinliche Aufmerksamkeit, derartige Körpersprache gehört ausschließlich an private Orte. Daher sollten ausländische Reisende es den Landesbewohnern gleichtun und sich mit Zärtlichkeitsbekundungen vor aller Augen zurückhalten, um sich nicht lächerlich zu machen. Das Anfassen des Gesprächspartners unterliegt nach philippinischer Etikette bestimmten Regeln, wonach der soziale Status vorgibt, wer z. B. wem auf die Schulter klopfen oder wen am Ellbogen berühren darf. Näheres dazu findet sich im Kapitel „Wer das Wort hat – Gesprächsverhalten" ab Seite 327. Verwirrend mag es auf Fremde wirken, zwei Männer oder Jungen zu sehen, die Hand in Hand gehen. Obwohl sich Schwule in den Philippinen überhaupt nicht verstecken müssen (siehe das Kapitel „Toleranz für Schwule und Lesben – ja. Respekt – na ja..." ab Seite 221), bringt dieses Händchenhalten jedoch i. d. R. lediglich eine enge (nicht sexuell motivierte) Freundschaft zum Ausdruck.

- **Bestattung/Tod:** Särge, die am Straßenrand zur Schau gestellt werden, sind im philippinischen Alltag ein vertrautes Bild. Mindestens einen *funeral parlor,* ein Bestattungsunternehmen, hat jeder größere Ort, oft finden sich gleich mehrere in ein und derselben Straße. Wie bei uns sind die Angestellten dieser Institute mit dem Herrichten der Verstor-

009kp-ags

benen beschäftigt einschließlich der christlichen Sitte des Einbalsamierens. Denn es vergehen oft Tage, wenn nicht Wochen, bis die eigentliche Bestattung, in noch seltenen Fällen die Kremation stattfinden kann. Verwandte und Freunde von Nah und Fern, häufig aus dem Ausland, werden erwartet. Je nach sozialem Stand und Wohlstand wird eine große und teure Feier mit vielen Gästen vorbereitet. Der Vermögenslage entsprechen auch die Bestattungsfahrzeuge, die Musikbegleitung, die Todesanzeigen in den Medien etc. Zuweilen sieht der Reisende unterwegs eine kleine Prozession, die einen von Männern getragenen oder auf einem Handkarren gezogenen Sarg zum Friedhof geleitet. Woanders halten Polizisten den Verkehr zurück, damit ein Korso aus großen Edellimousinen und Kleinbussen die Bestattungskarosse (bevorzugt sind amerikanische Straßenkreuzeroldtimer aus vergangenen Jahrzehnten) zur vornehmen Gräber- und Mausoleenparkanlage begleiten kann, die Memorial Haven, Peace Garden oder ähnlich feierlich heißen kann. Wie unterschiedlich die mit Tod und Bestattung verbundenen Bräuche im Land sind, versucht das Kapitel „Der letzte Weg – Alter, Tod und Trauern“ ab Seite 235 aufzuzeigen.

In Zeiten des allseits verfügbaren und einsatzbereiten Smartphones mit eingebauter Kamera wird aus den Reihen der Trauergesellschaft fleißig fotografiert. Ob nun der zufällig anwesende Tourist das für ihn zunächst exotische Geschehen, die Prozession, die Bestattung einfach so als Urlaubsfotomotiv „mitnehmen“ muss, soll jeder selbst entscheiden. Die Grenzen zwischen ernstem Interesse und pietätlosem, voyeuristischem Jagdfieber können bekanntlich fließend sein.

- **Bestechung/Schmiergelder:** Korruption ist ein Dauerthema in Politik und Gesellschaft der Philippinen (siehe das Kapitel „Das geliebte Übel – die Korruption“ ab Seite 153). Im Land lebende Ausländer haben mit diesem „Krebsgeschwür“ sicher eher zu tun als Reisende – ob als Nutznießer oder Leidtragende. Mancher fühlt sich vielleicht versucht, im offiziell ausgebuchten Linienbus mittels eines zusätzlichen Geldscheins noch einen Platz zu bekommen oder dem Beamten der Einwanderungsbehörde einen Deal vorzuschlagen, damit die Urlaubsplanung wegen eines abgelaufenen Visums nicht durcheinanderkommt. Und schon wäre er am alle Lebensbereiche durchziehenden System der Bestechung beteiligt und würde sich laut Gesetz strafbar machen. Also Vorsicht – nicht jeder Bestechungsversuch bringt den erhofften Erfolg, denn hier und da verrichten die Verantwortlichen ihren Job aufrichtig. Man sollte besser davon ausgehen, dass Reisenden i. d. R. keine Schmiergeldforderungen gestellt werden, und es tunlichst vermeiden, jemanden dazu zu ermuntern.

- **Blickkontakt:** Mit den Augen zu sprechen, ist auch in den Philippinen eine weitverbreitete Art der Kommunikation. Wie sie zu verstehen und anzuwenden ist, beschreibt das Kapitel „Mit Augenbrauen und offenem Mund – die Körpersprache" ab Seite 291. Unterhält sich jemand mit unstetem Blick oder versucht gar, jeglichen Blickkontakt zu vermeiden, ist meist große Schüchternheit, Unsicherheit oder übertriebene Unterwürfigkeit der Grund. Starrt eine schwangere Frau Sie offen an, so hofft sie darauf, dass ihr Kind hübsch aussehen wird, sie macht Ihnen damit also ein indirektes Kompliment. Ansonsten halten Filipinos das ungenierte Anstarren anderer Menschen für unhöflich, ungebildet oder gar für aggressiv bzw. feindselig.
- **Bürokratie:** Im Gegensatz zu den Landesbewohnern und eingewanderten Ausländern hat der „normale" Tourist i. d. R. wenig bis gar nichts mit dem in der Tat weit in den Alltag reichenden Bürokratieapparat zu tun. Sollte dennoch ein Behördengang notwendig werden, sind neben möglichst vollständigen Unterlagen viel Geduld und ordentliche Kleidung (z. B. lange Hosen, feste Schuhe, die Schultern bedeckende Bluse) ausdrücklich ratsam. Eine höfliche, nicht fordernde Ausdrucksweise erleichtert die Prozedur außerdem und vielleicht kommt man mit etwas Small Talk dem zügigen Ende der Amtshandlung näher – jedenfalls eher als mit mürrischem Gesichtsausdruck und dauerndem Blick auf die Uhr.
- **Drängeln:** Das „Problem" ist in den Philippinen sicher nicht so groß wie in anderen asiatischen Ländern, doch hin und wieder vergessen auch Filipinos ihre anerzogene Höflichkeit und drängen sich vor, in der Schlange beim Eincheckschalter am Flughafen oder bei der Abfertigung zur Inselfähre, in einem Selbstbedienungsrestaurant, beim Einsteigen in einen schon ziemlich gut besetzten Jeepney etc. Wenn es bei einem oder zwei „Ausreißern" bleibt, sollte man das gelassen hinnehmen. Wird man jedoch regelrecht weggedrängt, kann man ruhig die gleiche Taktik einschlagen und sich nach vorne manövrieren, notfalls unter Einsatz von Händen, Ellbogen und vernehmlichem *„Sorry pò, excuse me pò!"*.
- **Drogen:** Das „heiße" Thema, das seit Amtsantritt von Präsident *Duterte* die Berichterstattung im In- und Ausland beherrscht, ist seit vielen Jahren ein großes Problem (siehe auch die Kapitel „Aufgeputscht" ab Seite 189 und „Schlagzeilen aus dem ‚wilden Osten' – die Sicherheitslage" ab Seite 332). In den ganz und gar nicht einladenden Gefängnissen einiger Städte sitzen auch Ausländer ein, die wegen Drogenhandels (ob durch eigene Initiative oder falsche Beschuldigungen) bzw. unerlaubten Besitzes von Rauschmitteln angeklagt wurden. Noch ist kein

006kp-ags

Fall bekannt, bei dem Ausländer von Polizei- oder Killerkommandos getötet wurden, doch Vorsicht ist absolut geboten. In aller Deutlichkeit: Wie auch immer man zu den brutalen Maßnahmen der Behörden stehen mag, den von der Regierung ausgegebenen Schlachtruf „Null Toleranz" sollte jeder, der – animiert von tropischen Vollmondnächten am Strand oder verlockender Gesellschaft – mit dem Gedanken an einen Joint oder andersartigen Drogenrausch spielt, direkt auf sich beziehen. Auch das eigene Gepäck betreffend, gilt das Vorsichtsgebot, denn ein Päckchen mit verdächtiger Substanz ist schnell zugesteckt und wer sich dann darauf verlässt, einer Verhaftung durch ein saftiges „Lösegeld" entgehen zu können, wählt eine äußerst riskante Option.

- **Einkaufen, Märkte, Handeln:** Das Angebot in den Geschäften, auf den Märkten und natürlich in den Shoppingmalls, von denen inzwischen fast jede Kleinstadt eine hat, ist üppig bis schier unglaublich vielfältig. Das mag den Reisenden, der bereits viel an Armut und Bedürftigkeit im Land gesehen hat, überraschen und auch irritieren. Die Auswahl an Kunsthandwerk und anderen mehr oder weniger geschmackvollen Souvenirs beeindruckt. In touristischen Zentren, an Busbahnhöfen und -haltestellen, an beliebten Strand- und Ausflugsorten haben oft angereiste Verkäufer ihre Stände aufgebaut oder ziehen mit ihren Artikeln

Das Angebot eines Public Market reicht von Gemüse und Fisch bis zu Brühwürfeln

beladen umher. Bei diesen Anbietern ist Handeln meist angebracht und vielfach wird der Kunde dazu aufgefordert. Dabei sollte man nicht zu zaghaft vorgehen, aber auch den Wunschpreis nicht zu tief ansetzen, damit der/die Verkäufer/in sich noch ernst genommen fühlt. Eine grobe Faustregel hat sich bewährt: Wenn man an dem Gegenstand wirklich interessiert ist und einen besseren als den genannten Preis erzielen will, kann ein Betrag, der in etwa bei der Hälfte des Erstpreises liegt, eine vernünftige Ausgangsbasis für ein erfolgreiches, Gesicht wahrendes Ergebnis sein. Genaues Prüfen der Ware ist ebenso anzuraten wie ein ausreichender Vorrat an Kleingeld. Wer zusammen mit Filipinos auf einem der örtlichen Märkte einkaufen gehen will, wird möglicherweise gebeten, Abstand zu halten, denn die Präsenz eines Ausländers löst bei Händlern zuweilen den „Reflex" einer plötzlichen Preissteigerung aus. Manch einen Besucher ärgert das verständlicherweise, auch wenn es nur ein paar Pesos Unterschied macht. (Es sei angemerkt, dass wenige Filipinos, Ehepartner von Ausländern eingeschlossen, sich in aller Öffentlichkeit auf eine Grundsatzdiskussion über gleiche Rechte und Preise einlassen wollen.)

- **Einladungen:** Filipinos haben gerne Gesellschaft, auch von Ausländern. Diese werden es zwar kaum erleben, dass sie von der Straße weg ins Haus eingeladen werden und sollten bei solch einem eher ungewöhnlichen Angebot vorsichtig sein (siehe das Kapitel „Schlagzeilen aus dem ‚wilden Osten' – Sicherheitslage" ab Seite 332). Doch wenn man sich näher bekannt gemacht hat oder durch einen Dritten vorgestellt wurde, kann man die Einladung getrost annehmen. Zu den entsprechenden Vorbereitungen und Verhaltensregeln geben die Kapitel „‚Haben Sie schon gegessen?' – Gastfreundschaft" ab Seite 310 und „Zu Gast in der Familie" ab Seite 315 hilfreiche Auskunft. Weder sind Geschenke obligatorisch noch wird eine strenge Kleiderordnung gefordert. Doch das eine oder andere *pasalubong*, vorzugsweise ein Mitbringsel von der Reise oder von zu Hause, Süßigkeiten, Gebäck für die Kinder oder Obst und saubere, dezente Kleidung kommen immer gut an (siehe auch den Verhaltenstipp „Geschenke", S. 29). Ist der Anlass der Einladung eine große Feier (Hochzeit, Trauerzeremonie etc.) gilt selbstverständlich eine anspruchsvollere Etikette.
- **Ess- und Trinksitten:** Allgemein sind Filipinos begeisterte Esser, in Restaurants genauso wie an den Essständen der Markthallen, an ambulanten Garküchen und an Bushaltestellen. Dabei geht es i. d. R. recht ungezwungen und im Gegensatz zu anderen Ländern nicht besonders geräuschvoll zu. Schmatzen, Schlürfen und Rülpsen gehören nicht zum „guten Ton". Die rechte Hand ist häufig im Einsatz, nach philip-

pinischer Philosophie schmeckt es besser, wenn das Essen, vor allem der etwas klumpig gekochte Reis, direkt von der Hand in den Mund kommt (siehe auch das Kapitel „Reisen geht durch den Magen – Ess- und Trinkkultur“ ab Seite 317). Manch ein Landesbewohner betet vor dem Essen oder/und danach. Die Formel „Guten Appetit“ ist dagegen weitgehend unbekannt. Dass der Gast seine heimischen Sitten besser nicht an einen philippinischen Tisch überträgt und z.B. beginnt, das Geschirr zusammenzustellen oder abzutragen, ist im Kapitel „Zu Gast in der Familie“ ab S. 315 nachzulesen.

- **Fahrer/Guides:** Wer sich für eine Rundreise oder örtliche Ausflüge selbst auf die Suche nach einem Reiseführer und/oder Fahrer macht, sollte Vorsicht walten lassen. Am besten ist es, derartige Dienstleistungen über eine Agentur, die örtliche Fremdenverkehrsbehörde (Department of Tourism, DOT) oder durch Vermittlung eines vertrauenswürdigen Bekannten zu akquirieren. Zu viele schwarze Schafe sind in dem Gewerbe unterwegs, die sich unter Umständen vorher alles bezahlen lassen, ohne die erwartete Arbeit dann zuverlässig zu erfüllen oder die mehr Zeit mit der Reparatur als mit dem Steuern des Fahrzeugs verbringen, wenn dieses nicht gar ganz den Geist aufgibt. Auch ein

007kp-ags

sogenannter *badge,* ein registrierten Fahrern und Guides offiziell ausgestellter Identifikationsausweis (ID) lässt sich fälschen. Ist jedoch alles in Ordnung, können informative, geschulte und hilfsbereite Chauffeure und Guides eine wahre Bereicherung des Reiseerlebnisses sein. Man sollte sich nicht wundern, wenn Führer und/oder Fahrer trotz einer Einladung durch die Kunden manchmal lieber separat essen wollen. Meistens ist es höfliche Zurückhaltung, manchmal die Furcht, an der Unterhaltung am Tisch nicht in vollem Umfang teilnehmen zu können, zuweilen allein die praktische Überlegung, dass das Servieren des Essens für eine größere Gruppe länger dauert, als wenn nur ein, zwei Personen bedient werden müssen. Wenn sich ein Fahrer also nach mehreren Stunden am Steuer auf ein verdientes, schnelles, i.d.R. günstiges oder gar kostenloses Essen freut, sollte der Reisende für diesen Wunsch Verständnis aufbringen. Gelegenheiten, dem Guide und/oder Fahrer Anerkennung zu zeigen, gibt es immer mal wieder: ein erfrischendes Getränk hier oder eine gemeinsame Obstpause da und schließlich die sehr deutlich praktizierte Sitte des Trinkgelds (s. S. 40).

- **Feiern/Fiesta:** Egal zu welcher Jahreszeit die Philippinen das Reiseziel sind, irgendwo wird immer eine der typischen Dorffiestas gefeiert, denn die Gedenktage für die Schutzheiligen liegen über das ganze Jahr verteilt. Eine erhöhte Frequenz von Festen ist zwischen Weihnachten und dem Monat Mai mit dem katholischen Höhepunkt der *Semana Santa,* der Karwoche, zu verzeichnen (siehe das Kapitel „Feste, Bräuche, Traditionen" ab s. S. 112). Fröhlich, ausgelassen und richtig laut geht es dabei zu, von den Karfreitagsriten mal abgesehen. Aber auch wenn Passionsspiele, Trauer, Tod, wie an Allerheiligen und Allerseelen, im Vordergrund stehen, muss das mithilfe von Lautsprechern und Kirchenglocken, eventuell Großbildschirmen für Public Viewing zu hören sein. Filipinos feiern mit der Absicht, Aufmerksamkeit auch außerhalb der eigenen Familie oder Gruppe zu erregen. Fiestas sind Gelegenheiten, sich im Gedränge auf den Straßen und Plätzen näherzukommen. Nicht immer steckt allein die freundliche Neugierde dahinter, Taschendiebe feiern besonders gerne mit. Je weniger an Wertsachen der Festbesucher bei sich trägt, desto frustrierter sind die Langfinger. Gerne posieren Filipinos für Fotos und wenn sie sich dazu mit einem Ausländer gruppieren, ist der Spaß besonders groß.

< Gläubige ziehen bei der Fiesta die prunkvoll geschmückte Marienstatue aus der Kathedrale von Bolinao

- **Fotografieren:** *„Hey Joe, give me a Kodak, give me a shot!"* Die Zeiten, dass der weiße Fremde derart unverblümt aufgefordert wurde, die Kamera zu zücken und ein Foto zu schießen („Kodak" war lange der Pauschalbegriff für „Foto"/„Fotografieren"), sind vorbei, außer in einigen sehr abgelegenen Gebieten, in denen Handy, Smartphone und die einschlägige digitale Technik noch keinen Einzug gehalten haben. Heute fotografieren Filipinos mindestens genauso ungehemmt und wahllos drauflos wie die Touristen. Nach wie vor sind sie ganz und gar nicht fotoscheu und nicht selten rufen sie noch andere aus ihrer Gruppe, Schulklasse oder Familie herbei. Schnappschüsse von Menschen in einem unbeobachteten, möglicherweise peinlichen Moment (beim Essen, bei der Körperwäsche etc.) sind jedoch tabu. Wer erst einmal Vertrauen zu seinen „Statisten" aufgebaut hat, wird sicher auch Bilder komponieren können, die nicht allzu gestellt wirken. Auf Märkten gilt es ebenfalls, sensibel mit der Kamera umzugehen, nicht alle Verkäufer geben ihre Erlaubnis, sie und/oder ihre Waren abzulichten. Tabu sind auf jeden Fall auch Schnappschüsse von Uniformierten, es sei denn, dass diese selbst um ein Foto bitten. Militärische Anlagen und Fahrzeuge dürfen offiziell nicht aufs Foto, auch auf Flughäfen kann ein Fotografierverbot herrschen. Selbst in einigen Geschäften, insbesondere in Schmuckläden bspw. in den chinesischen Vierteln der Städte, dürfen keine Fotos gemacht werden. Potenzielle Räuber könnten diese ja in Auftrag gegeben haben ...
- **Geduld:** *Dahan-dahan* ist nur ein Ausdruck für „langsam", „immer mit der Ruhe", den vor allem der Ausländer beherzigen sollte, der meist an eine von der Uhr bestimmte Lebensweise gewöhnt ist. Auch wenn moderne, vor allem digitale Technik den Rhythmus in den philippinischen Städten zunehmend beschleunigt, trifft man doch sehr häufig auf Situationen, in denen Geduld enorm wichtig ist. Der Hinweis auf das eigene Heimatland, in dem alles viel schneller geregelt werde, bringt einen nur selten weiter und beschert dem Ungeduldigen i. d. R. sture Reaktionen und Gesichtsverlust (siehe auch die Kapitel „‚Come back tomorrow' – die Tücken der Bürokratie" ab Seite 135 und „Umgang mit Behörden und Polizei" ab Seite 330).
- **Gesprächsthemen, bevorzugte und problematische:** Wie bei oberflächlichen, kurzen Begrüßungen und beim Smalltalk auf der Straße kommen Fragen und Neuigkeiten zur Familie auch während längerer Unterhaltungen immer positiv an. Fragen und Auskünfte zur globalen politischen Lage können unter Umständen mehr und intensiveren Gesprächsstoff liefern als die Innenpolitik der Philippinen. Oft trifft der nicht amerikanische Ausländer auf offenes, interessiertes Staunen,

wenn er über genauere Situationen, das Klima, die Bildungspolitik, das Gesundheitswesen, die Arbeitslosigkeit etc. in seinem Heimatland berichtet. Denn vielen, besonders unter den ärmeren, weniger gebildeten Bevölkerungsschichten ist nur oberflächlich bis gar nicht bewusst, dass es außer den USA noch andere, sogenannte reiche, industrialisierte Länder gibt. Mancher Besucher fühlt sich irritiert durch die mit Präsident *Duterte* in Gang gesetzte brutale Verfolgung von Drogenhändlern und -konsumenten. Doch diese Problematik sollte man mit Vorsicht und nicht mit dem „erhobenen Zeigefinger" angehen. Man sollte lieber warten, bis der philippinische Gesprächspartner das Thema von sich aus anspricht. Ähnlich zurückhaltend sollten Fremde mit Kritik an ihnen möglicherweise unverständlich anmutenden Bräuchen sozialer und religiöser Art, Aberglauben oder Essgewohnheiten sein. Nicht zu vergessen: Auch wenn Filipinos im Gespräch über ihnen peinliche und unangenehme Dinge lachen, empfinden sie die Meinung des anderen nicht immer als lustig oder angebracht. Selbstverständlich stehen diese hier geäußerten Empfehlungen zur verbalen Zurückhaltung und zur diplomatischen Unverbindlichkeit im Zusammenhang mit einer geringen oder erst wachsenden Vertrautheit. Ist das Verhältnis enger, findet sich auch ein „direkterer Draht", über den offener kommuniziert werden kann.

- **Geschenke:** Filipinos sind sehr empfänglich für Mitbringsel *(pasalubong)* von einer Reise. Der Besucher kann es natürlich in der Hinsicht nicht mit den Auslandsfilipinos aufnehmen, die oft weder Übergepäck- noch Zollgebühren scheuen, um den Lieben in der Heimat Geschenke mitzubringen. Doch Kleinigkeiten, die man unterwegs an Leute verschenken kann, mit denen man ein gewisses Freundschaftsverhältnis (z. B. anlässlich einer Einladung, einer netten, hilfreichen Geste, als Reaktion auf erfahrene Gastfreundschaft) ausdrückt, sind überall zu kaufen. Bei Kindern denken viele Reisende gleich an Bonbons, Süßigkeiten und Luftballons. Doch es gibt auch, ohne missionarisch-eifernd klingen zu wollen, sinnvollere, nachhaltigere Artikel wie Schulmaterialien, Spielzeug, Obst. Bei Besuchen von indigenen Gruppen wie beispielsweise den Batak auf Palawan oder den Mangyan auf Mindoro regen die Führer meistens dazu an, bestimmte Lebensmittel wie Reis, Salz oder Kerzen und Batterien einzukaufen, die die Besuchten dann unter sich aufteilen. Wer zu einem Geburtstag oder einer anderen Familienfeier eingeladen ist, wird sich vernünftigerweise vorher bei Bekannten oder Angehörigen der Gastgeber erkundigen, was als Geschenk angebracht sein kann. Meistens zählt die Geste und teure Errungenschaften werden nicht erwartet. Blumen als Geschenk mitzubringen, das wird eigentlich als fauxpas angesehen, denn sie sind als Schmuck, aber vor allem für traurige Anlässe vorbehalten. Doch auch hierin scheinen die Regeln aufzulockern und sich dem westlich-europäischen Einfluss anzunähern.

- **Gesten und Mimik:** Dass man mit der Handfläche bzw. den Fingern nach unten winkt, die hochgezogenen Augenbrauen unterschiedliche Signale aussenden, vor der Brust verschränkte oder in die Hüften gestemmte Arme abweisend wirken und vieles mehr an für uns ungewohnter oder in ihrer Semantik kaum noch wahrgenommener körperlicher Kommunikation, steht u. a. in den Kapiteln „Mit Augenbrauen und offenem Mund – die Körpersprache“ ab Seite 291, „Die höfliche Hand“ ab Seite 308 und „Lächle dich durchs Leben“ ab Seite 124.

  Die rechte Hand oder beide Hände zusammen bei vorgebeugtem Oberkörper vor sich Richtung Boden gehalten, – so zeigen Filipinos ihren Respekt, wenn sie an für sie sozial höherstehenden Personen und Älteren vorbeigehen wollen bzw. müssen. Z. B. Sie sitzen als Gast im Wohnzimmer einer Familie und die Angestellte geht an Ihnen vorbei. Auch wenn unsereinem derartig unterwürfig anmutendes, hierarchisches Verhalten fremd ist, sollten wir es respektieren und anwenden, z. B. wenn wir in einem Raum an älteren Filipinos vorbeigehen. Doch sollten wir diese Geste nicht veralbern und durch Übertreibung ins Lächerliche ziehen, indem wir sie selbst unangebracht anwenden, beispielsweise unter uns westlichen Besuchern. Auch wenn wir Jüngere und Kinder passieren, sind eine gebeugte Haltung und die vorgehaltene Hand fehl am Platz. Im Zweifelsfall verhält man sich besser so, wie man es gewohnt ist. Filipinos sehen meist tolerant über gelegentliche Unaufmerksamkeiten hinweg.
- **Hand – die unreine und die reine:** In vielen Ländern oder Kulturkreisen kommt die linke Hand bei der Intimtoilette zum Einsatz, sei es mit Papier oder wie auch für die meisten Filipinos mit Wasser. Sie gilt daher als die „unreine“ Hand und sollte möglichst nicht zum Geben und Annehmen benutzt werden und schon gar nicht beim Essen in direkten Kontakt mit dem eigenen oder wie beim Füttern von Kindern mit dem Mund eines anderen kommen. Das sind die Aufgaben der rechten, „reinen“ Hand. Diese sinnvolle und strenge Regel lernen Kinder schon sehr früh. Doch Ausnahmen sind täglich zu beobachten: Hier traktiert ein Mann mit links per Zahnstocher seine Zähne, dort holt sich ein Mädchen mit der unreinen Hand den Kaugummi aus dem Mund, um ihrem kleinen Bruder die Hälfte davon abzugeben. Da muss man es sich fairerweise selbst nicht strengstens verbieten, den verschmutzten Pesoschein mit der Linken zu übergeben bzw. anzunehmen.

- **Hierarchien/Höhergestellte:** In der Arbeitswelt, im Haushalt mit Angestellten, im Erziehungswesen und vor allem auch in der Familienstruktur sind deutliche Hierarchien lebendig. Wie in den Kapiteln „Zu Gast in der Familie“ ab Seite 315 und „Geborgenheit und Anspruch der Familie“ ab Seite 206 sowie im Kapitel „Wer das Wort hat – Gesprächsverhalten“ ab Seite 327 aufgeführt, sind Funktion von Hierarchien und ihr Einfluss auf das Verhalten des Einzelnen deutlich spürbar. Wenn der Besucher sich dessen bewusst ist, wird es ihm leichter fallen, sich z. B. als Gast in der ihm zugeteilten Rolle anzufreunden, sich bedienen zu lassen, auch wenn ihm das eigentlich gemäß der eigenen Erziehung nicht vertraut, ja unangenehm ist. Andererseits muss auch der ausländische Besucher sich selbstverständlich höherstehenden Personen gegenüber, sei es bei Behörden oder auch in befreundeten Familien, respektvoll verhalten.
- **Homosexualität:** *Bakla,* womit inzwischen Homosexuelle wie auch Transgender und Transsexuelle gemeint sind, leben ihre „Andersartigkeit“ in der Gesellschaft ziemlich offen aus. Oft sind ausländische Besucher regelrecht überrascht, wie unverhohlen sich die *bakla* durch Gestik und Kleidung in der Öffentlichkeit „outen“. Trotzdem sind sie oft Sticheleien und diskriminierenden Bemerkungen ausgesetzt. Lesben (abwertend *tomboy* genannt) haben es im Vergleich zu männlichen Homosexuellen wesentlich schwerer, in der weitgehend von Machismo und katholischer Moral durchdrungenen Gesellschaft akzeptiert zu werden. Das Thema wird insgesamt im Kapitel „Toleranz für Schwule und Lesben – ja. Respekt – na ja...“ ab Seite 221 näher beleuchtet. Ausländische Homosexuelle werden sicherlich als solche wahrgenommen und müssen sich nicht „verstecken“. Mit dem Austausch von Zärtlichkeiten in der Öffentlichkeit sollten sie sich allerdings genau wie heterosexuelle Paare zurückhalten.
- **Hygiene:** Ein Thema, bei dem man zwischen öffentlicher und persönlicher Sauberkeit unterscheiden muss. Stinkende Müllhaufen, streng riechende öffentliche Toiletten oder als Aborte benutzte Mauern und dunkle Straßenecken, aus dem fahrenden Bus geworfene Windeln, schmierige Tischplatten in Restaurants – das ist eine Seite des Hygieneverhaltens, das durch wiederholte öffentliche und private Kampagnen aufgebessert werden soll. Die mehrmals täglich stattfindende Körperwäsche, peinlich saubere, möglichst nie nach Körperschweiß riechende und gebügelte Kleidung, mit trocknender Wäsche behängte Zäune und Hecken – das ist jedoch die andere Seite, mit der Filipinos ausländischen Reisenden zuweilen etwas vormachen können (siehe auch das Kapitel „Gesundheit und Hygiene“ ab Seite 251).

008kp-ags

- **Kinder:** Neben der Hundesteuer sind das Kinder- und Elterngeld – uns allzu vertraute Einrichtungen – etwas, über das Filipinos gerne herzhaft lachen, wenn sie davon erfahren. Geld, damit man Kinder haben will und großziehen kann? Das hätten die meisten im Land auch gerne, doch sie sehnen sich auch ohne finanzielle Anreize nach Nachwuchs, der einfach zum Leben gehört wie die Luft zum Atmen. Auch wenn vielen Filipinos die Belastung durch Gesundheitsfürsorge, Schulgeld, Ausgaben für Kleidung etc. anzumerken ist, auch wenn vor allem bei der gebildeteren und besser verdienenden Schicht das Familienmodell mit zwei bis drei Kindern gängiger geworden ist, bedeuten Kinder hauptsächlich Glück, Freude und Erfüllung. Kinderlosigkeit gilt weitgehend als Strafe oder Fluch. Mehr Hintergrund, auch zur Rolle der Kirche in Fragen der Geburtenkontrolle und zu Kindern als Opfer von Ausbeutung und Armut, ist im Kapitel „Kinder in der Gesellschaft" ab Seite 216 ausführlich beschrieben.
- **Kriminalität:** Unter dem Einfluss der mit Amtsantritt von Präsident *Duterte* begonnenen Verfolgung von Drogenkriminellen beherrscht das Thema „Kriminalität" die Berichterstattung über und aus den Philippinen. Zweifellos passieren alltäglich Gewaltverbrechen, werden Leute bestohlen. Entführungen sind sarkastisch ausgedrückt Tradition, die mit

⌃ Die Philippinen – ohne fröhliche Kinder unvorstellbar

ausländischen Opfern machen auch außerhalb des Landes Schlagzeilen. Von Umweltkriminalität wird kaum berichtet, obwohl sie allerorten vorkommt. Ein gesundes Maß an Vorsicht und Menschenkenntnis sollte jeder Reisende walten lassen und auch die Ratschläge und Sicherheitswarnungen vertrauenswürdiger Menschen wie Behörden ernst nehmen. Einige Empfehlungen und Erfahrungen sind im Kapitel „Schlagzeilen aus dem ‚wilden Osten' – die Sicherheitslage" ab Seite 332 nachzulesen.

- **Lärm:** Autohupen, knatternde Reismühlen, krähende Hähne (auch nachts), mit kraftvollen Lautsprechern übertragene Litaneien und Ave-Marias aus katholischen Kirchen – die Beschallung auf den Inseln – in Städten wie auf dem Land – kann vielfältiger und ohrenbetäubender nicht sein. Filipinos lieben es geräuschvoll, wollen gehört, wahrgenommen werden. Wer mal so richtig zur Ruhe kommen will, muss schon ziemlich weit weg in die Einsamkeit der Bergwelt, in die geheimnisvolle Stille eines Museums oder auf eine einsame Insel (von denen es im Archipel ja glücklicherweise genug gibt) ausweichen. Doch auch dort kann es passieren, dass ein laut knatterndes Motorboot um die Ecke biegt und eine ganze Großfamilie oder eine *barkada* den Strand belegt – natürlich mit der fast unverzichtbaren Musikanlage, die dank Autobatterie oder Generator so richtig zur Entfaltung kommen kann. Die Philippinen, so lautet die mit Augenzwinkern formulierte Bilanz, sind kein Land für Leute, die auf Lärm allergisch reagieren.
- **Müll:** Lange Zeit war der sog. „Smokey Mountain", eine riesige, ununterbrochen schwelende Müllhalde bei Manilas Elendsstadtteil Tondo, ein unrühmliches Wahrzeichen der Hauptstadt. Noch immer offenbaren die von Müll überquellenden Kipplaster, die in vielen Orten die Abfallbeseitigung erledigen, das nach unseren Maßstäben völlig unterentwickelte Müllentsorgungssystem auf den Inseln (siehe auch das Kapitel „Natur- und Umweltschutzdenken" ab Seite 267). Viel Verantwortung bzw. deren Vernachlässigung liegt in den Händen der Gemeinden: Hier besticht erfrischende Sauberkeit der Strandpromenade, im nächsten Ort begrüßen den Besucher qualmende Müllhaufen links und rechts des Highways. Da inzwischen der nachlässig-verantwortungslose Gebrauch von Plastiktüten eingeschränkt worden ist, können Reisende sich getrost von zu Hause ein paar Stofftragetaschen mitbringen, sie gebrauchen und eventuell bei Ende der Reise verschenken. Auch das Recyceln von Kunststoffflaschen ist in den Philippinen keine Utopie mehr, dennoch zeigen manche Strände, dass viel zu viel Müll weiterhin dem Meer anvertraut wird. Ähnlich problematisch und vergiftend landen Batterien, von Knopfzellen bis LKW-Akkus, in der Natur.

Jeder, auch der nur ein paar Wochen im Land verweilende Ausländer, kann sich an der Umweltsituation verdient machen, indem er z. B. sich nach Entsorgungsmöglichkeiten für Giftmüll erkundigt und beim Einkauf auf unnötige Verpackung verzichtet.

- **Ramadan:** Den Fastenmonat begehen die im Land lebenden Muslime, philippinische wie ausländische, in aller Konsequenz und Frömmigkeit. Da die Gläubigen inzwischen in immer mehr Städten im Archipel, also keineswegs nur in den traditionell vom Islam geprägten Regionen von Mindanao und der Sulusee leben, wirken sich die Riten und Regeln des Ramadan auch eingeschränkt auf das Alltagsbild in von Christen dominierten Landesteilen aus. Zu der Zeit finden mehr Gebetsaktivitäten in den Moscheen statt, das Ende des Fastenmonats krönt der Festtag *Idul Fitri.* Die Medien widmen dieser islamischen Tradition i. d. R. eine beachtliche Berichterstattung. Wer, soweit es die Sicherheitslage zulässt, in muslimischen Regionen unterwegs ist, wird gut beraten sein, sich über respektvolles Verhalten zu erkundigen.
- **Rauchen:** Seit langer Zeit rauchen sowohl Mann als auch Frau in den Philippinen traditionell gefertigte Pfeifen, edle und rustikale Zigarren und Tabakstängel sowie die Industriezigaretten nach ausländischem Vorbild. Menthol scheint den meisten Rauchern der bevorzugte Zusatzstoff zu sein. Während Frauen einiger ethnischer Kulturgruppen ungeniert Pfeife oder Zigarre qualmen, ist Rauchen für gut erzogene Filipinas der modernen Gesellschaft kein gutes Benehmen, schon gar nicht in der Öffentlichkeit. Doch emanzipierte Frauen haben sich auch in der Hinsicht mehr Freiräume geschaffen. Nun ist seit einigen Jahren der blaue Rauch wie in den meisten Ländern geächtet, die Steuern wurden – für lokale Verhältnisse – drastisch erhöht, das Rauchen auf Plätzen, in Restaurants und öffentlichen Gebäuden sehr eingeschränkt bzw. verboten. Der vom Nikotin abhängige Reisende muss in zahlreichen Unterkünften nach Raucherzimmern fragen und sich ansonsten an die geltenden Regeln halten (siehe auch das Kapitel „Tabak, Betelnuss und Schnaps“ ab Seite 250).
- **Religion:** In Asiens Hochburg des Christentums, des Katholizismus im Besonderen, sind dessen Symbole und Monumente unübersehbar. Spanische Namen und fromme bis frömmelnd-fanatische Bräuche muten oft mittelalterlich an. Geburtenkontrolle, Empfängnisverhütung und seitens der katholischen Kirche noch immer verbotene Ehescheidung sind Dauerthemen in der sozialpolitischen Auseinandersetzung. Dazu kommen von beiden Seiten provozierte Querelen zwischen Christen und Muslimen, die wie woanders in der Welt gerne mit religiösem Machtanspruch erklärt und gepflegt werden. Im Gespräch mit Filipinos

ist es ratsam, das Thema Religion mit gebührender Distanz zu behandeln und auf abfällige, zynische Bemerkungen zu verzichten. In persönlicherem Umgang kann jedoch auch von philippinischer Seite das eine oder andere kritische Wort zur allmächtigen Kirche (siehe das Kapitel „Religion und Kirche" ab Seite 101) oder zum christlich-islamischen Konflikt der andauernden Mindanao-Krise (siehe die Kapitel „Inseln unter dem Halbmond" ab Seite 47 und „Die Mindanao-Misere" ab Seite 192) fallen. Andersgläubige treffen i.d.R. auf Toleranz, wohingegen erklärte Atheisten eher Unverständnis oder Befremden, aber keine unverhohlene Ablehnung oder gar Feindschaft erfahren.

- **Respekt:** Zebrastreifen, auf denen die Fußgänger nur sicher sind, wenn eine rote Ampel oder ein Polizist die Fahrzeuge zurückhält; sich in öffentliche Verkehrsmittel oder an Marktständen drängelnde Menschen oder auf der Straße liegende Menschen, an denen andere achtlos vorbeilaufen, wenn nicht gar über sie steigen. Bei diesen Bildern stellt sich zu Recht die Frage: „Wo bleibt der zwischenmenschliche Respekt?" Andererseits wird der Ausländer, der erst ein paar Tage im Land ist, beispielsweise die Achtung vor älteren Menschen leicht feststellen können. Sicherlich gibt es Situationen, in denen man sich wie zu Hause bei Schulschluss von entgegenkommenden, schwadronierenden, mit sich selbst zu sehr beschäftigten Jugendlichen überrannt zu fühlen scheint. Doch mindestens genauso oft ist zu beobachten, dass Kinder im Jeepney oder im Bus von sich aus aufstehen, um für einen älteren Passagier – ob Filipino oder Ausländer – den Platz frei zu machen. Nicht wenige in die Philippinen ausgewanderte pensionierte Westler nennen den größeren Respekt vor dem Alter als einen der Gründe für den Ortswechsel. Altersheime sind weitgehend unbekannt, Alte bleiben so lange wie möglich, i.d.R. bis zum Tod, im Familienverband. In Sachen Respekt können ihrerseits rücksichtsvolle Reisende zweifellos eine gute Portion lehrreicher Erfahrungen mit nach Hause nehmen. Vor Ort sollten sie also die geltenden Essgewohnheiten tolerieren, nicht ohne Einladung in die Kochtöpfe gucken, das servierte Essen nicht kritisch mit der Nase prüfen ... Die im Land geltenden Gesten wie bspw. das Heranwinken mit nach unten gerichteter Handfläche zu übernehmen, ist auch ein Beweis für die eigene Bereitschaft, sich dem Verhalten der Besuchten anzunähern.
- **Schlepper/„Fixer":** Touristen – nicht nur ausländische – sind immer wieder beliebte Ansprechpartner für selbsternannte Guides, Transportvermittler und „Einkaufsberater", die natürlich vorgeben, die allerbesten Angebote parat zu haben. Wie schon unter dem Tipp „Fahrer/Guides" empfohlen (s.S. 26), sollte man sich vor diesen Offerten

hüten und sich an offizieller Stelle nach akkreditierten Dienstleistern erkundigen. Auf Ämtern wird zwar vor ihnen gewarnt *(„beware of fixers“)* dennoch sind diese überaus hilfsbereit erscheinenden Damen und Herren aktiv, wollen den Wartenden an der Schlange vorbei beschleunigt zur Amtsstube und zur Erledigung der sonst wahrscheinlich langwierigen Angelegenheit bringen – gegen Bezahlung unter der Hand, die sie sich selbstverständlich und ebenso diskret mit der Person am anderen Ende der Amtshandlung teilen. Wer sich darauf einlässt, läuft gleichwohl Gefahr, wegen Korruptionsversuchs angezeigt zu werden und zusätzlich zum Schmiergeld noch mehr berappen zu müssen. Neben Anbietern eines günstigen Devisenwechselkurses sind auf den Straßen der Großstädte und in den Touristenzentren auch Typen unterwegs, die gezielt Männer gesetzteren Alters auf Potenzmittel ansprechen. Ganz anrüchig und obwohl strengstens verboten immer noch an der Tagesordnung sind Vermittler, Frauen wie Männer, die Kinder zum Sex anbieten, von den vielen Offerten seitens zwielichtiger Taxifahrer, Hotelangestellter und sonstiger „freundlicher“ Passanten, die sich um das sexuelle Wohlergehen männlicher Ausländer sorgen und *chicks* (junge Frauen) vermitteln wollen, ganz zu schweigen.

- **Schuhe:** Die Fußbekleidung gilt im traditionellen Umgang der Menschen Asiens untereinander als unrein, gleichzeitig sind sie, ob elegante Ausgehschuhe oder modern gestylte Sportschuhe, Statussymbol. Die Höflichkeit gebietet es dem Gast in einem Privathaus allemal, sie vor dem Betreten auszuziehen, dies zumindest anzubieten. Oft, ebenso aus Höflichkeit, gestatten die Gastgeber es, dass man die Schuhe anbehält. Im Gegensatz zu Moscheen behalten die Besucher und Gläu-

010kp-ags

bigen in Kirchen ihre Schuhe an. Auch Szenen wie in Thailand oder Indonesien, wo z. B. vor der Türschwelle zu einem Internetcafé oder Telefonshop mehrere Paare Sandalen und Schuhe liegen, weil alle Besucher barfuß eintreten, findet man in den Philippinen ganz selten. Sehr höflich ist es wiederum, wenn man vor Betreten eines Hauses von indigenen Filipinos, wo das Barfuß-Gebot noch viel stärker beachtet wird, die Schuhe auszieht.

- **Sex als Geschäft:** Aufgrund einseitiger Berichterstattung und wenig kritischem Informationsverhalten assoziieren viele Ausländer die Philippinen mit besonderer Freizügigkeit in sexuellen Dingen. Auch Reiseberichte aus früheren Jahrhunderten, die den Bewohnern anlässlich bestimmter, im prüden Europa unvorstellbarer Sexualpraktiken einen Status der Unsittlichkeit verpassten, mögen zu dem Image beigetragen haben. Dann setzte der Vietnamkrieg dem noch eins drauf, als dank der Unterstützungspolitik des Marcos-Regimes zigtausend GIs regelmäßig zur „Erholung" ins Land kamen. Wie das in der Praxis aussah, konnten neugierige Reisende noch bis in die späten 1980er-Jahre nahe bei den damals noch operierenden US-Stützpunkten in den Städten Angeles City und Olangapo City nachempfinden.

  Abseits vom Rotlicht-Gewerbe und Amüsement nimmt Sex natürlich eine wichtige Rolle ein, aber längst nicht in der Dimension, wie es verschiedene Seiten gerne darstellen und sehen wollen. Die Medien räumen Sex und Sexualität nach westlich-amerikanischem Vorbild einen nicht zu übersehenden Platz ein, (fast) nackte Fotomodels und Starlets zieren die Seiten der Boulevardpresse, Telenovelas und Talkshows nehmen sich des scheinbar unerschöpflichen Themas an. Das „einladende" Umfeld und die Nightlife-Szene der Städte mögen vor allem allein reisende Männer dazu animieren, in einschlägigen Bars und im Umgang mit Prostituierten ihre Landeskenntnisse zu vertiefen. Die meisten der Beschäftigten im Milieu – das reicht vom Straßenstrich bis zur Callgirl-/-boy-Agentur - versuchen aus sozialer Not heraus so den Lebensunterhalt für sich und die Familie zu sichern. Oft mit dem Wunschziel, einen „liebenswerten" Partner zu finden und ihm ins Ausland zu folgen. Doch die Gefahren solcher Kontakte sind nicht zu unterschätzen: Betrug, Raub, Geschlechtskrankheiten. Den besten Schutz gewährt Abstinenz. (Siehe zum Thema auch die Kapitel „Frauen in der Gesellschaft" ab Seite 200 und „Früh übt sich ... was Ausbeutung heißt" ab Seite 217.)

◁ Schuhputzer und Schuster finden sich in jedem größeren Ort

059kp-ags

- **Souvenirs:** Das Angebot ist riesig und kann hier nicht detailliert aufgeführt werden. Während asiatische Touristen als Mitbringsel vornehmlich die preisgünstigen Artikel der Einkaufszentren bevorzugen, also Kleidung, Schuhe, Lebensmittel, soweit für die Ausfuhr gestattet etc., finden Westler oft Gefallen an Kunsthandwerk, Muschelschmuck, Schnitzereien und Kirchenkunst. Nicht alles ist echt und wenn, kann ein Ausfuhrverbot gelten. Dazu sollte man sich an kompetenter Stelle informieren: beim Fremdenverkehrsamt, der Zollbehörde, Naturschutzverbänden. Gerade bezüglich der attraktiven Seeschnecken und Korallengebilde herrscht Verwirrung und Desinformation vor. So verkaufen Händler in Puerto Galera oder auf Boracay völlig öffentlich höchst bedrohte Schneckengehäuse, die schon seit Jahren auf der Roten Liste des Washingtoner Artenschutzabkommens stehen. Auch alte Heiligenstatuen, die immer wieder in Antiquitätengeschäften angeboten werden, können am Flughafen mit saftiger Strafgebühr konfisziert

⌃ Buddhistische Devotionalien zieren die Auslagen vieler Geschäfte in Manilas Chinatown

werden. Dann schon lieber eine gute Imitation erwerben und sich vom Verkäufer eine entsprechende Bestätigung ausstellen lassen. Vorsicht ist auch geboten beim Mitnehmen von frischem Obst, die philippinischen Mangos liegen als Mitbringsel auf der Beliebtheitsskala ganz oben. Weil sie jedoch intensiv riechen und unterwegs faulen können, sind in getrockneten Scheiben oder Streifen verpackte Mangos als Reisesouvenirs den frischen Früchten vorzuziehen. Außerdem dürfte der heimische Zoll die Einfuhr von außereuropäischen Lebensmitteln nicht so einfach akzeptieren. An den Transport von Durian, der durchdringend riechenden, sehr nahrhaften und angeblich als Aphrodisiakum einsetzbaren „Stinkfrucht", braucht man gar nicht erst zu denken (höchstens in Form von verpackten Bonbons). Denn die in Teilen von Mindanao gedeihenden Durianfrüchte dürfen nicht einmal in Hotels oder ins Gepäck bei Inlandflügen mitgenommen werden.

- **Statussymbole:** Schuhe gehören, wie gesagt, dazu. Schmuck aus Gold und mit Edelsteinen selbstverständlich ebenso wie eine mehr oder weniger auffällige Armbanduhr und natürlich die neusten digitalen Geräte, wie Smartphones, Tablets etc. Ein großer Flachbildschirm zu Hause macht Eindruck, ein oder zwei Autos, möglichst mit Allradantrieb und viel Platz für die ganze Familie. Je höher der soziale Status, umso wertvoller die Sammlung von beeindruckenden Attributen – das ist für viele Filipinos die Messlatte. Doch unter den wirklich Reichen, die ihren Besitz seit Generationen bewahren, mehren und vererben, herrscht ein gewisser Dünkel gegenüber „Neureichen". Entsprechend werden auch Statussymbole, dazu zählen selbstverständlich auch Landbesitz und Immobilien, häufig in die Kategorien „traditionell passend, angebracht" oder „angeberisch, protzig" eingeteilt.
- **Tätowierungen:** Das Einritzen von Symbolen unter die Haut hat in den Philippinen eine lange Tradition, insbesondere bei indigenen Gruppen. Dort werden Tätowierungen jedoch immer weniger verwendet, während die zeitgenössische, global zu beobachtende „Körperkunst" mittels Tinte und elektrischer Nadelapparatur bei den jüngeren Filipinos im Trend liegt. Lange waren Tatoos in der sogenannten „guten Gesellschaft" verpönt, weil die modernen Hautverzierungen vorrangig mit Knast und Unmoral, die traditionelle Körperkunst mit Primitivität und mangelnder Bildung assoziiert wurden. In Städten und touristischen Zentren gibt es mittlerweile zahlreiche Studios, manche werden auch von Ausländern betrieben, in denen sich Männer und Frauen an allen möglichen Körperteilen traktieren lassen. Vorsicht ist selbstverständlich – wie in heimischen Tatoo-Shops auch – bezüglich Hygiene und den in den Philippinen herrschenden Klimaverhältnissen geboten.

- **Tier und Mensch:** Einerseits sind blutige Hahnenkämpfe und andere mit Tieren veranstaltete Spektakel völlig legal und ein nicht wegzudenkender Unterhaltungsfaktor, in manchen Regionen (aber nicht überall!) landen Hunde am Spieß oder im Kochtopf. Andererseits sind Schoßhündchen Statussymbol und Spielzeug zugleich. Diese Ambivalenz muss der Besucher einfach akzeptieren, so wie ein Filipino in Deutschland auch in Kauf nehmen wird, dass z. B. der Tierschutzverband mehr Mitglieder hat als der Kinderschutzbund, dass Hunde auf Friedhöfen, aber nicht im eigenen Garten bestattet werden dürfen und dass das gebratene Hähnchen auf dem Teller ein ganz und gar nicht tiergerechtes Leben vor dem frühen Tod hatte. Wer als Besucher meint, Filipinos wegen ihres Umgang mit Tieren kritisieren zu müssen, sollte die heimischen Verhältnisse nicht außer Acht lassen.
- **Toilette/Notdurft:** *WC, restroom, comfort room* oder *toilet,* die Bezeichnungen für das gewisse Örtchen variieren, ebenso der Standard und die Sauberkeit. Wenn's drängt, ist kaum eine Auswahl möglich. Da muss sich der Reisende eventuell ganz tapfer in hygienische Niederungen begeben, an Busbahnhöfen, an Tankstellen oder in einfachen Restaurants. Doch die meisten auf Touristen eingestellten Lokalitäten geben ihr Bestes, um die Gäste in dieser Angelegenheit nicht zu verschrecken. Hier und da kann man auch getrost zahlungspflichtige Toiletten aufsuchen. Dort sind, im Gegensatz zu vielen Orten in der Heimat, Angestellte mit der Reinhaltung und Wasserversorgung der Räumlichkeiten beauftragt. Papier ist nicht immer garantiert, daher ist eine eigene Reserverolle immer ratsam. Auch wenn viele Filipinos mal eben auf die Schnelle an die Mauer, in die Büsche oder hinters Auto austreten, ist das für den Reisenden nur die Notfalllösung.
- **Trinkgeld:** Generell ist es freiwillig zu geben, viele der gehobenen Restaurants setzen allerding bereits eine *service charge (SVC)* auf die Rechnung, was nicht automatisch bedeutet, dass die freundliche Bedienung oder der ausgezeichnete Koch im Hintergrund davon etwas bekommt. Der Großteil der in Gastronomie, Hotellerie und Fremdenverkehr arbeitenden Menschen verdient unverhältnismäßig wenig, da ist eine zusätzliche Anerkennung durch ein Trinkgeld höchst willkommen. Fünf bis zehn Prozent vom Wert der Leistung gelten als Faustregel. Taxifahrer erhalten offiziell kein *tip,* aber auch da liegt es im Ermessen des Kunden, eine eventuell besonders gute Leistung zusätzlich zu belohnen.
- **Vegetarier:** Wer kein Fleisch isst, muss in den Philippinen nicht hungern. Zwar gibt es keine ausgesprochen vegetarische Esskultur wie z. B. in Indien oder Nepal, doch zunehmend bieten Restaurants und private Haushalte im Zuge der global wahrgenommenen Vorteile von Fleisch-

verzicht sehr nahrhafte vegetarische Gerichte an. Veganer müssen schon etwas mehr auf die Suche gehen, in den Städten ist das Angebot der Geschäfte an laktosefreien Lebensmitteln und Ersatz für tierische Nahrungsprodukte zwar gestiegen, doch nicht mit unseren, viel mehr am Vegetarismus orientierten Einkaufsmöglichkeiten gleichzusetzen.

- **Verkehr:** Mit Lärm, Luftverschmutzung, überfüllten Verkehrsmitteln und scheinbarem Chaos verbinden nicht nur Ausländer den Verkehr in den Philippinen. Auf die Situation in den Großstädten trifft das Szenario auch zeit- und stellenweise zu. In der Provinz geht es wesentlich geruhsamer zu, da mischen sich unter die modernen, schnellen Fahrzeuge viele langsame Gefährte wie Trycycles, Fahrradrikschas, von Wasserbüffeln gezogene Karren und die kreuzenden Hunde, Hühner und Enten. Nachts fehlt es oft an Straßenbeleuchtung, Schlaglöcher können sich abrupt vor einem auftun oder Fahrzeuge ohne funktionierende Scheinwerfer plötzlich entgegenkommen. Wer im Land selbst fahren will, sei es ein Auto oder Motorrad, sollte die Verhältnisse unbedingt einplanen, Polizeikontrollen inbegriffen. Viele philippinische Autofahrer halten sich an das Null-Promille-Gebot, viele andere aber leider nicht. Alkohol am Steuer ist neben Übermüdung und Unachtsamkeit einer der Hauptgründe für schwere Verkehrsunfälle. Zur Verkehrssituation siehe auch das Kapitel „Der Weg ist das Ziel – Verkehr und Transportmittel" ab Seite 334.
- **Zeitverständnis/Pünktlichkeit:** *„By and by"* („nach und nach"), *„sandali lang"* („einen Moment nur") sind häufige Antworten, wenn etwas erledigt werden soll und irgendwann sein wird – nur zwei Beispiele dafür, dass die philippinische Zeitvorstellung oft sehr von unserer abweicht. Doch wie die Umstellung der physischen Uhr sollte der Reisende auch die mentale Uhr auf die lokalen Gegebenheiten einstellen und sich an die vorherrschende Zeitwahrnehmung anpassen. Dann ermöglicht er auch den übrigen Sinnen, sich für das Land und seine Bewohner zu öffnen.

  Aber Vorsicht: Sich Zeit zu nehmen, darf nicht mir genereller Unpünktlichkeit verwechselt werden. Sonst verpasst man sicher den einen oder anderen Bus oder muss einen Inlandflug später nehmen. Bei persönlichen Verabredungen gilt wiederum akkurate Pünktlichkeit, wie im Kapitel „Pünktlich mit höflicher Verspatung" ab Seite 313 anschaulich beschrieben, als unpassend bis beleidigend. Da gilt es, die richtige „Dosierung" zu finden. Denn „wichtige Leute lassen auf sich warten", sagen Filipinos. Nur, wie wichtig man sich selbst nehmen soll, wie wichtig man für andere ist, das muss jeder für sich herausfinden. Aber auch dabei gilt: *Dahan-dahan!* – „immer mit der Ruhe!"

Die geschichtlichen Wurzeln

Wer sich nicht erinnert, woher er kommt, wird sein Ziel nicht erreichen.

(Philippinische Redensart)

Datu Lapu Lapu erfreut sich auch rund 500 Jahre nach seinem Sieg über Magellan nationaler Bewunderung (061kp Foto: ags)

Ein rastloser Vogel zwischen Himmel und Erde

Eine Erklärung zur Entstehung der vielen Tausend Inseln gibt eine **Legende der Bisaya,** der Bewohner der zentralen Philippinen, wo das Meer von unzähligen, dicht nebeneinander liegenden Landflecken übersät ist.

Am Anfang gab es in friedlichem Abstand zueinander nur Himmel und Wasser. Ein einsamer Vogel flog zwischen den beiden Elementen umher. Doch das ruhelose Flattern erschöpfte den Vogel und er sehnte sich nach einem Stück festen Landes. Listig nutzte er seine Freundschaft zu beiden Naturgewalten, um deren Harmonie zu stören. Sein Intrigenspiel begann damit, dass er dem Himmel von finsteren Plänen des Meeres berichtete: Es wolle seine Fluten anschwellen lassen und den Himmel bedrohen. Dieser prahlte gegenüber dem Vogel damit, dass er einen Steinregen nach unten schleudern werde, um den vermeintlichen Kontrahenten Respekt zu lehren. Dem Vogel gefiel die himmlische Strategie wohl, besonders nachdem er sie dem Meer verraten hatte. Denn dort wurde die Warnung ernst genommen. Die Fluten stiegen an, immer höher, bis sie die Wolken berührten. Da machte auch der Himmel seine Drohung wahr und bombardierte das Meer mit Gewittern und Felsbrocken, die schließlich die Fluten niederdrückten und besiegten. Der schlaue Vogel, wo immer er sich während der Schlacht der Giganten aufgehalten haben mag, sah das Ergebnis mit größter Genugtuung: Die Elemente hatten sich wieder beruhigt und in ihre angestammten Reviere zurückgezogen. Und die Felsen waren zu Inseln im Meer geworden. Auf diesen konnte der Vogel endlich, wann immer er wollte, zur Ruhe kommen.

Erste Siedler, Vorfahren der heutigen „Ureinwohner" (ab ca. 250.000 v. Chr.)

Die ersten Filipinos

Wann Menschen in dieser bis heute von ungestümen Naturgewalten geprägten Welt aus Wasser und Land aufgetaucht sind, kann nur ungefähr datiert werden. Auf weit über 250.000 Jahre wird das Alter der **Relikte aus dem Cagayan Valley und der Provinz Batangas auf Nordluzon** geschätzt. Offensichtlich stammen diese von Homininen (Homo erectus) und Verwandten des Peking-Menschen. Ihrer Jagdbeute, wie Zwergelefanten und Wollnashörner, folgend, sollen sie über Landbrücken aus Asien gekommen sein. Als „Wiege der philippinischen Zivilisation" galt lange die Insel Palawan. Dort, in den Tabon-Höhlen nahe dem heutigen Städtchen

062kp-ags

Quezon, wurden Knochen und Werkzeuge entdeckt, die bestätigen, dass Homo sapiens schon vor mindestens 40.000 Jahren im Südwesten des Archipels gelebt haben muss. Im Jahr 2007 aber fanden Wissenschaftler im Norden der Insel Luzon in der Callao-Höhle Skelettstücke eines Menschen, der vor 67.000 Jahren gestorben sein soll. Während des Paläolithikums könnten die „ersten Filipinos" wie der „Tabon Man", dessen 22.000 Jahre altes Schädelfragment im National Museum in Manila zu bestaunen ist, vom asiatischen Festland aus eingewandert sein. Den *negritos* („kleine Schwarze"), wie später die Spanier die dunkelhäutigen, kleinwüchsigen und kraushaarigen Bewohner nannten, folgten ab 3000 v. Chr. aus Innerasien – womöglich aus dem Kaukasus und der Mongolei stammende – Seefahrer. Es waren **Proto- oder Altmalaien,** die vor etwa 6000 Jahren über Taiwan die Philippinen und Indonesien besiedelten.

Einwanderung zu Wasser und zu Lande (ab ca. 1000 v. Chr.)

Um 1000 v. Chr. wird eine **zweite Ankunftsperiode von Protomalaien** angenommen, die jungsteinzeitliche Lebensformen wie Sesshaftigkeit, Ackerbau, Nassreiskultur und neue Werkzeugtechniken einführten. Für die erfahrenen **Bootsbauer und Seeleute** stellten die Gewässer kein gro-

Wie diese Batak-Familie auf Palawan sind die Indigenen Nachfahren der ersten Filipinos

ßes Hindernis dar. Nach Überflutung der Landverbindungen sind sie von Borneo und Sulawesi aus in seetüchtigen Booten nach Nordosten und Norden vorgestoßen. Sie ließen sich an den Inselküsten nieder und vertrieben die dort befindlichen *negritos* ins Landesinnere.

Wiederum über See kamen später die sogenannten Jung- oder Deuteromalaien. In großen Auslegerbooten, *balanghai* oder *barangay* genannt, erreichten sie ab 300 v. Chr. die Philippinen und waren den alteingesessenen Völkern technologisch überlegen. Das Ende der Steinzeit war gekommen, die Neusiedler führten Metallverarbeitung, Webkunst und eine mit dem Sanskrit verwandte Schrift auf dem Malaiischen Archipel ein. Auch die Gesellschaftsstruktur erfuhr grundlegende Änderungen. Entsprechend der **„Bootshierarchie"** organisierten die Jungmalaien ihre 30 bis 100 Familien starken Verwandtschaftsgruppen. Noch heute heißt die philippinische Dorf- oder Stadtteilgemeinde **barangay.** Damals bestimmte eine regelrechte Klassengesellschaft das soziale Leben. Der **datu** oder Häuptling hatte die oberste Stellung inne, sie leitete sich ab von der Position des Bootsführers der Einwandererflotten. Nachfolgend in der Rangordnung standen die *maharlika,* aus heutiger Sicht „Adlige". Sie unterstützten den *datu,* wo immer es nötig war. Die Mehrheit des Stammes war den *timagua* zuzurechnen, den freien Gemeinen, die sich in die Obhut eines *datu* und in die Pflicht ihm gegenüber begaben. Ganz unten in der Rangfolge lebten die *alipin* oder *uripin,* deren Status mit dem von Schuldknechten vergleichbar ist. Die Spanier betrachteten sie sogar als Sklaven, vor allem, nachdem sie beobachtet hatten, dass die *alipin* – zu denen nicht selten auch gefangen genommene Europäer zählten – verkauft wurden. Generell war der Aufstieg von einer unteren in eine höhere Klasse möglich, vererbt wurden weder Klassenzugehörigkeit noch gesellschaftlicher Rang.

Häuptlingswesen und **Hierarchie** prägten das Sozialwesen. Aber auch das Fehlen von Privateigentum und -überschuss, der es einer Klasse oder einem Individuum erlaubt hätte, sich auf Kosten anderer zu bereichern, zeichnete diese frühen Gemeinschaften aus. Das Land gehörte den Menschen, die es bebauten, also dem Verband, der Großfamilie. So war jede Einheit *(barangay)* größtenteils selbstversorgend und unabhängig. Abgesehen von Mindanao-Völkern gründeten nur die kriegerischen Stämme im Bergland des Nordens untereinander Schutzverbände. Dort ist bis heute eine ziemlich homogene Kulturgruppe lebendig, die ihre Traditionen lange Zeit gegen spätere Kolonisatoren schützen konnte.

▷ Balanghai – große Auslegerboote sind seit Jahrtausenden bewährte Fahrzeuge auf philippinischen Gewässern

Inseln unter dem Halbmond

Während der ersten nachchristlichen Jahrhunderte trafen immer häufiger **seefahrende Händler aus China** und nach der Jahrtausendwende auch aus dem in Sumatra gegründeten buddhistischen **Srivijaya-Reich** ein. Mit Holz, Gewürzen, Baumwolle, Baumharz, Honig, Perlen und Sklaven liefen die Schiffe aus, nachdem sie die Produkte der Partnerländer wie Seide, Metall- und Keramikwaren in den Häfen rund um die Sulusee, an den Küsten von Mindoro und Luzon gelöscht hatten.

Bereits im 12. Jahrhundert hatten auf Luzon arabische Händler an der Mündung des Pasig das Fischerdorf Maynilad zu einem wirtschaftlich und strategisch wichtigen Ort erkoren. Damit hatte die „Lehre des Propheten" die Philippinen noch vor Sumatra und Borneo erreicht. Als der **Islam** im 14. Jahrhundert im Osten des heutigen Malaysia Fuß fasste, ließ der Gelehrte *Karim al-Makdum* 1380 auf der Sulu-Insel Simunul die erste Moschee auf philippinischem Boden bauen. Der Missionar **Abu Bakr** aus Johore in Ostmalaysia rief rund 50 Jahre später auf Jolo ein Sultanat aus. Damit war dem Islam das Tor zum Archipel geöffnet, durch das 1475 Sharif *Muhammad Kabungsuwan,* stolzer Nachfahre des Propheten *Mohammed* (570–632), nach Mindanao vordrang. Er heiratete die Tochter eines lokalen Fürsten, was ihm die Islamisierung mehrerer Stämme und die Gründung des **Sultanats von Maguindanao** erleichterte.

Interessant ist, dass zuvor keine der großen asiatischen Religionsbewegungen wie Hinduismus und Buddhismus in den Philippinen Fuß fassen konnte. Ein Grund war sicher das bislang fehlende Machtmonopol eines Alleinherrschers, der einer neuen Geistesströmung notfalls mit Gewalt Zutritt hätte verschaffen können. Angesichts der selbstgenügsamen, isolierten Kulturgruppen in weiten Teilen der Region hatte eine Missionierung von außen, wenn sie denn friedlich bleiben sollte, kaum Chancen. Gerade im Vergleich mit den christlichen Eroberern ist es bemerkenswert, dass die ersten muslimischen Kolonisatoren in den Philippinen ihren Glauben **gewaltlos und mit diplomatischem Geschick** weitergaben. Im frühen 16. Jahrhundert war die Südinsel Mindanao bereits unter mehreren Sultanaten aufgeteilt. Islamische Kaufleute und Missionare verbreiteten die neue Lehre, unter deren Einfluss sich im südlichen Landesteil allmählich eine verbindende Kultur und größere politische Machtinstitutionen herausbildeten, zum Leidwesen der später eintreffenden Spanier, die insbesondere auf Mindanao und im Sulu-Archipel einen schweren Stand haben sollten. Über die westlichen Visayas drang der Islam nach Norden vor und vermischte sich hier und da mit regionalen Glaubensströmungen. Sogar auf Luzon, wo Mitte des 16. Jahrhunderts die beiden Fürsten *Rajah Lakandula* und *Rajah Sulayman* in der Gegend des heutigen Manila regierten, gaben die Muslime politisch, wirtschaftlich und kulturell den Ton an.

Prägende Geschichtsereignisse und Personen (1521–1935)

„Über 300 Jahre verbrachten wir im Mief spanischer Konvente, fünfzig Jahre lang lebten wir unter dem Joch Hollywoods, drei Jahre lang duckten wir uns unter japanischen Bajonetten und über zehn Jahre verbringen wir im Gefängnis von Marcos. Unser Dilemma: Wir sind Kinder zu vieler Mütter.“
(*Francisco Sionil José*, Schriftsteller)

Magellans Fiasko im Wettlauf um die Gewürzinseln (1521–1565)

Auch Historiker erlauben sich gelegentlich „Was-wäre-wenn“- Fantasien und Hypothesen. Die Philippinen betreffend, lautet eine solche etwa: Welches Schicksal hätten die Inseln erlebt, wenn Portugal auf seinem Machtanspruch über die Inseln bestanden hätte? Schließlich lagen diese gemäß dem Weltaufteilungsvertrag von Tordesillas tatsächlich noch in Lissabons Hemisphäre. 1529 hatte man die 1494 von Papst *Alexander VI.* abgesegnete Demarkationslinie, die etwa 2000 Kilometer westlich der Kapverdischen Inseln von Nord nach Süd verlief, im Folgevertrag von Zaragoza auf der „Rückseite“ des Globus verlängert. Das Schicksal der Molukken-Inseln, der heute malaysischen Stadt Malakka, der Sonderverwaltungszone Macao auf dem chinesischen Festland und der östlichen Hälfte der Insel Timor ist bekannt: Alle diese Orte gehörten einst zu den **asiatischen Besitzungen Portugals,** das sie zur Sicherung des Gewürzhandels und Einflussnahme in Fernost für sich beanspruchte. Was auch immer mit Luzon, den Visayas und den vielen anderen Inseln geschehen wäre – mit Sicherheit hätten die Philippinen heute einen anderen Namen.

Als im frühen 16. Jahrhundert der im Dienste Madrids segelnde Portugiese *Fernão de Magalhães* seine kleine Expeditionsflotte über den Pazifik dirigierte, war er auf dem beschwerlichen Weg zu den Molukken, zu Pfeffer, Nelken, Zimt und Muskat. **Gewürze** bestimmten damals die Wirtschaft Europas und den Dauerzwist zwischen Spanien und Portugal. **Magellan** (1480–1521), so der geläufigere Name des mutigen Seefahrers, hatte sich den auch vom Augsburger Handelshaus *Fugger* finanzierten Auftrag erworben, den Seeweg zu den Molukken von Südamerika aus, also von Ost nach West, zu erkunden. So wollte er den Machtbereich der Portugiesen meiden und deren Handelsmonopol aufbrechen. Durch Meuterei, Hinrichtungen und Skorbut arg dezimiert, erreichten die Männer seiner kleinen Flotte im März 1521 endlich das Land, das die malaiische Inselwelt ankündigte. Die Insel Samar und die umliegenden Eilande tauften sie voller Dankbarkeit nach dem Tagesheiligen „Sankt Lazarus-Archipel".

Zuversichtlich steuerte *Magellan* weiter und traf auf die freundlichen Bewohner mehrerer Inseln, wo er wiederholt die heilige Messe lesen ließ. Am 7. April 1521 erreichte er Zubu, das heutige Cebu. Hier überzeugte er, wiederum unterstützt durch Waffen und Geschenke, den *Rajah Humabon,* dessen 800 Untertanen und andere Fürsten vom Vorteil der christlichen Taufe. Doch ein *Datu* mit Namen *Lapu Lapu,* Herrscher über die vorgelagerte Insel Mactan, lehnte sich gegen die Weißen und die bekehrten Nach

013kp-ags

In martialischer Pose: das Denkmal von Häuptling Lapu Lapu (1491–1542) im Rizal-Park in Manila

barn auf. *Magellan* wollte ihm eine Lektion erteilen und landete am 27. April mit 60 Männern auf Mactan. Im anschließenden Kampf gegen 2000 Feinde wurden er, acht Spanier und etliche „Indios“ niedergemetzelt. Zurück auf Cebu gerieten die Europäer erneut in arge Bedrängnis, als der „befreundete“ *Rajah Humabon* während eines Essens in seinem Dorf zwei Dutzend Spanier umbringen ließ.

Dieses Mal hatten die Insulaner die weißen Fremden vertreiben können. Deren Mission war letztlich ein zweifelhafter Erfolg beschieden: Nur 18 halbverhungerte, kranke Seeleute hatten 1522 auf der „Victoria“, einem von fünf Schiffen mit anfangs 256 Männern, den Heimathafen Sevilla wieder erreicht. Für den spanischen König *Karl V.* (1500–1558) war die so tragisch verlaufene Weltumsegelung der Magellan-Expedition zunächst zu abschreckend und zu wenig lukrativ, um den Sankt-Lazarus-Archipel so bald erneut ins Visier zu nehmen. Im **Vertrag von Zaragoza** verkaufte Spanien denn auch 1529 seinen Herrschaftsanspruch auf die **Gewürzinseln** für 350.000 Golddukaten an Portugals König *Johann III.* Die Molukken und die erst später so benannten Philippinen lagen von nun an offiziell in

Rote Mützen, roher Reis, Kanonendonner – die erste Begegnung

Die ersten Kontakte zwischen Europäern und Filipinos beschreibt Magellans Reisechronist, der Italiener Antonio Pigafetta (ca. 1480–1535):

„Am Morgen des Donnerstags, des 28. März, ankerten wir vor einer Insel, auf der wir nachts ein Feuer gesehen hatten. Ein kleines Boot, das die Eingeborenen ‚boloto‘ (heute ‚baroto‘, Anm. d. Übersetzers) nennen, näherte sich mit acht Männern dem Flaggschiff. Der Sklave unseres Generalkapitäns (Magellan), Taprobana aus Zamatra (Sumatra), sprach zu den Leuten im Boot, die ihn sofort verstanden und längsseits kamen. Aber sie wollten nicht an Bord klettern. Weil der Kapitän ihr Misstrauen sah, warf er ihnen eine rote Mütze und andere Dinge zu, die an ein Stück Holz gebunden waren. Sie nahmen diese freudig in Empfang und entfernten sich schnell, um ihrem König zu berichten.

Etwa zwei Stunden später sahen wir zwei ‚balanghai‘ herankommen. Diese großen Boote waren voller Leute. Unter ihnen der König, geschützt von einem Dach aus Matten. Als er nahe dem Flaggschiff war, sprach unser Sklave zu ihm. Der König verstand ihn, denn in dieser Gegend sprechen Könige mehr Sprachen als ihre Untergebenen. Er befahl einigen seiner Män-

der Hemisphäre der Portugiesen. Diese machten sich jedoch seltsamerweise nicht viel aus dem neu erworbenen Besitz in Übersee. Die Spanier setzten also wieder Segel und wagten ab 1525 vier Expeditionen dorthin. Alle diese Unternehmungen, die teilweise in Mexiko gestartet waren, scheiterten. Die letzte, von *Ruy Lopez de Villalobos* (1500–1544) zu den südlichen Inseln, hinterließ zumindest ein, wie wir heute wissen, dauerhaftes Andenken: den Namen des Landes. Er oder ein Mitglied seiner Mannschaft hatte 1543 die besuchten Inseln Samar und Leyte zu Ehren des spanischen Thronfolgers *Felipe* (spanische Schreibweise) **„Las Islas Felipinas"** getauft. Der 1556 zum König gekrönte *Philipp II.* (1556–1598) schickte eine weitere Flotte aus. Sie sollte „seine" Inseln mit mehr diplomatischem Geschick erobern und missionieren. Immerhin schaffte es *Miguel Lopez de Legazpi* (1502–1572) ab 1565 mit Verhandlungen und wo nötig mit Waffen, die Inseln Bohol, Cebu, Panay und die restlichen Visayas für die Krone zu erobern. Mit der gleichzeitig angeordneten Namensgebung „Las Felipinas" für den gesamten damals bekannten Archipel begann offiziell die 333 Jahre währende **spanische Kolonialherrschaft.**

ner, das Schiff zu erklettern, während er selbst aber bis zu deren Rückkehr in seinem ‚balanghai' blieb. Der Generalkapitän beehrte und beschenkte die Leute reichlich. Daraufhin wollte der König ihm vor seiner Abfahrt einen großen Barren Gold und einen Korb mit Ingwer übergeben lassen. Jener dankte ihm herzlich, nahm die Geschenke jedoch nicht an.

Am nächsten Tag, es war Karfreitag, schickte der Generalkapitän seinen Sklaven zum König mit der Bitte um Proviant und der Versicherung, dass wir nicht als Feinde, sondern als Freunde gekommen seien. Als der König dann mit einigen Männern an Bord kam, umarmte er den Generalkapitän. Er übergab ihm drei Porzellankrüge voll mit rohem Reis, zwei sehr große Dorado-Fische und andere Sachen. Unser Generalkapitän seinerseits schenkte dem König einen Umhang aus gelbem Tuch im türkischen Stil und eine rote Mütze. Seine Begleiter erhielten einige Messer und Spiegel. Der Sklave übersetzte dem König, dass der Generalkapitän sein ‚casi casi', das heißt sein Bruder sein wolle. Solch eine Beziehung wollte auch der König eingehen. Dann wurden ihm verschiedene Kleider in vielen Farben und andere Handelswaren gezeigt. Und schließlich ließ er einige der Kanonen abfeuern, worüber die Eingeborenen höchst erschrocken waren."

(Aus Antonio Pigafetta: „First Voyage around the World and de Moluccis Insulis", Filipiniana Book Guild, Manila 1969, S. 26–27, Übersetzung Albrecht G. Schaefer)

Legazpi gründet die Kolonie (ab 1571)

Wie sich die Situation am Vorabend der spanischen Eroberung im späten 16. Jahrhundert rund um die Bucht von Manila und längs des Flusses Pasig dargestellt haben mag, beschreibt *Ramón M. Zaragoza* in „Old Manila" (1990). Die Gegend, in der Malaien in etwa 40 *barangay* genannten Dörfern siedelten, war demnach regelmäßiges Ziel von Dschunken aus China, Japan und anderen Häfen Asiens. Maynila, der Name rührt von einer am Pasig üppig wachsenden Wasserpflanze her, war das politische und militärische Zentrum. In einem **kuta,** einem Fort aus Palmstämmen, sollen die Spanier bei ihrem ersten Landgang eine Bronze- und Eisenschmiede vorgefunden haben und den Schmiedemeister nach der Eroberung des Forts in ihre Dienste übernommen haben.

1571 verlor der damalige *Rajah Sulayman* sein **kuta Maynilad** an der Mündung des Pasig im Kampf an die Europäer. Nur zwölf Monate später hatten *Legazpi* und sein Neffe *Juan de Salcedo* den Großteil des Archipels, außer Mindanao, die Sulu-Inseln und die Gebirgsregion von Nordluzon unter ihren Einfluss gebracht. Bald erhielt Madrid Kenntnis von der Besitznahme in Südostasien. Der Reichtum an Bodenschätzen, darunter auch sehr viel Goldvorkommen, die Fruchtbarkeit des Landesinneren, die fischreichen Gewässer und die angesichts zahlreicher Widersacher zu berücksichtigenden strategischen Möglichkeiten erschienen äußerst verlockend.

So groß das wieder erwachte Interesse an den Inseln zunächst war, so schwierig erwies sich deren Kontrolle. Seit dem **Vertrag von Tordesillas** (1494) war die westliche Verbindung nach Europa durch Portugal behindert. Spanien seinerseits gestattete zum Schutz heimischer Produkte die Ausfuhr von philippinischen Gütern nur nach Zentralamerika, von wo die neue Kronkolonie durch den Vizekönig von Mexiko verwaltet wurde. Ordensleute kamen zuhauf, denn für deren Belange waren die Inseln tatsächlich eine willkommene Gelegenheit. Angesichts der vorherrschenden, kaum pragmatisch-straff verankerten Naturgeister- und

064kp-ags

Miguel Lopez de Legazpi (1502–1572) begann die Kolonisierung 1565 mit dem Ausbau der Siedlung Zubu (die heutige Großstadt Cebu City)

Ahnenverehrung stieß ihre „Seelenrettung" auf wenig Widerstand. Viele **Vorstellungen der Christen** nahmen die „Heiden" neugierig als Ergänzungen in ihren ebenfalls monotheistischen Glauben auf. Die von Kerzen, Weihrauch und Glockengeläut begleiteten Riten der Weißen beeindruckten nicht minder (siehe auch die Kapitel „Religion und Kirche" ab Seite 101 und „Feste, Bräuche, Traditionen" ab Seite 112). Wo es dennoch an Bekehrungswillen fehlte, griffen die Spanier auf die schon in Lateinamerika bewährte Methode zurück und verbreiteten die Bibel mit Feuer und Schwert.

Obwohl sie nie mehr als rund 5000 Personen zählten – außer in den letzten fünf Jahren ihrer Kolonialherrschaft, als sie zur Niederschlagung der Freiheitskämpfer die Truppen verstärkten – führten die Spanier über drei Jahrhunderte lang ein strenges Regiment. Die „Indios", wie die malaiische Bevölkerung genannt wurde, bekamen das besonders nachteilig zu spüren. Wie auch in der Stadtplanung von Alt-Manila deutlich wird, lebten sie ziemlich weit unten in der kolonialen Rangordnung, streng abgeschirmt und getrennt von der spanischen Kernstadt Intramuros. Unberührbar waren sie jedoch nicht, das zeigten schon bald die vielen Nachkommen aus den Beziehungen mit den europäischen Siedlern – und Priestern.

„Gemischtes Blut" bedeutete **sozialen Aufstieg.** Die „reinrassigen", im Zuge des Galeonen-Handels (siehe hierzu auch den Exkurs „Der Galeonenhandel – Drehscheibe zwischen Asien, Amerika und Europa" ab Seite 54) scharenweise ins Land eingewanderten Chinesen, von den Spaniern *sangleys* genannt, hatten ihre Stellung am Ende der sozialen Leiter, noch unter den Indios. Die sogenannten *criollos* (spanisch-malaiische Mischlinge) waren den *mestizos* (chinesisch-malaiische Mischlinge) überlegen. Über diesen beiden Gruppen rangierten die *insulares,* die auf den Inseln geborenen Spanier. An der Spitze standen die *peninsulares,* die direkt von der iberischen Halbinsel stammenden Spanier.

Von der Krone eingesetzte Beamte regierten in den Städten und teilten das Land in *encomiendas* auf. Das waren für die eigene Elite und Günstlinge unter den Kreolen reservierte Verwaltungsbezirke. Die *bandala,* eine **Steuer in Form von Naturalien,** wurde der Landbevölkerung abgefordert; außerdem mussten die Leute im Kirchen-, Festungs- und Straßenbau *polo* (Zwangsarbeit) leisten. Besonders die bis heute erstaunende Geduld und Opferbereitschaft der Filipinos, kombiniert mit einer fatalistischen Lebenseinstellung, kamen der Verwaltung gelegen. Immer mehr Mönche reisten aus Mexiko heran, um durch **Massentaufe** und **Kirchengründung** die Kolonie zu festigen. Neben den Augustinern ließen sich Dominikaner, Franziskaner und Jesuiten auf dem Archipel nieder, erlernten die einheimischen Sprachen und brachten neue Feldfrüchte wie Kakao, Kaffee und

Der Galeonenhandel – Drehscheibe zwischen Asien, Amerika und Europa

Gewürze und Bodenschätze gaben entgegen ersten Einschätzungen wirtschaftlich wenig her, die asiatische Kolonie galt im Vergleich zu den amerikanischen, an Edelmetallen reichen Besitzungen für die spanische Krone als minderwertig und musste zeitweise sogar subventioniert werden. Und doch entwickelte Manila sich zur Drehscheibe Südostasiens - von hier beziehungsweise der Bucht von Cavite südlich der Hauptstadt pendelten zwischen 1571 bis 1815 (von Cebu bereits ab 1565) die berühmten Manila-Galeonen ein- bis zweimal jährlich über den Pazifik. Ihre Fracht bestand vornehmlich aus Seidentuch, Parfüm, Porzellan und Gewürzen aus China und dessen Handelsstützpunkten in Ostasien.

Manila entwickelte sich zum Zentrum des spanischen Fernosthandels und wurde nach Zusammenschluss Spaniens und Portugals zum Brückenkopf eines weltweiten Handelsnetzes, das wesentlichen Einfluss auf die Entwicklung von Stadt und Kolonie nahm. Ihr Schicksal hing von der sicheren Fahrt und Ankunft der Galeonen ab. Erlitten diese Schiffbruch oder fielen sie in die Hände englischer oder holländischer Piraten, war das wirtschaftliche Leben in den Philippinen wie gelähmt. Eine erfolgreiche Hin- und Rückreise jedoch brachte den Investoren Profit, ließ weitere staatliche und religiöse Gebäude entstehen und kurbelte das Handwerk an.

014kp-ags

Der Archipel als Zentrum des Welthandels, kartografiert im späten 16. Jh.

Nebenbei diente die Metropole den Europäern als exponierter Horchposten in die bis dahin weitgehend unbekannte Welt der späten Ming-Dynastie. Als erste beladene Galeone überquerte die „San Pedro“, das Flaggschiff der Legazpi-Expedition, bereits 1565 den Pazifik. Sie brachte einen zweieinhalb Jahrhunderte florierenden Handel zwischen Okzident und Orient in Gang. Jahr für Jahr ankerte eine Flotte chinesischer Dschunken in der Bucht von Manila, reich beladen mit Porzellan, Seide, Elfenbein, Perlen, Edelsteinen und anderen Kostbarkeiten, die die Spanier bestellt hatten. Im Hafen von Cavite wurden die wertvollen Güter gelöscht und an Bord der spanischen Galeonen (regierungseigene, hochseetüchtige Dreimastsegelschiffe mit einer Wasserverdrängung bis zu 2000 Tonnen) nach Mexiko verschifft. Wenn sie von Acapulco aus die lange, gefährliche Rückreise antraten, hatten sie neben Siedlern, Missionaren, Handwerkern und Beamten mexikanische Münzen geladen, damals die gängige Währung in den Häfen Ostasiens, mit denen die Spanier in Manila ihre Importe bezahlten. Geprägt wurden sie aus dem Silber, für das Tausende von indianischen Arbeitern in den Minen von Potosí und anderen Bergwerken in den Anden ihr Leben lassen mussten.

Auf seinem Höhepunkt erreichte das Manila-Acapulco-Geschäft das Wertvolumen des transatlantischen Handels von Sevilla. Nach Protesten spanischer Städte wie Sevilla und Cadiz, die ihre Pfründe bedroht sahen, begrenzte der spanische Hof den philippinisch-mexikanischen Warenaustausch auf ein Schiff pro Jahr. Der Galeonenhandel war zwar für die daran beteiligten Spanier höchst lukrativ, aber auch der Grund dafür, dass sie die Wirtschaft in Las Felipinas vernachlässigten. Als sich gegen Ende des 18. Jahrhunderts eine Liberalisierung des Welthandels abzeichnete, hoben die Spanier ihr Handelsmonopol für die Philippinen auf. Schiffe unter nicht-spanischer Flagge erhielten Zugang zu den philippinischen Häfen; ausländische Firmen, insbesondere aus USA und England, erhielten Konzessionen, in philippinischen Städten Niederlassungen zu gründen. Dadurch ermöglichten die spanischen Kolonialherren ungewollt auch den Einfluss neuer politischer Theorien und liberalen Gedankenguts. Somit leiteten sie gleichzeitig den Niedergang der eigenen Macht ein. Mit sinkender Nachfrage nach asiatischer Ware in Mexiko und mit der Unabhängigkeit Mexikos 1821 wurde der Manila-Acapulco-Handel zu Beginn des 19. Jahrhunderts eingestellt. Die letzte Galeone, die „Magellanes“, segelte 1815 über den Stillen Ozean. Von insgesamt 108 Galeonen, die von 1565 bis 1815 die Reise in der Regel mehrmals unternahmen, gingen 30 verloren, nur vier davon wurden Beute von Piraten und Freibeutern. Viele Matrosen und Passagiere starben an Hunger und Krankheiten wie Skorbut, eine wahre Geisel der Seefahrer, die chronischen Vitaminmangel erleiden mussten, auf Schiffen, die meist unvorstellbar wertvolle Ladung transportierten.

Mais mit. Die „zivilisierten" Stämme unterrichteten sie in verbesserten Anbaumethoden. Die ländlichen Gebiete wurden zur Domäne des Klerus, der sich ganz an die allgemeine Klassenstruktur hielt. So waren bis zum 19. Jahrhundert der Zugang zum Priesterberuf, der Besuch der Klosterschulen und das Studium der spanischen Sprache nur Kreolen gestattet.

Inzwischen hatte man das Prinzip **„divide et impera"** („teile und herrsche"), mit dem man anfangs die einzelnen Ethnien gegeneinander auf- und schließlich unter den Schutz von *Madre España* brachte, auch auf die Verwaltung ausgedehnt. Entscheidend war, dass die zwar hierarchisch, aber kaum auf individuelle Bereicherung ausgerichteten traditionellen Gesellschaften umstrukturiert worden waren. Der spanische *Gobernador General* herrschte von Manila aus, bis zum Ende der spanischen Ära werden sich 117 Generalgouverneure abgelöst haben. In den Provinzstädten regierten Spanier als *Alcaldes Mayores.* Die neuernannten Alkalden kamen ohne jedes Vermögen auf die Philippinen. *„Die Indier mussten dem Alkalden ihre Produkte verkaufen und seine Waren abnehmen zu Preisen, die er selbst feststellte. Unter diesen Umständen waren die Priester die einzigen, welche die Philippiner gegen diese Blutsauger schützten, wenn sie nicht, was auch zuweilen vorkam, mit ihnen gemeinschaftliche Sache machten."* (*Andreas Fedor Jagor,* „Reisen in den Philippinen" 1859/1860, S. 94)

Als **Dorf- und Gemeindevorsteher** wurden einheimische *Datus* eingesetzt, denen man den Titel *Cabeza de barangay* beziehungsweise *Gobernadorçillo* gab. Ihnen oblagen fortan das **Einfordern der Abgaben und die Aufsicht der Zwangsarbeit.** So setzte sich das von oben legitimierte Prinzip, auf Kosten der Allgemeinheit in die eigene Tasche und zum Wohl der Anvertrauten zu wirtschaften, bis in die unteren Institutionen fort. Die Folgen sind bis heute spürbar. Philippinische Akademiker und Politiker erörtern mit Vorliebe, wie sehr die spanische Bürokratie Bestechung und Nepotismus begünstigt habe. In der Tat betrachteten königliche Kolonialbeamte das Eigentum der Krone auch als das ihre. Um das Eigentum, das auch Verwaltungsposten einschloss, zu mehren, wurden Ämter und Titel regelrecht verkauft oder versteigert. Natürlich war es umgekehrt kaum schwieriger, einen Posten oder dessen Inhaber zu „kaufen".

Die Herrschaft der Kirche musste über kurz oder lang auf den Widerstand der **einheimischen Bourgeoisie** stoßen. Auch in Spanien geriet die philippinische Kolonie in die Kritik. 1768 wurde die vorübergehende Ausweisung der Jesuiten angeordnet. Überhaupt war man vom wirtschaftlichen Nutzen der Philippinen, die damals außer dem China-Mexiko-Handel nur Agrarerzeugnisse zu bieten hatten, immer weniger überzeugt. Allein der Wille, das – wenn auch angeschlagene – Imperium zu behaupten, hielt Madrid davon ab, seine einzige asiatische Kolonie aufzugeben.

Die jüngere Geschichte

Die Kolonie im Gegenwind (1575–1872)

Seit *Legazpis* Ankunft mussten die Spanier sich gegen **äußere Angriffe** wehren. Dazu zählten die Attacken der Muslime im Süden und Südwesten, die sich ihrerseits gegen die Expansionsgelüste der Europäer verteidigten. Die Erzfeinde aus der Reconquista, der Rückeroberung Iberiens von den Mauren, standen den Spaniern nun in dieser Ecke der Welt erneut gegenüber, in Gestalt der *moros,* wie sie die malaiischen Muslime abfällig nannten. Auch aus Norden nahte Gefahr: Die Flotte des chinesischen Piraten *Limahong* (auch als *Lim ah hong* bzw. *Lin Feng* bekannt, 1575 durch *Juan de Salcedo* hingerichtet) lag 1574/1575 vor Manila, aus Japan fürchtete man ebenfalls Aggressoren. Portugal verlor den Ruf als Erzrivale, nachdem *Philipp II.* 1580 das iberische Nachbarreich annektiert hatte. Doch Holländer, deren Vereenigde Oostindische Compagnie (VOC) mittlerweile die indonesischen Inseln von den Portugiesen übernommen hatte, griffen Manila zwischen 1600 und 1648 mehrmals an, inzwischen lebten dort um die 50.000 Menschen. Was ihnen nicht gelang, erreichten die Engländer während des **Siebenjährigen Krieges:** 1762 hielten sie die geplünderte Stadt besetzt, bis sie den sogenannten „Sack of Manila" zwei Jahre später nach dem **Friedensvertrag von Paris** (1763) beenden mussten und die Spanier ihre Koloniezentrale wieder übernehmen konnten.

Die äußere Sicherheit war wiederhergestellt, doch im Innern der Philippinen bahnten sich bald, durch die Französische Revolution von 1789 inspiriert, soziale Veränderungen an: Endlich durften Filipinos die Priesterweihe erhalten. Damit entstand der Kern einer lokalen Intelligenzija, die zusammen mit der bereits einflussreichen Mestizo-Bourgeoisie zu einer neuen Machtkomponente heranwachsen sollte. Die Ökonomie war geprägt vom Zerfall des Manila-Acapulco-Monopols und von der Öffnung europäischer Märkte für Agrarprodukte aus den Philippinen. Nun konnten immer mehr einheimische Händler an den Wirtschaftsbeziehungen teilhaben. **1821,** als Mexiko seine Unabhängigkeit erklärte, kamen die Philippinen unter **Madrids direkte Verwaltung.**

Zwar wurden **öffentliche Schulen** 1863 in der Kolonie zugelassen, doch die **höhere Bildung** stand weiterhin ausschließlich unter der Kontrolle der Ordensleute. Die Jesuiten kamen auf die Philippinen zurück. Zum Missfallen der neuen Priestergeneration, die sich bereits als Fürsprecher der unterdrückten Landbevölkerung verstand. Der direkte Kontakt zu Spanien wuchs, zunehmende Einwandererzahlen von dort leiteten **eine säkulare Phase** in den Philippinen ein. Zwischen 1840 und 1872 wurden 30

Zeitungen gegründet. Wohlhabende *mestizos* schickten ihre Kinder nach Spanien. Über den 1869 eröffneten Suezkanal gelangten aber auch die Ideen von Liberalismus und Nationalbewusstsein direkter und schneller in die Kolonie.

Nach der **spanischen Revolution von 1868** genossen die Filipinos etwas mehr Freizügigkeit, dann verschärfte **die zurückgekehrte Monarchie 1870** ihre Überseepolitik erneut. Die Auseinandersetzung zwischen Kolonialkirche und einheimischem Klerus, der nun offen Stellung gegen die *filibusteros,* die spanischen „Freibeuter", bezog, spitzte sich zu. In Verbindung mit der niedergeschlagenen Meuterei philippinischer Söldner 1872 in Cavite wurden mit den Anführern auch **drei Priester der Rebellion angeklagt** und mit der Garrotte grausam hingerichtet. *José Burgos, Mariano Gomez* und *Jacinto Zamora* wurden zu den ersten Märtyrern im Freiheitskampf.

Aufstand und Verrat, der Nationalheld José Rizal (1880–1896)

Wie auch in anderen Teilen der kolonialen Welt flackerte die **Flamme der Rebellion** zunächst lebhafter in der Heimat der Unterdrücker als dort, wo sie tätig waren. Im Fall der Philippinen hatte sich in Spanien die Gruppe um *Marcelo H. del Pilar* (1850–1893), Herausgeber der revolutionären Zeitschrift „La Solidaridad", im Kampf für die **Machtbeschränkung der Orden und für Meinungsfreiheit** geformt. Zu diesen *ilustrados* („die Aufgeklärten"), wie sich die Nachkommen der gebildeten Oberschicht, der Großgrundbesitzer, Beamten und chinesischen Händler nannten, gesellte sich um 1880 der junge *José Rizal* (1861–1896). Als spanisch-philippinisch-chinesischer *mestizo* am 19. Juni 1861 in Calamba geboren, war er in die Vereinigten Staaten, nach Japan und nach Europa gereist, um das Studium der Medizin, Philosophie und Literaturwissenschaft fortzusetzen. Er freundete sich mit *del Pilar* an und schrieb für dessen Blatt „La Solidaridad". Tatsächlich strebten die *ilustrados* anfänglich nicht die Unabhängigkeit der Philippinen an. Sie forderten lediglich deren Umwandlung in eine spanische Provinz und umfassende politische Reformen wie die Gleichstellung der indigenen, also nicht-spanischen Bevölkerung und deren Vertretung in der *cortes,* dem spanischen Parlament. Ein Ziel, dem sich Krone und Kirche energisch widersetzten.

Der 1885 zum Doktor der Philosophie promovierte Augenarzt *Rizal* hatte während eines Aufenthaltes in Heidelberg *Schillers* „Wilhelm Tell" ins Tagalog übersetzt und 1887 in Berlin sein Hauptwerk „Noli Me Tangere" („Berühre mich nicht"), eine Anklage der Missstände in den Philippinen, beendet. 1891 erschien sein zweiter Roman „El Filibusterismo"

(„Die Rebellion") in Gent. In ihm zollte *Rizal* den drei exekutierten Priestern Respekt, was die Spanier erneut provozierte. Beide in die Heimat geschmuggelten Schriften motivierten die Unabhängigkeitsbewegung erheblich, doch ob *Rizal* selbst die gewaltsame Revolte befürwortete, bleibt umstritten. Nach wie vor trat er für mehr politische Mitbestimmung und schrittweise Reformen ein. Unterstützt wurde er darin auch von seinem Freund *Ferdinand Blumentritt,* einem österreichischen Lehrer, der die Philippinen bestens kannte, obwohl er sie nie gesehen hatte. *Rizals* intellektueller Einfluss genügte, ihn zum Staatsfeind zu erklären. Als dieser trotz Warnungen 1892 in die Heimat zurückkehrte und den **Reformverein Liga Filipina** gründete, wurde er verhaftet und nach Dapitan auf Mindanao verbannt. Gleichzeitig formierte sich um seinen Freund **Andrés Bonifacio** der **Geheimbund Katipunan,** der energisch für die Trennung von Spanien eintrat. *Bonifacio,* ein einfacher Arbeiter und Autodidakt aus Manila, scharte bald viele Anhänger um sich, zumal die **KKK** oder **Kataastaasang Kagalanggalangang Katipunan ng mga Anak ng Bayan** („Höchst angesehene und ehrenwerte Vereinigung der Kinder des Landes"), kurz Katipunan genannt, ausdrücklich die **Landreform** forderte.

Rizals Exil war beendet, als 1896 seinem Gesuch, im spanisch-kubanischen Krieg als Militärarzt zu dienen, stattgegeben wurde. Doch noch während er in Spanien auf ein Schiff in die Karibik wartete, rief in Manila und umliegenden Provinzen die Katipunan zum Aufstand auf. Dieser schlug fehl: Die Spanier waren überlegen, auch weil die *katipuneros* kaum Waffen und keine Druckerei besaßen, mittels derer sie für ihre Sache aufrüttelnde Flugblätter hätten verbreiten können. *Bonifacio* konnte fliehen. Umgehend wurde *Rizal* als Gefangener nach Manila zurückgebracht und unter höchst fadenscheinigen Argumenten der Verschwörung angeklagt. Am 30. Dezember 1896 starb er auf dem Campo de Bagumbayan, wo zuvor die drei Priester hingerichtet worden waren, unter den Kugeln eines Exekutionskommandos.

015kp-ags

J. Rizal vor seiner Hinrichtung, nachgestellt im Fort Santiago, Intramuros

Mi Último Adiós

Seine letzten Wochen verbrachte der Nationalheld Rizal im Fort Santiago, Teil der spanischen Kernstadt Intramuros. Dort schrieb er sein Abschiedsgedicht in spanischer Sprache:
„Leb' wohl, geliebtes Vaterland, du Kind der Sonne, Schatz des östlichen Meeres, verlorenes Paradies.
Gerne schenke ich dir mein trauriges, betrübtes Leben.
Und wenn es auch strahlender, frischer und blühender wäre - um dir zu dienen, hätte ich es dir gegeben."
„ ...hört mein letztes Lebewohl, geliebte Philippinen!
Ich vertraue euch alles an, die Eltern und Freunde,
ich gehe ins Land ohne Sklaven, Henker, Tyrannen,
wo Gott herrscht und der Glaube nicht tötet."

(Aus „Mi Último Adiós", José Rizal, 1896)

Auch ohne Unterstützung der Bourgeoisie, die eine Landreform rigoros ablehnte, breitete sich der **Aufstand von Cavite** schnell aus. Tausende wurden verhaftet oder starben in Gefechten. Der Konflikt zwischen *Bonifacio* und *Emilio Aguinaldo,* dem neuen starken Mann und Guerillaführer, spitzte sich auf tragische Weise zu. *Bonifacio* wurde des Verrats angeklagt und auf Befehl *Aguinaldos* am 10. Mai 1897 erschossen. *Aguinaldo,* Sohn eines Bürgermeisters aus Kawit, schloss wenige Wochen später mit den Spaniern Frieden, nachdem er und die Delegierten des ersten philippinischen Nationalkongresses im nördlich von Manila gelegenen Ort Biyak-na-Bato ihre Forderungen formuliert hatten. Die Kolonialverwalter stellten tatsächlich durchgreifende Reformen in Aussicht: Die kirchlichen Orden sollten das Land verlassen und die *cortes,* die Volksvertretung Spaniens, sich mit der philippinischen Situation befassen. Rücksicht auf Menschenrechte, Religions-, Presse- und Meinungsfreiheit standen außerdem in dem Vertragspapier, dessen Einlösung mehr als fraglich war. *Aguinaldo* und seine Anhänger erhielten freies Geleit und nach Auszahlung einer Abfindung in Höhe von 800.000 Peso ging er freiwillig ins Exil nach Hongkong. Die **verlustreiche Revolution** war mit einem **unrühmlichen Handel** abgewürgt worden, fast wie *Rizal* es vorausgesehen hatte. Und auch die Bestechlichkeit seiner Landsleute hatte er im „El Filibusterismo" angeprangert.

Kriegsgewinnler mit Kolonialgelüsten (ab 1898)

„Vier Jahrzehnte unter der Besatzung der Amerikaner haben der philippinischen Gesellschaft ein amerikanisches Gesicht gegeben, den meisten Filipinos eine koloniale Mentalität eingeflößt. Sie hat ihnen nachhaltig das revolutionäre Bewusstsein geraubt, das sie sich erst um die Jahrhundertwende angeeignet hatten".

Die bittere Bilanz zieht *Renato Constantino* (1919-1999), der philippinische Historiker, Politiker und Kritiker des ersten Präsidenten *Manuel L. Quezon* (1878-1944) einleitend zu seinem Buch „The Continuing Past". Im philippinischen Volk „mit nationaler Identität, dem aber das Nationalbewusstsein fehlte", hatten ihm zufolge die subtil wirkenden Kolonialmechanismen eine Gesellschaft hervorgebracht, die „die brutale militärische Unterdrückung der Amerikaner vergaß und deren Beteuerungen von Uneigennützigkeit als Evangelium annahm." (*Renato Constantino,* in „The Continuing Past", S.1, 2f, 1978)

Der **Spanisch-Amerikanische Krieg,** für den die Revolution auf Kuba den Anlass gegeben hatte, beschränkte sich nicht auf Mittelamerika. 1898 erhielt das in Hongkong wartende US Navy-Geschwader unter Kommodore *George Dewey* den Befehl, die philippinische Hauptstadt einzunehmen. Wie Geier über einem sterbenden Tier lauerten, ganz im Stil der damals üblichen Kanonenbootpolitik, bereits Kriegsschiffe der Briten, Franzosen und Deutschen in der Manila Bay. Am 1. Mai desselben Jahres vernichtete die US-Marine die spanische Flotte. Fast 400 Seeleute, darunter nur ein Amerikaner, der einen Herzinfarkt erlitt, kamen ums Leben. *Dewey* stellte dem zurückgekehrten *Aguinaldo* und seinen Anhängern die Unabhängigkeit in Aussicht, welche dieser am 12. Juni 1898 ausrief, nach der Eroberung mehrerer Städte südlich von Manila. Tatsächlich gaben die Spanier erst am 13. August auf. Die Amerikaner hatten sich zuvor auf ein Scheingefecht geeinigt, das den Spaniern zumindest eine „ehrenhafte" Niederlage bescheren und sie vor einer drohenden blutigen Rache der so lange unterdrückten Filipinos bewahren sollte. Dann zogen sie als „Befreier" in Manila ein. Den verbündeten Aguinaldo-Truppen versagten sie jedoch mit vorgehaltenen Gewehren den Zugang zur Hauptstadt. Von Autonomie wollten sie nun nichts mehr wissen.

Im **Friedensvertrag von Paris 1898** übergab Spanien die Philippinen und Puerto Rico mit Guam als Zugabe den neuen Herren – für 20 Millionen US-Dollar. Dies symbolisierte den vorläufigen Schlusspunkt des Waffengangs *„the splendid little war"* („dem prima kleinen Krieg"), wie Staatsminister *John Hay* in einem Brief an *Theodore Roosevelt* frohlock-

Auserwähltes Land des Morgens

Vierfarbig sind die Tugenden des philippinischen Volkes in der ***Nationalflagge*** *vereint, die Emilio Aguinaldo am 12. Juni 1898 zum ersten Mal gehisst hatte. Das Dreieck auf der linken Seite enthält eine strahlende Sonne und drei goldene Sterne. Das restliche Feld ist in einen oberen blauen und einen unteren roten Querstreifen geteilt. Blau symbolisiert Frieden und Gerechtigkeit. Rot, das im Kriegsfall oben wehen muss, steht für Tapferkeit. Weiß bedeutet die Gleichheit, in der die Sonne der Freiheit leuchtet. Ihre acht Strahlen vertreten die ersten acht Provinzen, die sich gegen die Spanier auflehnten. Die geografischen Großräume Luzon, Visayas und Mindanao sind durch die drei Sterne repräsentiert.*

Wechselhaft wie die Landesgeschichte ist die Genese der philippinischen ***Hymne.*** *1898 komponierte der Musiklehrer Juan Felipe aus Cavite zunächst das schwungvolle Instrumentalstück „Marcha Filipina Magdalo". José Palma dichtete dazu ein Jahr später den gesungenen spanischen Text „Filipina". 1920, nach Aufhebung des Verbots von philippinischen Nationalsymbolen, wurde eine englische Übersetzung durch die US-Regierung zugelassen. Die populärste Version erhielt 1938 durch den philippinischen Kongress den Rang als offizielle Nationalhymne „Land of the Morning". 1948 folgte ihr die Filipino-Version von F. P. de Leon „O Sintang Lupa". 1956 erklärte Präsident Magsaysay die Version „Lupang Hinirang" („Auserwähltes Land") zum nationalen Lied. Die heutige Fassung entstand 1966 als erneute Überarbeitung und erklingt seit 1998 als offizielle Hymne der Republika ng Pilipinas.*

te. Mit einem solchen Ausgang hatten die Aguinaldo-Anhänger nicht gerechnet und setzten den Kampf nun gegen ihre „Befreier" erbittert fort. In diesem ersten, von bis zu 120.000 amerikanischen Soldaten äußerst grausam geführten **Guerillakrieg Asiens** wurden bis zur endgültigen Aufgabe versprengter Katipunan-Kämpfer im Jahr 1911 rund 220.000 Filipinos, mehrheitlich unbewaffnete Zivilisten, getötet. 10.000 Tote allein in dem Ort Balangiga auf der Insel Samar, wo 1901 die GIs sämtliche Bewohner über 10 Jahre umgebracht hatten. In diesem Jahr war *Aguinaldo* in Gefangenschaft geraten und hatte den Treueeid auf die neue Kolonialmacht geleistet.

▷ Landarbeiter und ihre Familien im frühen 20. Jahrhundert, Provinz Iloilo

Um die Unabhängigkeit betrogen – Onkel Sam und seine „kleinen, braunen Brüder“

„Habe Philippinen erobert. Was soll ich damit machen?“ Die Meldung, die **Kommodore Dewey** nach dem Sieg in Manila nach Washington telegrafierte, liest sich, als ob die USA im Umgang mit den Philippinen anfänglich verlegen und zögerlich gewesen seien. Doch ein „Hineinstolpern“ in koloniale „Verpflichtungen“ war die Besetzung der Inseln ganz und gar nicht. Zu Beginn des 20. Jahrhunderts zeigten die Garanten für Freiheit, Gleichheit und Gerechtigkeit in Südostasien ein **imperialistisches Gebaren,** das sie selbst knapp ein Jahrhundert zuvor den Briten in Nordamerika ausgetrieben hatten. Um den asiatisch-pazifischen Markt mittels neuer Militärstützpunkte kontrollieren zu können, lagen die Philippinen genau richtig. Allerdings beunruhigte das brutale Vorgehen während der Verfolgung der Katipunan-Kämpfer die Öffentlichkeit zu Hause und man beeilte sich, Gräueltaten und wirtschaftliche Ambitionen moralisch zu decken: Die Kolonie sei politisch noch völlig unterentwickelt und müsse erst an die Unabhängigkeit herangeführt werden. „Erziehung“ hieß das Motto, das die von den Spaniern in der Hinsicht „kurz gehaltenen“ Filipinos auch gern akzeptierten. Erster von einer gesetzgebenden Kommission unterstützter **Zivilgouverneur** des Landes wurde der Richter und spätere US-Präsident *William Howard Taft.* Städten und Gemeinden wurden philippinische Verwaltungsbeamte zugeteilt. Mit missionarischem Eifer gingen die Amerikaner an die **Erneuerung des Erziehungswesens** für die „kleinen, braunen Brüder“, wie *Taft* seine neuen Untertanen fortan zu nennen pflegte.

107kp-ags

In Regimentsgröße auf eigens dafür bereitgestellten Truppentransportern reisten Lehrkräfte aus den Staaten über den Pazifik, um einen ersten Kern von 2500 Filipinos in Englisch, der Sprache des Fortschritts, zu unterrichten. Was darin resultierte, *„dass der gebildete Filipino sich dem weniger glücklichen Landsmann überlegen fühlte, der nur seine eigene Sprache kannte. Daraus folgte auch, dass nur noch westliche, vorzugsweise amerikanische Allgemeinbildung gefragt war, die einheimischen Sprachen und Wissenschaften aber vernachlässigt wurden. Der einigermaßen erzogene Filipino wurde zum Fremden im eigenen Land."* (Aus *T. A. Agoncillo* „A short history of the Philippines", S. 218/219)

Großzügig investierten die Amerikaner in den Ausbau von Häfen, Straßen und medizinischen Einrichtungen. Ihre Religionssekten gründeten Filialen auf den Inseln, während die meisten katholischen Mönche nach Spanien zurückkehrten. Zum Katalysator der bis heute anhaltenden Bewunderung für das „Gelobte Land der Amerikaner" wurde deren Maßnahme, die Ländereien der katholischen Kirche für 7,2 Millionen US-Dollar vom Vatikan zu erwerben und an philippinische Bürger zu verkaufen.

1907 erhielten die Filipinos, nach Ansicht der USA politisch gereifter, eine eigene **Versammlung mit gesetzgebenden Befugnissen** auf regionaler Ebene. Wer von den Männern lesen und schreiben konnte, durfte wählen; die Frauen erhielten ihr **Wahlrecht** erst 1938. Im Jones-Gesetz von 1916 versprachen die Amerikaner, die philippinische Unabhängigkeit anzuerkennen, sobald eine zuverlässige Nationalregierung gewählt sei. Unter den Filipinos nahm die Ungeduld zu. Die **Nationalistische Partei** unter *Manuel Quezon* und *Sergio Osmeña* handelte mit Washington die Bewilligung für einen **nationalen Senat nach amerikanischem Vorbild** aus. Verantwortliche Ämter in Justiz und Exekutive folgten, die wirtschaftliche Bevormundung aber blieb. Zwar erlaubte das **Freihandelsabkommen** von 1909 die zollfreie Ausfuhr philippinischer Agrarprodukte in die Staaten, doch den Aufbau einer einheimischen Industrie verhinderte der Zwang zum Import amerikanischer Fertigwaren. Die Begünstigten dieser Wirtschaftspolitik, Handelsfirmen, Hacienderos, Zucker- und Reisbarone, konnten so ungehindert ihren Besitz und politischen Einfluss vergrößern. Sie waren die **Elite,** der die USA die Zukunft der Philippinen anvertrauen wollten.

Was es mit der amerikanischen Freundschaft auf volksnaher Ebene auf sich hatte, konnten in den 1920er-Jahren die ersten **philippinischen Auswanderergruppen** erleben. Das „Land der unbegrenzten Möglichkeiten" zeigte sich abweisend, Beschimpfungen und an Restaurants und Geschäften angebrachte Schilder wie „Hunde und Filipinos draußen bleiben" waren vielerorts der einzige Willkommensgruß.

Zum **ersten Präsidenten** des Commonwealth der Philippinen wurde am 15. November 1935 *Manuel L. Quezon* gewählt. Er machte sich bald durch soziale Reformen beliebt, wenn auch die **Verwaltung weiterhin von Korruption durchsetzt** blieb. Zur lang ersehnten vollständigen Freiheit aber reichte es immer noch nicht, die ungleichen Brüder, von denen der „kleine" zwischen Ost und West schwankte, mussten noch eine Weile miteinander auskommen.

Es ist überliefert, dass der damalige US-Präsident *McKinley* nach eigenen Angaben bei der Sorge um das Schicksal der Philippinen göttlichen Beistand erbeten hat. Da er die Inseln weder Rivalen wie Frankreich oder Deutschland noch den politisch und kulturell ja noch unreifen Filipinos überlassen konnte, habe er, durch den Rat des Allmächtigen erleuchtet, dem Chefkartographen des Kriegsministeriums aufgetragen, die Philippinen auf die Landkarte der USA zu setzen.

Was als „benevolent assimilation" verbrämt wurde, war nichts anderes als die von Rassismus und religöser Arroganz getragene Durchsetzung geostrategischer Interessen. Gegen die Politik der „wohlwollenden Einverleibung" richtete sich auch scharfer **Protest innerhalb der US-Bevölkerung.** Einer der berühmtesten Kritiker war der Vizepräsident der „Antiimperialistischen Liga der Vereinigten Staaten von Amerika" *Mark Twain.* Der Autor von „Die Abenteuer des Tom Sawyer" kritisierte vehement diesen Schritt seiner Regierung: *„Wir Amerikaner konterkarieren unsere ureigenen Werte, für die wir stehen, wenn wir es zulassen, dass der amerikanische Adler seine Krallen auf fremdes Territorium setzt, das uns nicht gehört."* (Zitiert aus GIZ Philippinen)

Großgrundbesitzer und Feudalherren blieben weiterhin unbehelligt, die sozialen Probleme und die Ausbeutung der Landbevölkerung verschärften sich. Der **Sakdal-Aufstand** 1935 bildete den vorläufigen Höhepunkt einer Rebellion von Bauern in Zentralluzon. 1938 schlossen sich die **Sozialistische Partei** unter *Pedro Abad Santos* und die **Kommunistische Partei der Philippinen (PKP)** unter *Cristiano Evangelista* zusammen. Gemeinsam riefen sie zum Widerstand gegen einen äußeren Feind auf: Japan, das durch den Krieg mit China und die Besetzung der Mandschurei seine expansionistischen Ambitionen im asiatischen Raum bereits deutlich erkennen ließ.

Gleichzeitig zeigte sich die 1936 gegründete „Philippine Falange" (informeller Name für „Spanish National Assemblies of the Philippines", span.: „Juntas Nacional Española"), der mehr oder weniger direkt verlängerte Arm der NSDAP, im ehemaligen spanischen Kolonialgebiet umtriebig. Zunächst war der einflussreiche spanische Geschäftsmann *Andrés Soriano* ihr Anführer. Ein prominentes Mitglied war u. a. der deutschstämmige

Enrique Zóbel de Ayala, der sich, übrigens als eine Art Konsul des Franco-Regimes in Manila tätig, um *Sorianos* Nachfolge in der Falange bemühte. Die von Berlin aus geforderte Zielsetzung der Falange war, die Besetzung des Landes durch Japan – eine der mit Nazi-Deutschland verbündeten Achsenmächte – vorzubereiten. Gleichzeitig erhofften sich die Franco-Anhänger, durch die Abwehr der Alliierten ihren eigenen Besitz vor der Übernahme retten und Spaniens einstigen Einfluss in den Philippinen zurückgewinnen zu können. Die Philippine Falange löste sich schließlich auf, als *Soriano* um die philippinische Staatsbürgerschaft ersuchte und nicht länger mit einer den Nazis verbundenen Bewegung liiert sein wollte.

Republik unter Japans Gnaden

Die große Bewährungsprobe der philippinisch-amerikanischen Beziehung brachte der **Zweite Weltkrieg.** Dem Angriff auf Pearl Harbor am 8. Dezember 1941 folgte einen Tag später die **japanische Invasion an den philippinischen Küsten.** Filipinos und Amerikaner leisteten erbitterte Gegenwehr, doch Manila musste sich bald ergeben. Die Truppen unter General *Douglas MacArthur* (dessen Vater General *Arthur MacArthur, Jr.,* hatte von 1900 –1901 im Krieg gegen die Philippinen das Oberkommando) verschanzten sich auf der Halbinsel Bataan und in der Festung Corregidor in der Bucht von Manila, wo 76.000 Männer am 6. Mai 1942 kapitulierten. Über 40.000 von ihnen kamen auf dem Marsch zu und in den Gefangenenlagern um. *MacArthur* hatte rechtzeitig das Land verlassen, vor ihm war *Quezon* in die USA geflohen, wo er 1944 starb.

Mithilfe ihrer extrem brutal vorgehenden **Soldateska** propagierten die Japaner, sicherlich inspiriert durch die fortgeschrittene Amerikanisierung auf dem eroberten Archipel, die Parole **„Asien für Asiaten".** So musste die englische Sprache in philippinischen Schulen und Ämtern dem Tagalog weichen. Sogar ein Ehescheidungsgesetz führten die Japaner ein, das jedoch wenig Resonanz fand. Obwohl viele Mitglieder der Elite offen mit den Besatzern kollaborierten, blieb die Mehrheit der Filipinos pro-amerikanisch eingestellt, eine breite **Widerstandsbewegung** organisierte sich. Das **Terrorregime der Japaner,** Hinrichtungen und Zwangsprostitution inbegriffen, stärkte die hauptsächlich von der PKP organisierte Guerilla unter dem Namen „Hukbalahap" („*Hukbo ng Bayan Laban sa Hapon*", dt.: „Antijapanische Volksbefreiungsarmee"). Als Tokio 1943 die Philippinische Republik ausrufen ließ und *José Laurel* zum „Präsidenten unter Japans Gnaden" einsetzte, blieb auch Washington nicht stumm und erinnerte seinerseits an die versprochene Unabhängigkeit der einstweilen verlorenen Kolonie.

General **MacArthur** machte 1944 sein Versprechen wahr, das er 1942 mit dem berühmten Satz *„I shall return"* gegeben hatte, und landete mit vier Divisionen im Oktober 1944 auf Leyte. Mittlerweile kontrollierte Japan nur noch 12 der 48 Provinzen. Im Frühjahr 1945 eroberten die Alliierten Manila in **einer der schlimmsten Schlachten der Geschichte** zurück. Manila war neben Warschau die am meisten zerstörte Stadt im Zweiten Weltkrieg. Bis zur japanischen Kapitulation im September 1945 waren über eine Million der 16 Millionen Filipinos umgekommen, möglicherweise bis zu 500.000 allein durch das Massaker, das die Japaner an den Manileños begangen hatten.

Endlich Unabhängigkeit – oder doch nicht?

Manuel A. Roxas wurde 1946 zum **Präsidenten des philippinischen Commonwealth** gewählt und rief noch am 4. Juli die unabhängige **Republika ng Pilipinas** aus. Doch die Euphorie über das Ende der Fremdherrschaft wich – wieder einmal – bald der Erkenntnis, dass Unabhängigkeit nicht gleich Freiheit ist. Die Oberschicht, die während des Krieges fast durchweg mit den Japanern kollaboriert hatte, erhielt schnell die politische Macht zurück. Die USA, auf deren Subventionen *Roxas* weiter bauen wollte, forderten im Gegenzug gleiche Rechte bei der Ausbeutung philippinischer Bodenschätze und schlossen einheimische Agrarprodukte fortan vom Freihandelsabkommen aus. Vor allem sicherten sie sich 99 Jahre gültige Pachtrechte für ihre Militärbasen in den Philippinen.

Nach *Roxas'* Tod 1948 folgte **Elpidio Quririno** im Amt, offensichtlich mithilfe gefälschter Wahlresultate. Den Betrug nahmen die verbliebenen **Guerilleros der Hukbalahap** zum Anlass, erneut zu den Waffen zu greifen. Schon während der japanischen Besatzung hatten sie für Sozialreformen gekämpft, 1950 erstarkten sie so, dass erst der 1953 gewählte **Präsident Ramon Magsaysay** es mit amerikanischer Hilfe und der seines wenig zimperlichen Militärs vermochte, einen offenen Aufstand abzuwenden. Er selbst kam 1957 durch einen bis heute nicht aufgeklärten Flugzeugabsturz auf Cebu ums Leben. Feinde hatte sich dieser letztlich reformwillige Präsident auch unter den Großgrundbesitzern gemacht. Seine beiden **Nachfolger** repräsentierten das zwiespältige Verhältnis zu den USA deutlich. Während *Carlos Garcia* auf Distanz zum großen Bruder gehen wollte und deswegen als vermeintlicher Kommunist in Ungnade fiel, sympathisierte der 1961 gewählte *Diosdato Macapagal* offen mit der Supermacht. Stabilität, Investitionszunahme von außen und landwirtschaftliche Expansion prägten die frühen 1960er-Jahre, als sich das amerikanische Engagement besonders auf die Agrar- und Forstwirtschaft konzentrierte.

Die Marcos-Diktatur

Zunehmend profitierte die philippinische Elite von der Wirtschaftshilfe aus den USA. Stur an Monokultur und Großgrundbesitz festhaltend, verursachte sie aber auch zu einem großen Teil die sich abzeichnende **soziale und ökonomische Krise.** Rufe nach dem starken Mann wurden laut, nach einem, der es mit den traditionellen Übeln wie Schmuggel, Steuerflucht und Bestechung aufnehmen könne. Für viele Filipinos war **Ferdinand Edralin Marcos** dieser Hoffnungsträger. Schließlich war er als Draufgänger bekannt, ein Ruf, den er geschickt zu nähren wusste. Geboren wurde er 1917 in Sarrat in Ilocos Norte. An der University of the Philippines absolvierte er das Jurastudium mit exzellenten Noten. Der später erfolgreiche Anwalt hatte sich schon als Achtzehnjähriger gegen die Anklage des Mordes an einem politischen Gegner in Selbstverteidigung einen Freispruch erfochten. Aus dem Guerillakrieg gegen die Japaner war er mit zahlreichen Medaillen zurückgekehrt – nach Meinung seiner Kritiker hatte er allerdings nur wenige davon wirklich verdient. Nichtsdestotrotz wurde er in den Senat und **1965 zum Staatsoberhaupt gewählt.** Noch mehr Sympathien gewann er durch die Heirat mit *Imelda Romualdez,* einer „höheren Tochter" aus wohlhabendem Haus von der Visaya-Insel Leyte. *Marcos* gab dem Volk Vertrauensbeweise und ließ Bewässerungsanlagen, Krankenhäuser und Straßen bauen. In Mittel- und Nordluzon setzte er sogar eine eingeschränkte Landreform durch. Mit den Elite-Familien des Landes konnte er es ebenso gut wie mit den Amerikanern, die den überzeugten Antikommunisten *Marcos* als Alliierten im gerade aufziehenden Vietnamkrieg gut gebrauchen konnten.

Mit der **Wiederwahl 1969** erreichte *Marcos* als bisher erster Präsident eine zweite Amtsperiode. Sein Machthunger war groß. Er ließ eine neue Legislaturversammlung wählen, die ihm zur **Amtsverlängerung** verhelfen sollte. Das provozierte vor allem die Studierenden zu öffentlichem **Protest.** Landesweit nahm die Gewalt zu, Privatarmeen von Politikern und Landbesitzern kämpften ihre eigenen Kleinkriege. Im Ausland warnte man vor einem Besuch der Philippinen, dem „Wilden Osten". Kritische Beobachter vermuteten, dass der Präsident all das Chaos angeheizt hätte, um es am 23. September 1972 als Vorwand für das **Verhängen des Kriegsrechts** zu benutzen. Sein damaliger Verteidigungsminister *Juan Ponce Enrile* und der seinerzeit als Chef der Nationalpolizei amtierende *Fidel Ramos* sollen an dem intriganten Plan mitgewirkt haben. Eine Welle der Verhaftung und Einschüchterung terrorisierte nun die Bevölkerung. Viele Gefangene verschwanden für immer, Folter und politischer Mord waren während **Marcos'** Amtszeit alltäglich. Sein eisernes Durchgreifen zeigte

Wirkung: Die Kriminalität ging zurück, in den Provinzen beruhigte sich die Lage. Die Korruption pendelte sich auf das gewohnte Maß ein. Marcos holte Investoren aus dem Ausland zurück, indem er neben Steuervergünstigungen mit niedrigen Löhnen warb, das Streikrecht und den Einfluss der Gewerkschaften ließ er abschaffen. In der neuen **Verfassung von 1973** gab er sich zusätzlich den Posten eines Premierministers. Getragen vom Erfolg der einstweiligen Befriedung des Landes stabilisierte **Marcos** erneut seine Position und blendete die Bevölkerung mit seiner Vision von der „Neuen Gesellschaft": „Der zügellose Umgang mit Reichtum und Besitz verspottet die Ziele der menschlichen Gesellschaft ... In diesem zutiefst sozialen Jahrhundert bedeuten Reichtum und Macht von Wenigen nichts anderes als Gewalt an den Armen; wenn unverantwortlich eingesetzt, werden sie zur Neuen Barbarei." (*Ferdinand E. Marcos* „Today's Revolution: Democracy", Manila 1971, S. 119)

Doch seinem Regime drohte weiterhin Gefahr. Einerseits nutzten die **muslimischen Separatisten,** irritiert durch immer mehr christliche Einwanderer, die nationalen Wirren zum Aufstand, der weit über die 1970er-Jahre hinaus anhalten sollte. Zum anderen war aus einer maoistischen Studentengruppierung die **Nationale Volksarme** (**NPA,** fortan als **„New People's Army"** bekannt) herangewachsen, die sich als Nachfolgeorganisation der HUK-Rebellen sieht. Ihre Mitglieder hatten sich zum Ziel gesetzt, Regierung und Militär zu schwächen, außerdem sahen sie sich verpflichtet, diejenigen zu bestrafen, die Verbrechen gegen das Volk begangen hatten. Sie liquidierten korrupte Beamte und folternde Polizisten und raubten ausbeuterische Landbesitzer aus.

Nur teilweise freiwillig unterstützte die Landbevölkerung die NPA-Kämpfer, die später auch direkt in den Städten mit *sparrow units* genannten Kommandos operierten. Angesichts dieser doppelten Bedrohung rüstete *Marcos* das Militär auf. Nebenbei füllte er mit öffentlichen Geldern direkt oder versteckt seine Auslandskonten auf, versorgte seine Familie, Frau *Imelda,* Sohn *Ferdinand („Bongbong")* und die Töchter *Irene* und *Imee* mit lukrativen Posten.

Pressefreiheit gab es auf dem Papier. Tatsächlich hatten nur regierungstreue und verhaltene Medien Bewegungsspielraum. Die Marcos-Partei Kulisang Bagong Lipunan (KBL) posierte landauf, landab als **„Bewegung für eine neue Gesellschaft".** Ohne Einfluss auf die Innenpolitik blieben sowohl die verbotene Communist Party of the Philippines (CPP) als auch die Oppositionsparteien Democratic Socialist Party und Philippine Democratic Party. Eine **Wirtschaftskrise** zeichnete sich ab, auch weil sich die Deviseneinnahmen durch drastisch gesunkene Weltmarktpreise für Rohstoffe verringerten.

Marcos schien die Schraube der Diktatur etwas lockern zu wollen und ließ 1978 auf Druck der USA **Wahlen zur Nationalversammlung** zu. Seine KBL-Partei siegte, die Opposition warf ihm Wahlbetrug vor. Er setzte seine Beschwichtigungstaktik fort: Der schwerkranke **Senator Benigno („Ninoy") Aquino Jr.,** Führer der politischen Gegner und seit acht Jahren im Gefängnis, durfte 1980 in die USA ausreisen – kurz vor dem Besuch von Papst *Johannes Paul II.* Anfang 1981 hob *Marcos* das Kriegsrecht auf. Noch einmal wurde eine neue Verfassung verabschiedet und *Marcos* bei den von der Opposition boykottierten **Präsidentschaftswahlen** im Juni **1981** für weitere sechs Jahre im Amt bestätigt. Wieder lautete der Vorwurf Wahlschwindel, ebenso bei den Parlamentswahlen von 1984. *„Ninoy" Aquino* kehrte am 21. August 1983 aus dem Exil in sein Land zurück und wurde bei seiner Ankunft in Manila noch auf der Flugzeugtreppe erschossen. Der angebliche Mörder wurde noch auf dem Flughafengelände liquidiert. Eifrig bemühte sich die Regierung, die Meucheltat den Kommunisten anzulasten. Doch das Volk ließ sich kaum mehr täuschen. Die Opposition machte die Regierung für den **Mord an ihrem Idol** verantwortlich. Ein ziviler Untersuchungsausschuss fand heraus, dass *Aquino* einer Verschwörung der Militärführung zum Opfer gefallen war. Alle 25 Angeklagten, einschließlich des Stabschefs General *Fabian Crisologo Ver,* wurden schließlich freigesprochen.

065kp-ags

Als Ninoy Aquino „maskierte" Studenten nutzen 1984 das Ati-Atihan-Festival in Kalobo, um ihr Idol zu betrauern

Extrainfo 1 (s. S. 6): „Bei Ankunft Mord": Spiegel-Online-Bericht über das Attentat auf Benigno Aquino – einer der dreistesten politischen Morde der Nachkriegszeit

Rücksichtslos hatte unterdessen der Marcos-Klan auf Kosten der Volkswirtschaft ein **Privatvermögen** angehäuft, das etwa ein Drittel der Staatsschulden ausmachte. Es wiederholten sich die Forderungen nach Landreformen. Die **linke Guerillabewegung** war auf rund 20.000 Bewaffnete angewachsen und hielt landesweit die Militärs in Bewegung. Die Gefängnisse füllten sich erneut mit „subversiven Elementen". Amnesty International schätzt, dass seit 1972 mehr als 50.000 oppositionelle Politiker, Journalisten, Gewerkschaftsführer, Studierende und angebliche Kommunisten

Climaco, der Held von Zamboanga

Mit schulterlangem, schlohweißem Haar, legerer Kleidung, stets ohne Leibwächter, ohne Waffe, als einen der ihren - so kannten und liebten die Einwohner von Zamboanga City ihren Bürgermeister: Cesar Cortes Climaco, kurz CCC wurde schon zu Lebzeiten (1916–1984) zur Legende. Seit er 1970 zum Bürgermeister gewählt wurde, ist sein Name untrennbar mit der Stadt an der Sulusee verbunden. Auf seine Art exzentrisch, aber ausgesprochen mutig setzte er sich für sie und die vom Bürgerkrieg gebeutelte Heimat ein. Er ließ Straßen, Erholungsparks und Wohnhäuser für die Armen bauen. Die touristische Zugkraft von Zamboanga City sah er nicht nur in Golfplätzen, Luxushotels und Casinos, sondern in der Begegnung von Menschen verschiedener Welten. Und so waren ihm Rucksacktouristen ebenso willkommen wie Geschäftsleute. Das harmonische Zusammenleben von Christen und Muslimen war für Climaco keine Utopie, sondern ein mit friedlichen Mitteln erreichbares Ziel seiner politischen Tätigkeit. Als Marcos 1972 das Kriegsrecht über das Land verhängte, schwor CCC, sich bis zur Rückkehr der Demokratie nicht mehr die Haare schneiden zu lassen. Dass er auch nach Aufhebung des Ausnahmezustandes seine wallende Haarpracht nur wenig kürzer trug, betonte sein anhaltendes Misstrauen gegenüber dem Regime.

Noch mehr Aufsehen erregte Climaco, als er am Rathaus eine große Tafel anbringen ließ: In blutroter Schrift war dort die stetig nach oben zu korrigierende Zahl der Opfer von Polizei- und Militärterror angeschrieben.

Als Climaco am 14. November 1984 einem Mordanschlag zum Opfer fiel, war Zamboanga City wie gelähmt vor Entsetzen. Die Hintergründe sind bis heute nicht aufgeklärt. Einiges spricht für eine Aktion von Militärs, deren dunklen Machenschaften, darunter u. a. auch Drogenhandel, Climaco auf der Spur war. Auch der Verdacht, dass der Mordbefehl vom Präsidentenpalast in Manila aus gegeben wurde, lässt sich nicht ausräumen.

106kp-ags

Bereits von Krankheit gezeichnet, gibt Ferdinand Marcos eine seiner letzten Pressekonferenzen im Malacañang-Palast

„Ich sagte Paoay, nicht Hawaii"

Die Debatten über die Richtung, welche die Philippinen 30 Jahre nach dem Sturz eines der korruptesten und brutalsten Diktators eingeschlagen haben, sind alles andere als verstummt.

In dieser Woche schauen wir mal in eine andere Richtung, dorthin, wo die Marcoses eigentlich hin wollten, als das verärgerte Volk sie aus dem Malacañang-Palast rausgeworfen hatte, wo sie aber nicht angekommen sind.

Der damalige US-Präsident Ronald Reagan hatte bekanntlich seine in den Philippinen stationierten Militärs instruiert, seinen Freund und Alliierten in Sicherheit zu bringen, als die Revolte ihren Höhepunkt erreichte. Wie es ein populärer Witz erzählt, soll Reagan Marcos am Telefon gefragt haben: „Hey, buddy, wohin soll's gehen?" Und Marcos soll geantwortet haben: „Ich will nach Paoay, Ronnie" (in Paoay, Ilocos Norte befand sich der Landsitz von Ferdinand Marcos; Anm. des Autors).

von Sicherheitskräften inhaftiert wurden. Zahllose Fälle von Folterung politischer Gefangener gehen auf das Konto des Militärs ebenso wie Verschleppungen und das Verschwinden Tausender. Außerdem ermordeten Militärs oder ihnen nahestehende Todesschwadronen ähnliche Gruppen Hunderte von missliebigen Gegnern und Kritikern. Viele Vertreter der Kirche, allen voran Kardinal *Jaime Sin,* übten offen Kritik am Regime. Einige Priester und Anhänger der Befreiungstheologie schlossen sich sogar aktiv den linken Rebellen an.

Nervosität machte sich breit. Die **Inflationsrate** lag mittlerweile bei 60 %. Ausländische Banken zogen ihr Kapital ab. Auch die private Geldflucht nahm enorm zu. *Marcos* musste, wiederum unter dem Zureden der USA, die **Präsidentschaftswahlen** auf den 7. Februar **1986** vorziehen. Als seine Gegenkandidatin trat an der Spitze einer nun geschlossenen Opposition **Corazon Aquino** an, die Witwe des neuen Nationalhelden *„Ninoy"*.

„People's Power" – Blumen und Gebete gegen Gewehre

Hinter der Frau, der *Marcos* kurz zuvor noch öffentlich jegliche politischen Ambitionen abgesprochen und sie an ihre traditionelle Rolle der (Haus-)Frau erinnert hatte, standen die Kirche und die der Unterdrückung überdrüssige Mehrheit des Volkes. (Als *„Cory" Aquino* sich als Gegenkandidatin erklärte, reagierte *Marcos:* „Sie ist bloß eine Frau, deren Platz im Schlafzimmer ist".) Stur verkündete *Marcos* sich als Sieger der Wahl. Die

„Alles klar, Ferdie" war Reagans Antwort, bevor er den Befehl an die Helikopterpiloten gab: „Okay Jungs, er sagt, dass er nach Hawaii geflogen werden will."

Diese Unterhaltung hat es niemals gegeben. Doch im Witz liegt ein wahrer Kern: Die Marcoses wollten wirklich nach Norden geflogen werden und nicht nach Osten auf die Inselgruppe im Pazifik, wo der Tyrann nach jahrelangem Exil schließlich starb. Irwin Ver, damals Mitglied in Marcos' Sicherheitsgruppe, hat gerade bestätigt, dass es tatsächlich den Plan gegeben habe, die Marcos-Familie nach Paoay zu bringen. Während des nächtlichen Stopover auf der Clark Air Base sei der Plan jedoch geändert worden.

„‚Wir hatten wirklich erwartet, in Paoay zu landen, das ist ja der Gag', lachte Ver. ‚Stattdessen sind wir auf Hawaii runtergegangen. Da hatte der spätere Witz also Recht. Aber für uns war das zu der Zeit gar nicht witzig.'" (aus „Inquirer", 06. Januar 2016, „Kolumne Kuwento", Übersetzung Albrecht G. Schaefer)

Extrainfo 2 (s. S. 6): Eine filmische Zusammenstellung der Ereignisse , die zum friedlichen Aufstand gegen das Marcos-Regime und zur Machtübernahme durch Corazon Aquino führten (Engl.)

Pinatubo – ein Vulkan mischt sich ein

Ungläubig, wenn auch noch wenig beunruhigt reagierten zunächst die Tieflandbewohner, als sich der seit über 600 Jahren schlafende Vulkan, dessen Namen außerhalb der Region kaum jemand kannte, im April 1991 mit leichtem Rumpeln und weißen Dampfwölkchen über seinem 1760 Meter hohen Gipfel bemerkbar machte. Nur die im Bergurwald lebenden Aeta waren überzeugt, dass ihr als Schöpfergott verehrter Berg den Menschen grollte. Einige der damals etwa 50.000 Ureinwohner marschierten hinunter zum Militärstützpunkt und forderten ein weißes Schwein. Sie wollten es opfern, um den Vulkan gnädig zu stimmen. Für sie war das Übel bisher aus dem Tiefland gekommen: die Holzfäller und die US-Piloten, die den Berg als Zielscheibe für Übungsbombardements missbrauchten. Eilig angebrachte Seismografen bestätigten, dass sich im Innern des Berges Magma nach oben bewegte. Selbst als am 9. Juni 1991 erste stärkere Ausbrüche die Erde erschütterten, war das nur ein kleiner Donner im Vergleich zu dem, was wenige Tage später folgen sollte. Die Behörden ordneten vorsichtshalber die Evakuierung der benachbarten Bevölkerung, einschließlich der Aeta an. Von den Berghängen flüchteten einige Tausend von ihnen in die Täler hinab, um sich in Sicherheit zu bringen. Die übrigen blieben auf dem Berg und suchten Schutz in Höhlen, in denen sie später vermutlich begraben wurden.

Der Jüngste Tag schien gekommen zu sein, als am 15. Juni die Eruptionswolken bis 25 Kilometer in den Himmel hinaufschossen. Dunkelheit legte sich über das Land, Blitze und Donner tobten, zahlreiche Erdbebenstöße jagten durch Luzon und waren noch weit entfernt zu spüren. Neunzehn Millionen Tonnen an Schwefeldioxid und fünf Milliarden Tonnen Fels wurden bis 24 Kilometer hochgeschleudert, Unmengen von Asche, Sand und Gesteinsbrocken fielen auf die Erde, ein „zufällig" über der Insel wütender Taifun brachte dazu starke Regenfälle. Diese vermischten sich mit den Aschemassen und verwandelten sie in kilometerlange Schlammlawinen (Lahar). Nichts konnte sie aufhalten, sie schwemmten Häuser und Brücken hinweg, begruben ganze Dörfer unter sich. Auch die Furcht vor einer möglichen glühend heißen, giftigen Gaswolke verursachte eine Massenflucht bis nach Manila hinein, rund 600.000 Menschen wurden innerhalb weniger Tage obdachlos. Nach weiteren Ausbrüchen und Lahar-Strömen stieg die Zahl später auf fast eine Million an. Offizielle Zahlen sprechen von mehr als 800 Todesopfern, doch wie viele der Aeta im Berg geblieben sind, ist bis heute unklar.

Eine Ackerlandfläche von 80.000 Hektar ist für Generationen vernichtet worden. Wie Parkplätze wirken Reisfelder, die von Lahar wie mit Zement versiegelt worden sind. Die Amerikaner, durch den auslaufenden Pachtver-

Extrainfo 3 (s. S. 6): Das Video zeigt Fotos mit erklärenden Texten zu den einzelnen Phasen der Eruption sowie ihren Folgen und ein Diagramm zur geologischen Situation (Englisch).

trag eh zu einer Entscheidung gedrängt, mussten in einer buchstäblichen Nacht-und-Nebel-Aktion ihren 53.000 Hektar großen Stützpunkt, rund 8000 GI-Posten und mehr als 800 philippinische Arbeitsplätze aufgeben. Balibago, die Vergnügungsmeile von Angeles City, wurde wie viele andere Ortschaften für Monate zur Geisterstadt, wo die hellgraue Ascheschicht, die selbst Teile von Manila bedeckte, durch erneute Eruptionen stetig anwuchs. Straßenkarten waren plötzlich unbrauchbar, Flüsse umgeleitet, auf mehrere Kilometer zugeschüttet worden. Die Philippinen erlebten mit „der größten Eruption der jüngeren Geschichte hinsichtlich der Auswirkungen auf die Menschen" - so 1992 der Leiter des amerikanischen Geologenteams vor Ort - eine nationale Katastrophe. Allein wegen der inzwischen alljährlichen Lahar-Lawinen wirkten die sozioökonomischen Folgen noch Jahre nach. Abgesehen von den Konsequenzen, die die Schwefeldämpfe, in der Stratosphäre zu einem gigantischen Eisschleier kristallisiert, auf das globale Klima hatten. Die Clark Air Base ist heute ein internationaler Zivilflughafen, die Gegend um Subic Bay hat durch eine Freihandelszone und intensiv genutzte touristische Infrastruktur eine wirtschaftliche Aufwertung erfahren. (Albrecht G. Schaefer, in „Philippinen", Edition Erde, 1996)

⍐ Nach dem Ausbruch des Pinatubo geht das Leben weiter: ein in der Asche spielendes Mädchen

Extrainfo 4 (s. S. 6): „Pinatubo – dem Vulkan entronnen": eindrucksvolle Dokumentation zur Naturkatastrophe und den Auswirkungen auf das ganze Land

Stimmung schlug in Wut und Empörung um, selbst Beobachter aus dem Ausland bestätigten den Wahlbetrug. *Aquino* rief zum **zivilen Ungehorsam,** zum Generalstreik und zum Boykott der *Marcos* nahestehenden Unternehmen auf. Dann liefen sogar Verteidigungsminister *Ponce Enrile* und *Fidel Ramos,* damals Vize-Stabschef der Streitkräfte, mit rebellierenden Einheiten zur Opposition über. Ein Kampf zwischen ihnen und loyalen Soldaten schien unausweichlich. Die vielen Tausend unbewaffneten Zivilisten, die sich vom 23. bis 25. Februar 1986 auf der EDSA (Epifanio de los Santos Avenue) mit Blumen, Rosenkränzen und Gebeten vor die Überläufer und gegen die Panzerwagen der Militärs stellten, konnten das Blutbad verhindern. Die Marcos-Soldaten verweigerten den Schießbefehl und schlossen sich dem zivilen Ungehorsam an. Der friedliche Protest von „People's Power", der als **unblutiger Widerstand** ohne einen einzigen Toten, ohne einen einzigen Schuss in der ganzen Welt bejubelt wurde, siegte über das Regime, das sich ausgereizt hatte. Die Philippinen trugen auf einmal **Gelb,** die Farbe des Neuanfangs und fortan Erkennungszeichen der Aquino-Anhänger. Der schwer kranke *Marcos* rief, nachdem sich *Aquino* am 25. Februar ebenfalls als Präsidentin vereidigen ließ, die USA zu Hilfe. Statt Kampfbombern kam ein einziges Flugzeug, das ihn, seine Familie und einige Günstlinge nach Hawaii ausflog. Ohne die Philippinen wieder betreten zu dürfen, sollte *Marcos* dort 1989 sterben.

Nach anfänglicher Euphorie mussten die Menschen einsehen, dass keine Revolution, sondern nur ein Machtwechsel stattgefunden hatte. Zweifellos verhalf **Cory Aquino** der lange geschundenen **Demokratie** zu einem Neuanfang, stellte auch die Funktion von Parlament und Oberstem Gerichtshof wieder her. Das Volk erhielt **Streikrecht, Presse- und Meinungsfreiheit** zurück. Doch grundlegende soziale Veränderungen und ein entscheidender wirtschaftlicher Fortschritt wurden nicht erreicht. Die Schlüsselpositionen in Gesellschaft, Verwaltung und Wirtschaft blieben in den Händen der rund 200 Elite-Familien, denen die Präsidentin schließlich selbst angehörte. Ebenso wenig konnte und wollte sie den **Einfluss der Militärs** beschneiden, die sich während ihrer Regierungszeit zu einem besonders unberechenbaren Machtfaktor entwickelten. 1987 richteten Soldaten bei einer Bauerndemonstration in Manila an der Mendiola-Brücke ein **Massaker** an. Im selben Jahr putschten unzufriedene Truppen, sechs weitere **Umsturzversuche** sollten bis 1992 folgen, davon forderte der gewalttätigste Ende 1989 über einhundert Todesopfer. Das linke National Democratic Forum (NDF) brach bereits 1987 die Friedensverhandlungen mit der Regierung ab. Wie die NPA nahm die Moro National Liberation Front (MNLF), die für die Muslime auf Mindanao ebenfalls Verbesserungen erwartet hatte, den **bewaffneten Kampf** wieder auf. Rechts- und links-

Extrainfo 5 (s. S. 6): Eine filmische Zusammenstellung der Ereignisse bei der EDSA-Revolution 1986 („People's Power Revolution", auf Englisch) extremistische Killertrupps, Privatarmeen der Großgrundbesitzer – all die Schrecken der jüngsten Vergangenheit kamen zurück. Landesweit häuften sich die **Menschenrechtsverletzungen** durch Polizei und Militär. Außer der fortschreitenden Verarmung der Landbevölkerung, die vergeblich auf die Realisierung der angekündigten Agrarreform wartete, trugen verheerende Taifun- und Erdbebenschäden zur **sozialen Misere** bei. Konnte die Wirtschaft 1987 und 1988 endlich wieder schwarze Zahlen schreiben, war das Land Anfang der 1990er-Jahre erneut in eine starke Depression gefallen. Verstärkt wurde diese noch durch die Ausbrüche des Vulkans Pinatubo 1991, deren Folgen für die Nationalökonomie lange nachwirken sollten.

Am Ende von *Corys* kurzer, aber turbulenter Karriere als Politikerin sorgte der 1992 auslaufende Militärpachtvertrag mit den USA zusätzlich für Aufregung. Der Senat in Manila lehnte eine Verlängerung ab, die Philippinen sollten endlich, trotz Devisenmangels, auf eigenen Beinen stehen. *Aquino* schlug ihren Verteidigungsminister *Fidel Ramos* als Nachfolger vor. Im Sommer 1992 wurde dieser, ein Protestant, mit knappem Vorsprung zum Präsidenten gewählt, nach einem erbitterten Wahlkampf, an dem auch die aus dem Exil heimgekehrte *Imelda Marcos* teilnahm.

Ramos, der Reformer

Die Erwartungen an die politische Führung waren hoch. Wenn die Jahre nach *Marcos* für die Mehrheit der Bevölkerung auch bislang längst nicht den Weg aus sozialer und ökonomischer Not geöffnet hatten, so hatte sich doch bei vielen Filipinos das **demokratische Bewusstsein** schärfen können. Den Einfluss auf Entwicklungsmöglichkeiten der **NGOs („Nichtregierungsorganisationen")** in den Philippinen, die die Zeitschrift Far Eastern Economic Review schon 1991 als die „am besten organisierten und am weitesten entwickelten NGOs der Welt" lobte, musste die neue Regierung stärker wahrnehmen. Die Medien taten ein Übriges, ihre Meinungsfreiheit zu nutzen und zu verteidigen. Mit einigen aufsehenerregenden Gesetzesentscheidungen unterstrich Präsident *Ramos* seinen Willen zu deutlichen Veränderungen.

Ein Hauptanliegen der 1993 verkündeten **Agenda „Philippinen 2000"** war, außer einer Steigerung des Wirtschaftswachstums, die soziale Instabilität zu bekämpfen, die zusammen mit der weitreichenden Verarmung eine bedrohliche Zunahme der Kriminalität und die anhaltenden Aufstandsbewegungen zu nähren schien. In einem hart umstrittenen Kraftakt des Senats wurde die gerade erst unter *Aquino* abgeschaffte **Todesstrafe** für Kapitalverbrecher (Mord, Vergewaltigung, Landesverrat, Drogenhandel) wieder eingeführt. Aber auch korrupten Mitgliedern der Polizei, die oft genug in Verbrechen verwickelt waren, wollten *Ramos* und sein Vizepräsident *Estrada* das Handwerk legen.

Um den Prozess der **nationalen Versöhnung** zu beschleunigen, hob *Ramos* das seit 1957 gültige Verbot der Kommunistischen Partei (CCP) 1993 auf. Mit der in den Niederlanden lebenden Führung des NDF (National Democratic Forum) führte man bislang jedoch ergebnislose Gespräche. Immerhin verringerte sich die unter *Cory Aquino* wieder angestiegene Zahl der Kämpfe zwischen NPA (New People's Army) und Militär deutlich, mehrere Rebellenführer wurden begnadigt. Einen weiteren Hoffnungsschimmer bot das **Friedensabkommen** zwischen Präsident *Ramos* und *Nur Misuari,* dem Führer der Moro Nationalen Befreiungsfront (MNLF), das Anfang September 1996 unterzeichnet wurde. Die Hoffnung kam auf, dass der 26 Jahre dauernde **Bürgerkrieg,** der mindestens 120.000 Menschen das Leben gekostet hatte, ein Ende finden und die lang umstrittene Autonomie für die muslimischen Provinzen spürbare Formen annehmen könne.

Eine gewaltfreie, aber gleichwohl erbitterte **Fehde mit der katholischen Kirchenführung** beschäftigte die Regierung. Seit 1992 wetterte der Klerus unter Kardinal *Jaime Sin* (1928 - 2005) insbesondere gegen den Protestanten *Ramos* und sein Gesundheitsministerium, das durch Aufklärung und Verteilen von Verhütungsmitteln den Geburtenzuwachs zu beschränken hoffte. Mit Misstrauen beobachteten offizielle Stellen andererseits die nicht wenigen Angehörigen der Kirche, die sich vehement für die Achtung der Menschenrechte und für Umweltschutz einsetzen.

Zu einer leidigen Angelegenheit entwickelte sich die **Affäre um das Geld,** das *Marcos* durch illegale Machenschaften dem philippinischen Staat gestohlen hat. Erst 1998, zwölf Jahre nach der Vertreibung des Diktators, zahlten die Banken in der Schweiz auf Anordnung des Bundesgerichts die rund 500 Millionen US-Dollar an die Philippinen zurück. Darauf erhoben die Regierung in Manila, über 10.000 Opfer von Menschenrechtsverletzungen - und gleichzeitig die Witwe *Imelda Marcos* Ansprüche.

Das Gastspiel des Herrn Estrada

Dass sich *Ramos* mit der offiziell einmaligen Amtszeit von sechs Jahren zufrieden geben würde, wurde zeitweise heftig angezweifelt. Er hatte die Agenda „Philippinen 2000" zu seiner wichtigsten Aufgabe erklärt, die zu erfüllen - so unkten seine Kritiker - er auch eine zweite Kandidatur erwirken würde. Anfang 1996 war die Popularität des im Ausland unverändert

067kp-ags

beliebten *Ramos* jedoch auf einen Tiefpunkt gesunken. **Preis- und Steuererhöhungen,** aber vor allem ein letztlich gekipptes **Anti-Terrorgesetz** beeinflussten die Stimmung und erinnerten viele an die Methode *Marcos'*, mit autoritären Mitteln die anvisierte Wachstumspolitik durchsetzen zu wollen. Aus den Präsidentschaftswahlen im Mai 1998 ging schließlich *Ramos'* Vizepräsident *Joseph „Erap" Ejercito Estrada* als Sieger hervor. Als eines seiner wichtigsten Ziele hatte der ehemalige Schauspieler die Beseitigung der immer weiter auseinanderklaffenden Lücke zwischen Arm und Reich angekündigt. „Erap para sa mahirap" („*Erap*" für die Armen) – mit diesem Motto hatte er im Wahlkampf bei den sozial Schwachen punkten können. Korruption und Kriminalität standen ebenfalls – wie schon so oft – auf der Verbesserungsliste. Während man in höheren Kreisen über seine angeblich mangelnden Englischkenntnisse, Frauengeschichten und Trinkgelage aus früheren Tagen die Nase rümpfte, konnte sich „*Erap*" (von *Pare* – dt.: „Kumpel" – rückwärts gelesen) der Sympathien der unteren Schichten sicher sein. Dort ist er groß geworden, nachdem er 1937 in Manilas ärmlichem Stadtteil Tondo geboren worden war. Die **Popularität** verdankte er nicht zuletzt seiner Filmkarriere: Häufig spielte er den knuf-

Estrada und Cojuangco – ein ehrgeiziges Gespann

figen Draufgänger, der gegen die Ungerechtigkeit in der philippinischen Gesellschaft kämpft.

Für die Rolle als Staatsoberhaupt sollte es jedoch kein Happy End geben. 2001, nach drei Jahren im Amt, wurde *„Erap"* wegen schwerer, jedoch nie eindeutig bewiesener Korruptionsvorwürfe desselben enthoben und verhaftet. Vorausgegangen waren **Massendemonstrationen des Mittelstandes,** die als **„EDSA II"** (in Erinnerung an den Proteststurm gegen *Marcos*) seinen Rücktritt forderten. Seine Sympathisanten organisierten ihrerseits die „EDSA III" und verlangten *„Eraps"* Rückkehr. Verfassungsgemäß übernahm seine Vizepräsidentin *Gloria Macapagal-Arroyo* die Staatsführung. 2007 folgte die Verurteilung wegen illegaler Bereicherung zu lebenslanger Haft, kurz darauf begnadigte ihn jedoch seine Nachfolgerin. Ein paar Jahre später stand er erneut auf der politischen Bühne, er kandidierte 2010 bei den Präsidentschaftswahlen und wurde 2013 zum **Bürgermeister von Manila** gewählt.

Gloria – Präsidentin mit eiserner Hand und unrühmlichem Abgang

Gloria Macapagal-Arroyo („GMA") brachte das Renommee der Tochter eines früheren Präsidenten und der international geschulten Wirtschaftswissenschaftlerin mit. Ihr Versprechen, mit Ehrlichkeit und Transparenz politische und soziale Erneuerung, ja die nationale Versöhnung anzugehen, wurde landesweit und im Ausland begrüßt. Doch die großen Probleme wie die weiterhin überfällige Landreform, Armut und Arbeitslosigkeit, der sich verschärfende Widerstand der muslimischen Befreiungsbewegung und die allgegenwärtige Korruption blieben auch nach ihrer erneut gewonnenen Kandidatur 2004 ungelöst. *„Southeast Asia's Iron Lady",* wie sie bald von den Medien getauft wurde, heizte die Situation an, indem sie die staatlichen Machtstrukturen rücksichtslos einsetzte, um ihre eigene Macht zu festigen. Das Ziel, die Nationalökonomie anzukurbeln, konnte sie immerhin erreichen. Das **Wirtschaftswachstum** hielt sich während ihrer Amtszeit auf durchschnittlich 4,5 %, das ist mehr als zu Zeiten ihrer drei Vorgänger. Um sich die Sympathie der Kirche zu sichern, schaffte *Arroyo* 2006 die **Todesstrafe** wieder ab. In Washington höchst willkommen war ihr Beschluss, „im vereinten Kampf gegen den Terror" die Stationierung von US-Militär – offiziell „Berater" genannt" – erneut zuzulassen. Menschenrechtsgruppen dagegen gab die Ära *Gloria Macapagal-Arroyo* Anlass zu vehementer **Kritik:** Über 800 politische Morde, so viele wie seit *Marcos* nicht mehr, wurden aufgelistet. Auf die wieder gängige Praxis der **Einschüchterung von Oppositionellen** folgte vielfach deren Verhaftung, wie die von unbequemen Umweltschützern und Medienvertretern. Ein Putschversuch 2006 gegen *„GMA"* scheiterte zwar, doch sie erklärte den Ausnahmezustand. Die Proteste gegen sie nahmen zu, auch geschürt durch Beschuldigungen, sie selbst habe gegen Ex-Präsident *Estrada* intrigiert. Schon bald nach den Präsidentschaftswahlen 2004, als sie gegen *Fernando Poe Junior,* auch er ein beliebter Schauspieler und Estrada-Kumpel, antrat und gewann, erhoben Kritiker schwere Vorwürfe wegen **Wahlfälschung** und der von ihr selbst angeordneten Manipulation von Wählerstimmen. Zwar überstand sie ein Verfahren zur Absetzung, doch in den verbleibenden Jahren als Staatsoberhaupt konnte sie den gravierenden Imageschaden nicht wiedergutmachen. Zu den persönlichen Turbulenzen der Präsidentin (geb. 1947), deren Gesundheit sehr angegriffen war, setzten **zwei verheerende Taifune,** die die schwächelnde Wirtschaft belasteten, einen weiteren Tiefpunkt. Ganz brutal karikierte 2009 das **Massaker an 57 Journalisten und politischen Gegnern** des mit *„GMA"* verbündeten Ampatuan-Klans in der Provinz Maguindanao (auf der Insel Mindanao) die von *Gloria Macapagal-Arroyo* mit eiserner Hand propagierte **Befriedungspolitik.**

017kp

Mit ihrem Vorgänger *Estrada* scheint sie immerhin eine tragikomisch anmutende Orientierung und Zähigkeit zu teilen: Auch sie zog vom Präsidentenpalast ins Gefängnis. Wie bei ihm ist ein politisches Comeback in Sicht. Bedingt durch wiederholt notwendige medizinische Behandlung verbüßte sie ihre Strafe wegen Sabotage der Wahlergebnisse und Veruntreuung von staatlichen Lotteriegeldern bis 2016 in wechselnden Krankenhäusern, was sie aber nicht daran hinderte, sich bereits 2013 als Kongressmitglied ins Unterhaus wählen zu lassen.

Gloria Macapagal-Arroyo: „Southeast Asia's Iron Lady" im Jahr 2006

Aquino – Neuauflage

Alles muss, alles wird sich bessern! *Yes, we can! Change!* Das erwartete der Großteil der philippinischen Bevölkerung von dem, der es versprach. Kein Geringerer als **„Noynoy" Aquino,** der Sohn von *„Ninoy"*, dem 1983 ermordeten Senator und *Cory*, der 2009 verstorbenen Ex-Präsidentin. Der Bonus des Namens und der damit verknüpfte Vorschuss an Charisma erklären teilweise den Wahlerfolg, den er mit 42 % der Stimmen – so einen Vorsprung hatte noch nie ein Präsident im Land verbuchen können – im Jahr 2010 errang. Widerstand gegen seine Kandidatur gab es auch, gegründet u. a. auf falschen Dokumenten, die die psychische Labilität *Aquinos* beweisen sollten.

Den Katalog der Verbesserungen, Änderungen, Dringlichkeiten konnte *Aquino III* ziemlich wortgetreu von seinen Vorgängern übernehmen, sie alle warteten ja noch darauf, umgesetzt zu werden. **Rund 20 präsidiale Verordnungen** erließ er in den ersten zwei Jahren seiner Amtszeit zu Angelegenheiten wie Armut, Kriminalität, Energie, Umwelt, Tourismus und kulturelle Minderheiten, er verpflichtete sogar die Musiksender der Rundfunkmedien zum Abspielen von stündlich mindestens vier original philippinischen Kompositionen. Und den „Dauerbrenner" **Korruption** ging er auch gleich mit Vehemenz an und setzte mit der *executive order No 10* die **„Wahrheitskommission" (Truth Commission)** ein, die Anomalien und Bestechungsfälle der vorherigen Verwaltungen untersuchen sollte. Das ließ im Volk die Hoffnung sprießen, dass endlich ein neuer Wind aus dem Präsidentenpalast wehen würde. Optimistisch stimmte *„Noynoy"* auch diejenigen, die eine nationale Versöhnung herbeisehnten, als er den Dialog mit linken und muslimischen Widerstandsbewegungen wieder aufnahm.

Der Skandal um die sogenannte **„Pork-Barrel-Affäre"** setzte *Aquino* und seine Regierung jedoch schon bald massenhaften Protesten aus. Allein in Manila gingen am 26. August 2013 im **„Million People March"** an die 100.000 Menschen auf die Straßen, nachdem durch Untersuchungen des NBI (National Bureau of Investigation) bekannt geworden war, dass der Staat innerhalb von zehn Jahren um rund 10 Milliarden Pesos betrogen worden war. Mit *„pork barrel"* – wörtlich: Schweinefass – ist die Vorratsreserve gemeint, die laut Gesetz jedem Abgeordneten des Repräsentantenhauses in Höhe von 70 Millionen Pesos pro Jahr (Senatoren sogar 200 Millionen Pesos) zur Verfügung steht. Sie können diese Gelder nach eigenen Auswahlkriterien zum Nutzen der Bürger einsetzen. Der Sturm der Entrüstung, dem sich auch Tausende von Auslandsfilipinos anschlossen, richtete sich gegen die Bande aus Geschäftsleuten, aktiven und früheren

Senatoren sowie Mitgliedern des Nationalkongresses, weil sie das Geld für allerlei unsinnige und erfundene Investitionen missbraucht haben sollen. Gegen den Präsidenten richtete sich die Wut, weil er diesen Machenschaften früher hätte Einhalt gebieten müssen.

Die **Kritik der Opposition und großer Teile der Bevölkerung** nahm Fahrt auf, sie befand *Aquinos* „Erneuerungspolitik" als zu verhalten, warf ihm vor, die Hilfe für die Opfer von Taifun Yolanda im November 2013 zu zögerlich bereitgestellt zu haben und selbst erst verspätet am Katastrophenort Tacloban auf der Insel Leyte erschienen zu sein. Aktivistengruppen wie die Medical Action Group Inc. (MAG), die Task Force Detainees of the Philippines (TFDP) und die Philippine Alliance of Human Rights Advocates (PAHRA) beklagten die erschreckende Zunahme von Verstößen gegen die Menschenrechte unter *Aquino III.* Sie konstatierten anlässlich des Gedenkens an *Marcos'* Verordnung des Kriegsrechts vor 43 Jahren, dass dieses weiterhin in der Politik verankert sei, zu viele Übergriffe einschließlich Mord gegen Menschenrechtler vorgekommen und nicht geahndet worden seien.

Der „Rüpel" Duterte

Gewalt, Kriminalität, Drogenbanden – *Rodrigo Duterte,* zunächst Oberbürgermeister von Davao City und schließlich mit 40 % der Stimmen Gewinner der Präsidentschaftswahlen vom Mai 2016, griff diese Dauerbrenner unter den Problemen mit markigen, rüpelhaften Sprüchen auf und kündigte an, dass er Drogendealer eigenhändig umbringen werde und die Todesstrafe wieder einführen wolle: Wenn er es als Präsident nicht innerhalb eines halben Jahres schaffe, mit aller Härte – Polizisten will er den gezielten Tötungsschuss erlauben – den Sumpf auszutrocknen, dann könne man ihn umbringen.

Alle **Kritik seitens vieler Menschenrechtsaktivisten** gegen *Duterte,* übrigens erklärter Bewunderer von *Marcos,* hat nicht verhindern können, dass der nun mindestens sechs Jahre lang das Land regieren wird. Man muss kein allzu großer Pessimist sein, um zu befürchten, dass die mühsam, mit vielen Rückschlägen erkämpfte Demokratie in den Philippinen erneut und empfindlich erschüttert werden könnte. Unter einem Staatschef, der Papst *Franziskus* einen „Hurensohn" genannt hat, der notfalls ein „ungehorsames" Parlament absetzen will, der nach eigenem Bekunden in Davao selbst angebliche Kriminelle erschossen hat, könnte es ein böses Erwachen für viele seiner Wähler werden. *Duterte* dagegen gibt sich zuversichtlich – kurz nach seiner Wahl hat er versprochen, sogar im Schlaf sein Bestes geben zu wollen.

Präsident Rodrigo Duterte – mehr als ein Poltergeist?

„Er kam, polterte und siegte", so könnte man den Wahlerfolg Dutertes im Juni 2016 auf eine kurze Formel bringen. Ihm gelang innerhalb weniger Monate, was schlimme Taifune, Erdbeben und spektakuläre Entführungen nur im unregelmäßigen Jahresrhythmus schaffen: Die Philippinen fast täglich in die internationalen Medien zu lancieren. Mal war es die Beleidigung des Papstes, weil dessen Besuch in Manila einen Stau verursachte, in dem Duterte selbst stecken blieb. Mal schimpfte er Barrack Obama genauso unflätig einen „Hurensohn". Dann äußerte er sich in unverschämt sexistischer und menschenverachtender Weise zur Vergewaltigung und Ermordung einer australischen Missionarin. Vor allem ist Rodrigo Duterte, geboren in Maasin auf Leyte am 28. März 1945, schon vor seinem Amtsantritt als 16. Präsident als „The Punisher" und Initiator eines blutigen Krieges gegen die Drogenkriminalität in die Landesgeschichte eingegangen. Mit dem „Versprechen" und dem Slogan „I will kill them all" scheint er tatsächlich den Großteil seiner Unterstützer im Wahlkampf überzeugt zu haben. Knapp 39 % der Wähler bzw. etwa 15,8 Millionen Stimmen auf seiner Seite lassen wenig Zweifel an dieser Annahme.

018kp-ags

Schon in seinem vorherigen Amt als Bürgermeister der Großstadt Davao im Südosten der Insel Mindanao konnte der zuvor als Anwalt tätige und studierte Politikwissenschaftler seinen Ruf als „starker Mann" und „Kämpfer gegen das Verbrechen" aufpolieren. Unter ihm als Stadtoberhaupt (1986–2016) war Davao City jahrelang Schauplatz von organisierter Verfolgung und Tötungen von Kleinkriminellen, Drogensüchtigen und Straßenkindern. Laut Berichten von Menschenrechtsorganisationen sind durch die sogenannten „vigilantes", mit den brasilianischen „Todesschwadronen" vergleichbare Killerkommandos, in der Zeit zwischen 1998 und Mai 2016 über 1400 Menschen in der südlichen Megastadt umgebracht worden. Duterte gibt unbeirrbar an, dass er damit

nicht in Verbindung gebracht werden könne. Sogar eine öffentliche Untersuchung im Januar 2016 will keinerlei Zusammenhang zwischen den Morden und den „vigilantes", geschweige denn zum Amt des Ex-Bürgermeisters Duterte festgestellt haben. Allerdings gestand dieser im November 2016 ein, dass er selbst als Stadtoberhaupt „ein, zwei, drei - ich erinnere mich nicht mehr" Kriminelle erschossen habe - auch um die Polizisten im Land zu ermutigen: „Wenn ich das kann, könnt ihr das auch!" (zitiert nach Nachrichtenmeldungen zu seinen Äußerungen während eines Treffens mit Geschäftsleuten am 12.12.2016).

Nur verhaltener, verbaler Protest schien ihm, Präsident des katholischsten Landes Asiens, seitens der Kirche zunächst entgegenzuwehen. Deutlicher klingen die Besorgnis aus den Reihen der Mernschenrechtsgruppen und die kritischen Kommentare der Vizepräsidentin Leni Robredo sowie einiger Mitglieder der Opposition, aus deren Reihen auch der Ruf nach einem Misstrauensvotum und der Absetzung Dutertes gelegentlich zu hören ist. Doch weite Teile der Gesellschaft scheinen willens, die blutige Kampagne gegen die Drogenkriminalität mitzutragen, einschließlich der Tatsache, dass hier und da durch Querschläger oder Verwechslungen Unschuldige und Unbeteiligte, auch Kinder und Alte, umkommen.

Der sonst unter den Wahlversprechen immer als ganz dringend proklamierte Kampf gegen die Korruption ist in den ersten Monaten von Dutertes Amtszeit in den Hintergrund geraten. Ob die von ihm angekündigte Beilegung der kriegerischen Konflikte zwischen der Regierung und der militanten Linksbewegung NPA (New People's Army) Erfolg haben wird und die Dauerkrise auf der Insel Mindanao, auf der „Rody" oder „Digong" Duterte familiäre Wurzeln hat, mittels erweiterter Autonomie für die vorwiegend muslimischen Regionen während seiner Regierungszeit friedlich gelöst werden kann, muss sich zeigen. Viele Filipinos präsentieren auch in den sozialen Medien offen ihre Sympathie für die harte Linie des Präsidenten, denn nur ihm trauen sie zu, den von jedem seiner Vorgänger beschworenen Kampf gegen das Verbrechen zu gewinnen. Dutertes Image als Messias, Punisher und Rambo wird sich letztlich auch an der Eindämmung der Armut weiter Teile der Bevölkerung messen lassen müssen. Dass diese ein Nährboden für Kriminalität und Drogenkonsum ist, sollte den meisten seiner Wähler bewusst sein. Für seine Anhänger ist Duterte der Hoffnungsträger. Viele von ihnen sind zutiefst enttäuscht von der Aquino-Regierung, die in drängenden Fragen wie Korruption, Kriminalität, Gesundheitsversorgung, Armutsbekämpfung und Drogenmissbrauch keine oder kaum spürbare Änderungen herbeigeführt hatte. Duterte dagegen erscheint als der Macher, der sich nicht nur mit Worten, sondern mit eiserner Faust anschickt, Wahlversprechen wahr zu machen. Ein Präsident, erstmals nicht

Extrainfo 6 (s. S. 6): iz3w-Bericht: Der Philippinenkenner N. Reese bietet anschauliche Hintergrundinformationen zu Präsident Duterte, seinem „Krieg gegen Drogen" und zum Populismus.

aus Manila stammend, der einen Keil in die herrschende Oligarchie treibt und sie wie auch das Ausland mit derber Sprache erschreckt. Der aber auch mal vom Redemanuskript abweicht, leidenschaftlich und wütend Probleme beim Namen nennt und so als Mann des Volkes quer durch alle Einkommensschichten die Herzen vieler Filipinos erobert. Als „tatang syndrome" („Vater-Syndrom") bezeichnet der philippinische Journalist und Ethnologe Michael Tan das Image von Duterte, bei dessen Vermittlung auch die sozialen Medien in einem bislang unbekannten, hohen Maß eine Rolle spielen. In das Bild vom strengen und besorgten Landesvater passt Dutertes Äußerung, dass es ihn mit tiefer Trauer erfülle, die toten Körper auf den Straßen zu sehen, vortrefflich. Ins gleiche Horn bläst Ernesto Pernia, Chef der nationalen Wirtschafts- und Entwicklungsbehörde, wenn er kommentiert, die brutale Art, mit der Duterte den Krieg gegen illegale Drogen führt, sei „ein Ausdruck der Liebe des Präsidenten für sein Land und Volk". Nicht zu vergessen ist die Unterstützung, die er seitens der gewachsenen Mittelschicht erfährt, einer „rabiaten Mittelschicht" wie Julio Teehankee, Politologe an der De La Salle University in Manila analysiert. Diese „Gegenelite", die sich von der bisher herrschenden Machtelite abgrenze, habe demnach Duterte als starken Mann zu ihrer Leitfigur erkoren.

Auf der anderen Seite mehren sich aber auch Angst und Sorgen in der Gesellschaft: Angst davor, dass Verwandte, Freunde oder man selbst Opfer der Killerkommandos werden könne. Sorgen, dass Duterte die Spaltung in der Bevölkerung vergrößern, Kriegsrecht und Diktatur wieder einführen könnte. Rodrigo Duterte, dem die Zeitschrift Forbes Rang 70 auf der Liste der 74 mächtigsten Persönlichkeiten des Jahres 2016 zugesprochen hat, der laut Time Magazine im selben Zeitraum die am meisten „gegoogelte" Person der Philippinen ist, pöbelt weiter, nennt die Verfechter von Menschenrechten „Idioten" und forciert die Wiedereinführung der Todesstrafe. Dagegen mobilisieren einige katholische Bischöfe die Mitglieder ihrer Diözesen und warnen vor einer fortschreitenden Gewaltbereitschaft in der Gesellschaft. Senatorin De Lima, die ihrerseits vom Präsidenten beschuldigt wurde, Drogengelder angenommen zu haben, nennt ihn einen „Wahnsinnigen", der, auch wegen seiner angeblichen Abhängigkeit von starken Schmerzmitteln, nicht in der Lage sei, eine Nation zu führen. International beobachtet man Duterte mit Argwohn, vor allem, weil er erwägt, die Beziehungen zu den USA zugunsten engerer Kontakte mit China zurückzufahren und damit zur Verschiebung der Machtverhältnisse im südostasiatischen Raum beitragen könnte. Sicher nicht zufällig hat die in Hongkong erscheinende Zeitschrift Yazhou Zhoukan (die englischsprachige Ausgabe ist als „Asian Weekly" bekannt) in ihrer ersten Ausgabe von 2017 Rodrigo Duterte als „Person of the Year" gekürt.

Geschichtstabelle

- **ca. 250.000 v. Chr:** Fossile Skelettfunde deuten auf die Besiedlung von Frühmenschen hin.
- **ca. 67000 v. Chr.:** Homo Sapiens hat vermutlich im Norden der Insel Luzon gelebt, vor mindestens 40.000 Jahren auf der Insel Palawan.
- **13.000 bis 10.000 v. Chr.:** Aeta, kleinwüchsige, dunkelhäutige Sammler und Jäger, wandern über Landbrücken vom asiatischen Festland her ein.
- **ab ca. 4000 v. Chr.:** Aus Innerasien stammende Protomalaien (Altmalaien) wandern über See ein und verdrängen die Aeta ins Hinterland der Inseln.
- **ca. 300 v. Chr.:** Deuteromalaien (Jungmalaien) erreichen die Inseln, führen Ackerbau (u. a. den Reisterrassenbau), Viehzucht, Töpferei und Metallverarbeitung ein und vermischen sich mit früheren Einwanderern.
- **7. bis 8. Jh.:** Die südlichen Inseln geraten in den Machtbereich des hinduistisch-buddhistischen Reiches Srivijaya.
- **10. bis 11. Jh.:** Chinesische Seefahrer gründen Handelsstützpunkte.
- **14. Jh.:** Das javanische Großreich Majapahit nimmt Einfluss auf Religion und Sprachkultur im philippinischen Archipel.
- **1380:** Der arabische Gelehrte *Karim al-Makdum* erreicht die Inseln um Jolo. Der Islam breitet sich aus.
- **1521:** *Ferdinand Magellan* landet auf Samar und Cebu. Als „Islas de San Lazaro" nimmt er das Neuland für Spanien in Besitz. Am 27. April kommt er in einem Kampf gegen Häuptling *Lapu Lapu* auf Mactan ums Leben.
- **1543:** Der Archipel erhält zu Ehren König *Philipps II.* den Namen „Las Islas Felipinas".
- **ab 1565:** Mit der Besitznahme der Visayas durch *Miguel Lopez de Legazpi* beginnt die 333 Jahre währende spanische Kolonialherrschaft. Die Kolonie wird von Portugiesen, Holländern, muslimischen und chinesischen Piraten attackiert. Katholische Orden missionieren die malaiische Bevölkerung.
- **1762–64:** Die Briten besetzen während des Siebenjährigen Krieges Manila. Im Friedensvertrag von Paris 1763 erhält Spanien die Kolonialgewalt wieder zurück.
- **1821:** Mexiko, von wo aus die Philippinen bis dahin verwaltet wurden, wird unabhängig. Madrid übernimmt die direkte Kontrolle.
- **1872:** Philippinische Soldaten rebellieren in Cavite. Die Spanier lassen die Anführer und drei Priester hinrichten. Die Unabhängigkeitsbewegung breitet sich aus.

- **1892:** *Dr. José Rizal* gründet die Reformbewegung Liga Filipina und wird nach Mindanao verbannt. *Andrés Bonifacio* ruft den Geheimbund Katipunan ins Leben.
- **1896:** Beginn des Katipunan-Aufstandes, Verfolgung der Anhänger. Am 30. Dezember stirbt *Rizal* in Manila unter den Kugeln eines Exekutionskommandos. *Emilio Aguinaldo,* neuer Katipunan-Anführer, setzt sich 1897 nach Hongkong ab.
- **1898:** Während des Spanisch-Amerikanischen Krieges verliert Spanien das Gefecht vor Manila gegen die USA und kapituliert. *Aguinaldo,* aus dem Exil zurück, fordert die Unabhängigkeit, die die Amerikaner verweigern. Im Friedensvertrag von Paris tritt Spanien die philippinische Kolonie, Puerto Rico und Guam für 20 Millionen US-Dollar an die USA ab.
- **1901:** Nach brutalem Vorgehen des US-Militärs gegen die Katipunan-Guerilla wird *William Taft* erster Zivilgouverneur. Reformation des Schulwesens, Ausbau der Infrastruktur und forcierte Ausbeutung der Wirtschaftsprodukte in der US-Kolonie, allmählich erlangen die Filipinos Autonomie auf regionaler Ebene.
- **1935:** US-Präsident *Roosevelt* erkennt die philippinische Verfassung an, *Manuel L. Quezon* wird erster Präsident des philippinischen Commonwealth.
- **1941/42:** japanische Besetzung des Archipels und brutale Unterdrückung der Bevölkerung

068kp-ags

- **1944:** General *MacArthur* landet mit US-Invasionstruppen auf Leyte und leitet die Rückeroberung der Philippinen. Manila wird bei diesen Kämpfen im April 1945 fast völlig zerstört. Über eine Million Tote in der Bevölkerung durch Besatzung und Kämpfe, die Widerstandsbewegung Hukbalahap, die sich zuvor den Japanern entgegenstellte, richtet sich nun gegen die Amerikaner.
- **1946:** Am 4. Juli ruft Präsident *Manuel Roxas* die Unabhängigkeit der Philippinen aus. Die wirtschaftliche Kontrolle bleibt in den Händen der USA.
- **1965:** *Ferdinand Edralin Marcos* wird sechster Präsident (der unabhängigen Philippinen, zehnter Präsident seit *Emilio Aguinaldo* 1899–1901).
- **1972–81:** Kriegsrecht unter *Marcos,* der 1981 seine Wiederwahl erlangt.
- **1983:** Der aus dem Exil (USA) heimkehrende Oppositionsführer *Benigno Aquino* wird am Flughafen von Manila ermordet.
- **Februar 1986:** Bei den Präsidentschaftswahlen kandidiert neben *Marcos Aquinos* Witwe *Corazon* und gewinnt die Mehrzahl der Stimmen. Als *Marcos* sich dennoch zum Sieger erklärt, drängt die friedliche People-Power-Bewegung den Diktator zum Verlassen des Landes. Mithilfe der USA flüchten *Marcos,* seine Familie und Getreuen nach Hawaii. Dort stirbt *Ferdinand Marcos* 1989.
- **1987:** Präsidentin *Corazon („Cory") Aquino* erlässt eine neue Verfassung, die mehr Demokratie garantieren soll. Doch anhaltende soziale und politische Unruhen werden genährt durch ungelöste Landreform, wachsende Armut, Putschversuche und stagnierende Gespräche mit linken und muslimischen Rebellenbewegungen.
- **1991:** Ausbruch des Vulkans Pinatubo nördlich von Manila mit mindestens 800 Toten, einer Million Obdachlosen und verheerenden Auswirkungen auf Natur und Infrastruktur. Auch die beiden US-Stützpunkte Clark und Subic Bay sind betroffen und werden 1992 aufgegeben. Der sie betreffende Pachtvertrag wird vom philippinischen Senat nicht verlängert. Als Folge starker Abholzung reißen Schlammlawinen bei Ormoc auf der Insel Leyte 7000 Menschen in den Tod.
- **1992:** *Fidel Ramos,* Verteidigungsminister unter *Aquino,* wird neuer Präsident.

< Die Hinrichtung von José Rizal, dargestellt auf einem Gemälde. Zu sehen ist dies in dem Gebäude (heutiger „Rizal Shrine") im Fort Santiago (Intramuros), in dem Rizal seine letzten Tage verbrachte.

Extrainfo 7 (s. S. 6): „General Yamashita und sein verfluchtes Gold": Der Spiegel-Korrespondent T. Terzani erzählt in der Reportage von 1987 über eine politische Schatzsuche in den Philippinen.

- **1996:** *Ramos* und MNLF-Führer *Misuari* unterzeichnen ein Friedensabkommen, das 26 Jahre Bürgerkrieg zwischen Militär und muslimischen Rebellen beenden soll.
- **1998:** Die philippinische Wirtschaft erleidet durch die asiatische Finanzkrise herbe Rückschläge. Der ehemalige Schauspieler *Joseph Estrada* löst *Ramos* im Präsidentenamt ab. Im Mai 1999 beschließen Manila und Washington, dass US-Militär zu Manövern auf unbestimmte Zeit in den Philippinen stationiert wird (Visiting Forces Agreement).
- **2000:** *Estrada* erklärt der MILF (Moro Islamic Liberation Front) den „totalen Krieg" und lässt deren Hauptquartier Camp Abubakar in Maguindanao angreifen. Vorausgegangen war die monatelange Geiselnahme ausländischer Touristen – darunter die deutsche Familie *Wallert* – durch die Rebellengruppe Abu Sayyaf auf der Insel Jolo.
- **2001:** Massenproteste, die als sogenannte EDSA II von Vertretern der katholischen Kirche, einflussreichen Familien, *Cory Aquino* und vermutlich von seiner Vizepräsidentin *Gloria Macapagal-Arroyo* angeheizt wurden, führen zur Entmachtung und Verhaftung *Estradas.* Er wird wegen schwerer Korruptionsanschuldigungen verhaftet. *Arroyo* wird Präsidentin.
- **2004:** *Gloria Macapagal-Arroyo* gewinnt Präsidentschaftswahlen gegen *Fernando Poe Jr.,* ebenfalls ein beliebter Schauspieler, der im selben Jahr unter bis heute ungeklärten Umständen stirbt. Erste Vorwürfe wegen Wahlfälschung gegen *Arroyo* werden laut.
- **2007:** Wahl des Senats, *Arroyo* ordnet die Freilassung *Estradas* an, der zuvor zu lebenslanger Haft verurteilt worden war.
- **2009:** *Arroyo* erklärt das Kriegsrecht für Teile von Mindanao, nachdem Mitglieder des Ampatuan-Klans an politischen Konkurrenten in Maguindanao ein Massaker mit 57 Toten, darunter über 30 Journalisten, begangen hatten.
- **2010:** Aus einem sehr gewalttätigen Wahlkampf geht *Benigno „Noynoy" Aquino III,* Sohn von *Cory Aquino,* als neuer Präsident hervor.
- **2011:** *Gloria Macapagal-Arroyo* wird wegen Korruption und Wahlmanipulation angeklagt.
- **2013:** Jahr der Katastrophen: Ein schweres Erdbeben verursacht große Schäden auf den Inseln Bohol und Cebu. Mehr als 100 Menschen verlieren ihr Leben. Der Super-Taifun Haiyan (Yolanda) fordert mehr als 6400 Todesopfer und über eine Million Obdachlose. Massenprotest gegen die Regierung, die angeblich den „Pork-Barrel-Skandal" ermöglicht hatte. Das National Bureau of Investigation (NBI) untersucht Anschuldigungen, wonach im Juli bekannt wird, dass die Regierung im Laufe der letzten 10 Jahre um rund 10 Milliarden Pesos betrogen

wurde. Eine Bande aus Politikern und Geschäftsleuten soll die allen Abgeordneten des Kongresses gesetzlich zustehenden Mittel für bürgernahe Investitionen für eine Reihe von größtenteils eigennützigen Fantasieprojekten missbraucht haben.

- **2014:** Die Unzufriedenheit mit *Aquinos* Führungsstil und seiner Duldung korrupter Machenschaften wächst.
- **2015:** Besuch von Papst *Franziskus,* Verhaftung von *Janet Lim Napoles* als Drahtzieherin im Zusammenhang mit dem „Pork-Barrel-Skandal", weitere Anklagen u. a. gegen einige Ex-Minister unter *Marcos* und Senator *Juan Ponce Enrile* folgen. Menschenrechtsaktivisten kritisieren die Aquino-Regierung wegen nachlässiger Verfolgung des Massakers durch Militärs an einer Lumad-Familie auf Mindanao. MILF und MNLF erklären sich zu gemeinsamen Friedensgesprächen mit der Regierung bereit. Philippinen sind im November Gastgeber des Gipfeltreffens der APEC-Staaten (Asia-Pacific-Economic-Cooperation). Taifun Melor verwüstet Teile von Südluzon und Visaya.
- **2016:** Abu-Sayyaf-Terroristen nehmen mehrere Geiseln auf der Ferieninsel Samal (bei Davao) und exekutieren zwei Kanadier. Im Mai wird *Rodrigo Duterte* mit rund 40 % der Stimmen zum neuen Präsidenten gewählt; er kündigt einen rücksichtslosen Kampf gegen Verbrecher, Drogenhändler und -konsumenten an. Den blutigen Streifzügen von Polizei und illegal operierenden Killerkommandos fallen bis Jahresende bereits rund 7000 Menschen, Kriminelle und Unschuldige, zum Opfer. Der Genehmigung des Obersten Gerichtshofes folgt am 18.10.2016 die Bestattung des einbalsamierten Leichnams von *Ferdinand E. Marcos* auf dem Heldenfriedhof in Taguig bei Manila. Hunderte protestieren dagegen, unter ihnen viele überlebende Folteropfer und während der Marcos-Diktatur Inhaftierte.
- **2017**: *Duterte* erklärt, dass er den „Anti-Drogenkrieg" bis zum Ende seiner Amtszeit führen werde. Polizeichef *Dela Rosa* gab allerdings Mitte Februar die Auflösung der stark umstrittenen Anti-Drogen-Sondereinheiten der Polizei bekannt und kündigte zugleich „interne Säuberungen" an.

  Ein südkoreanischer Geschäftsmann war im Oktober 2016 von korrupten Polizeibeamten entführt und trotz Lösegeldzahlung in Manilas Polizeizentrale ermordet worden.

  Abu-Sayyaf-Terroristen enthaupten den deutschen Segler *Jürgen Kantner,* den sie Monate zuvor als Geisel genommen hatten.

Viva
Nino
Martin

Der kulturelle Rahmen

‹ Eine Fiesta wie das alljährliche Ati-Atihan-Spektakel zeigt die kulturelle Vielfalt auf bunte, laute und fröhliche Weise (109kp Foto: ags)

Zusammensetzung der Bevölkerung

Die Menschen, die im Laufe der Jahrtausende über ein Drittel der 7107 Inseln besiedelt haben, nennen sich und ihre Heimat auch noch fünf Jahrhunderte nach Ankunft der ersten Spanier nach deren damaligem König *Philipp II.* Die Kolonialbeamten und die ins Land ausschwärmenden Ordensleute, obwohl sehr bald der unterschiedlichen kulturellen Gruppierungen auf den Inseln gewahr, titulierten die Einwohner als „Indios" – getreu der auch in Lateinamerika benutzten Terminologie. Ausländische Forscher und Reisende übernahmen die kolonial geprägte Bezeichnung gerne. *Fedor Jagor,* ein deutscher Ethnograf, der 1873 die Philippinen bereiste, berichtet in seinen als „Reisen in den Philippinen" erschienenen Aufzeichnungen hier und da von den „Indiern", die er an anderer Stelle dann korrekt als „Tagalen", „Ygorotten" oder „Bikolaner" vorstellt.

Die seit der Unabhängigkeit als *filipino* bezeichnete Nationalität fasst außerdem Dutzende von Volksgruppen zusammen.

Es lebe die Zuwanderung

Die Mischung aus von den Spaniern als *„negritos"* bezeichneten Einwanderern vom asiatischen Festland und den nachfolgenden Alt- und Jungmalaien, welche die Chinesen, Inder, Araber und Europäer bei ihrer Ankunft antrafen und in die sie sich selbst allmählich einbrachten, ist aus den Mi-

069kp-ags

grationsbewegungen früherer Jahrtausende und Jahrhunderte hervorgegangen. Waren kleine Inseln lange Zeit von der Außenwelt isoliert, so ist der gesamte Archipel gleichwohl eine für Einwanderer nach allen Seiten **offene Brücke zwischen den Kontinenten.** Es ist leicht nachzuvollziehen, dass die Ereignisse, politische wie wirtschaftliche Entwicklungen und deren Akteure, die mal willkommene Besucher, mal gefürchtete Eindringlinge waren, genetische Spuren in den Philippinen hinterlassen haben. Da waren zum Beispiel die aus aller Herren Ländern angeheuerten Mannschaften der Galeonen oder die indischen Sepoy-Soldaten, die für die Briten bei der Besetzung und Plünderung von Manila zum Einsatz kamen. Deserteure aus der Truppe des chinesischen Piraten *Limahong* ließen sich in Luzon nieder und heirateten malaiische Frauen. Der Philippinisch-Amerikanische Krieg und die nachfolgende Kolonialherrschaft durch die USA veränderten die Zusammensetzung der Bevölkerung. Nicht zu vergessen die menschenverachtende Zwangsprostitution, mit der die Japaner während des Zweiten Weltkrieges philippinische Frauen terrorisierten.

Außer bei den dunkelhäutigen Ureinwohnern und den von Altmalaien abstammenden Bergvölkern Nordluzons lässt sich das individuelle Erbe heute kaum noch feststellen. Im Lauf der Zeit ist der Archipel zu einem **Schmelztiegel** geworden, in dem die Präsenz körperlicher und kultureller Merkmale verwirrend groß ist. Die meisten der heute über 100 Millionen zählenden Einwohner sind zweifellos Nachkommen jungmalaiischer Zuwanderer und gliedern sich in folgende **dominierenden Volks- und Sprachgruppen:**

- **Tagalog** – auf Zentral- und Südluzon, auf Mindoro und Marinduque; mit einem Bevölkerungsanteil von ca. 28 %.
- **Cebuano** oder **Sugbuanon,** auch **Bisayan** – auf Cebu, Bohol, Westleyte, Ostnegros, in Teilen Palawans und Mindanaos (ca. 20 %).
- **Ilokano** – auf Zentral- und Nordluzon (ca. 9 %).
- **Ilonggo** oder **Hiligaynon** – auf Panay, Guimaras, Westnegros, auf Palawan und Mindanao (7,5 %).
- **Bikol** – auf Südluzon, auf Catanduanes, Masbate und Romblon (ca. 6 %).
- **Waray** – auf Samar und Ostleyte (4 %).
- **Pampango** (3 %) und **Pangasinan** (2 %) – auf Zentralluzon.

◁ Mann der T'boli, einer der vielen indigenen Gruppen auf der Insel Mindanao

Zahlreiche ethnische Gruppen haben sich lange vor Ankunft der Europäer auf dem ganzen Archipel verteilt. Ihre Vielfalt umfasst so unterschiedliche Kulturen wie die traditionell kriegerischen Bergvölker des Nordens, die Bontoc, Kalinga und Ifugao, aber auch steinzeitliche Jäger und Sammler wie die Batak auf Palawan oder die Badjao, die „Seenomaden" der Gewässer zwischen den Sulu-Inseln. Einschließlich der Muslime werden 40 ethno-linguistische Völker mit circa zwanzig Untergruppen, das sind etwa 10 % der Bevölkerung, im offiziellen Sprachgebrauch als *cultural minorities* oder *tribal Filipinos* bezeichnet (siehe auch den Abschnitt „Fremde im eigenen Land – ethnische Minderheiten" ab Seite 171).

Vor allem auf Nord- und Zentralluzon, auf Mindanao, Mindoro und Palawan haben die **indigenen Gruppen** trotz steter, teilweise aggressiver Einflüsse seitens der „modernen" Filipinos einen Teil ihres Kulturerbes beibehalten können. Doch die **Konfrontationen** zwischen ihnen und den Neusiedlern („die aus dem Tiefland kommen"), Holzfällern und Bergbaufirmen mehren sich. Gerade die Minoritäten sind häufig Opfer von Landbetrügereien und Menschenrechtsverletzungen. Wenn sie auch kulturhistorisch gesehen die Vorfahren eines Großteils der übrigen Bevölkerung sind, so stehen sie in der sozialpolitischen Hierarchie eher am unteren Rand. Viele Kulturgruppen sind nur dem Namen nach Christen oder Muslime und bleiben im Herzen den Geistern der Natur treu. Die **Verehrung der Ahnen** bestimmt ihr Weltbild und den oft verzweifelten Kampf um Landrechte. Für die heutige philippinische Gesellschaft sind sie das, was die *indios* für die spanischen Kolonialherren waren. Sie galt es fast 400 Jahre lang zu missionieren und zu „entwickeln", doch einen gewissen Respekt durften Nicht-Spanier erst erwarten, wenn sie als *mestizos* (Nachkommen von Europäern und „Indios" bzw. Malaien) eine Stufe höher gestiegen waren. Der Begriff *mestizo/mestiza* ist bis heute im Sprachgebrauch anzutreffen. Gemeint sind damit inzwischen auch Nachkommen von Indern, Chinesen, Amerikanern, Australiern und deren philippinischen Partnern.

Unterteilt man die **philippinische Bevölkerung** hinsichtlich ihrer **Abstammung** infolge von Kolonisation und Migration, so sieht das in etwa so aus: Chinesen 10 %, Inder 5 %, Malaien 10 %, Filipinos (bzw. *mestizos)* 40 %, Polynesier 30 %, Sonstige (darunter auch Europäer) 5 %.

[>] Ort der Andacht und Fürbitte ist der buddhistische Tempel auf dem Chinesischen Friedhof von Manila

Tsinoy im Land der Pinoy – die chinesische Minderheit

Dass viele Chinesen mit dem Galeonenhandel (s. S. 54) in die Philippinen kamen, als Seeleute, Handwerker, Händler und Glücksritter, ist bekannt und gut dokumentiert. Es waren sicher nicht die ersten Menschen aus dem Reich der Mitte, die sich in den Wirtschaftszentren des Archipels niederließen, denn schon lange vor der Ankunft der Europäer, etwa seit dem 9. Jahrhundert, gab es einen regen Austausch von Technologie, Waren und Kultur innerhalb der asiatischen Region.

Die Spanier nannten sie **„sangleyes"** (vom Hokkien-Wort *seng-li* dt.: „Geschäft"), ließen sie in der Kolonie am unteren Ende der Sozialleiter meist in Ghettos – in Manila war es der Stadtteil Parian – unter der ständigen Bewachung durch die Kanonen von Intramuros (die Kernstadt der Kolonialherren) leben und profitierten von ihrem Fleiß und ihrer Geschäftstüchtigkeit. Eine Revolte der rund 20.000 Chinesen, deren Anzahl die Spanier längst übertroffen hatte, wurde im Jahr 1603 mithilfe von Filipinos und Japanern niedergeschlagen. Mehrmals waren Chinesen Ziel von Pogromen, Massakern und Vertreibung. Immer wieder kamen sie zurück und hielten, das mussten die Spanier einsehen, die Wirtschaft in Trab. Zunächst waren Chinesen die katholischen Friedhöfe verwehrt, aus der Zeit stammen die exklusiven Begräbnisstätten wie der weltbekannte Chinese Cemetery in Manila. Die meisten der Chinesen, die alle den Hokkien- und Kanton-Ethnien angehörten, konvertierten schließlich zum katholischen Glauben. Auch ihre Namen änderten sie als Mittel der Integration, sie hispanisierten sich sozusagen. Hauptsächlich waren sie im Groß- und

020kp-ags

Zwischenhandel, aber auch als Geldverleiher beschäftigt. Durch Heiraten mit Indio-Frauen stiegen viele Chinesen – so zu *mestizo de sangley* geworden – sogar in die philippinische Oberschicht, die *principalia,* auf. Die Zahl der *mestizos de sangley* wuchs insbesondere im 19. Jahrhundert an, als der Großteil des kolonialen Binnenhandels in chinesischer Hand lag, während die Exporte von britischen Kaufleuten kontrolliert wurden.

Die **philippinische Revolution** wurde maßgeblich von chinesischen Mestizen entfacht und getragen. Heute als Nationalhelden verehrte Persönlichkeiten unter den *ilustrados* (die Klasse der gebildeten Filipinos während der Kolonialzeit) wie *Emilio Aguinaldo, Andrés Bonifacio, Marcelo del Pilar, Antonio Luna, Ignacio Paua, José Rizal* und *Manuel Tinio* haben chinesische Vorfahren. Chinesen mit philippinischen Vorfahren oder Filipinos mit chinesischen Wurzeln, die rund 30 % der gesamten Bevölkerung stellen, nennt man heute **„tsinoy"** oder **„chinoy"** (von *tsino* bzw. *chino,* in Anlehnung an *pinoy,* die verniedlichende, zeitweise auch abwertende Variante von *filipino*). Etwa zwei Millionen der Landesbewohner sind Chinesen, die „unter sich" geblieben sind, also *tsinos* oder *chinos* sind. Exakte Angaben zur Zugehörigkeit zum Buddhismus bei *tsinoy* und *tsinos* gibt es nicht, zumal die rund 2 % Buddhisten, die für das Jahr 2007 festgestellt worden sein sollen, außer den direkt aus China zugezogenen auch im Land lebende Menschen aus anderen Staaten Asiens einschließen.

Tsinoy sind aus der philippinischen Volkswirtschaft nicht mehr wegzudenken. Erleichtert wurden ihr Einfluss und ihr Wirken auch durch das **Nationalisierungsdekret** von *Marcos* Anfang 1971. Zwanzig Jahre später schätzte man, dass sich etwa die Hälfte der Tausend philippinischen Konzerne und mittelgroßen Betriebe in der Hand von chinesischen Filipinos befand. In Kultur, Unterhaltung, Klerus und natürlich in der Politik sind nicht weniger bedeutende Namen zu finden, wie die folgende Auswahl zeigt: *Corazon Cojuangco Aquino* (1933–2009, Vorfahren aus Fujian), ihr Sohn und Ex-Präsident *Benigno „Noynoy" Aquino* (geb. 1960),*Teodoro M. Locsin* (bekannter Redakteur), *Rodolpho „Dolphy" Quizon* (bekannter Komiker, Schauspieler, gest. 2012), *Eduardo „Danding" Cojuangco Jr.* (einflussreicher Geschäftsmann, Verwandter von *Cory Aquino*), *Sergio Osmeña* (1878–1961, ehemaliger Präsident der Philippinen, mit Vorfahren aus Fuijan), *José Mari Chan* (Liedermacher aus Iloilo), *Ferdinand Marcos* (chinesisch-japanische Vorfahren), *Roman Ongpin* (1847–1912, Mäzen und Revolutionär), *Jaime Lachia Sin* (1928–2005, Kardinal mit Vorfahren aus Fuijan), *Henry Sy* (geb. 1924, reichster Filipino, Gründer der Einkaufszentrums-Kette SM), *Lucio Tan* (geb. 1934, zweitreichster Magnat des Landes, ehemaliger Hausmeister), *Alfonso Yuchengco* (geb. 1923, Großindustrieller, Diplomat).

In einigen Ländern Südostasiens wie Indonesien, Kambodscha, Vietnam und Malaysia ist es in jüngerer Vergangenheit wiederholt zu Diskriminierung, Protesten, sogar Pogromen gegen die dort lebenden Chinesen gekommen. In den Philippinen hält man die **philippinisch-chinesische Freundschaft** hoch, gewalttätige Zusammenstöße und regelrechte Massaker an den Chinesen gehören der Kolonialzeit an.

In allen Großstädten, allen voran Manila und Cebu City, sind chinesische Monumente wie Pagoden, Tempel oder Friedhöfe unübersehbar, chinesisch dominierte Stadtteile sind Zentren des Geschäftslebens, Vereinigungen widmen sich dem Kulturaustausch, für die chinesischen Gemeinden errichtete Universitäten und Krankenhäuser gehören zu den angesehensten Institutionen und stehen allen Filipinos offen. Dennoch sorgen hin und wieder öffentlich geführte Diskussionen unter Intellektuellen für zumindest mediales Aufsehen wie zuletzt vor dem Hintergrund der außenpolitischen Querelen zwischen Manila und Beijing wegen der **Spratley-Inseln** und den Bemühungen Chinas, **den Einfluss der USA im Großraum Asien** zu kontrollieren.

Auf welche Seite die *tsinoy* sich im Fall einer kriegerischen Eskalation schlagen würden, ob deren Staatstreue anzuzweifeln wäre – diese Fragen führten zu teilweise recht emotionalen Reaktionen auf Seiten der Nachfahren chinesischer Einwanderer, die sich uneingeschränkt als Filipinos fühlen.

Wo kocht man besser? – Regionalpatriotismus

Ferdinand und *Imelda Marcos,* berühmt-berüchtigte Akteure der jüngsten philippinischen Geschichte, galten zumindest zu ihren „besten" Zeiten als das Paradebeispiel für die mehr oder weniger gelungene Kombination regionaler Eigenarten und Charakterzüge. Er, ein eher kühler, ehrgeiziger Ilokano aus einer Provinz, wo sich die Bewohner gerne als fleißig, zielstrebig und sparsam vorstellen. Sie, die glamouröse, extrovertierte Frau mit dem Hang zur Extravaganz und nach eigenen Angaben der Ideologie von „Schönheit und Liebe" anhängend aus der **Provinz Leyte** der Inselgruppe Visayas. Dort stehen, so sind zumindest die Bewohner des Nordens überzeugt, Lebensfreude in Form von Feier- und Spielfreude, Vergnügen aller Art, größere sexuelle Freizügigkeit und die Lust am Geldausgeben nach dem Motto *„the sky is the limit"* (wörtl. „der Himmel setzt die Grenze") im Vordergrund. Wohl wissend, wie unterschiedlich es um kulturellen Hintergrund und die Mentalität ihrer Untertanen bestellt ist, sah sich das Marcos-Paar als Personifikation der nationalen Einheit in einem Land der geografischen, aber auch gesinnungsmäßigen Vielfalt.

Das Wort **„Inselmentalität"** beinhaltet einen eingeschränkten, misstrauischen Blick nach draußen in eine unbekannte, bedrohliche Außenwelt und die Tendenz, die eigene Heimat als den Nabel der Welt zu sehen.

Jemand aus dem Inselstaat, der im Ausland nach seiner Herkunft gefragt wird, nennt zunächst natürlich die Philippinen. Hakt man nach und will die Provinz oder Region wissen, empfindet der/die Angesprochene das als willkommenes Interesse an der eigentlichen Heimat. Dann werden, wie bei uns ja auch, die kulinarischen Spezialitäten aufgezählt und nicht selten betont, dass es in anderen Landesteilen ähnliche, aber längst nicht so schmackhafte oder gut zubereitete Gerichte gibt. So schwören **Ilonggos,** Leute aus der Provinz Iloilo, ihre Art *adóbo* (Fleischgerichte, s. S. 319) zuzubereiten, sei die beste. Schließlich seien auch andere dort beheimatete Delikatessen wie *pancit molo* oder *batchoy* im ganzen Land beliebt. Dagegen beansprucht die **Provinz Pampanga** den Titel „Kulinarische Kapitale der Philippinen", und deswegen müsse ihr Adóbo-Rezept das bessere sein.

Wenn es um Religiosität geht, springen die **Boholanos** (von der Insel Bohol) vor und betonen, dass sie in einer besonders frommen Provinz zu Hause sind. Die **Bergvölker von Nordluzon** wie überhaupt alle ethnischen Minderheiten gelten bei „modernen" Filipinos traditionell als exotisch, teilweise kriegerisch und freiheitsliebend, aber unterm Strich als Hinterwäldler. **Manileños,** Hauptstädter eben, müssen sich nachsagen lassen, dass sie auf die Bewohner der Provinz herabschauen. Dort wiederum trumpft man damit auf, dass die heimische Fiesta alle anderen Feste in den Schatten stelle, dass die Frauen zu Hause besonders attraktiv seien und dass bei ihnen die tapfersten Männer des Unabhängigkeitskampfes geboren worden wären. Patriotisch gewetteifert wird auch mit Themen wie Kriminalität, Drogen oder öffentliche Sauberkeit. Dann ist es meistens nicht mehr weit bis zu der Überzeugung, dass eine lokale Politikerin oder sogar ein zukünftiger Präsident aus der Heimatprovinz alles viel besser machen würde.

Mit lokalen Differenzen, Eigenarten und Benachteiligungen durch die Regierung in Manila kochen ehrgeizige **Politiker und Populisten einzelner Regionen und Provinzen** regelmäßig ihr eigenes Süppchen: Sie geben Regionalpatriotismus als Argument vor, um stärkere **Dezentralisierung der staatlichen Strukturen** einzufordern. Der Ruf nach einem föderalen System, etwa nach malaysischem, deutschem oder australischem Vorbild, ist lauter geworden. Ganz vehement propagiert das derzeit der neue Präsident **Rodrigo Duterte.** Mit allerlei drastischen Wahlversprechen (Wiedereinführung der Todesstrafe, Eliminierung der Drogenkartelle und Großkriminellen) will er der seiner Meinung nach in Manila angesiedelten Konzentration von Macht und Geld und dem moralischen Sumpf, der die Schuld an eben jenen gesellschaftlichen Übeln trägt, entgegentreten. Die Zustimmung, die er, auch genährt durch den „Pork-Barrel-Skandal“, im Wahlkampf aus allen Ecken der Republik erhielt, macht Eindruck, aber auch Unbehagen.

Kritiker einer übereilten System- und Verfassungsänderung sehen das Hauptproblem in den seit Jahrhunderten **starren Besitz- und Machtstrukturen,** repräsentiert von nur auf Eigennutz ausgerichteten Gouverneuren, Großgrundbesitzern, Dynastien und Warlords, sowie in Vetternwirtschaft und in der Konsolidierung der Armut.

Religion und Kirche

Verliebte sollten sich besser keine religiösen Dinge schenken, denn das kann die Beziehung zerstören.
(Aberglaube, philippinische Redensart)

„Jesus is my driver“, „The Lord loves U“, „Get high with God not with drugs“ ... kaum ein Fahrzeug, in dem nicht solche oder ähnliche Sprüche auf Scheiben und Verkleidung prangen. Wie jene die Sicht auf den Verkehr einengenden **Bilder vom Gottessohn** – sei es der Gekreuzigte mit Dornenkrone und schmachtendem Gesichtsausdruck oder *Santo Niño,* das blond gelockte Jesuskind mit Krone und Zepter – oder der **Jungfrau Maria** sollen sie den Fahrer oder Eigentümer als frommen Menschen ausweisen und ihn selbst wie seine Passagiere während der Fahrt über zuweilen abenteuerliche Strecken und Fahrweisen beruhigen. Sie ergänzen die **Geste des Sich-Bekreuzigens** beim Passieren einer Kirche oder schon zu Beginn der Fahrt. Große Einkaufszentren, Schiffsterminals und natürlich Flughafengebäude in den Philippinen verfügen über Kapellen und Beträume. Es gibt kaum eine sala, ein Wohn- und Esszimmer bei katholischen Familien, wo nicht „das letzte Abendmahl“ als Bild oder Hochglanzposter die Wand ziert. Kein Familien- oder Regionsfest findet statt, ohne dass es von feierlichen Gottesdiensten eingeleitet wird.

Warenhaus des Glaubens

Etwa 81 % der Filipinos bekennen sich zur **römisch-katholischen Kirche,** die mit *Madre España* auf die Inseln kam und sie über drei Jahrhunderte lang zu dem asiatischen Brückenkopf des Vatikans aufbaute. Umgeben von Nachbarländern, wo Islam und Buddhismus dominieren, leben in den

070kp-ags

Philippinen, wo schon dreimal ein Papst (*Johannes Paul II.* 1981 und 1995, *Franziskus:* 2015) zu Besuch war, etwa 60% aller Katholiken Asiens. Diesen Heimvorteil hat sich die Kirche mittels eines ausgeklügelten Systems gesichert, in dem auch die gefürchtete Inquisition verankert war.

In seinem Büchlein „Old Manila" bezeichnet der Historiker *Ramon Ma Zaragoza* die Philippinen unter der Vorherrschaft des Klerus als „Warenhaus des Glaubens". Nach und nach war das von der Krone an spanische Untertanen verpachtete Land in den Besitz der Orden übergegangen und hatte der Wohlstand der Kirche zugenommen, auch durch karitative Einrichtungen, die den Galeonenhandel finanzierten. Generalgouverneure mussten Äbte und Brüder gewähren lassen, sich ihnen sogar unterordnen. Mit an die Arbeit von Geheimdiensten erinnernden Methoden gingen die Missionare auf den Inseln ans Werk. Sie erlernten die Lokalsprachen und gingen damit unters Volk, um zu predigen. Sie konvertierten zuerst die Kinder, diese wiederum halfen ihnen bei der Bekehrung der Erwachsenen, häufig indem sie den Ordensmännern den heidnischen Lebensstil der Eltern verrieten. Dort auf dem Land, in abgelegenen Gebieten, errichteten die Pfarrer Kapellen, um diejenigen, die sich noch weigerten „bajo las campanas" – unter den Glocken der Gemeindekirche zu siedeln, den neuen Glauben näherzubringen.

Kirchen auf dem Land, wie hier im Ort Lazi auf der Insel Siquijor, sind oft schlicht und dienen auch schon mal als Spielplatz

Religiöse Feiern und Feste (siehe auch das Kapitel „Feste, Bräuche, Traditionen" ab Seite 112) mit Prozessionen, Tanz, Musik und Theateraufführungen, möglichst an traditionellen, „heidnischen" Tagen und Orten abgehalten, hielten die Insulaner nachhaltig bei Laune und der katholischen Lehre. Dass es bis heute keine exakte Trennungslinie zwischen **Heiligenverehrung** und **Geisterglaube** gibt, verdeutlichen der gelebte religiöse Fanatismus – hierzu geben alljährlich die in der Karwoche praktizierten Kreuzigungen und Passionsspiele ein Beispiel – und der weitverbreitete Glaube an Wunder und Erscheinungen. Die Anziehungskraft von schwarzer Magie, Hexerei und sogenannten Wunderheilern ist ungebrochen. Schließlich manifestieren die alten Gotteshäuser der Katholiken – einige von ihnen stehen unter dem Schutz der UNESCO – die **Macht der Kirche** unübersehbar. Dienten sie doch nicht nur der seelischen Stärkung, sondern auch als Trutzburgen gegen Stürme und Erdbeben sowie als Bollwerk gegen Piraterie, die nach katholischer Definition durchweg von Muslimen ausgeübt wurde.

Die katholische Kirche ist, wenn auch die Kolonialamerikaner ihren Einfluss und vor allem ihren immer noch immensen Landbesitz beschnitten hatten, neben den staatlichen Behörden die bestimmende Institution im Land. Im individuellen Verhalten, in Traditionen und Ansehen der Familie, bei jeder Dorffiesta und Einweihung von Bauwerken ist sie präsent. Die **Taufe des Kindes** ist eine sehr wichtige, je nach Wohlstand der Familie groß gefeierte Angelegenheit. Wer auf sich hält, benennt gleich mehrere Verwandte, Freunde oder Kollegen zu Taufpaten. Bei der Einschulung muss der Taufschein vorgelegt werden. Noch in den 1970er-Jahren wurden katholische Studierende, die sich an der protestantischen Central Philippines University (CPU) von Manila einschreiben wollten, vor möglicher Exkommunikation gewarnt. In Bildung, Karriere und Wirtschaft – überall wirken machtvoll die **klerikalen Strukturen.** Die katholische Kirche der Philippinen besitzt zwei Dutzend Fernseh- und Radiosender, ihr gehören Zeitschriften und Tageszeitungen in Manila, Cebu City und Davao City. Ohne sie ist kein Staat zu machen, die Politik muss sie respektieren und hin und wieder auch fürchten. Das haben Ex-Präsident *Marcos,* den letztlich die von Kardinal *Sin* zum friedlichen Widerstand aufgerufenen Massen im Februar 1986 vertrieben haben, wie auch seine Vorgänger und Nachfolger wiederholt erfahren. Wenn es um Geburtenkontrolle und Todesstrafe geht oder die nach wie vor verbotene Ehescheidung diskutiert wird, zeigt sich der alle Gesellschaftsschichten durchdringende Einfluss des Klerus. Auch wenn die **Verfassung** des Landes eine strikte **Trennung von Staat und Kirche** vorsieht, üben Kirchenleute nach wie vor große Macht auf die öffentliche Debatte und die Meinung von Politikern aus.

Unverhohlen warnte der Klerus Regierungsmitglieder, die sich für das **RHB-Gesetz** *(Reproductive Health Bill)* aussprachen, dass er für deren nächste Wahlschlappe sorgen würde. Dem damaligen Präsidenten *Benigno Aquino III,* der den Gesetzesentwurf 2012 unterzeichnete, wurde sogar mit Exkommunizierung gedroht. Zwar begrüßten viele Vertreter aus Politik und Gesellschaft das „Verantwortliche Elternschafts- und Reproduktive Gesundheitsgesetz", das endlich, nach über einem Jahrzehnt Wartezeit, insbesondere ärmeren Familien Zugang zu Verhütungsmitteln als Methode der Familienplanung und Aufklärung gewähren soll. Doch seitens der Kirche verstummte der Protest mitnichten, ein Erzbischof warf *Aquino* indirekt Mord an Millionen von Kindern vor (siehe auch das Kapitel „Geburtenkontrolle und Abtreibung" ab Seite 220).

Widerstand und Vielfalt der Glaubensgemeinschaften

Oft genug rührt sich innerhalb der **katholischen Kirchengemeinde** Unmut und auch **Widerstand** gegen die Institution. So wurden beispielsweise während der Auflehnung gegen die Spanier einige Ordensmänner wegen ihrer Kritik am kolonialen Joch und an der Ignoranz der Kirche hingerichtet.

Während der japanischen Besatzung kollaborierten viele Kirchenmitglieder bereitwillig mit den Japanern, andere gingen in den Untergrund, kämpften und predigten gegen die Besatzer.

Unvergesslich ist *Antonio Fortich* (1913–2003), der mutige Bischof von Negros, der sich Mitte der 1980er-Jahre selbst unter Lebensgefahr gegen die zunehmende Militarisierung auf der Zuckerinsel und gegen die rücksichtslose Ausbeutung der Bevölkerung seitens der Großgrundbesitzer einsetzte. Dort, auf der Nachbarinsel Panay und in Teilen von Luzon, wo die linke Guerilla – genährt von grassierender Armut unter der Landbevölkerung – großen Zulauf erhielt, hatten sich sogar Priester den Rebellen angeschlossen. Es war die Zeit, in der die Parallelen zu Lateinamerika ins Bewusstsein rückten. Negros erhielt damals den Beinamen „das Kuba Asiens". Fortschrittlich eingestellte und sozial engagierte Kirchenleute sympathisierten offen mit der Befreiungstheologie, die in ehemaligen Kolonien wie Brasilien, Peru, Nicaragua oder Kolumbien aktiv wurde.

Derzeit sind rund 10 % der Bevölkerung Mitglieder der **protestantischen Kirchen.** Unter ihren prominentesten Angehörigen sind Ex-Präsident *Fidel V. Ramos* und *Jovito Salonga,* der ehemalige Senatspräsident. Um die Einheit der Kirchen zu stärken und die ökumenische Bewegung voranzutreiben, hatten sich 1963 elf Glaubensgruppen zum **National Council of Churches in the Philippines – NCCP** zusammengeschlossen:

Extrainfo 8 (s. S. 6): „Pro- oder Anti-Life? Die katholische Kirche in der Debatte um reproduktive Gesundheit auf den Philippinen", ein Beitrag von Marina Wetzlmaier im Forum Südostasien

- Apostolic Catholic Church
- Christ Centered Church
- Convention of Philippine Baptist Churches
- Episcopal Church in the Philippines (ECP)
- Iglesia Evangelica Metodista en las Islas Filipinas
- Iglesia Filipina Independiente (IFI) – Philippine Independent Church (PIC)
- Iglesia Unida Ecumenica
- Lutheran Church in the Philippines
- The Salvation Army
- United Church of Christ in the Philippines (UCCP)
- United Methodist Church

Zwischen 1970 und 1995 spielte der NCCP als Bezugspunkt der Opposition gegen das Marcos-Regime eine entscheidende Rolle und zu Zeiten der Nachfolgerregierungen *Aquino* und *Ramos* bezog er mutig Stellung gegen Menschenrechtsverletzungen. Vertreter des NCCP vermittelten mehrmals zwischen der Regierung und den kommunistischen Rebellen, um die Friedensgespräche anzukurbeln.

Die **„Theologie der Unterdrückten"** ist auch heute noch Motivation und Grundlage des zivilgesellschaftlichen Engagements der protestantischen Kirchen. Doch die Vorreiterposition in Ökumene und Politik hat der NCCP inzwischen verlassen, auch weil andere Kräfte in der Gesellschaft aktiver und stärker geworden sind.

Anhänger von Splittergruppen wie der Iglesia ni Kristo, eine sehr wohlhabende Religionsgemeinschaft mit Parallelen zum amerikanischen Protestantismus, und Aglipayan, die philippinische Unabhängigkeitskirche, zählen außerdem zu den **Christen,** deren Anteil 94 % der Gesamtbevölkerung ausmacht. Knapp 5 % der Bevölkerung sind **Muslime,** die vorwiegend im Südwesten leben und mehrheitlich der sunnitischen Glaubensrichtung angehören. Aber durch wirtschaftliche Interaktion, durch kriegerische Aktivitäten, Vertreibung und Naturkatastrophen siedeln Muslime inzwischen auch über den gesamten Archipel verteilt, allein im National Capital District waren es 2014 über eine Million, ca. 10 % der regionalen Bevölkerung. Auf Mindanao, wo 1913 der Anteil der muslimischen Bürger noch bei 98 % lag, ist heute noch etwa jeder dritte Einwohner Anhänger des Islam, auf den Sulu-Inseln bekennen sich 85 % der Menschen zur Lehre Mohammeds (vgl. auch das Kapitel „Fremde im eigenen Land – ethnische Minderheiten" ab Seite 171).

Buddhismus, Taoismus und **Hinduismus** haben dagegen sehr wenig Einfluss in Asiens christlicher Hochburg.

Glaube und Aberglaube

Lege die abgeschnittenen Fingernägel des Kindes in ein Gebetbuch und es wird religiös heranwachsen.
(Redensart aus Cagayan de Oro)

Wer einer Hexe in der Nacht begegnet, soll sie mit bösen Schimpfworten anschreien oder sich nackt ausziehen, um sie zu verjagen.
(Ratschlag aus Malaybalay, Bukidnon)

Elfen, Feen, Gnome, Hexen, Geister und Gespenster, die herumspukende **white lady,** eine vorzugsweise nachts in Gebäuden oder im Freien schwebende „weiße Frau", die mal das Gesicht einer Verstorbenen hat, mal nur schemenhaft zu erkennen ist, sogar blutsaugende Monster: Gefragt nach diesen Wesen und Unwesen verweisen der modern geschulte Filipino wie die aufgeklärt erzogene Filipina kichernd und schmunzelnd selbstverständlich auf das Reich der Märchen, Mythen und alten Traditionen. In der Provinz, in den Dörfern, bei den Bergbewohnern ... ja, dort glauben die Leute wohl noch an so etwas. Aber doch nicht hier in der Großstadt, bei uns, die wir gebildet sind, auf der Universität studiert haben! Hakt man weiter nach und erzählt vielleicht von Anekdoten und Erlebnissen anderer solcher Art, dann traut sich doch der eine oder andere Gesprächspartner, aus seiner Deckung zu schlüpfen und von eigenen „Erscheinungen" zu berichten.

In Makati, dem Stadtteil Manilas, wo in den 1970er- und 1980er-Jahren ein Hochhaus neben dem anderen hochgezogen wurde, gab es wegen eines mächtigen, uralten Lunok-Baumes (auch als Banyan, eine Ficus-Art bekannt) Unruhe. Er behinderte die Pläne der Architekten. Doch er steht noch heute an seinem alten Platz, die Wolkenkratzer flankieren den Baum, der auch sie beschützt. Denn in dem ehrwürdigen Gewächs und seinen unzähligen Luftwurzeln leben **Geister und Riesen** wie *kapre* oder *agta, pugot, tikbalang, mangaluk, tama, apila* oder *mandayangan.* Sie wie auch richtige Horrorwesen sind eben doch präsent in Alltag und Umgangssprache, in der Erziehung und in Geschichten der Großeltern, in Sensationsmeldungen der Medien und nicht selten in eigenen (Alb-)träumen.

Was wir ebenso wie die moderne Erziehung in den Philippinen gerne als Aberglaube belächeln, ist für viele Menschen auf den Inseln täglicher Begleiter ihres Alltagslebens – eine Mischung aus Verhaltensleitfaden, Unterhaltung mit einer Dosis Gruseln und manchmal auch angewandter Naturschutz.

Extrainfo 9 (s. S. 6): „The Aswang Project": Alphabetische Zusammenstellung philippinischer Geister und Götterwesen aus Folklore und Mythologie

Einige Beispiele:

- Wenn ein Mädchen/eine junge Frau beim Kochen singt, wird sie einen Witwer oder alten Mann heiraten (von der Insel Panay).
- Fällt bei Tisch eine Gabel zu Boden, dann wird ein männlicher Besucher zum Essen kommen; fällt ein Löffel, dann kommt eine Besucherin.
- Nimm bloß nicht den letzten Essensrest vom Teller, sonst wirst du als „alte Jungfer" sterben (Luzon).
- Wenn die Katze ihr Gesicht putzt, kommt Besuch ins Haus.
- Wer mit den Füßen in Richtung Zimmertür schläft, lädt den frühen Tod ein (von der Insel Romblon, generell in Visayas bekannt).
- Wenn es in deiner rechten Handfläche juckt, bedeutet das, dass du Geld bekommen wirst (San Pablo City).
- Gegen Schlangenbiss hilft das Auftragen von gestampftem Knoblauch (Iloilo City).
- Wer am Karfreitag Näharbeiten verrichtet, der bekommt graue Haare (Bohol).
- Herumspringen nach dem Essen verursacht Blinddarmentzündung (Cagayan de Oro).
- Besucher einer schwangeren Frau sollen in ihr Haus eintreten und nicht draußen stehen bleiben, sonst wird die Geburt sehr schwierig (Bukidnon).
- Wenn das Kind mit der Nabelschnur um den Hals auf die Welt kommt, wird es frech und verwöhnt werden (Insel Camiguin).
- Hebt man die Nabelschnur unter dem Dach des Hauses auf, so wird das Kind später zurückkommen, egal, wo es hingezogen ist (Camiguin).
- Schwangere Frauen sollten sich nicht fotografieren lassen, das Baby könnte sterben.
- Ist jemand in deiner Nachbarschaft gestorben, gehe nicht zum Hahnenkampf, dein Hahn wird garantiert verlieren (Misamis Oriental).
- Wenn du Reis pflanzt, darfst du dir nicht die Haare schneiden lassen. Sonst wird der Reis nicht wachsen (Bukidnon).
- Fledermäuse und fliegende Hunde, die im Haus leben, verheißen Glück (Cagayan de Oro).
- Rote Ameisen auf der Fensterbank verheißen Reichtum.
- Schwangere sollen schöne Menschen ansehen, dann wird das Kind ebenfalls hübsch (landesweit).
- Wenn du dir auf die Zunge beißt, heißt das, dass jemand (schlecht) über dich spricht.
- Putze niemals nachts den Boden (der Wohnung, des Zimmers), denn dann droht Armut.

Von Blutsaugern, Hexen und Heilern

Zu schön, zu spannend ist es, bis in die Dämmerung auf der *plaza,* dem Dorfplatz, herumzurennen, sich gegenseitig zu jagen, Verstecken zu spielen und auf Bäume zu klettern! Die Mütter und Kindermädchen rufen schon seit einer Viertelstunde, die Kirchenglocken mahnen zum Abendgebet, doch die Kinder wollen einfach nicht nach Hause. Da hilft nur eins: „Kommt sofort, sonst holt euch *Aswang!"* Diese Situation gibt es, trotz der vielen Kids, die vor dem Bildschirm gefesselt im Computerspiel Banditen jagen und die Dämmerung gar nicht mitbekommen, heute immer noch. Und es sind genügend Kinder – und Erwachsene, die an **Aswang** glauben: ein schreckliches Wesen, halb Mensch, halb Tier. Tagsüber erscheint es möglicherweise als normaler Mann, normale Frau oder sogar als richtig gut aussehender Ausländer, um ab Einbruch der Dämmerung nur noch ein halber Mensch zu sein mit rot glühenden Augen und langer, heraushängender Zunge, die nach Blut, vorzugsweise Menschenblut, lechzt. Und das ist nur eine Variante des Ungetüms, das traditionell sehr häufig in den Visayas, insbesondere auf der Insel Panay, herumgeistert.

Geist- oder Wunderheiler, Scharlatanerie oder Naturheilkunde

Die in luftiger Höhe von Nordluzon gelegene Stadt Baguio ist neben Manila ein Zentrum der „Faithhealer", der sogenannten „Wunderheiler". Was die Schulmedizin als Scharlatanerie vehement ablehnt, lockt außer vielen verzweifelten Kranken immer wieder Scharen neugieriger Touristen und Reporter an. Die sind scharf auf ein Spektakel, das sich ungefähr so abspielt: Unvorstellbar geschickt, ohne Skalpell, Zange, Nadel und ohne Narkose dringen die „psychischen Chirurgen", wie sie sich anspruchsvoll bezeichnen, mit bloßen Händen in die Körper ihrer Patienten ein. Blutlachen bedecken die Haut, flinke Finger ziehen und rupfen irgendwelche Gewebeteile, Hautfetzen, blutiges Allerlei heraus. Es folgen Streicheln, Klopfen, Abtupfen und Wischen. Dann können die Patienten sich erheben. Sie kommen je nach Medikation noch ein paar Mal wieder zur Behandlung. Angeblich fühlen sie sich nach den Eingriffen wieder beschwerdefrei und weisen trotz der blutigen Prozedur keinerlei Operationsnarben auf. Vom Erdmagnetismus ist da die Rede und der feste Glaube an den Allmächtigen wird beschworen – gestandene Naturwissenschaftler halten das Ganze für

Wer die Insel **Siquijor,** zwischen dem Süden von Negros und Cebu gelegen, vor zwei Jahrzehnten trotz Warnungen der Bewohner anderer Regionen besuchte, um den Hort von Hexern und Magiern zu erkunden, entdeckte nebenbei verschlafene Ortschaften und traumhafte, verlassene Strände. Heute sind die Strände sehr beliebt und die meisten Besucher registrieren die Geschichten von schwarzem Zauber und unheimlichen Beschwörungen eher als folkloristisches Beiwerk. Doch auf der „Insel des Feuers", wie die Spanier sie nannten, gibt es sie wirklich, die Männer und Frauen, denen **übernatürliche Kräfte** nachgesagt werden – im Guten wie im Schlechten: Als *magbabarang* sind die gefürchtet, die auf Bestellung Unheil anrichten, Krankheiten provozieren und die Adressaten ihrer Auftraggeber sogar sterben lassen können. Wie das in der Praxis funktionieren könnte, beschreibt auch folgendes Beispiel: Der *magbabarang* sammelt Insekten wie Bienen, Käfer und Tausendfüßler, die eine Anomalität gemeinsam haben: ein Extrabein. Er bewahrt sie in einer Bambusröhre auf. Das Ritual vollzieht er an einem Freitag: Er schreibt Namen und Adressen von einer Liste auf einzelne Papierstückchen und steckt sie in das Bambusrohr. Nach einer Weile öffnet er die Röhre. Wenn die Papierstücke

einen ausgemachten Schwindel, zumindest für trickreiche Quacksalberei, die auf Fingerfertigkeit, Ablenkung, Hühnerklein und -blut sowie hypnotische Tricks setze. Nichtsdestotrotz registrieren clevere Reiseveranstalter nach wie vor einen beachtlichen Zulauf von echten und eingebildeten Kranken, die – oft haben sie in ihrer Verzweiflung schon andere Pilgerstätten wie Lourdes, Fatima oder den Ganges aufgesucht – für viel Geld neben Flugtickets, Unterkunft und Ausflugsprogramm die Hoffnung auf Heilung in den Philippinen buchen.

Über ihr Hotel in Baguio, Manila oder anderswo, inzwischen auch per Internet, nehmen sie mit den Wunderheilern Kontakt auf. Die Bezahlung ist vorzugsweise in Devisen zu entrichten. Zuschauer müssen sich anmelden, die Erlaubnis der Patienten einholen und mit einer Gebühr, wenigstens einer großzügigen Spende, einverstanden sein. Mal ist das Fotografieren während der Operation verboten, mal erlaubt, mal gegen, mal ohne Obolus, auf jeden Fall mit der Warnung, dass die Aufnahmen oft nicht gelingen.

Übrigens wird auch berichtet, dass ein berühmter Wunderheiler, als er selbst an einer Blinddarmentzündung erkrankte, sich in einem Krankenhaus habe operieren lassen. Entweder, so munkelt man, war seine eigene übernatürliche Energie zu schwach geworden oder das Vertrauen in das Können der Kollegen …

011kp-ags

in Fetzen gerissen sind, sind die Insekten bereit, die Träger der Namen anzugreifen.

Dann bindet der *magbabarang* weiße Fäden an das überzählige Bein seiner Assistenten und befiehlt ihnen, sich in den Körpern ihrer Opfer festzusetzen, ihre Organe zu zerfressen, ihren Organismus zu zerstören, bis sie sterben, und lässt die Tiere frei. Wenn sie zurück zu ihrem Meister kommen und ihre Fäden blutrot sind, war der Zauber erfolgreich. Bleibt ein Faden sauber, ist das Opfer unschuldig, es konnte der Magie widerstehen. Dann muss der *magbabarang* die Dinge auf sich beruhen lassen. (Siehe auch: „Philippinen", Hrsg. *Veronica M. Garbutt,* APA GUIDES, c/o: Langenscheidt KG, München, 1997)

Zum Glück sind auf Siquijor die *mananambal* oder *bolobolo* in der Überzahl: **Naturheiler,** die mithilfe von Kräutern Kranke genesen lassen und heilende, beschützende Amulette besprechen können. Sie treffen sich alljährlich in der Karwoche möglichst bei Vollmond auf dem Crocodile Hill im bergigen Süden. Dort tauschen sie ihre Erfahrungen aus und rühren das Elixier für die neue Saison an.

Nicht verwechseln sollte man die eher undurchsichtige Art der Geistheilung mit weniger aufsehenerregenden, weil unblutigen Methoden der

Tinkturen, Kräuter, Pülverchen, Heilerden – im Schatten von riesigen Shoppingmalls bieten kleine Verkaufsstände traditionelle Medizin an

Naturmedizin, die in vielen Teilen des Landes weitverbreitet sind. Dabei setzen die Heiler und Heilerinnen sowohl traditionelles naturmedizinisches Wissen (z. B. in Form von Kräutertinkturen, Massagen, Akupressur) wie auch religiöse Rituale ein. Eine solche Ganzheitstherapie kann, so muss man anerkennen, organische und nervenbedingte Beschwerden, zumindest die mit psychosomatischen Ursachen, nachweislich lindern und heilen.

Das Tagalog kennt mehrere Bezeichnungen für diese Art von Heilern wie *hilot* („Massage") oder *manggagamot* („jemand, der heilt"), in den Visayas können sie außer den auf Siquijor bekannten Namen *manggagawa* („Person, die schafft") oder *arbularyo* – eine Variante von *albularyo* („Medizinmann") heißen. Bei verschiedenen ethnischen Gruppen sind Naturheilpraktiken und die darin Kundigen, man mag sie pauschal Medizinmänner bzw. -frauen oder Schamanen nennen, fest in der überlieferten Lebensweise eingebunden. Man sollte meinen, dass die traditionellen Strukturen in heutiger Zeit, wo die Schulmedizin mit den darin ausgebildeten „modernen Filipinos" immer weiter vorrückt, allmählich verschwinden müssten. Doch allein der Besuch eines zentralen Marktes oder der Seitenstraßen der Städte zeigt, dass die Stände und Kioskbuden, die Heilkräuter, Baumrinde, Amulette und Fetische anbieten, regen Zulauf haben, auch von Stadtbewohnern.

Blick in die Zukunft

Die weitverbreitete Akzeptanz einer Vorherbestimmtheit des eigenen Schicksals verhindert nicht, dass viele Menschen hin und wieder diejenigen aufsuchen, die für sich beanspruchen, die Zukunft besser einschätzen, sogar vorhersagen zu können. So sind nach wie vor **Wahrsager- und Horoskopkundige** *en vogue*. Manche arbeiten voll im Stil der Zeit mit PC, einschlägiger Software und Apps. Andere lesen aus der Hand, in Tarotkarten oder in Eingeweiden von Hühnern. Anzeigen im Internet und in Zeitungen werben fleißig für *fortune teller* und *future consulting* und spekulieren mit der individuellen Unsicherheit, die vom Zweifel am richtigen Lebenspartner über den Kinderwunsch, den Wahlerfolg bis zur Existenzangst angesichts des nächsten Wirbelsturms reicht. Die Konsequenzen, die der Einzelne dann aus den neuen Erkenntnissen zieht, entsprechen wiederum seiner kulturellen Orientierung. Bezieht sich die Wahrsage auf die Gesundheit, können Besuche bei Ärzten oder bei Heilkundigen der traditionellen Schule anstehen. Kündigt das Horoskop plötzlichen Reichtum an, sollte man das nicht jedem auf die Nase binden, aber auch nicht voreilig größere Anschaffungen tätigen.

Feste, Bräuche, Traditionen

Wer sich auf den Inseln nach Traditionen erkundigt und ihren Einfluss im modernen Leben kennenlernen will, der sollte es nicht versäumen, einer typischen Fiesta beizuwohnen. Lange suchen muss man nicht, denn die Filipinos feiern andauernd irgendwo eines der mehrheitlich lange überlieferten Feste. Die Fiesta Filipina, so lernen es die Kinder in der Schule, die haben die spanischen Mönche ins Leben gerufen, als sie die bekehrten wie auch die noch im Heidentum irrenden „Indios" zum Tanz antreten ließen. Nach dem Motto „Wer arbeitet und brav betet, darf auch feiern" erzogen sie sie zu frommen Katholiken und gehorsamen Kolonialuntertanen. Außer durch die Kirmes (Kirchmess, Kirchweihfest) hielten die Spanier die „Indios" bei der Stange, indem sie häufig deren traditionelle Ritualorte und -anlässe übernahmen. Von den alten Bräuchen profitierend, haben die Kirchenmänner ihre Lehre sozusagen spielerisch aufoktroyiert. So verehren die meisten der philippinischen Fiestas einen katholischen *Santo* oder eine *Santa* als Schutzpatron, ihre wahre, meist vergessene Herkunft jedoch liegt irgendwo in der vorspanischen Vergangenheit.

Diese neue Sinngebung in ihrer Geselligkeit und Feierfreude nehmen die Filipinos den ehemaligen Kolonialherren nicht übel, können sie doch theoretisch an jedem Tag im Jahr mindestens einmal irgendwo auf den vielen Inseln mit kirchlichem Segen auf die Pauke hauen, in gutem Essen schwelgen und ohne schlechtes Gewissen einen zur Brust nehmen. Wie Feste weltweit hat die Fiesta auch für die philippinische Gesellschaft eine nicht zu unterschätzende Sozial-, Wirtschafts- und Ventilfunktion. Sie verschafft Aggressionen Luft, lässt die Alltagssorgen für eine Weile verschwinden, führt weit verstreute Familienmitglieder für ein paar Tage zusammen, bringt der Kirche Spenden und den lokalen Geschäftsleuten und Firmen Werbeflächen.

004kp-ags

Wer während einer Fiesta privat eingeladen ist, genießt die **Gastfreundschaft** nach alter Tradition, die auf dem Land auch heute noch unumstößliches Gesetz ist. Wenn der Gastgeber dazu eine bekannte Persönlichkeit ist, dann ist das eine besondere Ehre, von der die Nachkommen noch lange berichten werden. Der Gast feiert und wohnt gratis und sollte im Gegenzug Geselligkeit, gute Laune und ein paar *pasalubong* (Mitbringsel) austeilen. Traditionell wird jede religiös motivierte Fiesta mit der **Novena,** einer an neun aufeinander folgenden Tagen zelebrierten Messe, eingeleitet. Zumindest mit einem Besuch der Kirchenandacht am eigentlichen Festtag sollte sich jeder spirituell wappnen, bevor auf der *plaza* die vielen Unterhaltungs- und Marktstände lautstark ihren Betrieb aufnehmen. Heute kommt die Musik größtenteils aus den Stereoboxen mobiler Beschallungstrupps. Origineller spielte die von den Alten geschätzte *kombo* auf, eine kleine Band, die von Polka über Rumba, von Cha-Cha bis Rock'n'Roll jede Menge Stimmung im Repertoire hat und noch eine Unterhaltung ohne Schreien ermöglichte. Dazu gibt es hier einen Happen, dort einen Schluck und immer wieder Bekannte und Verwandte zu begrüßen. Alle sind herausgeputzt, die Kinder, der eigentliche Reichtum im Leben, toben in bester Sonntagskleidung herum, in der Küche des Hauses wirbeln die dienstbaren Geister, die Frauen holen überfälligen Schwatz nach, die Männer bringen sich mit *tubá,* Bier oder stärkeren Getränken in Fahrt. Und dank Smartphones wird fotografiert und gechattet, was die Akkus hergeben.

Je nach **regionaler Tradition** gibt es die unterschiedlichsten **Spektakel** zu bestaunen. In und um Kalibo im Norden der Insel Panay erinnern im Januar schwarz bemalte, exotisch gekleidete Gesellen beim **Ati-Atihan-Fest** trommelnd an vorzeitliche Einwanderer aus Borneo und verehren gleichzeitig mit aller Hingabe *Santo Niño,* das Jesuskind, das einst die Orte vor muslimischen Piraten geschützt haben soll. Auf Mactan dreschen alljährlich im April die Krieger des Lapu Lapu auf *Magellan* und seine Mannen ein. Deren erste Landung auf philippinischem Boden wird auf der kleinen Insel Limasawa nachgespielt. Auf Marinduque sind römische Soldaten auf Christenjagd die Stars des Moriones-Festes. Im Süden von Panay, in dem Ort Pavia, reiten Männer auf Wasserbüffeln um die Wette. Auf Negros und Mindanao setzt man seine Pesos gern auf kämpfende Pferde. Natürlich gibt es auf jeder Fiesta Gelegenheit beim *sabong,* dem überall beliebten **Hahnenkampf,** Geld, sogar Haus und Hof zu gewinnen – und zu verlieren. *Bahala na* – komme, was wolle, Gott wird's schon fügen! Viel schlimmer wäre es, während der Feiertage knausern zu müssen und seine Gäste nicht anständig bewirten zu können. Diese Schmach würde für Generationen auf der Familie lasten. Fiesta-Schulden sind eben Ehrensache und steigern das Ansehen.

◁ Schwarz ist die begehrte Hautfarbe beim Ati-Atihan-Fest im Norden der Insel Panay

Da erzählt man sich lachend die Geschichte von dem Politiker, der es tatsächlich gewagt hatte, die weltlichen Feierspäße verderben zu wollen. Hahnenkampf, dieser alte Zeitvertreib der Vorfahren, sollte verboten, die Wettleidenschaft der Filipinos eingeschränkt werden. Der Mann wurde schnell einsichtig, denn ein Aufstand, eine Revolution wäre losgebrochen und es wäre zum ersten Mal eine echte geworden. Schließlich müssen die vielen Kirchenheiligen gebührend gewürdigt werden und das geht nur mit einer zufriedenen, sprich fröhlichen Gemeinde. Der Jahresanfang, auch das Chinesische Neujahrsfest im Februar, Ostern und Weihnachten sind die Eckpfeiler des **Fiesta-Zyklus.** Die religiösen Feiertage offenbaren viel von der fanatischen Inbrunst, dem unerschütterlichen Glauben an Wunder, der auch größte physische Schmerzen aushält. Hunderttausende von Männern drängen sich zur „Prozession des Schwarzen Nazarener" in Manilas Stadtteil Quiapo, um die durch die Straßen gezogene Jesusstatue mit dem Ziel, sie oder wenigstens die Halteseile zu berühren. In der **Semana Santa,** der Karwoche, ziehen im ganzen Land *flagellantes* durch die Straßen und peitschen sich mit an Schnüren befestigten Rasierklingen und Stacheldraht die Oberkörper blutig. Passionsspiele rühren die Menschen alljährlich zu Tränen. Weltweit erregen die am Karfreitag verbreiteten Nachrichten von den **„echten" Kreuzigungen** in San Fernando (Provinz Pampanga) jedes Jahr aufs Neue voyeuristisches Schaudern: Dort treiben als römische Soldaten verkleidete Helfer den freiwilligen Jesuskandidaten dicke, echte Nägel durch Hände und Füße. Manchmal sind auch Frauen unter denen, die aus den unterschiedlichsten Gründen ein Leidensgelübde ablegen, die Dornenkrone aufsetzen und sich ans Kreuz nageln lassen. Die meisten kommen aus einfachen, armen Verhältnissen, manche verbringen ihr Leben weggeschlossen im Gefängnis ... doch die paar Minuten, die sie wie Gottes Sohn am aufgerichteten Kreuz aushalten, erheben sie weit sichtbar über die Masse der Gläubigen und Schaulustigen.

Die hohe Zeit der Fiestas ist im Monat Mai. Vor Einsetzen der Regenzeit, noch in den großen Ferien, geht es hoch her, schließlich gilt es, eine hoffentlich gute Ernte und Fruchtbarkeit für die frisch bestellten Felder zu erbitten. Die vielen Blüten ringsherum sind unerlässlich für das **Flores-de-Mayo-Fest,** denn fein gekleidete Mädchen beehren damit die Jungfrau Maria, Schutzheilige der Nation. Prozessionen, Pilgerfahrten und Paraden mit den neu gekürten Schönheitsköniginnen ziehen durch die Straßen.

Auch scheinbar profane, frivole Facetten des Lebens geben gute Fiesta-Motive ab. In Balayan in der Provinz Batangas ist eine **Spanferkel-Parade** die Sensation im Juni, auf der Insel Camiguin hat man den **Lanzones-Früchten** ein Festival gewidmet. Die Bewohner von Iloilo und Umgebung, die im Januar ihr Dinagyang, eine lokale Variante des Ati-Atihan, feiern,

071kp-ags

wetteifern im Februar in einer Segelregatta und später bei der Suche nach dem schönsten Jeepney (siehe auch den Exkurs „Kollektive Lebensfreude auf Rädern – der Jeepney" ab Seite 126). Nicht weit entfernt an der Südküste von Panay feiert der Ort San Joaquin im gleichen Monat seine **Town Fiesta.** Hier sind gewichtige **Wasserbüffelbullen** die Stars, wenn sie zum Wettspaß der Bewohner gegeneinander anrennen und das Krachen ihrer Hörner von den altehrwürdigen Kirchenmauern widerhallt.

Sehr empfänglich ist man für Feste der modernen, hauptsächlich durch den Kommerz angekurbelten Art, die letztlich nur die Kassen füllen sollen. So gruselt es landauf, landab bei **Halloween.** Die Farbe Pink, das Wort „Love" und unzählige Kunststoffherzen wabern durch Geschäfte und Medien am **Valentinstag. „Mom's Day"** (Muttertag), vor ein paar Jahrzehnten einzige Gelegenheit, herausragende weibliche Persönlichkeiten öffentlich zu ehren, ist heute vor allem „Mall's Day". Familien pilgern in die Shoppingmalls und nehmen dort neben möglichst prall gefüllten Einkaufstüten Musikveranstaltungen, vielseitige Leckereien der Restaurants und andere, den Müttern huldigende Events mit.

Bleiben noch die politischen Feieranlässe zu erwähnen, beispielsweise der mit Militärparaden begangene **Unabhängigkeitstag** am 12. Juni und vor allem das **People's-Power-Jubiläum** zwischen 22. und 26. Februar, wenn besonders in Manila kulturelle Veranstaltungen – mit der Regierung sympathisierende wie auch kritische – die Leute auf die Straßen locken.

⌃ Pagtaltal („Nagel einschlagen") heißt das Passionsspiel auf der Insel Guimaras

Denkweisen und Verhaltensformen

„Pakikisama" – gemeinsam sind wir stark

Wichtige Voraussetzung für das Verständnis der **zwischenmenschlichen Beziehungen** ist das Wissen um einige grundlegende, pauschalierend als „asiatisch" geltende Verhaltensnormen, die trotz mancher westlich anmutender Umgangsformen sehr wohl dominieren. Wer sich mit einer fremden Mentalität beschäftigt, kommt an der Überprüfung der eigenen nicht vorbei. Für die folgenden „Eigenarten" der philippinischen Menschen gilt folglich, dass auch uns viele dieser Werte und Sozialnormen nicht unbekannt sind. Nur stehen sie in unserem täglichen Miteinander nicht so im Vordergrund wie in den Philippinen.

Dabei nimmt zweifellos der ausgeprägte **Familiensinn** eine prominente Stellung ein, er gibt dem Individuum Kraft, Lebensinhalt, aber auch die Verpflichtung zur Verantwortung. Einem der **Verwandtschaft** geschuldeten Gruppenverhalten entspricht allerdings oft eine Ignoranz, Oberflächlichkeit oder gar Rücksichtslosigkeit gegenüber denjenigen, die nicht dem Familienverband zugezählt werden. In allen Lebensbereichen wirkt **„pakikisama"** (*sama* = teilnehmen, begleiten) als Umschreibung für in Harmonie mit der Mehrheit abgestimmtes Sozialverhalten. Es ist diese Norm des Konformismus, Konzessionsbereitschaft, die Unterordnung unter Freundschaftspflichten, Geselligkeit, Kameraderie, die nicht selten eine **lebenslang währende Loyalität** zu politischen Führern, Kollegen oder Arbeitgebern bedeutet und wie ein Schild vor den Anfeindungen des Alltags schützt. Vor diesem Hintergrund wird auch verständlich, wie sehr Phänomene wie Korruption, Nepotismus und Begünstigung im Amt

021kp-ags

gesellschaftlich verankert sind. Wer in einer materiell besseren Lage ist, der möge *pakikisama* bitte auch so verstehen, dass er die anderen in der Gemeinschaft daran teilhaben lässt. Oder das ganz persönliche Mitgefühl, die eigene Mildtätigkeit gegenüber beispielsweise sozialen Randgruppen wie Bettlern, Straßenkindern und Kranken in den Respekt innerhalb der eigenen Gruppe einbringt und damit vergrößert. *Pakikisama* verleiht Zuversicht, das Gefühl des Nicht-allein-gelassen-seins, besonders fern der Heimat. „Wir müssen doch zusammenhalten!" scheinen die sonntäglichen Zusammenkünfte der *domestic helper* und anderer *Overseas Pinoys* in Singapur und Hongkong ausdrücken zu wollen. Viele suchen diese Form des sozialen Refugiums, was nicht heißt, dass sie nicht hin und wieder auch als Belastung empfunden wird, dass man sich nicht gegängelt, kontrolliert oder potenziellen Intrigen ausgesetzt fühlt.

„Hiya" – Selbstachtung, Schande, Scham – was denn nun?

Eine zweite Richtlinie der guten Erziehung, im Grunde genommen der wichtigste Begriff unter den sozialen Werten sowohl für das Individuum wie auch für die Gesellschaft ist **„hiya"** (lautloses „h", Betonung auf „a"): ein **Gefühlskomplex,** der die Sensibilität für **Scham,** aber auch die Verteidigung der eigenen **Ehre** gegenüber der Gemeinschaft beinhaltet. Die Angst vor eigenen Fehlern und der Verantwortung am Missgeschick anderer und die **Furcht vor Gesichtsverlust** sind damit gemeint. Zum Thema *hiya* schreibt der Ethnologe *Frank Lynch: „Es ist das unbequeme Gefühl, das aufkommt, wenn man weiß, dass man sich in einer gesellschaftlich unbeliebten Situation befindet oder etwas tut, was der Gesellschaft missfällt." Hiya,* ganz eng verwandt mit dem Begriff **amor-proprio** („Gefühl für die eigene Würde"), ist also nicht (nur) die ganz persönlich empfundene Scham, sondern das Unbehagen darüber, im Kreis der Familie, der Freunde, im sozialen Umfeld unangenehm aufzufallen oder aufgefallen zu sein, als taktlos, unsensibel, unhöflich o. Ä. *Hiya* lässt sich auch knapp beschreiben als das **Empfinden für Anstand,** für das, was sich ziemt.

Bei der Einschätzung dessen können zwischen dem philippinischen Wertesystem und dem unsrigen allerdings Welten liegen. Das sollten Fremde berücksichtigen und sich darauf einstellen, dass beispielsweise die bei uns geschätzte Art, Probleme und Fehler direkt und persönlich anzusprechen, in den Philippinen geradezu verpönt ist. Es ziemt sich vielmehr, „um den heißen Brei herumzureden", euphemistische Redewendungen

◁ Gemeinsamkeit und Gemeinschaft (er)leben die Menschen von Kindheit an

einzusetzen oder die Angelegenheit zunächst mit einer anderen Person zu besprechen, die die Kritik als *tulay* (Vermittler) möglichst in verträglicherer, abgeschwächter Form an den Adressaten weitergibt. Filipinos nennen diese Form der **indirekten Kommunikation** auch *parinig* (wörtlich: andeuten). Es wird verständlich, dass es mitunter schwierig sein kann, beispielsweise für journalistische Recherchen oder Befragungen zu heiklen, sensiblen Themen, einigermaßen zuverlässige Antworten zu erhalten.

Hiya kann auch hinter der uns befremdlich erscheinenden Verhaltensweise stehen, ein klares „Nein" oder „ich kann nicht, ich will nicht" zu vermeiden. Stattdessen werden Antworten wie „vielleicht", „später" „ich werde es versuchen" vorgezogen. Nach philippinischem Verständnis ist dies ein eleganter Ausweg, der dem Gegenüber einen eindeutigen „Korb" und sich selbst die Peinlichkeit erspart, negativ zu wirken, eine Absage zu erteilen oder Unvermögen zugeben zu müssen. Eine realistische, nachvollziehbare Situation ist z. B., wenn die Gastgeberin mehr auftischt, als sie sich eigentlich leisten kann, Hauptsache, es muss ihr kein Unbehagen bereiten, wenn die Gäste vor leeren Schüsseln sitzen. Die sollten ihrerseits möglichst keine blitzblanken Teller zurücklassen; das würde signalisieren, dass das Speisenangebot nicht ausreichend war und die Gastgeber in Verlegenheit bringen.

Ein direkter Disput unter Arbeitskollegen wird vermieden, auch wenn der eine sich veranlasst fühlt, dem anderen so richtig die Meinung sagen zu müssen. Dann aber würde er sich selbst in Misskredit bringen, weil er den Kollegen kompromittiert hat. Noch prekärer wirkt sich aus, wenn jemand einen anderen öffentlich bloßstellt, lächerlich macht. So ein Fehler, den ein Europäer vielleicht als Fauxpas oder Disziplinlosigkeit deuten wird, kann unter und von Filipinos böse und gewalttätig geahndet werden, selbst wenn er Jahre zurückliegt.

Kahihiyan heißt „Schande" und ist der Wortstamm, aus dem sich *hiya* ableitet. Doch es sind die Vorsilben und die Betonung des Wortes, welche die jeweils angebrachte Bedeutung von *kahihiyan* vermitteln. Mal ist es als wirklich schwere Schande im Sinne eines Gesichtsverlusts gemeint, mal drückt es ein unsicheres, ängstliches Gefühl aus oder es soll einfach nur floskelhaft kundtun, dass es einem peinlich ist, um einen Gefallen zu bitten, der dann doch gerne angenommen wird.

Professor Dr. Lisa Link beschreibt das Phänomen so: „‚Hiya' hält einen Filipino davon ab, die ‚amor-proprio' eines anderen zu gefährden. In der philippinischen Gesellschaft ist ein Streit bis hin zur Gewaltanwendung eine angemessene, gesellschaftlich akzeptierte Reaktion auf die Verletzung der ‚amor-proprio'." (*Lisa Link,* Auszug aus „Interkulturelle Kommunikation in der Entwicklungszusammenarbeit auf den Philippinen – Interviews mit philippinischen und deutschen Partnern", in „CultureScan", Jahrgang 3, Nr. 6, Sept. 2003)

Hiya wirkt als **Korrektiv in den sozialen Beziehungen** nach beiden Seiten, positiv wie negativ besetzt. Also muss sich derjenige „schämen", der sich in bestimmten Situationen ohne *hiya* („schamlos") verhält, weil er andere in eine beschämende Situation gebracht hat. Die andauernde Sorge um die eigene *hiya* ist demnach nur zu gut verständlich. Wird jemand als *walang hiya* („ohne *hiya*") gerügt – was ein schwerer sozialer Verstoß und als Titulierung eine üble Beleidigung wäre – so riskiert er neben Ermahnungen und Verleumdungen sogar die Isolierung in seiner Beziehungsgruppe, wenn nicht gar im größeren sozialen Umfeld. Ähnlich ausgegrenzt würde sich jemand fühlen, der als walang pakikisama nicht in die Gemeinschaft integriert ist. Das permanente Bemühen um das **individuelle Wohlverhalten,** den persönlichen Anstand treibt die Menschen ihr Leben lang um. Aber weniger um ihrer selbst willen – „was sollen die anderen von mir denken?" –, als vielmehr stets in Reflexion auf die eigene Verwandtschaftsgruppe – „wie wirkt sich mein (Fehl-)Verhalten auf das Ansehen meiner Familie aus?"

„May mukha" – Gesicht haben, ehrenhalber

„Das Gesicht bewahren" und „sein Gesicht verlieren" sind zwei Ausdrücke, die in unserem Kulturkreis gerne mit asiatischem Verhalten assoziiert werden. In der Tat, für Filipinos ist **„may mukha",** „mit Gesicht" oder „Gesicht haben", gleichbedeutend mit **„may honor",** „mit Ehre", und lobt denjenigen, der **„may pangalan",** „mit Namen" ist, also seinen Namen (ehrenvoll) verdient hat. **„May dangal"** ist ein weiterer Ausdruck unter den zahlreichen Umschreibungen für das, was wir als „Ehre", „Ansehen", „Status" verstehen. Doch Filipinos legen Wert auf genaue Unterscheidung: Während *may dangal* und *may mukha* die individuelle Ehre im Sinne von „ehrenhafter Charakter eines Einzelnen" meinen, bezieht sich *may pangalan* oder auch **„kinikilala"** mehr auf das Ansehen, die soziale Anerkennung von Personen und Familien(-dynastien), die sich durch Leistung oder hoch gehaltenen Status über Generationen einen Namen und ein Vermögen aufgebaut haben. Bekannte Beispiele sind die Zobel-Ayala-Familie, die als Gründer der Wirtschaftszentrale Makati gelten, das Osmeña-Geschlecht, das seit vielen Jahren die Politik und Wirtschaft in Iloilo City und Cebu City mitbestimmt oder eben auch die *Aquinos,* die nicht nur mit politischen Ämtern, sondern auch mit riesigen Ländereien Eindruck machen. Was immer die Vertreter dieser alteingesessenen Klans, Familien und Inseleliten an Gutem geleistet oder durch Ausbeutung der für sie Ar-

beitenden angehäuft haben, sie genießen den gesellschaftlichen Respekt, den man durch *may pangalan* zu erkennen gibt. In klarer Distanzierung zu denen, die zwar über materiellen Besitz, aber nicht über ein gewachsenes Erbe an Ansehen und Status verfügen – die Neureichen eben, die als *madatong* oder *mapera* bezeichnet werden.

Auch der Normalmensch strebt nach Höherem, nach der Chance, sich von anderen abzusetzen. Wem dies nicht in die Wiege gelegt oder vererbt wurde, dem kann der Wettstreit in Schule und Studium, das Erreichen von guten oder sogar Bestnoten **„karangan"** – Ansehen, Ehre einbringen. Diese wird in Form von zu Hause stolz gezeigten und an den Wänden, in Regalen eingerahmten Diplomen, Ehrenurkunden und Trophäen sichtbar gemacht. Auch die Vorliebe für die Verbindung von Namen mit Berufstiteln wie „Dr." oder „Ph. D." bei Ärzten, „Attny." (Attorney) für Anwälte, „Engr." für Ingenieure gehört zum Dokumentieren der persönlichen *karangan,* auf die man mit der unbedingt mitzuführenden **Visitenkarte** aufmerksam macht. Selbst im eher zwielichtigen Milieu der Cocktail Bars soll Respekt beim Kunden geweckt werden, wenn der Typ, der die Mädchen zum Animieren an Bar und Tische schickt, sich als *floor manager* vorstellt, mit Visitenkarte selbstverständlich. Wie groß ist der Wunsch danach, als Schönheitskönigin gekürt, beim Karaoke umjubelt zu werden oder als Spender einer Kirchenbank seinen Namen auf derselben eingraviert zu sehen. Nicht zu vergessen sind die sozialen Netzwerke, wo die zuweilen sehr zweifelhafte Jagd nach *karangan* so richtig Fahrt aufgenommen hat (siehe auch das Kapitel „Von Amts wegen, der Familie wegen"ab Seite 133).

⌃ Für Filipinos ist Lächeln eine früh erlernte Art, das Gesicht zu wahren

Mehr Schein als Sein

Eine alte Person, die versucht, jung auszusehen, ist wie eine reife Tomate, die wieder grün werden will. (Redensart)

Fremde äußern sich oft verwundert darüber, dass sie augenscheinlich arme Menschen in ordentlicher, ja modischer Kleidung sehen. Sie staunen, wenn nach langer Fahrt durch Hitze und Staub ihre philippinischen Mitreisenden auffällig sauber und gelassen aus Bus, Jeepney oder Tricycle (Motorradrikscha) steigen, während sie selbst erstmal kräftig den Staub ausklopfen, stöhnen und sich am liebsten sofort ihre verschwitzten und verschmierten Klamotten ausziehen wollen. Sie reagieren belustigt, wenn sie erfahren, dass viele der Menschen, die die glitzernden Malls bevölkern, gar nichts oder kaum etwas kaufen, weil sie das Geld nicht haben, sondern einfach nur dort flanieren, vielleicht eine (leere) Einkaufstüte einer Boutique mit Designer-Aufdruck bei sich tragen. Das „Windowshopping" ist ein beliebter Zeitvertreib, der einem für eine Weile das Gefühl gibt dazuzugehören, sich aus der Realität lösen zu können. Was das reinliche Auftreten betrifft, so wirkt der schon in frühester Kindheit anerzogene Sinn für Sauberkeit und gewissenhafte Körperhygiene. Die **Diskrepanz** zwischen Sein und Schein erleben Besucher umso deutlicher, je länger sie in den Philippinen sind, je näher sie die Menschen kennenlernen. Hintergrund ist das Streben nach dem guten beziehungsweise dem besseren Eindruck, den andere von einem haben sollen. „Deswegen wird den Filipinos oft vorgeworfen, moralische Prinzipien nicht verinnerlicht zu haben. Fremde schütteln oft den Kopf über offensichtlich tief religiöse Kriminelle oder ehrbare Familienväter, die Haus und Hof beim Hahnenkampf verwetten – ein Widerspruch, der sich durch den Unterschied zwischen Form und Inhalt, zwischen Schein und Sein erklärt." (*Dr. Wolf Dietrich,* ehem. Dozent für Philosophie an der De La Salle University in Manila in „Nelles Guide Philippinen", S. 219)

Niemand möchte bereits aufgrund seiner äußeren Erscheinung als arm, gesellschaftlich minderwertig oder unbedeutend eingestuft werden. Umgekehrt widerspricht es dem philippinischen Ehrgefühl, als jemand wahrgenommen zu werden, dem Wohlstand und/oder soziale Stellung ein rücksichtloses, gieriges, nach Anerkennung buhlendes Verhalten erlauben. Also legt hier die gute Erziehung nahe, sich möglichst bescheiden, großzügig und uneigennützig zu zeigen.

Zusammenfassend regelt den Umgang in und zwischen allen Gesellschaftsschichten ein Moralkodex, der sich auf zwei Tugenden stützt: **Streben nach Harmonie** und das Bemühen, das **Gesicht zu wahren.**

„Utang na loob" – vernetzt durch Schuld

Eingebettet in die Suche nach Ausgewogenheit und gegenseitiger Achtung ist *utang na loob* (wörtlich: „Schuld bis ins Blut"), die jedem Einzelnen anerzogene und seinem Bewusstsein eingeprägte Verpflichtung, sich für erhaltene Hilfe zu revanchieren und einen dem Mitmenschen zugefügten Schaden wieder auszugleichen – mit Zinsen. Weniger dramatisch ausgedrückt ist es ein **Dankbarkeitsgefühl** für einen empfangenen Gefallen, das die **Pflicht zur Wiedergutmachung** einleitet und im Laufe der Zeit anwachsen lässt.

Kinder geben ihren alternden Eltern durch Fürsorge und Betreuung etwas von dem zurück, was Vater und Mutter ihnen Jahrzehnte hindurch an Liebe und Erziehung haben zukommen lassen. Der vormals verarmte Bauer, dem ein Grundbesitzer ein Stück Land zum Pflanzen und Wohnen verpachtet hat, wird diesem zusätzlich zum Pachtzins einen Extrasack Reis oder Früchte geben. Der Firmenchef, der einem arbeitslosen Mann trotz Einstellungsstopp einen Job gegeben hat, kann sich dessen besonderer Loyalität und gelegentlicher Extraarbeit sicher sein.

Im Lauf des Lebens, innerhalb der Verwandtschaft und des Freundeskreises, durch Arbeit und ständigen Kontakt mit den Kollegen baut sich jeder ein verwobenes **Netz von Utang-na-loob-Beziehungen** auf, hier ein Mitbringsel, dort ein hilfreiches Vermittlungsgespräch, mal hat jemand Geld vorgestreckt, mal hat man einem Freund aus der Patsche geholfen. „Mit gleicher Münze zurückzahlen", wie es bei uns heißt, das ist selten möglich und so bleibt immer eine Art Restschuld. Das ist der Kitt, der die Beziehungen in den unterschiedlichen sozialen Ebenen in Spannung hält.

Schattenseiten der Schuldenschraube bleiben nicht aus, wenn die Verpflichtung, sich erkenntlich zu zeigen, instrumentalisiert wird, beispielsweise durch Politiker, die Geschenke wie T-Shirts, Mützen, Gutscheine und Lebensmittel an die *common tao*, die kleinen Leute, in ihren Wahlkreis verteilen oder dort Pop-Konzerte spendieren, um im Gegenzug die Stimmen der Beschenkten zu erhalten. Für Kritiker ist diese Art von Schuldzins allerdings unmoralisch und fällt in die Kategorie Korruption. Dass das **Schuldrückzahlsystem** auch im kriminellen Milieu funktioniert, belegen die täglichen Nachrichten über Verrat, Bespitzelung und Auftragsmorde.

023kp-ags

Filipino Time

Zeit ist nicht gleich Zeit – der Umgang mit ihr und die Wahrnehmung der verfügbaren beziehungsweise verstrichenen Zeit sind in jedem Kulturkreis anders – für erfahrene Reisende ist das eine Binsenweisheit. Lateinamerika wird klischeehaft mit der „Mañana-Mentalität" („das hat Zeit bis morgen") assoziiert. In Indonesien spricht man von *jam karet,* der „Gummi-Zeit". Im Nachbarland Philippinen wird der Begriff der Zeit ähnlich flexibel ausgelegt und gern als „Filipino time" bezeichnet.

Zwar verkehren **öffentliche Verkehrsmittel** in der Regel nach festen Fahrplänen, doch die häufigen Verzögerungen regen kaum jemanden auf. Den fremden Besucher in der Provinz mag es anfangs verärgern, wenn der Jeepney, der schon mit einer halben Stunde Verspätung abgefahren ist, am Zielort erst noch einige Passagiere zu Hause absetzt, bevor er den endgültigen Haltepunkt ansteuert. Für Filipinos ist das **komfortabler Service** und weitaus wichtiger als Pünktlichkeit. Wer es gewohnt ist, auf die Frage nach dem Zeitpunkt, wann etwas passieren soll oder eine bestimmte Tätigkeit beendet sein wird, eine einigermaßen verlässliche Auskunft zu erhalten, fühlt sich in den Philippinen oft enttäuscht. Denn ein *sandali lang* („nur ein Weilchen") oder ein *bye and bye* („nach und nach") heißt eigentlich nichts anderes als „später", „irgendwann", unverbindlich, unbestimmt. Bei Verabredungen ist **Pünktlichkeit** die unrühmliche Ausnahme. Zu frühes Erscheinen geht gar nicht und selbst die verabredete Zeit exakt einzuhalten, wird als unhöflich ausgelegt: Man könnte die Gastgeber womöglich bei den Vorbereitungen stören und sie dadurch kompromittieren. Die Frau des Hauses kocht vielleicht noch, ihr Mann steht noch unter der Dusche – man gibt durch die höfliche „Verspätung" dem anderen Zeit und nimmt sie sich, um Stress im Keim zu ersticken. Überhaupt gilt: Je wichtiger der Gast, umso länger darf er auf sich warten lassen (siehe auch das Kapitel „Verabredungen und Ausgehen" ab Seite 313).

Die **städtische** und die **ländliche Lebensweise** unterscheiden sich hinsichtlich der Einteilung und der Wahrnehmung der Zeit offenbar sehr. Brausender Autoverkehr, ungeduldige Blicke auf die Verkehrsampeln, hastendes Überqueren der mehrspurigen Straßen – im Zentrum von Manila wird tagaus, tagein der Zeit nachgejagt. Doch selbst in der Hauptstadt gibt es ruhigere Nischen, Wohnviertel zwischen Nebenstraßen, Vororte, wo Ruhe und Gelassenheit herrschen, fast wie in der **Provinz.** Dorthin zieht es während der Ferien oder anlässlich der heimatlichen Dorffiesta auch immer wieder Tausende, wo sie sich vor allem auf den gemächlichen Rhythmus, die Ruhe, das Schwätzchen an der Straßenecke und das Spielen der Kinder auf dem Dorfplatz freuen.

Das Jetzt und Hier, das Unmittelbare ist für viele Menschen in den Philippinen vorrangig. **Vergangenheit** im Sinne von Familienhistorie und -herkunft bleibt oftmals eine diffuse Mischung aus Anekdoten und Fakten, deren zeitlicher Ablauf viele Lücken hat. „Waren es die Urgroßeltern, die aus Spanien nach Bacolod kamen oder waren es deren Eltern?" „Diese Kirche muss ziemlich alt sein - mindestens so alt wie ich, denn da bin ich getauft worden."

Lächle dich durchs Leben

Als die bestürzenden Bilder der Verwüstungen durch den Super-Taifun Yolanda um die Welt gingen, waren Kommentare wie diese häufig zu vernehmen: „Die armen Menschen, sie stehen vor dem Nichts, aber sie lächeln." „Das Lächeln der Obdachlosen zeigt ihren Überlebenswillen".

In der philippinischen Körpersprache ist das Lächeln das **vielseitigste** und - von Europäern - am häufigsten **missverstandene Signal.** Ein Lächeln erhellt das Gesicht bei Freude über ein Lob; es steht, etwas eingefroren, auch Kritik durch. Auch derjenige, der lobt, lächelt, Tadel wird genauso mit einem Lächeln vorgebracht. Die Hausangestellte zeigt mit einem Lächeln den zerbrochenen Teller. Der Jogger am Roxas Boulevard in Manila, der einen Fußgänger fast umgerannt hat, lächelt diesem ein „sorry po" hinterher. Die Kundin, die über den Korb der Marktfrau gestolpert ist und dessen Inhalt über den Boden verstreut hat, rappelt sich wieder auf und lächelt in die ebenfalls lächelnde Runde, auch wenn sie sich ganz schön erschrocken hat. Unvergesslich ist das Foto in der Manila Times vor geraumer Zeit, das die Verhaftung von zwei Bankräubern zeigte. Alle vier, die beiden Uniformierten und die Männer in Handschellen grinsten in die Kameras.

Was immer es ausdrückt oder verbirgt, ob Freude, Staunen, Angst oder Verlegenheit, das Lächeln wirkt entspannend, es entschärft, bevor eine Auseinandersetzung eskaliert, kann ein diplomatischer Ausweg aus einer zähen, unangenehmen Diskussion sein, signalisiert Verständnis, Versöhnung, drückt aber auch schlichtweg Euphemismus, Nonchalance, mangelndes Interesse oder Teilnahmslosigkeit aus. „Filipino smile" ist eine **wortlose, aber facettenreiche Sprachvariante,** es kann Schutzschild, Maske, elegante Ausweichreaktion sein, genauso wie Einladung, Ermutigung, Sympathie. Die jeweilige Situation liefert dem, der grundsätzlich bereit ist, die vielen Nuancen des Lächelns kennenzulernen, die passende Übersetzung. Und es kann ansteckend wirken, zur Nachahmung animieren. Wie an dem grauen Novembertag vor Jahren in einer deutschen Kleinstadt, in der damals noch kaum jemand aus Übersee wohnte. Die philippinische Frau ging zum ersten Mal durch den Ort. Leute schauten sie an, lange, schwarze Haare, dunkler Teint – das Schauen ging in Gaffen über. Die Filipina lächelte sie spontan an und einige der starren Gesichter entspannten sich und lächelten zurück.

022kp-ags

Es wird sich schon fügen – Lebensgefühl

Pauschalierung ist beim Vergleich von Kulturen und Mentalitäten rund um den Erdball an der Tagesordnung und hängt selbst im Zeitalter der Information und elektronischer Dauervernetzung alten, ethnozentrisch geprägten Bildern wie Klischees aus früheren Jahrhunderten nach. So wie Deutsche im Land der Dichter und Denker leben, fleißig arbeiten, viel grübeln und „German Angst" zum internationalen Vokabular gehört, so sind Fröhlichkeit, Lebensfreude trotz Armut und Naturkatstrophen und lächelnde Gesichter scheinbare charakterliche Wahrzeichen der Philippinen.

Schon nach wenigen Tagen in den Philippinen, und sei es zunächst in einer Megastadt wie Manila oder in Cebu City, kann der Besucher einige der Elemente, die das Lebensgefühl der Menschen ausmachen, erahnen: Gelassenheit im geschäftigen Alltag, Geselligkeit, Freude am Essen und an Musik, tiefe Religiosität, Spaß an modernen Kulissen und die scheinbar schnelle Vertrautheit mit neuen, vorzugsweise aus dem Ausland eingeführten Errungenschaften. Das provinzielle Ambiente vermittelt dann sehr eindrucksvoll, wie wichtig Familie, Kinder, Respekt, Gastfreundschaft, Toleranz, Kontaktfreude und herzliche Neugier – gerade dem Fremden gegenüber – im Leben der Filipinos sind.

⌃ Wenn dieser Gesichtsausdruck nicht ansteckend wirkt ...

Kollektive Lebensfreude auf Rädern – der Jeepney

Geschmückt wie ein Weihnachtsbaum, laut und mit ihren Dieselschwaden die Luft verpestend, bis übers Dach beladen, sind sie seit fast fünfzig Jahren auf philippinischen Straßen unterwegs, auf Schotter- und Urwaldpisten, über Stock und Stein: die Jeepneys.

1945 hatten die Amerikaner nach einem grausamen Krieg die japanischen Besatzer von den Philippinen vertrieben und zigtausende ihrer Willys-Jeeps auf den Inseln zurückgelassen. Die erfinderischen Filipinos ließen ihrerseits den Militärschrott nicht lange liegen. Aus der Not der an Zerstörung reichen und an Transportmitteln armen Zeit machten sie eine Tugend. Seitdem schaffen sie sich mit ungebrochener Begeisterung ein Wahrzeichen ihres Landes.

Das Fahrwerk und die Karosserie hatten sie einfach um zwei Meter verlängert, in Längsrichtung wurden zwei Sitzbänke verschraubt und über alles ein Dach verschweißt. Doch um ein echter philippinischer Jeepney zu werden, braucht solch ein fahrbarer Untersatz natürlich noch etliche, weitaus wichtigere Zutaten: südostasiatische Lebensfreude, spanisch-katholische Religiosität und ein von den Amerikanern übernommener Hang zum Angeben haben beim „Styling" des Jeepneys eindeutig die Regie.

Grelle Farben, Glimmer, Glitter und Firlefanz heißt die Formel, die das Fahrzeug erst gesellschaftsfähig macht. Fließbandarbeit gibt es beim Jeepney-Bau nicht. Rund um den mittlerweile aus Japan importierten Dieselmotor wird mit der Hand geschweißt, geschraubt und gehämmert. Vielfach werden Altteile aufgemöbelt, Recycling wird großgeschrieben. Wenn solch ein Prachtstück die Fabrik in Las Piñas bei Manila verlässt, um irgendwo auf einer der Inseln sein aufregendes Straßenleben zu beginnen, dann ist zunächst die Kühlerhaube unter Dutzenden von Lampen kaum noch zu erkennen. Zwischendrin funkeln metallene Pferdchen, wippen glänzende Aluminiumhähne, beides Symbole für Manneskraft und Wohlstand. Ein Wald von Antennen ragt hoch über das Wagendach in den Himmel - und ist doch nur, wenn überhaupt, an ein einziges Radio angeschlossen. Wenn dann noch Platz bleibt, garantieren möglichst viele Rückspiegel in erster Linie dem stolzen Fahrer die mehrfache Genugtuung: „Spieglein, Spieglein sag' mir lieb, wer hat im Land den schönsten Jeep!"

Die Seitenflächen des Gefährts bieten Raum und Gelegenheit, der Außenwelt eigene Träume - des Karosseriemalers oder des Eigentümers - kundzutun. Mehr oder weniger künstlerische Gemälde erzählen den Passagieren und Passanten von schneebedeckten Alpenlandschaften, von Segelschiffen oder Filmstars, Sehnsüchte nach der tollen Frau oder nach viel Geld - der Jeepney fährt sie herum und multipliziert sie. Oder jagt er ihnen nur nach?

025kp-ags

Den Passagieren gute Weitsicht auf das Straßengeschehen zu gewähren, scheint weniger wichtig. Geschwungene Girlanden und gehäkelte Gardinen schränken den Blick auf den brodelnden Verkehr ziemlich ein, Hauptsache der Fahrer hat Durchblick. Durch den Sehschlitz, zu dem das Frontfenster wird, wenn sein unterer Bereich als erweiterte Ablage dient. Mütze, Mobiltelefone, Wackeldackel, Stofftiere, noch ein paar Heiligenfigürchen, Maskottchen aller Art, eingerahmte Familienfotos, Putztücher und - früher waren es stapelweise CDs und Kassetten - allerlei Accessoires zur möglichst ununterbrochenen Wiedergabe angesagter Musiktitel. Diese erschallen, plärren, beben aus den unter den Bänken installierten Stereoboxen, die die Sitzmuskeln der Passagiere vibrieren lassen, ohrenfetzender Sound als Werbetrommel. Denn nur vollbesetzt fährt ein Jeepney lukrativ. „Voll" kommt unsereinem dabei vor wie hoffnungslos überfüllt. Doch Filipinos sind einerseits von kleinerem Körperwuchs und zum anderen äußerst kontaktfreudig. Wo auf den beiden Sitzreihen höchstens zehn Europäer einigermaßen bequem Platz finden, da quetschen sich lustig schwadronierend über zwanzig Einheimische an- und aufeinander, Kinder nicht mitgezählt.

Je nach Fahrtroute reisen sperrige Gemüsekörbe, streng riechende Fischkisten oder Benzinkanister mit, quiekende Schweine werden an der Rückwand kopfüber angebunden oder gackernde Hühner schon mal zwischen den Füßen der Mitreisenden abgelegt. Letztere tun übrigens gut daran, die Hände an den unter dem Dach befestigten Haltestangen zu lassen. So

⌃ Geballte Power: im farbenfrohen Design und unter der Motorhaube

müssen sie nicht bei scharfen Kurven und Bremsmanövern die Knie des Gegenübers zu Hilfe nehmen. Auch lassen sich so die Schlaglochstöße auf Steißbein und Rückgrat etwas besser abdämpfen.

Uneingeschränkter Chef im Jeepney ist der Fahrer. Dessen Boss ist der Eigentümer, doch der oder die bleibt lieber zu Hause und zählt abends die Tageseinnahmen. Während auf längeren Überlandfahrten mindestens ein Assistent dabei ist, der beim Kassieren wie beim Auf- und Abladen hilft und notfalls bei Pannen Hand anlegen muss, ist es im Großstadtverkehr allein der Chauffeur, der über sein Schicksal und das der Fahrgäste wacht. Er muss die am Wegesrand wartenden, winkenden Fahrgäste erspähen. Diese haben dann schon die am Jeepney angeschriebene Fahrtrichtung erkannt, um den Wagen an einer ihnen angenehmen Stelle zum Anhalten zu bringen. Blitzschnell zu bremsen und gleichzeitig dem Verkehr auszuweichen, die noch verfügbaren Sitzplätze in Sekundenschnelle einzuschätzen, dadurch zeichnet sich ein guter Jeepney-Pilot aus. Noch während die Neuzugänge sich geduckt und unter viel „Excuse me“ eine Lücke im Gedränge suchen, über Beine und Gepäck stolpern, hat der Mann am Steuer schon wieder aufs Gas gedrückt. Zeit ist Geld und das kassiert der Fahrer wie nebenbei - mit einer Hand am Lenkrad, die andere nach hinten ausgestreckt. Wird jedoch eine Kirche passiert, dann braucht er die freie Hand für das Kreuzzeichen.

072kp-ags

Wer aussteigen will, zischt kurz und mehrmals durch die Zähne, schnalzt mit der Zunge oder klopft energisch an das Wagendach. Auf dem Land sammeln die Fahrer zusätzliche Pluspunkte, wenn sie die Fahrgäste bis zu deren Haus, zumindest möglichst nah dran chauffieren. Hier nehmen sie schon mal Briefe mit, dort sogar einen Umschlag mit Bargeld, ein anderes Mal dringend benötigte Medikamente. Sollten nach Verlassen der Blechkutsche noch alle Sinne und Knochen an ihrem vorgeschrieben Platz sein, dann ist das mit Sicherheit den frommen Sprüchen wie „Gott schütze unseren Trip" oder „Jesus sitzt neben Dir" und „Heilige Jungfrau, erbarme Dich unser!" zu verdanken. Diese Beschwörungsformeln zieren einen anständigen Jeepney innen und außen und ersetzen wie auch die Heiligenfigürchen hinter der Windschutzscheibe die bei uns Vertrauen erweckende TÜV-Plakette – zumindest optisch.

Immerhin bewegen sich täglich Millionen von Pendlern und Reisenden per Jeepney durch quirlige, verstopfte Städte, über enge, schwindelerregende Bergstraßen, an endlos scheinenden Stränden entlang. Das rustikale Gefährt ist auf den meisten besiedelten der 7107 philippinischen Inseln heimisch. Es fährt die Menschen zur Arbeit, zur Schule, zu Verwandten und Festen, in Krankenhäuser und ins Gefängnis. Und wer seine allerletzte Reise antreten muss, dem folgt die Trauergesellschaft auch schon mal in einem oder mehreren gemieteten Jeepneys. Kleine Kinder (bis zu 1 m Körpergröße), Polizisten und Soldaten fahren gratis, Schüler, Studenten und „senior citizens", wie mindestens 60-jährige Filipinos und im Land residierende Ausländer genannt werden, und – zumindest in einigen Regionen des Landes – Menschen mit Behinderungen zahlen ermäßigte Fahrpreise.

Nur wenige Filipinos können es sich leisten, für rund 10.000 Euro einen eigenen Jeepney zu erwerben. Den reservieren sich die beneideten Reichen für private und Familienfahrten. Dann können sie mit so viel Glitzerkram, Farbe und Prunk protzen, wie es ihnen Spaß macht. Diese „Owner-Type"-Fahrzeuge verfügen meist auch über Klimaanlage, Schiebefenster mit getönten Scheiben, WLAN, Videobildschirm und weich gepolsterte Innenverkleidung, nicht zu vergessen die Aufschrift an der rückwärtigen Türe in typisch amerikanischer Kurzschrift: „Not 4 Hire!" („Nicht zu vermieten!").

< Gut abgehangen fährt das Schwein übers Land

Das Leben ist kurz und soll schon deswegen Freude machen. Und wenn es mitunter Enttäuschung und Schmerz bereithält, so tröstet ein geseufztes *„Bahala na ang Diyos"* – „Gott wird es schon richten". Aus unserer Sicht klingt die Redensart fatalistisch, für Filipinos jedoch ist es das mit dem Schicksal und den Mitmenschen versöhnende Leitmotiv oder Überlebensmotto schlechthin.

Gespaltenes Nationalbewusstsein

Inbrünstig schmettern die in Reih' und Glied aufgestellten Schulkinder bei der allmorgendlichen Flaggenparade die **Nationalhymne.** Die leitet stets auch das Programm in Kinos und bei öffentlichen Veranstaltungen ein. Stramme Militärparaden und beschwörende Reden gedenken des Unabhängigkeitstages. Das philippinische Volk zwischen den Babuyanes-Inseln und dem Sulu-Archipel zeigt zumindest äußerlich das Nationalbewusstsein, wie es im Kampf um Unabhängigkeit (siehe auch das Kapitel „Die jüngere Geschichte" ab Seite 57) von den Spaniern und noch einmal von den USA zum Ziel gesetzt wurde. In jedem größeren Ort ziert die Statue von *José Rizal* die Plaza, Straßen tragen seinen und die Namen anderer **Nationalhelden.** Als Filipinos, die die eine Flagge eines souveränen Staates ehren, die sich in einer Nationalsprache, dem Pilipino, verständigen können, sehen sich die meisten Menschen im Inselreich. Nicht nur das immer wieder auch gewalttätige Streben nach Selbstbestimmung unter den muslimischen Bewohnern in Teilen der Insel Mindanao und des Sulu-Archipels zeigt jedoch die **tiefe Verwerfung** im Zusammenhalt dieser Nation auf. Die zunehmend auseinanderklaffende Schere zwischen Armen und Wohlhabenden ist ein anderes großes Hindernis bei dem, was *Cielito Habito,* Kommentator der Tageszeitung Philippine Daily Inquirer, vermisst und mit großen Worten beschwört: den alle vereinenden Nationalismus. Bezug nehmend auf den philippinischen Blockbuster „Heneral Luna" über *Antonio Luna,* General der Revolutionsarmee unter Präsident *Aguinaldo* im Kampf gegen die Amerikaner 1899, nimmt *Habito* auf, was viele Zuschauer als Symbolik des epischen Films verstanden haben: Dass sich in den heutigen politischen und sozialen Verhältnissen nicht wenige Parallelen zu *Lunas* verzweifeltem und schließlich mit seinem Tod durch philippinische Soldaten endenden Kampf für eine unabhängige Nation und gegen die Zerstrittenheit in den eigenen Reihen widerspiegeln.

Zwei Botschaften von General *Luna* lägen dem Film zugrunde: „Wir haben einen größeren Feind als die Amerikaner: Das sind wir selbst." Und: „dass es einfacher sei, Himmel und Erde zu vereinen, als dass zwei Filipinos sich in einer Sache einig sind". *Habito* macht den Mangel an nationaler Einheit auch daran fest, dass viele besorgte Bürger die Regierenden zur korrekten Verwaltung der Finanzen aufforderten, andererseits aber selbst jedes Schlupfloch zur Steuerhinterziehung nutzten. Er vermisst sie, weil so viele Kritiker den Entwurf des Bangsamoro Basic Law (Gesetz, das die Autonomie im muslimischen Teil Mindanaos voranbringen soll) voller Vorurteile und Ignoranz vehement ablehnen, ohne, wie etliche von ihnen zugeben mussten, das Dokument richtig gelesen zu haben. Einheit fehle auch, weil die Verantwortlichen wegen schlecht greifender staatlicher Regeln und Verfahren nicht in der Lage seien, den größtmöglichen Wohlstand für die größtmögliche Zahl der Filipinos verfügbar zu machen, sondern nur den Interessen der sowieso bevorteilten Wenigen dienen. Schließlich, so appelliert der Kommentator, brauche das Land einen Präsidenten, „der eint, statt trennt, der als Staatsmann ohne Rücksicht auf Parteibindungen Menschen mobilisiert, seien es Führungskräfte, Angestellte, Arbeiter, Geschäftsleute, Aktivisten oder ganz normale Bürger, um die von allen geteilte Vision einer Nation in gemeinsamer Arbeit umzusetzen: Also ein Präsident nicht nur derer, die für ihn demonstriert und die ihn gewählt haben, sondern ein Führer und Diener aller Filipinos ... Mit dem Ziel eine wahre philippinische Nation zu verwirklichen, die sich auszeichnet durch gerecht geteilten Wohlstand und nachhaltige Entwicklung.“ (Auszug aus „Nationalism as ‚oneness'“, *Cielito Habito* in „Philippine Daily Inquirer“, 29.9.2015, Übersetzung *Albrecht G. Schaefer*)

Ein Nationalbewusstsein in diesem edelmütigen Sinn zu erreichen, scheint ein utopisches Ziel zu bleiben in einem Land, wo neben den sozialen Kontrasten die soziogeografischen Bedingungen Dutzende von **Inselmentalitäten,** von **lokalpatriotischen Strömungen** und die **Isolation kultureller Minderheiten** begünstigen. Allerdings können bestimmte Ereignisse, Prozesse und Persönlichkeiten so etwas wie ein nationales Wir-Gefühl auslösen. Wenn der Papst das Land besucht,

075kp-ags

Kilometer Null und Nationaldenkmal: Rizal-Monument im Luneta Park in Manila

wird er zum „philippinischen Papst“, wenn der mehrfache Boxweltmeister *Manny Pacquiao* sich wieder mal zum Kampf rüstet, weiß jeder Filipino, dass die Sportwelt auf sein Land blickt. Die provinzübergreifenden Spendenaktionen für Opfer von Naturkatastrophen beweisen, dass Leute aus dem Volk mehr und schnellere Hilfe und damit ganz praktischen Patriotismus mobilisieren, als es der starre Bürokratieapparat des Staates umsetzen kann oder will. Wenn alle paar Jahre die vermuteten Erdöl- und Erdgasvorkommen unter den Spratly-Inseln ein Säbelrasseln unter mehreren südostasiatischen Staaten und vor allem zwischen Manila und Peking provozieren, fällt es leichter, in der Bevölkerung (einschließlich der Auslandsfilipinos) an die Heimatliebe zu appellieren.

Die Migration nach Übersee hat ihrerseits starken Einfluss auf die Bedeutung von nationalem Verständnis genommen. Die Millionen von Filipinos, die zum Arbeiten ins Ausland gehen, lernen ihre Heimat als Teil einer großen, vielfältigen Welt kennen, erleben sozusagen den Blick über den Tellerrand und sich selbst während der langen Jahre in der Fremde als dortige „Inländer“. Die Erfahrungen im Ausland, unter teils restriktiveren, teils liberaleren, demokratischeren Bedingungen festigen ihr Nationalbewusstsein einerseits, lassen aber auch Forderungen und Erwartungen hinsichtlich moderner Entwicklung an den eigenen Staat aufkeimen. Allein das schnelle Anwachsen der Mittelklasse in den Philippinen, das die Gesellschaftsstruktur und das Bildungswesen (siehe auch das Kapitel „Bildung nicht für jedermann“ ab Seite 138) derzeit verändert, hängt mit diesen Auslandserfahrungen zusammen.

Gruppenfotos sind besser – Selbstbestimmung, vorzugsweise in Gemeinschaft

Enge Bindungen innerhalb der Familie, das Streben des Individuums nach deren Anerkennung und die Suche nach Schutz in der Gruppe, das Ausrichten persönlicher Entscheidungen und Handlungen an den Erwartungen, dem Konsens der Verwandtschaftsgruppe – all das sind Merkmale, die nach sozialwissenschaftlicher Definition ein **kollektivistisches Wertesystem** kennzeichnen. Äußere Reglements wie Uniformpflicht für Schüler, einheitliche Kleidung für Büro- oder Kaufhausangestellte etc. lassen offen ausgelebtem Individualismus anscheinend wenig Spielraum. Die körperliche Nähe zu den Mitmenschen scheint in eng besetzten Transportmitteln, auf Kirchenbänken oder in Restaurants kaum ein Problem darzustellen und auch die Scheu vor öffentlich ausgetauschten Intimitäten wie Küsse und innige Umarmungen mag mit dem Verzicht auf individuelle Ambitionen zugunsten des Respekts und der Harmonie in der Gemeinschaft zusammenhängen. Besucher wundern sich immer wieder, dass sich Menschen auf den Inseln lieber fotografieren lassen, wenn noch ein paar andere (aber mehr als drei, siehe auch den Abschnitt „Glaube und Aberglaube" ab Seite 106) mit aufs Bild kommen. Wer einmal einen philippinischen Freund, eine Bekannte oder Verwandte im Krankenhaus besucht hat, weiß, dass es völlig normal ist, wenn das Krankenzimmer mit Besuchern gefüllt ist. Denn es entspricht der üblichen Höflichkeitsetikette und dem Gemeinsinn, dass die Genesung besser und schneller voranschreitet, wenn der Patient sich nicht alleine fühlen muss.

Dass viele unter uns es als erholsam empfinden, allein sein zu können, stößt in den Philippinen auf wenig Verständnis. Jemand, der als *malungkot* (allein, einsam) eingestuft wird, erfährt eher Mitleid. Manch Reisende wird vielleicht zu Hause belustigt davon erzählen, dass sie als einziger Gast im Restaurant von gleich vier Kellnern bedient oder im Department Store beim Kleiderkauf von drei verschiedenen Verkäuferinnen abwechselnd betreut wurde. Dass Arbeitskräfte in den Philippinen billig sind und einen Job, den bei uns eine Person erledigt, dort zwei oder mehr Menschen verrichten, kann sicherlich auf oft ausbeuterische Bedingungen zurückgeführt werden. Doch die starke Gruppenbindung, die spürbare Stärke in der Gemeinschaft spielt dabei ebenso eine Rolle.

Von Amts wegen, der Familie wegen

Das Rundherum eines **Dorfzentrums** zeigt, wo es lang geht – vor allem was die Autoritäten betrifft. Es ragt die Kirche empor, oft während der spanischen Zeit erbaut, in der Nähe, daneben oder auf einer anderen Seite des Platzes steht die weltliche Macht in Form des Rathauses *(municipality hall)* und die Polizeistation ist meistens dicht bei. Eine Schule darf an der *plaza* i. d. R. auch nicht fehlen, genauso wenig wie die durchweg stattlichen Residenzen der wichtigen Familien. Im oder am Zentrum wohnen auch Bürgermeister und Vertreter des Klerus.

Der baulichen Präsenz der Obrigkeiten entspricht natürlich der respektvolle Umgang, den sie von der Bevölkerung erwarten und gewöhnlich auch erhalten. Häufig bietet das Innere der Kirche das **„Who-is-who"** des Ortes, auf Bänken und je nach Ausstattung auch auf den Kirchenfenstern sind die Namen von Sponsoren derselben zu lesen. Es sind die renommierten Familien, die sich auch gerne auf den Statuen oder Denkmälern der *plaza* verewigen lassen. Ihre Hinterlassenschaften sind außerdem teilweise recht prunkvolle Grabbauten auf dem örtlichen Friedhof, wo nicht selten edle Marmorplatten von den Romblon-Inseln oder sogar aus Italien ehrfürchtige Blicke auf sich ziehen und auch schon mal die Beförderung als Nationaldenkmal mit sich bringt wie bspw. der in den spanischen Gründerjahren angelegte *cementerio* (Friedhof) des kleinen Ortes San Joaquin in der Provinz Iloilo.

Von der ländlichen Bühne in die Provinzhauptstadt und weiter in den Senat oder auf einen ebenso lukrativen Posten als Abgeordnete in der Nationalversammlung – das sind die Karrierestufen vieler Politiker. Etliche verdienen sich Titel und Würden durch Einsatz für die Bürger und deren Anerkennung, andere – und laut öffentlicher Meinung ist das die Mehrheit – erwerben sich diese Privilegien durch Bestechung, Schiebung, Intrigen und Gewalt.

Die Philippinen sind nur ein Beispiel dafür, dass die Ambitionen für politisch und gesellschaftlich relevante Posten immer mehr von einer Selbstbedienungsmentalität stimuliert werden. Es gehört zum guten Ton, zur Familientradition und zur Pflege des Ansehens, möglichst in jeder Generation ein oder besser gleich mehrere **Mitglieder in politischen Ämtern** zu haben. Im letzten Jahrhundert haben 134 Familien die Mehrzahl aller politischen Amtsträger gestellt. Jeder zweite Abgeordnete verfügt über bedeutenden Landbesitz. Andere haben sich sogar mit Gewalt eine politische Basis geschaffen oder sich als Staatsbedienstete nach oben geschmiert und sich danach mithilfe ihres öffentlichen Amts ökonomisch abgesichert. Derlei Positionen bedeuten **Macht, Geld, Beziehungen und Privilegien,** die – so hofft die Verwandtschaft – ihnen allen zugutekommen, und wenn es nur die Gewissheit ist, dass Onkel, Tante oder Cousin zweiten Grades irgendwie berühmt und einflussreich sein könnte. Philippinischen Sitten entsprechend begründet Familiensinn das Karrierestreben, die Sorge um die Verwandtschaftsinteressen wiegt schwerer als die Verantwortung einem Amt gegenüber. Da auf lokaler Ebene eine Abhängigkeits- und Loyalitätstradition mit familienähnlicher Struktur herrscht, werden moralische Verfehlungen, finanztechnische Winkelzüge und auch gelegentliche Gewaltanwendung der Politiker als „normale" Begleiterscheinungen toleriert. Und bestimmt profitiert nicht jedes Mitglied im Klan von den Segnungen der reichen Verwandten. Die angesehenen, alteingesessenen Familien mit den landesweit bekannten Namen – viele stammen tatsächlich von den ersten Konquistadoren, Koloniegründern, Klerikern und von spanischen und iberoamerikanischen Dynastien ab – stehen in ständiger Konkurrenz und Missgunst zueinander. Ihnen gemeinsam sind, außer mitunter großen Ländereien und den Vorwürfen der Korrumpierbarkeit, meist nur der Neid und die Überheblichkeit gegenüber den neureichen Emporkömmlingen und selbstverständlich die Abneigung gegenüber kritischen, hartnäckigen Journalisten und überzeugten Reformern (die gibt es tatsächlich), die endlich mehr Anstand in die Politik bringen wollen.

073kp-ags

„*Sobra na!*" „Jetzt ist es aber genug!" Der sogenannte „Pork-Barrel-Skandal" (s. S. 82) brachte 2013 dann doch das Fass zum Überlaufen. Der Unmut in der Bevölkerung über diesen bislang unverschämtesten Veruntreuungsfall unter den Volksvertretern führte zu Massenprotesten . Ob aus dem Misstrauen gegenüber Politikern und Würdenträgern eine nachhaltige Bewusstseinsänderung sowohl bei Regierungsmitgliedern wie auch im Volk resultiert, bleibt fraglich.

„Come back tomorrow" – die Tücken der Bürokratie

Mit den **Behörden** im Land der über 7000 Inseln kommt jeder Reisende mindestens zweimal in Kontakt, einmal bei der Einreise und das zweite Mal bei der Ausreise. Wer allerdings seine Aufenthaltsgenehmigung verlängern lassen muss oder beruflich oder zu Studienzwecken in den Philippinen weilt, wird intensivere Erfahrungen mit Ämtern, Beamten und Vorschriften machen. Zu regelmäßigen Besuchern auf den Ämtern oder zu „Gastgebern" der Behördenvertreter werden Ausländer, die ein Gewerbe, ein Restaurant, eine Pension betreiben oder bspw. eine Lieferung aus dem Zollhafen auslösen müssen. Allein die Gesetzesregelung, dass ein Gewerbe oder Geschäftsvermögen mehrheitlich (also zu mindestens 51 %) ein philippinischer Staatsbürger besitzen muss, also Ehepartner, Freund, Ge-

⌃ Der Wohnsitz einer alteingesessen „Zucker-Familie" auf der Insel Negros

074kp-ags

schäftspartner des Ausländers, stellt in sich schon eine **bürokratische Dauerbelastung** dar. Jedenfalls sind dafür viele, immer neue Formulare auszufüllen, Genehmigungen einzuholen, Referenzen und Garanten zu nennen und natürlich Geld, Gebühren und Steuern zu zahlen. Weil diese Formalitäten aber nicht immer so schnell erledigt werden, wie der Mandant sich das wünscht, ist **Geduld** eine gute Rüstung für die Gefechte in den Amtsstuben. Philippinisches Verständnis von Geduld unterscheidet sich eminent von dem unsrigen. In bürokratischen Belangen wird es allerdings strapaziert auf Kosten desjenigen, der vor dem Schreibtisch sitzt. Um beide Geduldvorstellungen anzupassen, sich also anzunähern, wird einer der beiden Verhandlungspartner ein beschleunigendes Mittel vorschlagen. In den meisten Fällen ist Geld das Mittel zum Erfolg, es kann aber auch ein üppiges Gratisessen, ein Geschenk aus dem Ausland, eine Flasche Whisky oder ein edles Parfüm wirksam sein. Kurz: Viele bürokratische Hürden lassen sich überwinden, wenn der „Bittsteller" verständnisvoll ist, also angedeutete oder klar benannte Gefälligkeiten liefert. Korruption, Bestechung und Bestechlichkeit sind üble Worte für das, was in Behördensprache mit Entgegenkommen, Kooperation und Problemlösung im gegenseitigen Ein-

Blick über Intramuros, die alte spanische Machtzentrale, mit modernen Verwaltungsgebäuden und Hochhäusern im Norden von Manila

vernehmen umschrieben wird. Und das lasten gegebenenfalls auch die Mitarbeiter ausländischer Firmen dem verfügbaren Budget als „besondere Zuwendungen" an. Doch was machen die „normalen" *pinoy,* die ihr Leben lang dem schwerfällig arbeitenden, durchweg undurchsichtigen Paragrafendickicht des Bürokratieapparates ausgeliefert sind? Die wenigsten haben Geld übrig, schon gar kein Schmiergeld, die meisten müssen ja deswegen den Marathon durch die Amtsstuben absolvieren, um an das ihnen zustehende Geld wie Zahlungen der Sozialkasse oder Rentenansprüche zu kommen. Auch wenn inzwischen **Computertechnik** so ziemlich überall auf den Inseln den Informationen- und Datentransfer beschleunigt hat und die wenigsten Formulare noch per Schreibmaschine ausgefüllt werden, ist die Bürokratie noch immer schwerfällig, zäh und für die vielen Menschen in abgelegenen Gegenden weit entfernt. Da gehen schon mal Tage hin, mit An- und Abreise, eventuell Übernachtungen und Fahrzeugpannen, von Hindernissen durch schlechtes Wetter und Stromausfall ganz zu schweigen. Wohl dem, der jemanden kennt, der jemanden kennt ...

Die Mehrheit, rund 64 % der etwa 1,5 Millionen **Beamten** und Angestellten des Ämterwesens, ist in Bereichen der Zentralregierung zu finden. Fast ein Drittel arbeitet für Provinzregierungen und deren Unterabteilungen. Den Rest beschäftigen regierungseigene und staatlich beaufsichtigte Unternehmen und Institutionen.

Vor ein paar Jahren lagen die Philippinen auf dem viertletzten Platz einer in Hongkong veröffentlichten Liste (Political and Economic Risk Consultancy – PERC, 2012), die **Effizienz und Qualität der Bürokratien** in asiatischen Ländern bewertete – vor Indonesien, Vietnam und Indien. Die Fehlleistungen seien eine andauernde Bürde für die Bürger und würden ausländische Investoren abschrecken.

„Serbisyo hindi negosyo!" („Service und nicht Geschäft!") protestieren unzufriedene Bürger im Land wiederholt. Nepotismus und Vetternwirtschaft in der Verwaltung haben sie satt, zu oft und gerade in den Provinzorten schieben sich Mitglieder einer Familie die Pöstchen zu. *„Beware of fixer!"* Solche Schilder sieht man inzwischen sehr oft in Dienstleistungsagenturen und auf Ämtern. Wenigstens dieses weitverbreitete Übel scheint die Regierung inzwischen mit optischen Warnungen und gelegentlichen Razzien anzugehen: Die sogenannten „fixer" sind umtriebige Männer und Frauen, die sich bei den wartenden Kunden anbiedern. Sie würden „unbürokratisch" das Anliegen weiterleiten, damit es schneller erledigt sei, gegen eine extra Gebühr versteht sich. In den meisten Fällen funktioniert die beschleunigte Behandlung tatsächlich, denn der Beamte am anderen Ende tut dann auch sein Bestes – und freut sich über den Anteil an der „fixer fee".

Bildung nicht für jedermann

An diesem Tag steht das Telefon nicht still, *Rosario* berichtet ihrer Verwandtschaft und Freunden im Land und in aller Welt, dass ihre Tochter *Patricia* das Examen als Krankenschwester mit Auszeichnung bestanden hat. Was für eine Freude und wie groß ist die Erleichterung! Die seit Jahren auf der Insel Panay von ihrem Mann getrennt lebende Frau und Mutter von drei Kindern ist einfach nur glücklich und stolz. Mit Recht, nach den beiden Jungs hat nun auch die Jüngste eine gediegene **Ausbildung** in der Tasche. Gratulanten geben sich die Klinke in die Hand, der Termin beim Fotografen ist erst morgen, aber erste Bilder von der strahlenden *Paula* mit dem Diplom in Händen sind bereits im Internet. Mit rosa Herzchen und „Thank you Mom!" darunter.

Bildung wird großgeschrieben. Sie ist das Sprungbrett in eine bessere Zukunft, für sozialen Aufstieg und für Millionen Menschen der erhoffte Ausweg aus der Armut. Das persönliche Ansehen, die Chancen auf eine gute Anstellung steigen, wenn man einen guten Abschluss an einer möglichst renommierten Schule vorweisen kann. Die offizielle Statistik liest sich ermutigend: 2012 betrug die **Alphabetisierungsrate** bei Jugendlichen zwischen 15 und 24 Jahren ca. 98 % (97 % bei männlichen, 98,5 bei weiblichen Jugendlichen). Auch der hohe Anteil an privaten Schulen und Universitäten indiziert den hohen Stellenwert, den eine gute Ausbildung bei den über 100 Millionen Filipinos einnimmt. Fragt man Menschen, die im Ausland arbeiten, nach den Gründen für die Trennung von Heimat und Familie, werden immer wieder die Sorge um die Zukunft ihrer Kinder und die Finanzierung der Schulgebühren genannt. Auch *Rosario* hat große

027kp-ags

Opfer gebracht. Nach Beendigung ihrer Anstellung als Stewardess hat sie in verschiedenen Jobs gearbeitet, um Geld für die privaten Schulen und Colleges zur Seite legen zu können. Derzeit gibt sie Englischunterricht für südkoreanische Studierende, über Jahre noch muss sie die aufgenommenen Kredite abstottern.

Der **Ausbildungsstand** philippinischer Kinder und Jugendlicher ist im Vergleich zu anderen armen Ländern relativ hoch: Der kostenlosen staatlichen Grund- und Sekundarschulbildung (d. h. keine Schulgebühren, andere Kosten wie für Lehrmaterialien und Uniformen etc. fallen dennoch an) ist es zu danken, dass nur ca. 14 % der Bevölkerung nicht richtig lesen und schreiben können. Das **öffentliche Erziehungswesen** ist jedoch aufgrund knapper finanzieller Mittel und einem Mangel an qualifiziertem Lehrpersonal nicht sehr gut. Besonders in den ärmeren Regionen des Landes, in denen Kinder und Jugendliche zum Familienunterhalt beitragen müssen, ist die Schulabbruchsrate relativ hoch. Mehr als eine Million der philippinischen Kinder im Alter von sechs bis zwölf Jahren gehen gar nicht mehr zur Schule. 31,8 % aller eingeschulten Kinder beenden nicht einmal die Grundschule. Wer in der Stadt oder in Stadtnähe wohnt, hat allgemein bessere Bildungschancen. In jedem dritten Dorf bzw. Stadt-

Kinder auf dem Schulweg in Donsol, Südluzon

Unterricht in einer Schule für Mangyan-Kinder auf Mindoro

teil gibt es nicht einmal eine Grundschule, weshalb die Kinder, wenn sie zur Schule gehen wollen oder dürfen, oft viele Kilometer laufen müssen. Staatlich angestellte Lehrkräfte auf dem Land sind noch schlechter bezahlt als ihre Kollegen in den Städten und noch weniger motiviert. In etlichen Dörfern, wo oft sogar der Strom fehlt, die Ausrüstung der Schulen und das Lehrmaterial mangelhaft und die Klassen überfüllt sind, endet zuweilen die **Grundschulzeit** bereits nach vier statt wie gesetzlich festgelegt nach sechs Jahren. (2016 wurde die Grundschulpflicht auf sieben Jahre heraufgesetzt.)

Dass sie Bildung für das Volk proklamiert, Englisch als Geschäfts-, Amts- und in weiten Bereichen als Lehrsprache verbreitet und zum obligatorischen Tragen von Schuluniformen angeregt haben, dafür stehen die USA in den Philippinen auch heute noch hoch im Kurs. Konsequenterweise ist das Schul- und Bildungssystem nach nordamerikanischem Vorbild konzipiert. Landesweit überwiegen zahlenmäßig die staatlichen Primär- und Sekundarschulen, gleichzeitig gibt es viele private, von NGOs und Kirchen betriebene Colleges und Universitäten. Leisten können sich diese nur die Wohlhabenden, selbst für Mittelstandsfamilien mit mehreren Kindern bedeutet deren **private Weiterbildung** größte finanzielle Anstrengungen. Schulkinder, die ja zunächst in der lokalen Sprache kommunizieren, studieren von Anfang an, teilweise schon im Kindergarten neben Pilipino die Sprache der früheren Kolonialherren, sie wachsen im drittgrößten englischsprachigen Land der Welt heran. Nach den sechs bzw. seit 2016 sieben Grundschuljahren schließt sich die Sekundarstufe bis zum zehnten Schuljahr an. Danach dauern Bachelorstudiengänge vier bis fünf, ein eventuell drangehängtes Masterstudium zwei Jahre.

Mädchen holen auf

Betrachtet man das Bildungswesen nach Geschlechtern getrennt, schneiden die Schülerinnen besser ab. Der Anthropologe und Kolumnist des Philippine Daily Inquirer *Michael L. Tan* nimmt kein Blatt vor den Mund und meint, dass „wir aufgrund unserer Art der Kindererziehung sehr verantwortungslose Vertreter des männlichen Geschlechts heranziehen. Sogar in den ärmsten Familien sieht man Mütter ihre Söhne verhätscheln, die dann als Taugenichtse enden und zuerst das Geld ihrer Mütter und später das ihrer Ehefrauen verschwenden. (...) Stipendien sind fast im-

[>] Arbeiten in gehobener und sogar führender Position ist für philippinische Frauen kein unerreichbares Wunschziel mehr

mer besser bei weiblichen Bewerbern aufgehoben. Sie werden rechtzeitig fertig, erreichen gute Noten und nutzen ihre Stipendien auf gescheite Weise. (...) Männliche Stipendiaten sind da anders. Das zusätzliche Geld korrumpieren sie oft. Es geht für Handys oder eine ‚gute Zeit' drauf und das bedeutet schlechte Noten und verspätete Examina." (Zitiert aus *Niklas Reese, Lilli Breininger,* „Mangelhaft! Der Zugang zu Bildung", www.vernetzte-er.de, Mai 2017)

Schon früher stellte *Tan* das größere Engagement der Mädchen fest: „Männer werden bei uns zu einer Männlichkeit erzogen, die sich vornehmlich in Form von Privilegien ausdrückt. Wenn man junge Männer fragt, was sie unter ‚Mannwerden' (pagkabinata) verstehen, werden sie sagen: rauchen und trinken dürfen, lange weg bleiben und die Schule schwänzen. Junge Frauen dagegen definieren ‚Frauwerden' (pagkadalaga) als Verantwortung übernehmen: die Schule abschließen, einen Job finden, den Geschwistern durch die Schule helfen." (*Michael L. Tan,* PDI, 30.9.2003)

Die Statistik scheint das zu bestätigen. Auf allen Ebenen des philippinischen Erziehungswesens – mit Ausnahme der Grundschulen, die mehr Jungen als Mädchen besuchen – sind mehr Schülerinnen als Schüler registriert. Jungen bleiben öfter sitzen, unter den Abbrechern sind sogar doppelt so viele Jungen wie Mädchen. Bei College-Studenten sind 23 % mehr Frauen als Männer vertreten, 48 % mehr Frauen belegen Aufbaustudien-

076kp-ags

gänge. Während es kaum Unterschiede zwischen den Geschlechtern bei Lese- und Schreibfähigkeiten gibt, konnten 2008 nur ca. 82 % der Männer hinreichend rechnen, aber 86 % der Frauen (Stand: 2008). Außer den oben erwähnten „Vorlieben" der jungen Männer sind es auch andere in Erziehung und sozioökonomischer Tradition verankerte Prozesse, die den **Bildungsvorsprung der Frauen** erklären können: Männern stehen generell mehr Jobs zur Verfügung, die nicht unbedingt eine weiterführende Bildung erfordern, wie im primären Sektor. Söhne erben allgemeinhin mehr Land als Töchter, die oft weiter zur Schule gehen, wenn die Jungen schon auf dem Land, sei es im Familienbesitz oder gepachtet, mitarbeiten müssen. Töchter gelten häufig als die zuverlässigeren Versorger der eigenen Eltern und jüngeren Geschwister und werden deswegen zu einer längeren Schulbildung mit Aussicht auf besser bezahlte Arbeitsmöglichkeiten angehalten. Männer sind in erster Linie für den Unterhalt ihrer durch Heirat gegründeten Familie verantwortlich und müssen deswegen früher Geld verdienen bzw. arbeiten. Modern eingestellte Mädchen erhoffen sich durch bessere Ausbildung auf weiterführenden Schulen größere Chancen, die traditionelle Arbeitsteilung, die sie als Hausfrau (und Mutter) definiert, zu umgehen (siehe *Niklas Reese,* Handbuch Philippinen, S. 141).

Somit trifft die immer noch verbreitete Auffassung, dass Mädchen, die sowieso heiraten und sich um Haushalt und Kinder kümmern müssen, gar nicht so gut gebildet sein müssten, anscheinend nicht generell zu. Fakt ist aber, dass gut ausgebildete Frauen auf dem Arbeitsmarkt weiterhin im Hintertreffen sind. Zwar sind in anspruchsvollen, nur mittels guter Ausbildung erhältlichen Anstellungen inzwischen mehr Frauen zu finden, als es eine Generation früher der Fall war. Doch dort, wo es gutes Geld zu verdienen gibt und bessere Aufstiegschancen zu erwarten sind, bleiben weiterhin die **Männer in der Überzahl.**

Die Besten wandern ab

Wie bei uns auch wieder zunehmend, bestimmt in den Philippinen die **soziale Herkunft** Ausbildungs- und Berufschancen. Dort kommt allerdings erschwerend hinzu, dass selbst die jungen Leute, die eine High School abgeschlossen haben, sich aber keine der besseren Universitäten leisten konnten (landesweit gibt es rund 2300 Universitäten, darunter etwa ein Dutzend „Spitzen-Unis", ein vierjähriges Studium an einer der privaten Hochschulen kostete 2012 durchschnittlich 4300 Euro), minderqualifizierte Anstellungen wie beispielsweise als Jeepney-Fahrer, Wachmann, Kellnerin oder Verkäuferin aufnehmen müssen. Derlei Jobs werden häufig sogar nur bei Sekundarschul- oder College-Abschluss vergeben. Ein weiteres Hemmnis ist zu beobachten: Wissenschaftlichen Untersuchungen zufolge haben die **Englischkenntnisse** der Schulabgänger in den letzten Jahren abgenommen. Das könnte sich auf die Wettbewerbsfähigkeit der philippinischen Arbeitskräfte im Ausland (vor allem in arabischen Golfstaaten, Taiwan, Hongkong) und im stark gewachsenen Dienstleistungssektor (zum Beispiel Call Centers) nachteilig auswirken.

Auch um da nachzubessern, hat die Aquino-Regierung das **„K-to-12-Program"**, eine nationale Bildungsreform, initiiert, die seit 2016 umgesetzt wird. K (wie Kindergarten) to (Grade) 12 ist eine Reform der gesamten Schulbildung (von der Vorschule bis zum eigentlichen Schulausbildungsende). Die **Schulzeit** soll von insgesamt zehn auf zwölf Jahre verlängert werden und die Vorbereitung der Schüler auf die spätere Berufswahl bzw. -tätigkeit verbessern. Sogenannte *career paths,* Lehrangebote und Spezialisierungsmöglichkeiten vor allem in der elften und zwölften Klasse (Senior High School) könnten dies unterstützen.

Ein Hochschulexamen ist auch für die meisten Auslandsverträge Bedingung. Solange die Regierung die Attraktivität der Arbeit in Übersee weiterhin propagiert, deren Steuereinkommen ja die Staatskasse ordentlich aufstockt, wird der Run auf diese Jobs anhalten. Der sogenannte *Braindrain,* also die **Abwanderung** gut ausgebildeter Frauen und Männer wie Mediziner, Krankenpflegerinnen, Betriebswirte und Lehrer, entzieht dem lokalen Arbeitsmarkt diese Spezialisten auf Jahre oder gar für immer.

Rosario telefoniert auch nach Monaten weiter in der Welt herum und durchforstet das Internet nach offenen Stellen. *Patricia* arbeitet inzwischen als Krankenschwester in Saudi-Arabien für 600 US-Dollar im Monat, mit einem Vertrag für 2 Jahre. Ihre Tante in Deutschland empfiehlt ihr anschließend eine deutsche Klinik, dort sei es sicherer als im Mittleren Osten.

DR JOSE P. RIZAL

Die Gesellschaft heute – Staat, Politik und Wirtschaft

‹ Der Nationalheld Dr. José Rizal ist Symbolfigur für Freiheit und Bildung (077kp Foto: ags)

Politische Landschaft in Asiens ältester Demokratie

Zunächst (von 1935 bis 1973) war die Republika ng Pilipinas eine **präsidiale Republik** nach US-Vorbild. Eine für 1973 vorgesehene, laut Gesetz auch offiziell in Kraft getretene Umwandlung in eine parlamentarische Demokratie machte *Ferdinand Marcos* durch das 1972 erklärte Kriegsrecht zunichte. Von 1981, nach Aufhebung des Ausnahmezustands bis zu seiner Vertreibung 1986, herrschte die Marcos-Regierung über eine **Mischform aus parlamentarischer und präsidialer Republik.** Erst 1987 wurde die neue Verfassung mit einem Mehrheitsvotum (80 % der Wahlberechtigten) für eine präsidiale Demokratie verabschiedet. Die Macht teilen sich nun Exekutive und die Zwei-Kammern-Legislative: der aus 24 Mitgliedern bestehende Senat und der Kongress – das Repräsentantenhaus, dem derzeit 297 Abgeordnete angehören. Davon kommen 238 Mitglieder aus den geografischen Distrikten des gesamten Landes, 59 stellen die politischen Parteien (Stand: 2017).

Als **Regierungschef** behält der Präsident zwar weiterhin die zentrale Entscheidungsgewalt und den Oberbefehl über die Streitkräfte, er wird jedoch durch wirksame Verfassungsbestimmungen an diktatorischen Ambitionen gehindert. So steht dem Staatsoberhaupt, das alle über 18 Jahre alten Bürger und Bürgerinnen direkt wählen, laut Gesetz nur eine einmalige Amtsperiode von sechs Jahren zu. Die Verfassung garantiert die Unabhängigkeit der Justiz, Meinungs- und Pressefreiheit sowie Grund- und Menschenrechte. Ein Ausnahmezustand, der nur bis zu 60 Tage dauern darf, kann vom Kongress oder Obersten Gerichtshof aufgehoben werden.

Die **mächtigen Parteien** wie die Liberal Party (LP) unter Führung von *Benigno Aquino III,* die Nationalist People's Coalition (NPC) unter *Eduardo Cojuangco Jr.,* die Lakas Christian-Muslim Democrats (christlich-muslimische Demokraten) unter *Gloria Macapagal-Arroyo,* die National Unity Party (NUP, Christdemokraten) unter *Roberto Puno* oder die United Nationalist Alliance (NUA, konservativ) unter *Jejomar Binay* fallen dadurch auf, dass sie sich in ihren Programmen oder Ideologien eigentlich nicht prägnant voneinander unterscheiden. Eine gewisse Ausnahme stellen die sozialdemokratisch ausgerichtete Akbayan-Partei unter *Robbie Pierre Roco* und natürlich die zahlreichen kleinen, teilweise als extrem eingestuften und von der **Wahlkommission COMELEC** (Commission on Elections) nicht zugelassenen politischen Bewegungen dar. Darunter sind auch die Kommunistische Partei (CCP), das linksextreme, im niederländischen Exil residierende Nationale Demokratische Forum (NDF), ein halbes Dutzend

Linksaußen-Parteien und die Grünen-Partei Philippine Green Republican Party (PGRP). Richtig bunt und verwirrend erscheint das System, wenn man einen Blick auf die seit 1998 von der Verfassung genehmigten **Parteilisten** wirft. Darunter sind gesellschaftliche Bewegungen zu verstehen, die sich vor dem Hintergrund stärker eingeforderter sozialer Emanzipation für Minderheiten und Randgruppen, für die *mahina* (die Machtlosen), einsetzen wollen, für Bauern, Homosexuelle, Indigene und, wie die Partei GABRIELA, für Frauenrechte. Im Kongress kann eine solche Parteiliste jedoch nicht mehr als drei Sitze einnehmen, insgesamt stehen den Parteilisten 20 % der Sitze im Repräsentantenhaus zur Verfügung. Immerhin sind den zahlreichen Interessengruppen der Gesellschaft so ein stärkeres Mitspracherecht und eine bessere Kontrollfunktion gegenüber den *malakas,* den Mächtigen, vertreten durch die großen, etablierten Parteien, gegeben. Im Wesentlichen sind diese – in der Hinsicht sind die Philippinen kein Sonderfall – Vehikel für den kostenintensiven Wahlkampf, aus dem äußerst lukrative Senats- und Gouverneursposten resultieren sollen. Sie sind Wahlplattformen und ermöglichen die Vernetzung der Eliten. An die Macht zu kommen beziehungsweise an der Macht zu bleiben, zählt offensichtlich mehr als die Umsetzung eines Parteiprogramms, so engagiert es auch klingen mag.

Im Allgemeinen spielen bei einer Mitgliedschaft in einer Partei **Privatinteressen** eine tragende Rolle, unterm Strich muss „die Kasse stimmen". Volksvertreter auf allen Ebenen, die je nach politischer Wetterlage hin und wieder das Lager wechseln, werden als *balimbing* (Wendehals) bezeichnet, in Anlehnung an eine Frucht, die eine grüne und eine rote Seite hat. Eine andere Metapher macht das allgemeine Ansehen der Politiker im Volk noch deutlicher: Diejenigen, die die politische Karriere zu eigenen Gunsten anstreben, heißen *trapos,* die Kurzform für „traditional politician", ein bewusst gewähltes Synonym bzw. Wortspiel mit dem spanischen und im philippinischen Sprachgebrauch benutzten Wort *trapo,* denn das bedeutet „Putzlappen", der konsequenterweise nach intensivem Gebrauch dreckig, schmierig und verschlissen ist.

Mit dem Machtwechsel nach den Wahlen im Mai 2016 bleibt mit Spannung und Sorge abzuwarten, auf welche Seite sich die *trapos* und *balimbings* schlagen werden. Ex-Präsident *Aquino III* jedenfalls will mit seiner Liberal Party (LP) eine Opposition zum Nachfolger *Duterte* aufbauen, so ließ er wissen. Dieser wird alles daran setzen, dass seine Partei PDP-Laban, die bislang einen Sitz im Senat und drei Mitglieder im House of Representatives stellt, so bald wie möglich zu den *malakas* gehören wird. Seine Ambitionen scheinen zu fruchten: Schon vor und kurz nach der Wahl im Mai 2016 hatten z. B. rund einhundert Mitglieder der Liberal Party ihre

Unterstützung für ihn, den neuen starken Mann, erklärt. Seine sofort nach Amtsantritt angekündigten Verhandlungen mit den Linken wie auch mit muslimischen Gruppierungen könnten ihm auch aus deren politischen Vertretungen weitere Sympathien einfahren.

Staatsaufbau, Gesetz, Korruption, Militär

Die **Verwaltung** der Philippinen umfasst **16 Regionen,** darunter als National Capital Region das Gebiet von Metro Manila. Diese setzen sich aus 80 Provinzen zusammen, jede mit einem Gouverneur in der Provinzhauptstadt *(provincial capital)* und mehreren Gemeindebezirken; insgesamt gibt es über 1530 solcher *municipalities.* Mit Stadtrechten ausgestattet sind rund 60 Orte, die sich „City" nennen dürfen. Nach Manila sind Davao, Cebu, Iloilo, Zamboanga, Bacolod, Angeles, Butuan und Cagayan de Oro die größten Städte. Zwei Gebiete besitzen einen halbautonomen Status, d.h. sie verwalten sich weitgehend selbst, die Cordillera Autonomous Region (CAR) im Norden von Luzon und die Autonomous Region in Muslim Mindanao (ARMM) auf der großen Südinsel.

Die kleinste politische Verwaltungseinheit sind die **Dorfgemeinschaften** oder *barrios.* Diesen landesweit über 42.000 zählenden, auch *barangay* genannten Einheiten steht jeweils ein *barangay captain* vor.

Auf internationaler Ebene sind die Philippinen Mitglied in zahlreichen Organisationen wie z.B. in den Vereinten Nationen und UN-Sonderorganisationen, im Verband Südostasiatischer Nationen (ASEAN), im Asien- und Pazifik-Rat (ASPAC), im Asiatisch-Pazifischen Wirtschaftsforum (APEC), im Colombo-Plan und der Asiatischen Entwicklungsbank (ADB), im Welternährungsprogramm (FAO) und in den G-27.

Justiz

Eins der von jungen Filipinos bevorzugt gewählten Studienfächer ist Jura. Eine Karriere als Anwalt, Notar, Rechtsberater, Staatsanwältin oder Richterin verspricht Ansehen, Einflussmöglichkeiten und Wohlstand. Bei manchen der hoffnungsvollen Studenten steht sicher auch der Wunsch im Vordergrund, etwas verändern zu wollen und das philippinische Rechtssystem in die Richtung zu bewegen, die von der Verfassung her ohnehin festgeschrieben ist: ein von Gerechtigkeit und Demokratieverständnis geprägtes Instrument eines Rechtsstaates.

Doch die Realität zeigt, dass trotz etlicher Reformversuche ein **Mangel an Rechtsbewusstsein und Rechtsverbindlichkeit** vorherrscht. Dem

Durchschnittsbürger, nach seinem Bild vom Justizwesen gefragt, fällt dazu in erster Linie die Verbindung zu Korruption und Rechtsbeugung ein. Dies rührt aus der Erfahrung, dass jemand, der Geld hat, auch das „Recht" auf seiner Seite hat und dass Zigtausende von Menschen seit Jahren auf ihren Prozess warten – in Gefängnissen, die chronisch überfüllt sind und die Häftlinge durch unmenschliche Bedingungen zermürben, in denen Drogenkonsum und Gewalt an der Tagesordnung sind und das Wachpersonal bei all dem kräftig mitmischt. Dieser landesweit zu beklagenden Misere stehen die insgesamt sieben sogenannten **Penal Farms** gegenüber, weitflächige Strafvollzugsanlagen, in denen die Insassen Landwirtschaft betreiben und anderen bezahlten Handwerksarbeiten nachgehen können. Die bekannteste dieser Institutionen ist Iwahig Prison and Penal Farm auf der Insel Palawan, die auf der Liste der touristischen Sehenswürdigkeiten auftaucht. Auch in Reportagen zum Thema „philippinische Gefängnisse" werden die Vorzeigeknäste gerne präsentiert.

Dabei sieht es, ausgehend von einer generell soliden konstitutionellen Grundlage, mit dem philippinischen Rechtssystem gar nicht so übel aus. Wenn sich nur im Rechtsstaatsverständnis philippinischer Justizbeamter ein erweitertes, tiefgreifendes Bewusstsein für die Verbindlichkeit rechtlicher Normen nachhaltig etablieren könnte, würde sich das auch spürbar auf die demokratische Entwicklung des Landes auswirken. Dann wäre ein

⌃ Eindrucksvolle, oft im klassizistischen Stil konstruierte Gebäude beherbergen die Provinzverwaltungen

wichtiger Schritt vollzogen, damit die Philippinen die Riege von Staaten, die als **„defekte Demokratien"** bezeichnet werden, verlassen könnten.

Nicht nur Angehörige der unteren Gesellschaftsschichten werden leicht Opfer einer willkürlichen Justiz. Auch ganz oben geht es nicht immer mit rechten Dingen zu, wie beispielsweise die Absetzung des Präsidenten *Joseph Estrada* (siehe auch den Abschnitt „Das Gastspiel des Herrn Estrada" ab Seite 78) durch den Obersten Gerichtshof auf Anweisung der damaligen Vizepräsidentin und Nachfolgerin im Präsidentenamt *Gloria M. Arroyo* zeigt.

Ein Hauptproblem bezüglich der Unabhängigkeit der Justiz scheint daher zu rühren, dass philippinische Staatsoberhäupter laut Verfassung zur **Ernennung und Absetzung der obersten Richter** befugt sind. Auch Präsident *„Noynoy" Aquino* hat sich in der Hinsicht mindestens einmal sehr weit aus dem Fenster gelehnt, als er nämlich einen Präsidenten des Obersten Gerichtshofes *(chief justice)* absetzte, weil ihm einer dessen Urteilssprüche und dessen Unterstützung für seine Amtsvorgängerin *Arroyo* nicht ins eigene politische Geschäft zu passen schien.

In der Verfassung von 1987 ist **Pilipino** (auch als Filipino bezeichnet) neben Englisch zur offiziellen **Nationalsprache** erklärt worden. Dennoch bleibt **Englisch,** die Sprache, in der während der US-Kolonialzeit die Gesetze geschrieben worden waren, bis heute die **Sprache des Rechts.**

Ein Blick auf die Struktur des Rechtssystems zeigt, dass sich hier verschiedene Rechtskreise überlagern bzw. vermengen, was auch der Geschichte unter wechselnden Kolonialmächten geschuldet sein dürfte. So gibt es das geschriebene Recht beispielsweise in Form des *Civil Code,* es sind aber auch Regelungen erkennbar, die mit dem amerikanischen *Case Law System* vergleichbar sind. Schließlich stellt der *Muslim Code of Personal Laws* ein in dieser Form einzigartiges Gesetz dar, das der muslimischen Bevölkerung und der ARMM, die sich möglicherweise zur Region Bangsamoro verändern wird, eine Sondergesetzgebung und gleichzeitig weitreichende Selbstverwaltungsrechte gewährt.

Dem *Supreme Court* an höchster Stelle in der **Justizhierarchie** folgen der *Court of Appeals* (Berufungsgericht) und auf gleicher Ebene das *Sandiganbayan,* ein Sondergericht zur Bekämpfung der Korruption. Danach rangieren die 13 *Regional Trial Courts* (die regionalen Gerichte) auf einer Ebene mit den Sharia-Bezirksgerichten der ARMM. Die Regionalgerichte, die auch als Familiengerichte fungieren, behandeln u. a. Zivilsachen. Die untersten Instanzen sind die Gerichte der Metropole *(Metropolitan Trial Courts),* der Bezirke sowie der Bezirke in Städten *(Municipal Trial Courts),* die kommunalen Kreisgerichte *(Municipal Circuit Trial Courts)* und entsprechend die Sharia-Kreisgerichte.

Kämpfer in eigener Sache – das Militär

Die **Rolle des Militärs** (Sandatahang Lakas ng Pilipinas – Armed Forces of the Philippines, AFP) ist unverändert einflussreich und schwer einschätzbar. Trotz jahrzehntelanger Loyalität zum Diktator *Marcos,* der es auf den Kampf gegen Kommunismus und Muslimrebellen einschwor, aufstockte und mehrfach durch Solderhöhungen verwöhnte, ermöglichte es in der Funktion eines „Königmachers" den Machtwechsel nach *Marcos.* In zahlreichen Putschversuchen gegen seine Nachfolgerin *Corazon Aquino* zeigte es sich unzufrieden, intern zerstritten und als stets gefährlicher **Unruhestifter.** Unter Westpoint-Absolvent Präsident *Ramos* wurde es in den Kasernen wieder ruhiger. Ein Beispiel aus dieser Zeit ist bezeichnend und beweist, dass sich der Werdegang eines Soldaten, so eintönig auch seine Uniform sein mag, sehr bunt gestalten kann: Oberst *Gregorio „Gringo" Honasan,* Anführer der von jungen Offizieren gegründeten RAM-Bewegung (Reform the Armed Forces Movement), wandelte sich vom Steigbügelhalter *Cory Aquinos* zum mehrfachen Putschisten gegen sie, wurde einige Male verhaftet und konnte wiederholt fliehen. Nach seiner Begnadigung 1992 erlangte er im Mai 1995 sogar einen Senatssitz. 2014 wurde gegen *Honasan* im Zusammenhang mit dem „Pork-Barrel-Skandal" ermittelt. 2016 kandidierte er für das Amt des Vizepräsidenten.

Verständlicherweise bemüht sich jede Regierung der Philippinen, die verschiedenen Fraktionen im Militär zu vereinen, schon dem eigenen Überleben zuliebe. Generell ist es für die philippinische Gesellschaft typisch, Heilige der Nächstenliebe und waffenstarrende „Rambos" gleichermaßen zu verehren.

Unheimlich und unberechenbar sind nach wie vor die vielen Hundert **Privatarmeen,** die im Dienst von Politikern, Großgrundbesitzern und Gangstern landesweit im Einsatz sind. Über das Waffenarsenal dieser Schattenarmee aus Leibwächtern, Ex-Polizisten und Todesschwadronen kann nur gemunkelt werden. Sie rekrutieren sich teilweise aus der gefürchteten paramilitärischen **Citizens Armed Forces Geographical Unit (CAFGU),** die ihrerseits in staatlichem Auftrag die offizielle Armee im Kampf gegen Rebellion und Verbrechen unterstützen soll. Nach Einschätzung von Organisationen wie Amnesty International, Human Rights Watch und International Federation for Human Rights sind die CAFGU für die Mehrzahl der andauernden **Menschenrechtsverletzungen** im Land verantwortlich.

Die NGO KARAPATAN (Alliance for the Advancement of People's Rights) ist die wichtigste Menschenrechtsorganisation der Philippinen. In ihren regelmäßigen Berichten werden alle dokumentierten Fälle von außergerichtlichen Hinrichtungen und das „Verschwinden" zahlreicher

Personen während der Präsidentschaftszeiten von *Macapagal-Arroyo* und *Aquino III* aufgeführt. Die NGO zählte in der Regierungszeit von *Aquino III* (2010–2015) bis dato 238 außergerichtliche Hinrichtungen (knapp die Hälfte der Opfer waren Vertreter von Menschenrechts- und Umweltorganisationen, im Zeitraum von 2001 bis 2010 wurden über 1200 Menschen ohne Gerichtsverfahren exekutiert), 26 Fälle von „erzwungenem Verschwinden" und 110 Folteropfer. Ermöglicht wird die problematische Menschenrechtslage einerseits durch ein Klima der Straflosigkeit wie durch die Kriminalisierung von Menschenrechtsverteidigern und dem „Red-Baiting" von zivilgesellschaftlichen Gruppen (gemeint ist die Stigmatisierung als vermeintliche Kommunisten, die verfolgt werden müssen) auf der anderen Seite. Die Zahl an **ermordeten Journalisten** ist erschreckend hoch. Die Vereinigung „Reporter ohne Grenzen" führte die Philippinen, in denen die Pressefreiheit gesetzlich festgeschrieben ist, auch 2015 in der Liste der fünf für Medienmitarbeiter gefährlichsten Länder. In dem Jahr wurden 7 Journalisten getötet, mindestens 3 von ihnen starben während der Ausübung ihres Berufes. Von 1992 bis Ende 2015 sind laut dem Committee to Protect Journalists (CPJ) 77 Journalisten während ihres Einsatzes in den Philippinen getötet worden, allein 33 bei dem Massaker 2009 in Maguindanao (s. S. 90), weitere 56 Journalisten kamen in dem Zeitraum unter bisher ungeklärten Umständen gewaltsam ums Leben. 2016 rangiert die Inselrepublik im World Press Freedom Index auf Platz 138 von 180 Ländern.

Aber auch brutale Übergriffe des offiziellen Militärs finden sich häufig in den Listen von KARAPATAN, Human Rights Watch und Amnesty Inter-

Das Militär paradiert nicht nur, sondern ist in Staatskrisen immer das Zünglein an der Waage und nicht selten Unruhestifter

national, so auch in Verbindung mit der Ermordung mehrerer Aktivisten gegen ein Bergbauprojekt, die im September 2015 im Gebiet der Lumad-Manobo-Ethnie in Ostmindanao verübt wurde.

Auch die Aquino-Regierung hat es nicht geschafft und wohl auch nicht beabsichtigt, das Militär zu entpolitisieren und zu reformieren. Solch ein radikaler Schritt würde bedeuten, die über lange Jahre gewachsenen Patronagebeziehungen zwischen politischer, wirtschaftlicher und militärischer Elite zu entflechten.

Großen Widerspruch gegen eine **Aufrüstung der Streitkräfte** hat es nicht gegeben. Während der vergangenen 20 Jahre wurde die AFP (ca. 220.000, einschließlich der CAFGU etwa eine halbe Million Männer und Frauen stark) für Milliardenbeträge modernisiert. Nach jahrhundertelangem Kampf gegen innere Feinde, so die Politiker, müssten die Militärs des Inselstaates nun auch gegen äußere Gefahren gewappnet sein. Die erneuten Spannungen mit China und Malaysia im Streit um die Spratly-Inseln westlich von Palawan scheinen ihnen die Rechtfertigung zu liefern.

Das geliebte Übel – die Korruption

The thief first steals and then runs, the politician first runs („für ein Amt kandidieren") *and then steals.* (Philippinischer Volksmund)

Dauerbrenner in Medien und Wahlkampfreden und Lieblingsthema in Internetforen selbsternannter Philippinenexperten ist und bleibt die Korruption und was man dagegen tun sollte. „Krebsgeschwür", „Grundübel" und „Geißel der Gesellschaft" sind markige Wörter für ein Phänomen, das beileibe keine Spezialität der Philippinen ist.

Die Vermutung, dass die hohe **Korruptionsanfälligkeit** in der philippinischen Gesellschaft niemals verschwinden wird, weil dann die Präsidentschaftskandidaten vor den Wahlen nicht mehr ihr Lieblingsversprechen zur Beendigung genau jenen Grundübels geben können, klingt zynisch, ist aber auch realistisch. Doch eben dieses steckt schon in den Vorab-Beteuerungen: Um die Leute, nicht selten auch Medienvertreter, die die Versprechen hören und verbreiten sollen, erst einmal um sich zu scharen, müssen sie – mit materiellen Anreizen – angelockt, umworben, also bestochen werden. Das Ganze scheint ein Teufelskreis zu sein. An kaum einem Politiker zeigte sich dies so sehr wie an *„Noynoy" Aquino,* der 2010 als Mischung aus *Robin Hood* und *Messias* im Kampf gegen das Übel der Korruption bejubelt, gefeiert und schließlich als vermeintlicher Verfechter von „Good Governance" (Politik zum Wohle des gesamten Volkes) gewählt wurde. Schließlich wurde er jedoch immer mehr wegen Unfähigkeit in diesem Kampf und wegen Kungelei mit eben jenen, die er eigentlich loswerden wollte, kritisiert und schrammte 2014 sogar nur knapp an einem Amtsenthebungsverfahren vorbei. Dabei soll nicht unerwähnt bleiben, dass die Philippinen sich zumindest in der Statistik des Corruption Perceptions Index von Transparency International unter *Aquino III* stetig nach oben bewegt haben. Im Jahr 2015 erreichte das Land auf einer Skala von 0 (sehr hohe Korruption) bis 100 (keine Korruption) 35 Punkte und war somit drei Zähler besser als 2014, von 168 überwachten Ländern nahmen die Philippinen zuletzt Platz 95 ein (Deutschland erreichte 2015 mit 81 Punkten Platz 10).

Um beim **Wahlkampf** zu bleiben: Da für die immensen Kosten weder Steuergelder noch Erstattung aus Parteikassen gewährt werden, bleibt der Wahlkampf eigentlich nur den Kandidaten vorbehalten, die genug Eigenkapital einsetzen können. Diejenigen, die nicht so flüssig sind, bauen auf Spender. Die wiederum erwarten Gefälligkeiten von den mit ihrer Hilfe an die Macht Beförderten. Politische Ämter funktionieren als Filialen, als Schaltstellen der Wirtschaft.

Korruption wirkt jedoch nicht nur horizontal, sondern auch vertikal. Ganz unten fängt es an, beispielsweise beim Betreiber eines Straßenstandes, der einen eigentlich frei zu haltenden Platz belegt und von einem Polizisten kontrolliert wird. In der Regel lässt dieser den Händler unbehelligt, nachdem er einige Pesos zugesteckt bekommen hat. Die Frau am Ticketschalter eines Busunternehmens verkauft dem Kunden mit dem ach so dringenden Termin einen Fahrschein gegen Aufpreis, obwohl alle Plätze bereits vergeben sind. Ein anderer Passagier, der reserviert hatte, muss dann eben auf den nächsten Bus warten. Das kleine Restaurant an der Ecke kann doch schon eröffnen, obwohl weder Hygiene- noch Sicherheitsprüfung abgenommen wurden, die Kontrolleure und der zuständige Amtsvertreter sind selbstverständlich unter den ersten Gästen und werden mindestens ein halbes Jahr lang immer mal wieder gratis bewirtet. Die Auflistung solcher **Alltagsbeispiele** könnte ein kleines Buch füllen. Die Nachhaltigkeit dieses Systems ist garantiert, denn immer gibt es auf beiden Seiten der Korruptionsebene Verwandte, die sich über die finanziellen oder materiellen Vorteile freuen, und Kinder, die die Werte und Normen der Eltern übernehmen und später ebenfalls praktizieren. In höheren Dimensionen wie politischen Ämtern, lukrativen Posten in Wirtschaft und Verwaltung ist es der Korruption geschuldet, dass das Geld permanent an den Stellen fehlt, für die es bestimmt war, in der flächendeckenden Gesundheitsversorgung, bei Renovierungen von Schulen und Kirchen, beim Ausbau von Straßen und Häfen, in Institutionen, die sich für bessere Lebensbedingungen der Armen engagieren, beispielsweise.

Wasserbüffel und Mega-Malls: zur Wirtschaftslage und Konjunktur

Beim Pflanzen von Kokosnüssen sollte der Bauer ein Kind auf dem Rücken tragen, damit die Palme viele gute Früchte trägt.
(Redensart aus der Provinz Davao)

„Planters Bank", „Rural Bank", „United Coconut Planters Bank" ... besonders der letzte Ausdruck mag ein Schmunzeln hervorrufen, dabei steht der etwas kurios anmutende Name für ein mächtiges Geldinstitut und die enge Verknüpfung des Landes mit dem „Baum des Lebens" und der „harten Nuss". Nach Indonesien werden von hier aus weltweit die meisten Produkte aus *cocos nucifera* exportiert. Das sind neben der eigentlichen Nuss, aus der als Exportartikel Kopra (getrocknetes Kernfleisch zur Gewinnung von Öl) produziert wird, die vielseitig verwendbaren Fasern von Stamm und Wurzeln, Holzchips sowie Materialien aus den Palmwedeln. So sind die **Kokospalmen,** die auf fast 10 % der landwirtschaftlich nutzbaren Landesfläche angebaut werden und allein im Jahr 2013 rund 15,5 Millionen Tonnen Kokosfleisch einbrachten, die **Existenzgrundlage** für knapp ein Drittel der Bevölkerung. Die meisten sind arme Kleinbauern, die von

029kp-sgs

Reis, Grundnahrungsmittel und wichtiges Agrarprodukt, prägt durch eine oft spektakuläre Anbauweise die Landschaft wie hier in Nordluzon

jeder Preisschwankung auf dem Weltmarkt und von den verheerenden Naturkatastrophen besonders empfindlich getroffen werden. Allein der Taifun Yolanda bzw. Haiyan hatte 2013 in sieben Provinzen 15 Millionen Palmen völlig zerstört.

Neben Zucker, Kaffee, Abacafasern, Naturkautschuk und Seetang stehen **Bananen** und **Ananas** ganz oben auf der Liste der Agrarprodukte. Die Philippinen exportieren im internationalen Vergleich die meisten Ananasfrüchte, bei Bananen halten sie den dritten Platz. Große multinationale Fruchtkonzerne wie Del Monte Foods und Dole Food Company haben rund die Hälfte der landwirtschaftlich nutzbaren Fläche auf der Insel Mindanao mit diesen lukrativen Exportfrüchten bebaut.

Reis und Fisch

Unter den angebauten Getreidesorten stehen **Reis und Mais** an erster Stelle. Die weltberühmten, seit unzähligen Generationen bebauten Reisterrassen in Nordluzon sind einerseits ein Wahrzeichen des Landes, andererseits schreibt das traditionelle **Grundnahrungsmittel** der stetig ansteigenden Bevölkerung eine wechselhafte Geschichte. Während die Produktivität ab den 1970er-Jahren stetig zunahm und infolge ausgeweiteter Anbauflächen und modernerer Anbaumethoden für den Binnenkonsum ausreichte und sogar zeitweise den Export zuließ, müssen heute inzwischen 10 % des nationalen Bedarfs aus Thailand, Indonesien und Vietnam eingeführt werden. Zugleich entwickeln die Experten des Internationalen Reisforschungsinstituts (IRRI) bei Los Baños immer ertragreichere, schneller wachsende Sorten für die Milliarden von Reisessern rund um den Globus. Da hofft man in Kreisen philippinischer Agrarpolitiker, dass in einigen Jahren die Autarkie in Sachen Reis wiederhergestellt sein könne.

Wie alle vorherigen Regierungen will auch die Duterte-Verwaltung die **heimische Produktivität,** die aufgrund einer weitverbreitenden Subsistenzagrarwirtschaft relativ verhalten ist, steigern. Die philippinische Ökonomie stellte sich bis vor 30 Jahren als die eines klassischen Agrarlandes dar. Derzeit werden immerhin noch rund 40 % der gesamten Staatsfläche landwirtschaftlich genutzt. Der Anteil von Agrar-Bergbau- und Fischereiwirtschaft am **Bruttoinlandsprodukt** ist auf knapp 11 % gesunken, inzwischen arbeitet nur jeder dritte Erwerbstätige im primären Sektor, 1995 war es noch jeder zweite. Weniger entwickelt ist die Viehzucht des Landes. Ziegen und magere Schafe sind vorwiegend Fleischlieferanten zum Hausgebrauch, Zeburinder grasen mancherorts, insbesondere auf der Insel Masbate auf großen Farmen, die **Geflügel- und Schweinehaltung** ist dagegen ein expandierender Markt. Wenn auch zunehmend motorisierte

Geräte auf Feldern der Ebenen eingesetzt werden, ist der *karabao,* der behäbige, muskelstarke **Wasserbüffel,** landesweit ein vertrauter Anblick. Als Zugtier- und Transporthelfer für die meist arme Landbevölkerung bleibt er „des Bauern bester Freund", vor dem Quirino Grand Stand in Manila steht ihm zu Ehren ein Denkmal in Bronze.

Monumente der aktuellen Wirtschaftsorientierung sind die in den Städten der Republik in die Höhe und Breite geschossenen **Shoppingmalls.** Sie repräsentieren die Ambitionen der gewachsenen Mittelschicht und der noch wohlhabenderen Oberschicht der 108 Millionen Einwohner. Dieser Entwicklung entspricht auch der auf 54% gestiegene Anteil des **Dienstleistungssektors** am Bruttoinlandsprodukt. Die Telekommunikation nimmt generell eine Vorrangstellung ein. Manila brüstete sich einige Jahre lang mit dem Titel „Welthauptstadt des SMS-Versands" (auf dem Höhepunkt ca. 2 Milliarden SMS pro Tag, mit der zunehmenden Verwendung von Smartphones sinkt das SMS-Aufkommen). Die Philippinen sind außerdem – nach Indien – die weltweit zweitgrößte Outsourcing-Destination (Call Center, Business Process Outsourcing). Auch als Business Process Outsourcing-Destination rangiert das Land nach Indien an der Spitze.

Die Wirtschaft ist von einer vielen Entwicklungsländern gemeinsamen **Kontrastsituation** geprägt: Moderner Elektronikindustrie und dem boomenden Dienstleistungssektor stehen Armut und Subsistenzwirtschaft gegenüber. Die Landwirtschaft vereint zwar ein Drittel der Arbeitskräfte auf sich, erwirtschaftet aber nur 15% des Bruttoinlandprodukts. Außerdem besteht ein großes Gefälle zwischen der Entwicklung in und um Metro Manila und in den ökonomisch eher rückständigen Provinzen.

⌃ Schwerarbeit für Mensch und Tier: Pflügen mithilfe des Wasserbüffels

Wer sich bei uns in Eine-Welt-Läden oder in anderen Geschäften umsieht, wird schnell die **Fair-Trade-Produkte** wie den braunen Mascobado-Zucker oder getrocknete Mangofrüchte aus den Philippinen entdecken. Noch ist es eine Nischenbranche, die bestimmt mehr Werbung und Absatz verdient hat.

Die **Holz- und Forstwirtschaft** stellt angesichts der bedrohlich fortgeschrittenen Zerstörung der Waldbestände einen höchst problematischen Ökonomiefaktor dar. Erst in den vergangenen Jahren wurden, auch auf Druck lokaler Umweltverbände, erneut umfangreiche Schutzmaßnahmen eingeleitet, die Ausfuhr bestimmter Holzarten als Bau- und Sperrholz drastisch beschränkt und Wiederaufforstungskampagnen gestartet. Doch ein rigoroses Abholzungsverbot für Edelhölzer lässt weiter auf sich warten.

Gold, Silber und noch viel mehr

Die beachtlichen **Bodenschätze des Archipels** sind längst nicht völlig erschlossen. Es fehlt noch an nationalem Absatzvolumen und an Kapital der meist privatwirtschaftlichen Betriebe, um die Lagerstätten nutzbringend auszubeuten. Auch im Bergbau hat Exportproduktion eindeutig Vorrang. Neben **Gold** – die Philippinen sind Asiens wichtigster Goldproduzent – und **Silber** wird vor allem **Kupfererz,** das rund 65 % aller geförderten metallischen Rohstoffe ausmacht, ausgeführt. In der Provinz Zambales auf Luzon liegen die weltgrößten **Chromvorkommen.** Ergiebig sind auch die **Nickelminen** in Nordost-Mindanao, es werden außerdem Zink- und Eisenerze, Mangan, Blei, Quecksilber, Cadmium und Platin gefördert. **Mineralien** wie Kohle, Phosphat, Marmor, Kalkstein, Feldspat, Schwefel und Meersalz sind ebenfalls wichtige Bodenschätze. Die inländische Kohlewirtschaft hat allerdings immer größere Absatzprobleme, da die Kraftwerkbetreiber Importkohle ihrer besseren Qualität wegen vorziehen.

Mit wachsender Bevölkerung und Technisierung nehmen auch die Sorgen um die **Energie** zu. Eigenes Erdöl sollte die nahe Zukunft sichern. Während zu Zeiten der Wirtschaftskrise 1985 der Gesamtverbrauch an Primärenergie deutlich abnahm, zog zehn Jahre später der Energiekonsum wieder an. Der wachsende Mittelstand und die neu angesiedelte verarbeitende Industrie hatten den Verbrauch erhöht. Die Einfuhr von Erdöl und Kohle war ebenfalls gestiegen, auf einen Anteil am Gesamtverbrauch von 65 %. Nach dem Golfkrieg 1991/92 und erneuten Preissteigerungen erweckten die Offshore-Testbohrungen im Norden der Inselprovinz Palawan große Hoffnungen. Doch die derzeitige Fördermenge von ca. 25.000 Barrel am Tag macht gerade mal ein Zehntel des Gesamtbedarfs im Land aus. Vor diesem Hintergrund sind die Spannungen zu sehen, die die Philippinen mit China, Taiwan, Vietnam und Malaysia wegen der von diesen Ländern beanspruchten **Spratly-Inseln** im Südchinesischen Meer, rund 300 Kilometer westlich von Südpalawan, haben. Dort werden beachtliche Vorkommen von Erdöl und Erdgas vermutet. Bislang wird die einheimische Energieversorgung, die 2014 rund 8 Milliarden kWh über dem Gesamtbedarf von 58,33 Milliarden kWh lag, durch Rohölimporte und mithilfe konventioneller Technologien gesichert – allen voran die Wasserkraft, dann folgen Geothermik (heißer Wasserdampf aus der Erde), Kohle und Erdöl. Erneuerbare Energiequellen stellen Nutzungsmöglichkeiten agroindustrieller Abfälle (z. B. Zuckerrohrabfälle) dar. Auch werden die Möglichkeiten der Solarenergie ausprobiert, deren Gewinnung sich ein Spezialprogramm der deutschen GIZ (Gesellschaft für Internationale Zusammenarbeit) angenommen hat.

Exporte aus der **verarbeitenden Industrie,** vor allem elektrotechnische, elektronische und Textilprodukte, behaupten ca. zwei Drittel des Gesamtausfuhrvolumens, das 2014 rund 58 Milliarden US-Dollar betrug. Hauptempfänger- und -lieferländer sind die USA und Japan. Deutschland importierte 2014 Waren für 2,7 Milliarden Euro. Exporte von hier in die Philippinen erreichten im selben Jahr den Wert von 2,04 Mrd. Euro, darunter hauptsächlich Elektronik und elektronische Baumaschinen gefolgt von anderen Maschinen. Daneben spielen Luftfahrzeuge sowie chemische und pharmazeutische Produkte eine wichtige Rolle.

Die **Industrie** trägt ca. ein Drittel zur Entstehung des Bruttosozialprodukts bei. Ein wichtiges Standbein ist dabei die Elektronikindustrie. Die Montage im Bereich der Halbleiter und elektronischen Bauteile machte in den vergangenen Jahren ca. zwei Drittel der philippinischen Exporte aus, die Branche entwickelt sich zusehends. Weitere wichtige **Wachstumssektoren** sind der Bausektor, die Nahrungsmittel- und Getränkeindustrie sowie der gesamte Bereich der Infrastruktur. Die Entwicklungen im Bergbau stagnieren derzeit, lassen aber weiterhin ein bedeutendes Potenzial vermuten.

Der Dienstleistungssektor hat sich in den vergangenen Jahren zur wichtigsten Säule der philippinischen Wirtschaft entwickelt und trägt mehr als die Hälfte zum Bruttosozialprodukt bei.

Die direkte Einflussnahme des Staates auf das Wirtschaftsleben ist begrenzt. Durch die weitgehend abgeschlossene **Privatisierung des Energiesektors** spielen staatliche Unternehmen auch in diesem Bereich kaum mehr eine Rolle. Allerdings existieren umfangreiche Beschränkungen für ausländische Investoren; so darf Eigentum an Grund und Boden nicht vollständig erworben werden, in vielen Bereichen ist nur ein Anteil von maximal 40 % erlaubt. Gesetzesvorschläge zur Verbesserung der **Inves-**

titionsbedingungen gibt es zwar, ihre Erfolgsaussichten sind derzeit aber schlecht. Korruption und undurchsichtige Ausschreibungsverfahren bei öffentlichen Aufträgen haben in der Vergangenheit das Klima für ausländische Investoren erschwert. Dass die Regierung *Aquino* hier nachzubessern versprach, wurde von Investoren begrüßt, erste Erfolge, die freilich noch an Nachhaltigkeit gewinnen und von der Nachfolgeverwaltung unter *Duterte* unterstützt werden müssen, haben die Stimmung der Wirtschaftsteilnehmer spürbar verbessert. Irritiert wird im In- und Ausland die Ankündigung aufgefasst, dass *Duterte* das seit 1986 eingemottete Bataan Nuclear Power Plant, das einzige je in den Philippinen (unter *Marcos*) erbaute und durch *Cory Aquino* stillgelegte Atomkraftwerk) wegen erhöhten Energiebedarfs wieder in Betrieb nehmen will. Kritiker warnen vor der eminenten Gefahr durch Erdbeben und Vulkantätigkeit.

Immer wiederkehrende politische Turbulenzen und die Hypotheken hoher Staats- und Auslandsverschuldung hatten das Land in der Entwicklung und im Vergleich zu den Nachbarn zurückgeworfen. Seit ein paar Jahren sind die Philippinen indes auf einem stabilen Wachstumspfad mit **Wachstumsraten** von durchschnittlich 6 % unterwegs. 2015 importierten die Philippinen insgesamt Güter im Wert von ca. 65 Milliarden US-Dollar. Die Haupteinfuhrgüter sind Elektronikausrüstung und -zubehör, Erdöl und Nebenprodukte, Eisen, Stahl, Getreide, Plastikprodukte, pharmazeutische Produkte, Maschinen, Motoren und Pumpen, Flugzeuge, Luftfahrtausrüstung und Fahrzeuge.

Mit Blick auf die nächsten Jahre ist die Stimmung grundsätzlich optimistisch. Generell stabile Staatsfinanzen und der gut genährte private Finanzsektor sollten selbst stärkeren weltwirtschaftlichen Turbulenzen widerstehen können. Ob jedoch langjährige grundlegende Probleme wie sozialer Unfrieden, innenpolitische Spannungen, hohe Korruption und große Armut allmählich überwunden werden können, bleibt die große Frage, der sich auch die Wirtschaftspolitik der 2016 gewählten Regierung *Duterte* stellen muss.

Die Verbände der kleinen und mittleren Bauernbetriebe beklagen ihre zögerliche Einbeziehung in die Politik. Noch immer überfällig ist die vollständige und konsequente **Umsetzung der Landreform CARP** (Comprehensive Agrarian Reform Programm), die *Cory Aquino* ins Leben gerufen hatte, um alle größeren Flächen (außer den Besitztümern ihrer Familie!) aus privater und staatlicher Hand an kleinere Bauern zu übereignen. Die Abwanderung vom Land in die Städte wird zunehmen. Menschenrechtsorganisationen befürchten Vertreibung, Enteignung und Verelendung vieler Ureinwohner, deren Land für neue Industrieprojekte benötigt werden könnte.

Landreform – eine unendliche Geschichte

Die Landnahme durch die Spanier vor rund 450 Jahren beeinflusst das Leben in den heutigen Philippinen immer noch in vielerlei Hinsicht. Eine sich hartnäckig behauptende Altlast ist die ungerechte Aufteilung des Landbesitzes. An Reformvorschlägen, Gesetzen und deren Reformen mangelt es nicht. Immer neue Abkürzungen sollen vertrauensvoll klingen und sind schon bald Gegenstand politischer Witze. Unter den Amerikanern wie auch in der japanischen Besatzungszeit und unter jeder der unabhängigen Regierungen seit 1946 gab es mal mehr, mal weniger ernsthafte Bemühungen, die enorm ungleiche Verteilung der agrarwirtschaftlich nutzbaren Areale in Privatbesitz zu mindern. Von der als große Erneuerin umschwärmten Präsidentin Cory Aquino hatte die People-Power-Bewegung 1986 den entscheidenden Durchbruch erwartet. Ziel der Reformpolitik waren jedes Mal das weitgehend feudale Besitzsystem und die Großgrundbesitzer, deren Landeigentum aufgeteilt und bis auf eine dem ehemaligen Besitzer zustehende Parzelle an die für ihn arbeitenden Bauern abgetreten werden sollte. Doch das 1988 verabschiedete Comprehensive Agrarian Reform Law (CARL), unterstützt vom Hilfsprogramm CARP (Comprehensive Agrarian Reform Program), musste mangels Umsetzung verlängert werden. Cory Aquinos Charisma litt damals sehr, als sie die Besitztumer ihrer eigenen Großgrundbesitzerfamilie ausdrücklich von den Reformen ausnahm, darunter die Hacienda Luisita, eine der größten Zuckerplantagen der Welt. 21 Jahre später weitete Präsidentenkollegin Gloria Macapagal-Arroyo CARP zu CARPER (Comprehensive Agrarian Reform Program Extension and Reform) aus. Neben mehr Geld zur Finanzierung von Landübernahme und -umverteilung kamen nun konkrete Regularien zum Einsatz. So betreffen CARP und CARPER alles landwirtschaftlich nutzbare, auch das noch nicht genutzte Land und gelten für alle Flächen ab fünf Hektar in staatlichem und Privatbesitz. Die Begünstigten, die ARB (Agrarian Reform Beneficiaries) sollen die Millionen von armen Bauern sein, alle, die weniger als drei Hektar Land besitzen, und insbesondere diejenigen, die das zuvor den Großgrundbesitzern gehörende Land bearbeiteten. Sie bekommen das Land nicht einfach zugesprochen, sondern müssen in einem Jahre dauernden Bürokratiemarsch mit finanzieller Hilfe des Staates, wenn sie denn verfügbar ist, ihr Stück Land erwerben.

Es existiert somit ein umfassendes Programm zur Umverteilung von Staats- und teilweise Privatland an landlose Bauern, das der Planung nach 2014 abgeschlossen sein sollte, jedoch insbesondere in Bezug auf die Ländereien einflussreicher Großgrundbesitzer unvollständig umgesetzt ist. Schließlich bestimmen die meisten der Hacienderos selbst in den politischen

Entscheidungsgremien mit. Hinzu kommt, dass die wirklich großen Ländereien mit Zucker, Kokos- und Zitrusplantagen kaum angetastet wurden und Rinder-, Geflügel- und Garnelenfarmen völlig von der Landreform ausgeschlossen sind. Viele, vor allem staatliche Ländereien, sind für Industrieansiedlungen, Tourismus- und Freizeitprojekte aus dem Umverteilungsraster herausgenommen. Offiziellen Angaben nach sind inzwischen fast sieben Millionen Hektar Land an über drei Millionen Haushalte verteilt worden, was einem rund 80-prozentigen Erfolg entspräche. Auch unabhängige Berechnungen kommen auf mindesten 70 % umverteilten Landes.

Es bleibt dennoch viel zu tun. Immer wieder fehlt es an Geld für die gesetzlich vorgesehenen Unterstützungen der neuen Landeigner, die sich, selbst wenn sie den Zuschuss erhalten, davon kaum den Dünger oder einfache Gerätschaften leisten können. Und die alten Landeigentümer nutzen mithilfe gewandter Rechtsanwälte sehr oft jeden Schlupfwinkel im Gesetz, um die Reform an ihrem Besitz vorbeizuleiten, sie zumindest geringer ausfallen zu lassen. Beliebte Argumente mancher alteingesessener Landbesitzer gegen die Reform sind, dass die einfachen, wenig gebildeten Bauern und Landarbeiter kaum in der Lage seien, die Herausforderungen agrarwirtschaftlichen Managements zu meistern, dass es ihnen doch an nichts fehle, man sich schon seit Generationen um Gesundheitsversorgung und Erziehung

⌃ Landarbeiterin sortiert bei sengender Sonne Zuckerrohrstangen

› Lkws beliefern die Raffinerien der Luisita-Plantage rund ums Jahr mit Zuckerrohr

der Bauern- und Pächterkinder kümmere. Landbesitz ist zugegebenermaßen ein Gut, in materieller wie sentimentaler Hinsicht, das man sich nicht widerstandslos entwenden lässt. Im Sommer 1987, als die Landreform zum heiß diskutierten Thema unter Manilas Politikern hochkochte, hatte die Kongressabgeordnete Hortensia Starke, eine der mächtigen Zuckerplantagenbesitzerinnen auf der Insel Negros, ihren Besitz so umschrieben: „Dein Land ist wie dein schönstes Kleid, das dich gut aussehen lässt. Wenn es dir jemand wegnimmt, dann will er dich demontieren, dich entblößen."

Die Verschleppung oder Einstellung der Umverteilung rührt oft auch daher, dass sich rivalisierende Bauernverbände nicht einigen können und sich nicht selten regelrecht bekriegen. Generell ist mit der Landreform sehr viel Gewalt verbunden: Schlägertrupps und Privatarmeen von Großgrundbesitzern setzen ihre „Argumente" rücksichtlos ein, um Bewerber und deren Unterstützer einzuschüchtern oder auch durch Mord mundtot zu machen (siehe auch den Abschnitt „Das kulturelle Erbe wird verwaltet" ab S. 183).

Pessimisten sehen für die Entwicklung in der Zeit nach Aquino III voraus, dass es den Behörden an Budget und teilweise am Umsetzungswillen fehlen wird. Ohne finanzielle und technologische Unterstützung können die Bauern und Verbände ihre Parzellen nicht produktiv bewirtschaften. Dann geht der „reformierte" Besitz wieder an die, die sowieso Geld haben - an die alten Eigentümer, an Großgrundbesitzer, Agrarkonzerne oder an Investoren, die damit spekulieren.

Wahrscheinlich wird auch in der Zukunft jede weitere Regierung ihre Chancen wahrnehmen, die Reform der Reform der Reform zu verkünden und ein paar neue Kürzel in die Welt zu setzen.

080kp-ags

Schuften fern der Heimat

Eine „Ware" taucht im offiziellen Ausfuhrkatalog selten oder nie auf – die vielen Millionen **„Overseas Filipino Workers"** (OFWs) – z. B. Krankenschwestern, Bauarbeiter, Ingenieure, Ärztinnen, Fahrer, Hausmädchen und Seeleute (40 % der weltweit arbeitenden Schiffsbesatzungen werden von Filipinos gestellt) –, die in über 180 Ländern der Welt für Familie und Fiskus in der Heimat, auf stürmischen Ozeanen und in Kriegsgebieten arbeiten, bei ausbeuterischen Arbeitgebern Gesundheit und oft genug ihr Leben aufs Spiel setzen. Außer auf Kreuzfahrt- und Frachtschiffen, darunter viele nicht mehr seetaugliche „Seelenverkäufer", die über die Weltmeere schippern, leben sie hauptsächlich in Nordamerika, den Golfstaaten, in den reichen Ländern Ost- und Südostasiens, in Australien und in Westeuropa. Allein in Deutschland sind etwa 19.000 Filipinos registriert, davon 82 % Frauen. Zu Zeiten von *Ferdinand Marcos,* der diesen „Wirtschaftszweig" initiiert hatte, war man noch stolz auf den „Export" von Menschen, die dringend benötigte **Devisen** einbringen und den heimischen Arbeitsmarkt entlasten. Präsidentin *Cory Aquino* sprach von „Nationalheldinnen" und meinte damit die damals rund eine halbe Million *amahs,* philippinische Haushälterinnen und Kindermädchen, die Wohlstand und Boom der White-Collar-Gesellschaft in Hongkong sicherten. Die aktuellen Wirtschaftsinformationen des Auswärtigen Amtes vermelden oberflächlich: „Eine stabilisierende Wirkung entfalten die hohen **Rücküberweisungen von Auslandsfilipinos,** die den Binnenkonsum zuverlässig stützen. Zusammen mit dem Boom der Outsourcing-Industrie befeuerten diese Überweisungen auch den aktuellen Bauboom vor allem in Metro Manila." Inzwischen ist dieser Wirtschaftszweig in den Philippinen aufgrund von Meldungen über Ausbeutung und Rechtlosigkeit zum Stein des Anstoßes geworden. Das 1995 in Singapur wegen angeblichen Mordes am Kind ihrer Dienstherrschaft hingerichtete Kindermädchen und eine vor wenigen Jahren in Abu Dhabi knapp dem Todesurteil entronnene Hausangestellte

030kp-ags

Das Angebot an Auslandsjobs ist groß und Vermittlungsagenturen wie hier in Manila verdienen kräftig mit

Extrainfo 10 (s. S. 6): Wesentliche Informationen zur philippinischen Wirtschaft und Einkommensverteilung, zusammengestellt vom Auswärtigen Amt

sind einige der spektakulären Fälle. Dennoch ist die Arbeitsmigration – sie betrifft mindestens 11 Millionen Filipinos, davon rund acht Millionen legal registrierte – weiterhin ein lukratives Geschäft und der Exportschlager überhaupt. Im Jahr 2003, so betonte die Partei Migrante, sollen die 7,6 Milliarden US-Dollar, die von OFWs in die Heimat überwiesen wurden, fast das Einhundertfache der ausländischen Direktinvestitionen betragen haben (2011 waren es laut Philippinische Zentralbank mindestens 20 Mrd. US-Dollar). Allein von den philippinischen Seeleuten, die im Ausland unterwegs sind, kassiert die Regierung ein Drittel der Heuer. Die durch Abwanderung entstandene Schieflage auf dem heimatlichen Arbeitsmarkt ist seit Jahrzehnten bekannt. Wie *Rüdiger Siebert* das Dilemma schon 1989 in „3-mal Philippinen" beschrieben hat, sind es ja gerade die gut ausgebildeten und unternehmungslustigen Filipinos, die im Ausland eine halbwegs attraktive Beschäftigung erhalten. Und daran, dass genau diese dynamischen, aktiven Menschen zu Hause beim Aufbau einer gesunden Wirtschaft mit gerechter Verteilung fehlen, hat sich wenig geändert (siehe auch den Abschnitt „Einkommensverhältnisse und Sozialsysteme" ab Seite 169).

Strände, Sonne, Spielcasinos

Die Entwicklung des **Tourismus** rangiert weit oben auf der Prioritätenliste der Regierung. *„It's more fun in the Philippines"* – mit diesem Slogan soll das Inselreich als Destination weltweit bekannter werden. 2015 wurde mit ca. 5,2 Millionen Touristen die vorläufige Höchstzahl an Urlaubern verzeichnet, von denen die meisten aus Südkorea kamen, gefolgt von den USA, Japan und China. Deutschland folgt erst auf Platz 12 mit rund 72.000 Besuchern. Etwa vier Millionen Menschen arbeiten landesweit in der Fremdenverkehrsindustrie, das ist ein Zehntel der gesamten arbeitenden Bevölkerung. Innerhalb des Dienstleistungssektors gilt der Tourismus bereits als der wichtigste Teilbereich, der als eine der zehn bedeutsamsten Devisenquellen im Jahr 2015 etwa 3,8 Mrd. US-Dollar erwirtschaftete. Dessen Wachstum ist erklärtes Ziel für die kommenden Jahre, wobei noch mehr Luxushotels, der Ausbau von Strandresorts und die Zunahme des Angebots an Casinos weitere Arbeitsplätze schaffen und vor allem Geld in die Kassen spülen sollen. Während Westler gerne die ländlichen Seiten der Inseln kennenlernen wollen, fühlen sich die asiatischen Touristen von den sich rasant vermehrenden Einkaufszentren und Super-Mega-Malls der philippinischen Städte angelockt; landschaftliche Sehenswürdigkeiten, Tauch- und Wassersport und ein paar Folkloreshows sind dann meist nur das Rahmenprogramm.

Die soziale Pyramide, Privilegierte und Unterprivilegierte

„...Und schließlich sind wir auch arm, weil wir unseren ethischen Sockel verloren haben. Wir verurteilen Klüngel und Korruption, aber wir schaffen es nicht, die Gauner mitten unter uns zu ächten oder zu bestrafen. Klüngel und Korruption sind verheerend, doch wir lassen sie zu, denn unsere Loyalität konzentriert sich auf die Familie, die Freunde, nicht auf größere Güter." (Auszug aus: *Francisco Sionil José* in „Why are we poor", Essays, Solidaridad Publishing House, Manila, 2007)

Die Schere klafft

Rudolfo, 35 Jahre alt, arbeitet tagaus, tagein und bei jedem Wetter als Fahrer eines Tricycle, eines dieser Mopedtaxis, die in Bacolod City auf der Insel Negros durch die Straßen knattern. Das Fahrzeug gehört ihm – fast. Denn er muss noch die Kreditschulden tilgen, was ihm hoffentlich in ein paar Monaten gelingen wird. Seine Frau *Teresita,* 33, hat sich in der Nähe ihres Zwei-Zimmer-Häuschens einen *Sari Sari-Store* eingerichtet. In diesem „Tante-Emma-Kiosk" bietet sie vom Dauerlutscher bis zur Waschschüssel alles an, was die Nachbarschaft so braucht. Außerdem ist sie als gelernte Friseurin gefragt, hier ein Geburtstag, dort eine Hochzeit, die Haare müssen stimmen. Drei ihrer vier Kinder im Alter von viereinhalb bis zehn Jahren gehen in die staatliche Schule, der Jüngste besucht den Kindergarten. An der grob gezimmerten Holzwand ihrer *sala* (Wohnzimmer), in der von einem Stoffvorhang abgetrennt auch die Eltern schlafen, hängen zwischen Familienfotos die eingerahmten Auszeichnungen der Schule. *Rudolfo* und seine Frau sind stolz, dass sie den Kindern von ihrem gemeinsamen Monatseinkommen von etwa 250 Euro diese Ausbildung bieten können. Freizeit, ja die gönnen sie sich auch hin und wieder. Dann zwängt sich die Familie zusammen mit ein paar Kindern aus der Straße aufs Tricycle und *Rudolfo* fährt alle zum Baden an den Strand oder zum Jahrmarkt auf die *plaza.*

Adrian ist 39 Jahre alt, verheiratet und Vater von drei Mädchen und einem Jungen, die alle auf private Schulen, die älteste mit 16 Jahren auf ein exklusives College gehen. Er gehört als Executive Manager in der lokalen Niederlassung einer internationalen Elektronikfirma bei Cebu City zu den Besserverdienern. Die rund 250.000 Peso, also etwa 5000 Euro Monatseinkommen ermöglichen es *Susan,* seiner 36 Jahre alten Frau, ehemals Supervisor in einem Fünf-Sterne-Hotel, nun zu Hause zu bleiben. Ihr zwei-

031kp-ags

stöckiges Haus bietet genug an Beschäftigung, vor allem die Aufsicht über vier Hausmädchen und einen Gärtner. Zwei Autos besitzen sie, eins ist sogar nagelneu aus dem Ausland importiert. Allein für den Zoll hat *Adrian* mehr bezahlt als die jährlichen Schulgebühren von rund einem Monatsverdienst. Es geht ihnen wirklich gut, sie waren bereits einmal mit der ganzen Familie in Hongkong und die letzten Ferien haben sie in einem feinen Beach Resort auf der Insel Palawan verbracht.

Zwei **Beispiele,** die nicht einmal die Extreme – ganz weit oben, ganz weit unten – widerspiegeln, zeigen, wie weit die Schere zwischen Arm und Reich auseinander klafft. Der im Januar 2016 von der NGO Oxfam veröffentlichte Bericht, wonach die 62 reichsten Menschen der Welt so viel (1,7 Billionen US-Dollar!) besitzen wie die Hälfte der Menschheit, kann ohne Weiteres auf die Philippinen relativiert werden. 2014 besaßen dort die 50 reichsten Leute um die 74 Milliarden US-Dollar, fast so viel wie die gesamten Auslandsschulden des Staates im gleichen Jahr (ca. 77 Milliarden US-Dollar). Oder aus einer anderen Perspektive bestaunt: Die reichsten 10 % der philippinischen Haushalte haben mehr als ein Drittel des nationalen Gesamteinkommens aufgebracht. Familien der reichsten Einkommensgruppe kamen 2012 auf ein durchschnittliches Jahreseinkommen von 715.000 Pesos oder rund 60.000 Pesos im Monat, während die ärmsten Familien im Jahresdurchschnitt 69.000 Pesos bzw. etwa 6000 Pesos im Monat, also zehnmal weniger zur Verfügung hatten.

Ausflugsfahrzeug der „kleinen Leute“: ein Motorrad-Pickup

Ein Platz im Parlament – ein Platz an der Sonne

Kapital, Herkunft und Beziehungen, Bildung und Land – das sind die wichtigsten Faktoren, die dem philippinischen Menschen seine individuellen Chancen im Leben vorgeben.

Landbesitz, finanzielle Rücklagen, politische Macht, eine exzellente Schul- und Berufsausbildung sowie der Zugang zu öffentlichen Ressourcen – von günstigen Krediten bis hin zu vorteilhaften Aufträgen – all das ist in wenigen Familien konzentriert. Die zehn mächtigsten von ihnen besitzen zusammen rund 56 % der Aktien des Landes. In den Firmen der fünfzehn reichsten Familien des Landes wird über die Hälfte des Bruttosozialprodukts erwirtschaftet. Den reichsten 10 % gehören über die Hälfte aller Vermögenswerte – den ärmsten 10 % gehört gar nichts.

Wer ein politisches Amt in den Philippinen gewinnen will, muss über viel Geld verfügen. Da **Stimmenkau**f weitverbreitet und eine wichtige Einnahmequelle für die Armen ist, ist die Demokratie bloß „formal", sprich eine Farce. Sie ist de facto eine Herrschaft der Wenigen. Der **typische Abgeordnete** des philippinischen Nationalparlaments, so *Sheila Coronel* vom Filipino Center for Investigative Journalism, ist männlich, mittleren Alters, hat mindestens einen College-Abschluss und oft Jura studiert. Er hatte zuvor ein politisches Amt auf kommunaler oder Provinzebene und ist Mitglied einer politisch alteingesessenen Familie. Die Hälfte aller, auch der weiblichen Abgeordneten, ist **mit einem früheren Regierungsmitglied verwandt.** Der typische Abgeordnete ist auch geschäftlich aktiv, die Einkommensquellen sind vielfältig. Er ist wohlhabend und verfügt über mindestens 10 Millionen Pesos (ca. 200.000 Euro), eine gut gefüllte Kasse in Reserve ist vonnöten, denn der nächste Wahlkampf kostet richtig viel Geld. Je länger er Mitglied des Parlaments bleibt, desto reicher wird er.

Die **Oberschicht** besteht zum einen aus alteingesessenen Familien, deren Macht und Reichtum in der spanischen Kolonialzeit mit ihrem Großgrundbesitz ihren Anfang nahm. Familien wie den *Ayalas, Aquinos, Lopezes, De Leons* oder *Osmeñas* gehören einige der wichtigsten Konzerne und Unternehmen im Land, sie verfügen meist noch über ausgedehnten Landbesitz. Viele Abgeordnete, Gouverneure und Bürgermeister stammen aus ihren Reihen. Für angesehene Familien gehört es sich einfach, möglichst oft, am besten dauernd die politischen Ämter mit einem oder gleich mehreren Mitgliedern aus der Verwandtschaft zu besetzen.

„Um die Zahl der tatsächlich **Armen,** immerhin 69 % unserer Bevölkerung, zu verschleiern," erläuterte beispielsweise *Sonny Africa,* Leiter der Forschungsabteilung der IBON Foundation im Vorfeld der Wahlen im Mai 2010, „änderte die Regierung kurzerhand die Kriterien zur Bestimmung von absoluter Armut. Damit unterläuft sie die international anerkannten Standards. Nur wer täglich über weniger als 41 Pesos (etwa 80 US-Cents) verfügt, lebt demnach unterhalb der Armutsgrenze." Deshalb würden Regierungszahlen bloß 33 % der Bevölkerung als arm ausweisen. Für 41 Pesos bekommt man gerade mal ein Kilogramm Reis.

Einkommensverhältnisse und Sozialsysteme

Armut durch Landflucht

Die Einkommen sind sehr ungleich verteilt. Der philippinischen Regierung ist es trotz des starken Wirtschaftswachstums nicht gelungen, die Armut im Lande spürbar zu reduzieren. Nach Angaben der Weltbank betrug der Anteil der Armen 2012 rund 25 % (seit 2006 um nur 2 % gefallen) und dies gegen den Trend der übrigen Südostasienstaaten, in denen die Quote allgemein rückläufig ist. Zum einen ist der Bevölkerungszuwachs in den Philippinen von etwa 1,9 % recht hoch, aber auch die zunehmenden Naturkatastrophen treiben viele Menschen in die Armut. Finanzinstitutionen konstatieren, dass weiterhin große Teile der Bevölkerung von den Vorteilen der generell befriedigenden Wirtschaftslage ausgeschlossen sind.

Die Armut ist in ländlichen Gebieten wesentlich höher als in den Städten. Die ärmste Provinz ist Bangsa Moro, die vormals Autonome Region im muslimischen Mindanao (ARMM).

Arbeitslosigkeit und Unterbeschäftigung bleiben drängende Probleme. Die Arbeitslosenquote in den Philippinen ist nach offiziellen Angaben relativ moderat und lag in den letzten Jahren recht stabil bei ca. 7 %. Jährlich müssen etwa eine Million neue Stellen geschaffen werden, um diese Quote stabil zu halten. Die offizielle Statistik kann allerdings nur ein sehr vages Bild der Lage geben. Nur ca. 55 % aller Beschäftigten sind im formalen Sektor tätig. Der Rest ist als Dienstleister im Haushaltsbereich, als Aushilfskräfte in der Landwirtschaft, in der Kleinindustrie und im informellen Sektor tätig. Dem nur geringen bis stagnierenden Rückgang der Arbeitslosigkeit steht ein starker Anstieg der Unterbeschäftigung gegenüber (ca. 24 %). Außerdem verlassen über eine Million Menschen jährlich das Land, um **im Ausland Arbeit zu suchen** – mit zunehmender Tendenz. Landflucht ist ein weiteres, großes Hindernis für die bessere Verteilung von **Wohlstand** und **Lebensqualität** im Land. Gründe zum Verlassen der Heimat haben die Menschen genug: Zerstörung ihrer Lebensbasis durch Taifune, Überschwemmungen, Vulkanausbrüche – das sind die spektakulären Katastrophen, die als Sensationsnachrichten um die Welt gehen und internationale Hilfe mobilisieren, die dann zu einem guten Teil in einem Verwaltungslabyrinth und in privaten Taschen hängen bleibt. Landspekulanten, die in vielen Tropenländern um sich greifende Produktion von Palmöl, die massenhaft fruchtbare Agrarflächen erfordert und u. a. die Grundwasserversorgung gefährdet, sowie kriegerische Auseinandersetzungen zwischen Militär und Rebellen sind die „stillen", aber ständigen Bedrohungen, die die Menschen zu Flüchtlingen im eigenen Land machen.

Nicht mal drei Mahlzeiten am Tag

Das Kinderhilfswerk UNICEF weist die Philippinen als eines der zehn Länder aus, die die meisten **unterernährten Kinder** unter fünf Jahren haben. Dazu sind fast 20 % der Familien auf die Arbeit ihrer Kinder angewiesen, um das familiäre Überleben zu sichern.

Folgende Zahlen zeigen zudem die schweren Lebensbedingungen der armen Bevölkerungsteile auf: Für die untersten 30 % (Anteil an der Gesamtbevölkerung) gilt: Jeder Dritte hat kein sauberes Trinkwasser zur Verfügung, 47 % haben keinen Strom, 31 % keine sanitären Anlagen zu Hause. Unter einem festen Dach wohnen knapp 57 %.

Armut hat viele Gesichter, dazu zählen das **Fehlen von Chancen und Ressourcen** wie Land, Geld, medizinische Versorgung oder Bildung. Arm sein heißt, über keine Absicherung gegen Arbeitslosigkeit, Krankheit oder

082kp-ags

Alter zu verfügen und oftmals ein Leben in mangelhaften Wohnstätten oder als Obdachlose zu führen. Naturkatastrophen treffen die armen Menschen in jeder Beziehung schutzlos.

Der Anteil der Armen, denen nicht mehr als 1,25 US-Dollar am Tag an Bargeld zur Verfügung stehen, liegt seit vielen Jahren um die 30 %. Das heißt: Über ein Viertel der Bevölkerung lebt am Existenzminimum und kann sich keine drei sättigenden Mahlzeiten am Tag leisten.

Armut und **soziale Ungleichheit** sind in den Philippinen mittlerweile weit ausgeprägter als in Nachbarländern wie Thailand, Taiwan oder Malaysia, wo diese Erscheinungen in den vergangenen Jahrzehnten stärker zurückgegangen sind.

Lange galt die Einrichtung des **Mindestlohns** eher als Farce, denn in den letzten 25 Jahren wurde er durch seine Aufspaltung in zahlreiche regionale und branchenmäßige Gruppierungen ausgehöhlt oder faktisch abgeschafft. Ende 2014 hat sich aus verschiedenen Gewerkschaften und betrieblichen Gruppierungen das Komitee der „All Workers Unity“ gebildet, das sich den Kampf um die (faktische) Wiedereinführung des Mindestlohns zum Ziel gesetzt hat. Es fordert dessen Anhebung auf rund 16.000 Pesos, zumindest für die National Capital Region, wo der bisherige Mindestlohn weniger als die Hälfte beträgt. Bei den landesweit gestiegenen Grundversorgungspreisen (Lebensmittel, Transport etc.) sind, so befürchtet das Komitee, weiter ansteigende Armut, Hunger und Mangelernährung unausweichlich.

Fremde im eigenen Land – ethnische Minderheiten

„Kulturelle Minderheiten“, „Tribal-Filipinos“, „Ureinwohner“ ... welche dieser Bezeichnungen auch immer politisch korrekt sei, Tatsache ist, dass die indigenen Menschen auf den philippinischen Inseln auch fünfeinhalb Jahrhunderte nach Landung der ersten Europäer und 30 Jahre nach Wiedererwachen der Demokratie weiterhin im **Abseits** leben. Immer aufs Neue müssen sie um ihr kulturelles Erbe bangen und sich den Entscheidungen der sie überrumpelnden Politik beugen.

☐ Müllarbeiter – oben auf dem LKW, aber ganz unten in der Gesellschaft

Ernesto hat einen abwechslungsreichen Job in einem Strandhotel bei Puerto Galera. Er animiert die Gäste bei Gymnastik und Wettspielen, begleitet sie zu Bootsausflügen. Wenn es Urlauber gibt, die mal einen Blick ins Inselinnere werfen wollen, wandert er mit ihnen hoch in die Berge, die hinter dem Touristenort im Norden der Insel Mindoro aufragen. „Ich komme von dort, ich bin ein Mangyan. Uns gibt es hier schon sehr lange, lange bevor die Spanier kamen, um auf Mindoro nach Gold zu suchen."

Seine Begleiter aus dem Resort, die außer dem Pier von Puerto Galera, ein paar Fischerdörfern und der Großstadt Manila noch nicht viel von den Philippinen gesehen haben, sind sehr erstaunt, dass hier, so dicht an der modernen Zivilisation, Ureinwohner leben, Menschen, die sie eigentlich mit Pfeil und Bogen und Lendenschurz verbinden. „Die **Mangyan** sind ein großes Volk, ungefähr 120.000 Menschen, das sich aus acht recht unterschiedlichen Gruppen zusammensetzt. Es sind die Iraya hier im Nordteil, im Süden die Tadyawan, Nauhan, Pula, Batangan, Buhid und die Hanunó-o, die sich ‚die wahren' Mangyan nennen, und im unzugänglichen Inselinnern die sehr isolierten Alangan". *Ernesto* zeigt in die dunklen, bewaldeten Berge. „Und von denen gehen tatsächlich noch einige mit

⌃ Ausflug zu einem Mangyan-Dorf hoch über Puerto Galera

Pfeilen auf Wildschweinjagd und tragen einen Lendenschurz". Auf dem Bergkamm angekommen, führt er die Touristen durch eine verstreut angelegte Siedlung. Vor den kleinen Häusern aus Bambuswänden und Palmwedeldächern dösen Hunde, gackern Hühner. Frauen bieten Kunsthandwerk an, darunter sind Bambusstücke mit seltsamen Schriftzeichen. „Ja", sagt *Ernesto,* „manche von uns kennen noch die alte Schrift, die entfernt mit dem indischen Sanskrit verwandt ist. Sie dient unter anderem dem Verfassen und Verschicken von Liebesgedichten." Kinder grüßen aus sicherer Distanz mit *„hello"*. Zwei Männer binden dünne Baumstämme von ihrem Motorrad los, die sie über eine schlammige Piste aus einem tiefer gelegenen Tal, mehr schiebend als fahrend, herauf transportiert haben. „Für den Anbau der Schule", erklärt *Ernesto.* „Mehr Eltern aus den anderen Siedlungen schicken nun ihre Kinder, hier können sie was lernen, in ihrer eigenen Sprache und in Tagalog. Und mittags gibt es in der Schulküche gutes Essen, das die Mütter abwechselnd kochen." Im Strandhotel, dessen dänischer Besitzer das Schulprojekt ins Leben gerufen hat, wird dafür geworben und um Spenden gebeten. „Aber auch Probleme kommen von unten aus der Stadt und die haben mit der großen touristischen Anziehungskraft von Puerto Galera zu tun." Denn reiche Filipinos und Ausländer liebäugeln mit Landbesitz hoch oben über den malerischen Buchten. „Stellt euch vor, ihr baut euch hier eine Villa – für die Zeit, wenn bei euch Winter ist. Fantastisch, oder!" *Ernesto* zeigt auf das blaue Meer unter sich. „Vorher müsst ihr nur einen schlauen Notar anheuern. Von denen kommen immer mehr aus Manila und Batangas hierher. Die arbeiten mit Immobilienmaklern zusammen, um uns Mangyan das Land billig abzukaufen und dann für ein Vielfaches zu verkaufen."

Die ersten Filipinos auf den hinteren Plätzen

Zahlreiche ethnische Gruppen haben sich lange vor Ankunft der Europäer auf dem ganzen Archipel verteilt. Ihre Vielfalt umfasst so unterschiedliche Kulturen wie die traditionell kriegerischen Bergvölker des Nordens, die Bontoc, Kalinga und Ifugao, aber auch steinzeitliche Jäger und Sammler wie die Batak auf Palawan oder die Badjao, die „Seenomaden" der Gewässer zwischen den Sulu-Inseln. Die Philippinen sind nach Burma das Land in Asien, das prozentual den höchsten Anteil an indigener Bevölkerung aufweist. Es werden 60 bis 80 ethno-linguistische Völker mit circa zwanzig Untergruppen gezählt, das sind etwa 15 bis 20 % der Bevölkerung. Allerdings ist das mit der Auflistung so eine Sache. Nimmt man nämlich die großen **Sprachgruppen** wie Tagalog, Ilocano, Cebuano, Hiligaybon oder Bikolano (s. S. 95) dazu, dann bevölkern die philippinischen

Die Stufen zum Himmel – die Ifugao-Reisterrassen

Der Legende nach hat vor langer Zeit der Gott Matungula den Menschen das Reiskorn „pugo" gegeben. So erklären die Ifugao, eine Volksgruppe auf der nordphilippinischen Insel Luzon, ihren Stammesnamen, dankbar für das himmlische Geschenk. Heilig ist ihnen auch das Land, auf dem sie den Reis anbauen - auf himmelwärts strebenden Stufen, um Götter und Ahnen zu ehren. Das Land spendet Kraft, nicht nur der Nahrung wegen. Hier begraben sie ihre Toten und vertrauen deren Seelen dem Reisgott Bu-Lul an, dessen Holzstatuen Felder und Reisspeicher bewachen. Für die Ifugao ist das Leben erst erfüllt, wenn sie die fruchtbaren Reisfelder an die Kinder weitergegeben haben und sie selbst auf diesen Feldern begraben werden können. Auf ein Alter von über 2000 Jahren schätzen Wissenschaftler die einzigartige Technik, mit der die Bergbewohner von Luzon, die Ifugao, Bontoc und Kalinga, die Terrassen aus der Gebirgslandschaft der Kordillere gehauen haben. Diese in mündlicher Tradition weitergegebene Leistung ist zweifellos den Bauten der ägyptischen Pyramiden und der Chinesischen Mauer ebenbürtig, mit dem wichtigen Unterschied, dass nicht Sklaven einer Hochkultur, sondern Mitglieder einfacher Bauern- und Kriegergesellschaften in freiwilliger Gemeinschaftsarbeit die grandiosen Bauwerke geschaffen haben. Bis heute sind die einzigen Hilfsmittel Wasserbüffel und einfache Werkzeuge, neben eigener Ausdauer und Muskelkraft. Ursprünglich müssen die Terrassen dem Anbau von Taro gedient haben, erst später erhielt die Reispflanze (Oryza sativa) die Rolle als Grundnahrungsmittel.

Verglichen mit anderen südostasiatischen Ländern sind die Felder auf Luzon in größerer Höhe (von 700 bis 1500 Meter über dem Meeresspiegel) und an steileren Hängen angelegt, die einen Neigungswinkel von bis zu 70 Grad erreichen. Der Überlebenswille der Menschen in ihrer höchst unwirtlichen Umgebung ist bewundernswert. Erdbeben, Stürme, Kälte, Stammes-

033kp-ags

fehden und Eindringlinge aus dem Tiefland erschweren auch heutzutage die Erhaltung einer der bedeutendsten vorkolonialen Sehenswürdigkeiten Asiens. Immer wieder müssen sie die bis sieben Meter hohen und 30 Zentimeter starken Stützmauern – bei den Ifugao sind sie aus Lehm, bei den Bontoc aus Steinen errichtet – ausbessern. Das raffinierte Bewässerungssystem aus Gräben, Kanälen und Bambusrohren bewährt sich nur, wenn auch die kleinste Parzelle ausreichend versorgt wird. Jede Familie wacht argwöhnisch über ihren Besitz. Dem Nachbarn „das Wasser abzugraben", führt bei den Gebirgsvölkern Nordluzons, die bis in unsere Zeit Kopfjagd praktizierten, als Vergehen zu erbitterten Streitigkeiten und sogar zu todbringender Vergeltung.

Seit Generationen unverändert sind Anbauzyklus und Arbeitsteilung. Die Frauen pflanzen die ab Mitte Dezember in separaten Beeten gezüchteten Setzlinge und halten anschließend sorgfältig die Felder von Unkraut frei. Es ist die Zeit zwischen März und Juni, wenn ein zartes, frisches Grün die Terrassenlandschaft überzieht. Ab Anfang Juli bringen Männer und Frauen gemeinsam die Ernte ein, die mit Festen und „tapey" (Reiswein) gefeiert wird. Bis in den Dezember hinein liegen die Felder brach. Nun sind die Männer damit beschäftigt, die Terrassen auszubessern und neue Parzellen anzulegen.

Wasser, das kostbare Element, das Leben spendet, bedroht nun die alte Kultur. Die Regierung in Manila will durch Stauseen mehr Energie für Industrie- und Siedlungszentren des Tieflandes schaffen. Die Bergvölker der Cordillera wollen die natürlichen Ressourcen mit den Nachbarn teilen, doch selbst sind sie der Missachtung ihrer Rechte und der allmählichen Zerstörung ihres Lebensraumes ausgesetzt. Viele junge Stammesangehörige sind bereits in die Städte abgewandert. Die, die bleiben, ziehen einen Job als Souvenirhändler, Hotelkellner oder Fremdenführerin der harten Arbeit in den Reisfeldern vor. Schon liegen 25 bis 30 % der Terrassenanbauflächen brach und beginnen zu verfallen, einschließlich der Bewässerungskanäle.

Wegen dieser Bedrohungen wurden die sogenannten „Himmelstreppen" 2001 auf die Liste der gefährdeten Weltkulturerbestätten gesetzt. Tourismus, wenn er möglichst nachhaltig und sensibel praktiziert wird, kann zu ihrer Erhaltung beitragen. Doch die bange Frage bleibt, ob das „himmlische Korn" die ansässige Bevölkerung auf Dauer ernähren kann oder nur noch als Dekoration auf einer grandiosen Kulisse angebaut wird. Die Einnahmen aus dem regionalen Fremdenverkehr haben bereits den Geldwert der Reisproduktion übertroffen.

◁ Eingebettet in Reisterrassen liegt das Dorf Batad

Inseln bis zu 170 Volksgruppen, die sich hinsichtlich Sprache, Traditionen und kultureller Eigenarten voneinander unterscheiden. **„Indigenous Cultural Communities/Indigenous Peoples" (ICCs/IPs)** heißen sie nun in amtlicher Sprache. Wie die ebenfalls gebräuchlichen, von manchen Ethnologen als herabstufend kritisierten Begriffe „Cultural Minorities" oder „Tribal Filipinos" bezieht sich „ICCs/IPs" auf ungefähr 40 Ethnien, die im eigentlichen Sinn „indigen" zu nennen sind und weder christlich noch muslimisch vereinnahmt wurden. Vor allem auf Nord- und Zentralluzon, auf Mindanao, Mindoro und Palawan haben die indigenen Gruppen trotz steter, teilweise aggressiver und diskriminierender Einflüsse seitens der „modernen" Filipinos einen Teil ihres Kulturerbes beibehalten.

Doch die Konfrontationen zwischen ihnen und den Neusiedlern, Holzfällern, Bergbaufirmen, Straßenbauern, Spekulanten und dem Militär dauern an. Zu verlockend sind **Land** und **Bodenschätze,** deren Ausbeutung die alteingesessenen Bewohner im Weg sind. Gerade die philippinischen Minoritäten sind sehr oft Opfer von **Menschenrechtsverletzungen.** Wenn sie auch kulturhistorisch gesehen die Ahnen eines Großteils der übrigen Bevölkerung sind, so stehen sie auf der sozialpolitischen Leiter eher am unteren Ende. Viele Kulturgruppen sind nur dem Namen nach Christen oder Muslime und bleiben im Herzen den Geistern der Natur treu. In Gemeinsamkeit mit vielen indigenen Völkern auf der Erde bestimmt die Verehrung ihrer Ahnen ihr Weltbild und den oft verzweifelten Kampf um ihre Landrechte. Für die heutige philippinische Gesellschaft sind sie das, was die „Indios" für die spanischen Kolonialherren waren. Respekt durften Einheimische erst erwarten, wenn sie als *mestizos* eine Stufe höher gestiegen waren. Durch ihre christliche „Zivilisation" fühlen sich viele der „modernen" Filipinos privilegiert und verpflichtet, den indigenen Landsleuten Anpassung und Integration beizubringen. Im Zuge von teilweise durch das Ausland finanzierten Programmen, die beispielsweise den Süden von Mindanao entwickeln sollen, machen sie sich aus den überbevölkerten Gegenden auf und sehen sich als Pioniere des Fortschritts völlig im Recht, wenn sie sich auf deren angestammtem Grund und Boden niederlassen.

Im Fadenkreuz der Mächtigen

Unter den **ethnischen Minderheiten,** die heute auf den Inseln leben, sind einige, denen auch der Kurzzeitbesucher ohne größeren Aufwand bei seinem Aufenthalt begegnen kann. Viel exponierter als die **Mangyan** auf Mindoro sind die **Ifugao** und die **Bontoc** im Norden von Luzon mit der Fremdenverkehrswirtschaft verbunden. Als Erbauer der berühmten Reisterrassen stehen sie im Mittelpunkt des touristischen Interesses. Vielfach sind sie, dank einer halbherzig geregelten Selbstverwaltung, auch die Eigentümer von Hotels, Restaurants und Museen, in denen sie ihre Kultur in Folkloredarbietungen und in Gestalt von Souvenirs präsentieren und letztlich „verkaufen". Ein ernstes Problem ist die **Abwanderung** der jungen Generation in die Städte des Tieflandes. Aufgrund der finanziellen Unterstützung von Regierung und ausländischen Institutionen für die Erhaltung des Weltkulturerbes scheinen die Eigenverantwortung und -initiative mancher Ifugao zu erlahmen. Die jahrtausendealten, Leben spendenden Agrarbauwerke drohen zum passiven Denkmal und zur reinen Touristenattraktion degradiert zu werden.

Die nur noch rund 300 Angehörigen der **Batak** auf der Insel Palawan sind „Menschen des Waldes", der noch Teile der langgestreckten Insel bedeckt. Die **Halbnomaden** leben von Fischfang, etwas Feldbau und der Jagd, bei der sie gelegentlich sogar noch das traditionelle Blasrohr einsetzen. Touristen können solche „Steinzeitwaffen" in den Souvenirshops der Inselhauptstadt erwerben – in gekürzter Ausfertigung, damit der Transport im Flugzeug gestattet ist. Auf der Fahrt nach Norden sieht man hier und da vielleicht einige der kleinwüchsigen, dunkelhäutigen Batak beim Einkauf auf den Märkten nahe dem Highway einkaufen. Hier versorgen sie sich mit Reis, Zucker, Kerosin, Batterien etc. Früher lagen ihre temporären Wohngebiete weit entfernt im Regenwald. Heute legen die Batak den Fußmarsch zu den dauerhaften Reservatarealen in wenigen Stunden zurück. Der Fortschritt, dem die Alten sich nur zögerlich und misstrauisch fügen, hat ihre Lebensweise verändert – auch in Gestalt von Naturschutzgebieten und Nationalparks, die ihren Alltag stark reglementieren.

Von den Nachfahren der ersten Bewohner der Inseln, der insgesamt etwa 150.000 Menschen zählenden **Ati** oder **Aeta,** begegnen einem auf den Straßen Manilas und anderer Großstädte kleine Grüppchen, die bettelnd das Heer der Obdachlosen verstärken. Auf der Urlaubsinsel Boracay trauen sie sich nach dem Sonnenuntergangsspektakel an den Strand, bieten einfachen Schmuck an und bekommen manchmal von den Restaurantangestellten Essensreste zugesteckt. Beim Ati-Atihan-Fest in der benachbarten Stadt Kalibo (s. S. 113), wenn sich alle Teilnehmer schwarz anmalen, sind sie – die von den Spaniern *negritos* („kleine Schwarze") genannt wurden – die exotischen Randfiguren.

Andere wie die **T'boli,** die **Manobo** oder die **Magulndanao** leben abseits der touristischen Routen, die insbesondere auf und um Mindanao wegen kriegerischer Ereignisse und terroristischer Aktivitäten sehr unsicher geworden sind. Im Bewusstsein der meisten Filipinos tauchen diese Ethnien nur dann auf, wenn die Medien wegen an ihnen begangenen Morden oder ihrer Vertreibung über sie berichten.

Treibgut der Zivilisation – die Badjao

„Immer wieder musste ich mich daran erinnern, dass die Jahre, die ich bei den Badjao in der Sulusee verbracht hatte, nur eine Momentaufnahme waren. Für jemanden, der länger in den Philippinen lebt als ich, hatte sich Sulu, wie ich es kannte, damals genauso stark verändert, wie es sich nun mir darstellt. Schließlich ist Wandel ein Teil von Kultur. Oft ist er unnachgiebig und fordert Opfer. Die traditionelle Lebensweise der Badjao ist ein solcher Verlust [...] Die Badjao, die in Sulu geblieben sind, überleben, so wie es die Menschen von Sulu seit Jahrhunderten taten: Sie passen sich dem Wandel an, nehmen als letzte unter den Sulu-Bewohnern den islamischen Glauben an." (Aus *H. Arlo Nimmo*, „The Songs of Salanda and Other Stories of Sulu", S. 236–237, Übersetzung *Albrecht G. Schaefer*)

Nimmo, ein amerikanischer Ethnologe, lebte in den 1960er-Jahren bei den Badjao, den **Nomaden der Sulusee.** Die gewalttätigen Spannungen infolge der erwachenden Autonomiebewegung und die Militarisierung, die sich damals abzuzeichnen begannen, halten bis heute an.

Zweifellos verkörpern die Badjao – in Malaysia und Indonesien sind sieauch als Bajau bekannt – wie keine andere Bevölkerungsgruppe Asiens die jahrtausendealte Symbiose von Mensch, Meer und Boot. Diese Beziehung gipfelte nicht zuletzt in der intensiven Besiedlung Südostasiens, des Pazifikraumes, ja sogar der von Austronesiern bevölkerten Insel Madagaskar im Indischen Ozean. Somit fungierte die Sulusee als wichtige Schleuse bei der Einwanderung verschiedener Gruppen auf den philippinischen Archipel. Im Sog oder sogar als Lotsen der nordostwärts strebenden Menschen sind auch die Badjao hier aufgetaucht. Größere, schwer bewaffnete Schiffe folgten als Vorboten der von Gier geprägten Epochen nach und drängten die genügsamen Nomaden der Meere beiseite.

Die türkisfarbene Sulusee wurde zu einem **gefürchteten Fahrwasser.** Hier schlugen sich Muslime mit kolonialisierenden Spaniern, später versanken hier amerikanische und japanische Kriegsflotten, seit jeher streiten Kulturen und Religionen zwischen den Inseln und unermüd-

083kp-ags

Die farbenfrohen Segel der „vinta" können über das schwierige Leben der Badjao hinwegtäuschen

liche **Seeräuber** gefährden die reguläre Schifffahrt bis heute. Friedfertig, scheu und bescheiden versuchen die Badjao, sich möglichst aus den Konflikten herauszuhalten, mehr schlecht als recht.

Schätzungsweise 30.000 „Seezigeuner“, wie die Badjao romantisierend und doch diskriminierend auch in unseren Medienberichten oft genannt werden, durchstreifen heute die Gewässer von Nordostborneo, Sulawesi und zwischen den philippinischen Inseln Sitangkai, Sibutu und Tawi-Tawi. Umgeben von vorwiegend muslimischen Inselbewohnern, stellen die Badjao die Minderheit in der Region dar. Selbst von den ethnisch verwandten **Samal,** die ausschließlich an Land leben, wurden sie lange als Ungläubige verachtet. Die kriegerischen, stolzen **Tausug** behandeln die Badjao immer noch wie *luwa-an* – „Leute, die man anspucken kann“.

Es überrascht somit kaum, dass die Mehrheit der Badjao dem sozialen Druck nachgibt und sich während der letzten Jahrzehnte an den Küsten der Inseln angesiedelt hat. Aus Furcht vor Repressalien bekennen sich die meisten, über 90 %, – zumindest offiziell – zum islamischen Glauben. Doch in der Alltagspraxis sind die Lehren *Mohammeds* für sie höchstens eine Ergänzung zur traditionellen Verehrung der vielen See-, Wind- und Tiergeister. Trotz des „Rückzugs“ an Land, welches sie vormals stets als Quelle des Bösen und Unheimlichen fürchteten, richten die Badjao ihr Leben auch weiterhin auf die See aus. Ihr Wissen über das Wetter, die Kenntnisse vom Fischfang und Segeln sind weitgehend unbeeinträchtigt. Selbst die, die wegen des anspruchslosen, einfachen Lebens auf die „Seezigeuner“ herabsehen, schätzen die Badjao als hervorragende Seeleute und talentierte Bootsbauer.

Ihre **Boote,** allgemein als **„vinta“** bekannt, benutzen die Badjao zur Sicherung des Lebensunterhaltes und als Wohnstätten. Die *lipa* ist ihr bevorzugtes Hausboot. Etwa sieben Meter lang, ist es ein leichtes, geräumiges Fahrzeug ohne Ausleger und besonders nützlich in den riffdurchsetzten Gewässern der Sulusee. Wie auch das ähnlich geformte, größere *sappit,* das man heutzutage nur noch sehr selten antrifft, wird das *lipa* aus einem tropischen, ausgehöhlten Hartholzbaum gefertigt und mit aufgesetzten Planken verstärkt. Mit dem *djenging,* die rund sieben Meter lange Auslegerversion eines Hausbootes, und dem kleineren Fischerboot *dapang* führen die Seenomaden auch heute noch die uralte Schiffsbautradition Südostasiens fort.

Abenteuerlich wie das Leben der Badjao ist die **Form ihrer Boote.** Dem Rammsporn einer griechischen Galeere ähnlich, schneidet der Bug durchs Wasser. Das Bugspriet ist wie ein Fischschwanz zu einer Plattform verbreitert, die so als guter Standpunkt für das Staken, Harpunieren und Abtauchen dient. Fein gearbeitete Schnitzereien an den Bordwänden sind den

Geistern des Windes und der Meereskreaturen gewidmet und unterstreichen die Mittlerfunktion des Bootes zwischen Mensch und Natur. Mithilfe der schräg gestellten Segel an dem Dreifußmast erreichen kleinere *vintas* mühelos eine Geschwindigkeit von bis zu 20 Knoten. Wen wundert's, dass die Spanier und Portugiesen auf ihren eher plumpen Galeonen des 16. Jahrhunderts die leicht dahingleitenden Boote der Einheimischen mit Vögeln verglichen.

Als Fortbewegungsmittel und Wohnstatt ist die *vinta* auch **grundlegende soziale Einheit** einer Badjao-Gemeinschaft. Eine Familie besteht in der Regel aus acht Mitgliedern. Eine *vinta* segelt möglichst nie allein, sondern innerhalb ihrer jeweiligen Verwandtschaftsgruppe in Verbänden aus sechs bis 50 Booten. Die Badjao leben in sogenannten „Ankergemeinden" zusammen. Sie helfen und schützen sich gegenseitig, insbesondere bei wichtigen Zeremonien und wenn ein Schwarm großer Fische gefangen werden soll.

Zum **Anführer** des Verbandes wird das Oberhaupt der Familie, die als erste einen günstigen Ankerplatz für alle bestimmt hat. Darüber hinaus haben die Badjao keinerlei politische Institutionen. Selbst wenn sie in sehr großen Gebieten umherstreifen, so trachten die Nomaden der See doch niemals danach, Land – das für sie generell unbedeutend ist – zu erobern.

Die See bestimmt nach wie vor den Lebenslauf eines Badjao. Schon bald nach der Geburt wird das Kind mit dem Wasser vertraut. Allerdings gehört die Geschichte von der Badjao-Mutter, die ihr Neugeborenes erst einmal über Bord wirft, um es ins Seeleben einzuführen, wohl eher dem üppigen Legendenschatz über die Seenomaden an. Sicher ist jedoch, dass Badjao-Kinder, lange bevor sie das Laufen lernen, schwimmen können. Das Boot ist Spielplatz und Schule zugleich. Hier üben sie, wie man mit einem Speer den Fischen nachstellt und wie man Reusen ausbringt. Vom Boot aus wagen sie sich in immer tiefere Tauchgründe, wo sie Perlmuscheln und bizarre Schneckengehäuse zu finden hoffen.

Schon **in früher Jugend** muss ein Badjao wissen, wie Segel und Paddel zu handhaben sind. An Bord weisen ihn die Älteren in die Geheimnisse des Meeres ein, unterrichten ihn darin, wie man die Gezeiten und Launen der Natur einschätzt und an welchen Sternen man sich nachts orientieren kann. Wenn er dann erwachsen ist, wird er seine eigene *vinta* bauen und eine Familie gründen. Schließlich wird er die **letzte Reise,** die an Land endet, auf einem Boot zurücklegen. Nur auf festem Boden bestatten die Badjao ihre Toten, die sie, mit Weihwasser gesegnet und in weißes Segeltuch eingehüllt, zu einem ihrer Friedhöfe überführen. Diese geheiligten Orte sind meist auf Landzungen oder Inseln angelegt, damit sie mehreren Familien zugänglich bleiben wie bis in die frühen 1980er-Jahre auf dem

Eiland Santa Cruz bei Zamboanga, wohin während politisch ruhigerer Zeiten auch Touristen zum Baden kommen. Den alten Brauch, aus der *vinta* einen Sarg zu bauen, hat man mittlerweile aufgegeben. Holz ist zu teuer und zu wertvoll geworden. Doch auch weiterhin schmücken liebevoll geschnitzte Miniaturboote die Badjao-Gräber.

Ein *sundok*, eine verzierte hölzerne Stele, weist durch seine Form auf das Geschlecht des Verstorbenen hin. **Grabbeigaben** wie Fischhaken, Betelnussbehälter, Zigaretten und Lebensmittel sollen die Seele des Verwandten besänftigen. Hölzerne Darstellungen von Drachen, Vögeln, Fischen, Seepferdchen und kleine, stilisierte Boote beschützen die Dahingeschiedenen auf ihrer langen Reise in eine andere, bessere Welt, die nur über See zu erreichen ist. Im Leben nach dem Tod, so glauben auch die islamischen Badjao, werden sie vereint sein mit *Umboh Tuhan*, dem Schöpfergott, den *umboh*, den Ahnengeistern, und den *saitan*, der Naturgeistern, die sie in der irdischen Welt verehrt haben.

Traumzeit – die Tasaday-Saga

Auch über andere ethnische Gruppen hat sich ein Schleier aus Vergessen, Verdrängung und Unwissenheit gelegt – hilfreiche Instrumente bei der Durchsetzung wirtschaftlicher, politischer Interessen auf Kosten der indigenen Bevölkerung. Aus der teilweise sehr **isolierten Lage** ethnischer Minderheiten schlagen zuweilen auch Politiker und Geschäftsleute Kapital, wie das inzwischen kaum noch bekannte Beispiel der Tasaday zeigt:

„Der anthropologische Fund des Jahrhunderts" – so verkündete 1971 die amerikanische Zeitschrift National Geografic. Renommierte Medien in aller Welt griffen schnell die Meldung **„Steinzeitmenschen im Regenwald der Insel Mindanao entdeckt!"** auf. Eine völlig unbekannte Gruppe von 26 Höhlenbewohnern, Frauen, Männer und Kinder nur mit Blättern bekleidet, sei unverhofft im 20. Jahrhundert aufgetaucht, in einem Land, das in Korruption, Gewalt und Staatsterror versank und dessen Präsident sich gerade anschickte, das Kriegsrecht zu verhängen. Eine **Sensation** war dies auch vor dem Hintergrund des Vietnamkriegs, der seinem Höhepunkt entgegentobte. Jetzt konnte die Welt gerührt zur Kenntnis nehmen, dass es in Südostasien Menschen gab, die der brutalen Umgebung so gar nicht ähnelten: Die Tasaday, wie das Höhlenvölkchen sich nannte bzw. genannt wurde, schätzten vielmehr die Bäume, Blumen und Vögel als ihre Freunde, verehrten Naturgeister, kannten weder Pfeil noch Bogen und Begriffe wie „Krieg" oder „Feind" existierten in ihrem Vokabular nicht.

Die **sanftmütigen Steinzeitler** wurden schon bald wieder von der Außenwelt abgeschirmt, um sie – so bestimmte *Ferdinand Marcos* 1974 per Dekret – vor schädlichen Zivilisationseinflüssen zu schützen. Ein Jahr später erschien der Bildband „The Gentle Tasaday" des amerikanischen Fotojournalisten *John Nance,* das umfassendste Buch zu den Höhlenbewohnern aus Mindanao. *Nance* war einer der wenigen Menschen, die, wie übrigens auch *Gina Lollobrigida* oder Flugpionier *Charles Lindbergh* und einige „vertrauenswürdige" Journalisten und Wissenschaftler, das 18.000 Hektar große Urwaldgebiet in Südcotabato betreten durften. Dieses Privileg hatte er der Vermittlung von **Manuel Elizalde Jr.** (1937 - 1997), unter dessen persönlicher Führung die Besuche zuweilen stattfanden, zu vedanken. *Manuel Elizalde Jr.* war seinerseits Mitglied einer mächtigen, von *Marcos* gestützten Industriellenfamilie, die in den Sektoren Medien, Bergbau, Holz, Stahl, Waffen und Rumproduktion aktiv war. In seiner damaligen Funktion als Präsident von PANAMIN (Presidential Assistant on National Minorities) verstand er sich als Entdecker und Schutzpatron der Tasaday und ließ sich von ihnen *„momo dakel diwata"* („großer glückbringender Bruder") nennen.

Im Februar 1986 zwang **People's Power** den Marcos-Klan und etliche Günstlinge außer Landes. *Elizalde* hatte sich schon drei Jahre früher nach Übersee abgesetzt mit über 20 Millionen US-Dollar aus den PANAMIN-Spendengeldern. Ein paar in- und ausländische Journalisten sowie skeptische Ethnologen nutzten die Gelegenheit, um in die nun löchrige Sperrzone um die Tasaday einzudringen. Einer von ihnen, der Schweizer Journalist *Oswald Iten,* kam mit einer schockierenden Erfahrung zurück: „Die Tasaday sind **ein Schwindel!"** Er habe die Höhlenmenschen, mittlerweile auf 50 Mitglieder angewachsen, in gewöhnlichen Hütten wohnend, mit Hemd und Hose bekleidet angetroffen. Auch zwei STERN-Reporter bestätigten *Itens* Beobachtung: Die Tasaday seien die ganze Zeit über mit Geld und Geschenken bestochen, sogar durch Drohungen gezwungen worden, die Steinzeitmenschen zu mimen. Eine erregte Diskussion entbrannte. Die im August 1986 in Manila einberufene Tasaday-Konferenz unter Vorsitz des Anthropologieprofessors *Jerome Bailen* von der University of the Philippines machte wissenschaftliche und soziopolitische Hintergründe der Steinzeitaffäre publik. Bilanz der internationalen Kritiker: Die Tasaday hätten zum Zeitpunkt ihres Bekanntwerdens längst nicht mehr völlig isoliert gelebt, ihre Sprache zeigte bereits eine abgeschlossene Vermischung mit benachbarten Völkern wie den T'boli und Manobo-Blit, sie wiesen keinerlei Merkmale von Inzest auf, wie sie bei einer derart kleinen Menschengruppe hätten vorkommen müssen, wenn sie wirklich seit Jahrhunderten ohne Kontakt zu anderen Ethnien geblieben wären. Kurz, die zwei Dutzend Höhlenmenschen seien von *Elizalde* und seinen Helfern geschickt in Szene gesetzt worden, um **öffentliche Aufmerksamkeit** und ordentlich **Spendengelder** zu gewinnen.

Doch es ginge nicht um die Philippinen, wenn das „Monument Tasaday" so einfach zu Fall zu bringen wäre. *Elizaldes* Einfluss auf Wissenschaft und Regierung war weiterhin spürbar. Obwohl der illustre Vertreter der Marcos-Elite zum einen beschuldigt wurde, Mädchen aus verschiedenen Ethnien sexuell genötigt, wenn nicht sogar missbraucht zu haben, und außerdem das Verschwinden der Spendengelder nicht plausibel erklären konnte, zählte sein Wort mehr als das seriöser Wissenschaftler. *Elizalde* (der sich bereits 1983 ins Ausland verzogen hatte) ging es schon längst nicht mehr um das Wohl der Tasaday. Es galt ihm, das Ansehen des **Familienimperiums,** dem er nach seiner Rückkehr 1987 vorstand, von den Beschuldigungen seiner Feinde freizuhalten und das mit allen Mitteln. Dem Autor dieses Buches vertraute *Professor Bailen* damals an, dass er sich nach eindeutigen Drohungen aus dem Elizalde-Lager zeitweise verstecken musste. Ein Zeuge aus den Reihen der T'boli war bereits ermordet worden. Elizalde-freundliche Zeitungen zweifelten die fachliche Kompetenz von *Professor Bailen* und anderen kritischen Anthropologen an.

So überraschte es Landeskenner kaum, dass der Nationalkongress Ende 1987 die Echtheit der Tasaday bestätigte. Fünf der zehn untersuchenden Abgeordneten standen übrigens in *Elizaldes* Gnaden. Erstaunlicherweise schlossen sich dieser Auffassung die beiden späteren **Internationalen Anthropologen- und Ethnologen-Kongresse** in Zagreb (1988) und Washington D.C. (1992) mehr oder weniger an. Sie bestätigten, die Tasaday seien bei ihrer Entdeckung 1971 wirklich auf Steinzeitniveau gewesen und hätten sich erst danach der Zivilisation genähert.

Es bleibt trotz aller melodramatischen, ja komödienhaften Züge der Affäre die traurige Gewissheit, dass die philippinischen Naturvölker, ob steinzeitlich oder nicht, wie so oft die Opfer waren. In diesem Fall wurden sie nicht nur von Missionaren, Minenkonzernen und Großgrundbesitzern ausgebeutet, sondern auch von profilierungssüchtigen Politikern, unkritischen Wissenschaftlern, die ihren Gesichtsverlust nicht eingestehen wollten und von sensationslüsternen Medien gewinnbringend instrumentalisiert.

Das kulturelle Erbe wird verwaltet

Bis 1986 trieb die von *Ferdinand Marcos* protegierte **PANAMIN,** die sich mehr um die Interessen von Holz- und Bergbaufirmen als um den Schutz der ihr anvertrauten Menschen kümmerte, ihr Unwesen. *Cory Aquino* hatte die korrupte Organisation aufgelöst und neben dem Büro für muslimische Angelegenheiten (Office for the Muslim Affairs/OMA) die Behörden Office for Northern Cultural Communities (ONCC) und Office for Southern Cultural Communities (OSCC) initiiert. Die Nachfolgebehörde ist die 1997 gegründete **Nationale Kommission für indigene Völker** (National Commission on Indigenous Peoples, NCIP), die weiterhin das ONCC und das OSCC beaufsichtigt. 2010 veranlasste *„Noynoy" Aquino,* dass die bisher dem Ministerium für Umwelt und natürliche Ressourcen unterstellte NCIP dem Office oft the President direkt angegliedert wurde. 1997 wurde auch ein Gesetz verabschiedet, das zunächst als Durchbruch im Bemühen um besseren Schutz der Minderheiten bejubelt wurde. Im **Indigenous Peoples' Rights Act (IPRA)** werden die Rechte auf kulturelle und religiöse Selbstbestimmung, auf politische Unabhängigkeit, auf kulturell angemessene Erziehung, auf selbstbestimmte Entwicklung, auf Eigentum und Kontrolle der biologischen und natürlichen Ressourcen und das Verbot der juristischen Benachteiligung indigener Menschen festgeschrieben. Doch die Erleichterung war verfrüht, denn andere Gesetze wie jenes, das den Staat zum Eigentümer aller philippinischen Bodenschätze erklärt, können den Anspruch Indigener auf ihre Landrechte wieder aushebeln. Auch die **Lobby** und die **finanzielle Macht der in- und ausländischen Unternehmen** sind weiterhin in der Lage, sich die gemäß dem IPRA erforderliche Zustimmung der Bevölkerung zur geplanten Ausbeutung des indigenen Landes zu erkaufen. Der Bau von Straßen, Krankenhäusern und Schulen, aber auch scheinbar lukrative Ankaufpreise für das Land sind beliebte „Gegenleistungen", die angeboten werden. Und notfalls kommen Einschüchterung und Gewalt zum Einsatz.

Land ist Leben. Für die Indigenen der Philippinen – wie weltweit – ist das **Land** der Vorfahren die **Quelle ihrer Identität und Kultur.** Ohne das Land, das sie bebauen, in das sie geboren und in dem sie begraben werden, wird ihr Leben bedeutungslos. Doch für Neusiedler aus dem Tiefland, von anderen Inseln und für die expandierenden Firmen stehen andere Werte im Vordergrund. Ein Flüchtling und Angehöriger der Manobo klagte in Zusammenhang mit der Ausweitung der Bukidnon Sugar Company: „Was ist das für eine Regierung? Denen ist der verkaufte Zucker mehr wert als die Menschen, die auf dem Land leben!" (zitiert aus *Ed Garcia,* „The Distant Peace – Human Rights and People's Participation in Conflict Resolution", S. 77, Übersetzung *Albrecht G. Schaefer*)

Anfang September 2015 sind zwei Führer des Manobo-Volkes und der Direktor eines Ausbildungszentrums für die Manobo in Ostmindanao (die Manobo gehören zu den Lumad, ein Sammelbegriff für 18 nichtmuslimische Indigenengruppen, insgesamt ca. 2 Millionen Menschen) von Angehörigen einer paramilitärischen Einheit ermordet worden. Diese **Verbrechen,** die möglicherweise die Interessen einer Minengesellschaft zum Hintergrund haben, und die Flucht von rund 4000 Manobos infolge der allgemeinen Unsicherheit in dem Gebiet sind traurige Belege dafür, dass Minderheiten weiter unterdrückt werden. Insbesondere bei Problemen mit Landrechten stehen sie schnell als vermeintliche Rebellen der NPA (New People's Army) oder deren Sympathisanten unter Verdacht und sind Zielscheibe von Militär und Milizen. Am 12. Februar 2016 überfielen Spezialeinheiten des Militärs auf der Suche nach angeblichen Kriminellen eine Siedlung der T'boli-B'laan bei Surallah in Südcotabato. Drei Angehörige der T'boli, unter ihnen ein engagierter Verteidiger der indigenen Landrechte und bekannter Gegner einer dort eröffneten Goldmine, starben, nachdem sie gefoltert worden waren.

Inseln der Hoffnung – Einwanderungs- und Fremdenproblematik

Sichere Häfen

„Ohne die Philippinen wären wir nicht am Leben. Wir wären im Krematorium umgekommen", erinnerte sich die Jüdin *Lotte Hersfield* in einer CNN-Dokumentation von 2015, als sie 85 Jahre alt war.

Bis 1941 gab es für **europäische Juden** noch die kleine Chance, sich durch Auswanderung nach Übersee zu retten, sofern die fremden Staaten sie auch aufnehmen wollten. Eines dieser Länder waren die Philippinen, wo durch Vermittlung der USA 1300 Juden **Zuflucht** fanden, darunter Deutsche und Österreicher. Der Plan, auf Mindanao ein „zweites Palästina" für bis zu 10.000 Juden zu schaffen, scheiterte aufgrund der japanischen Invasion im Dezember 1941.

Nach Ende des Vietnamkrieges entstanden ab 1975 zwei große **Flüchtlingsdörfer** in Morong in der Provinz Bataan und bei Puerto Princesa auf der Insel Palawan für etliche Tausend Bootsflüchtlinge, die überall in südostasiatischen Gewässern aufgefischt worden waren. Allein in der Anlage von Morong, die von 1980 bis 1995 operierte, sind 400.000 Flüchtlinge aus Vietnam, Kambodscha und anderen Krisengebieten Indochinas aufgenommen und auf ihre Zukunft in Nordamerika vorbereitet worden. Unter den in den Philippinen aufgenommenen Flüchtlingen waren Menschen aus Osttimor und 14.000 politisch verfolgte Studierende aus dem Iran. Aus China kamen 1949 6000 Verfolgte des Stalinregimes, die sogenannten „White Russians", die dort durch die Kommunisten vertrieben wurden und denen auf der Insel Samar vorübergehender Schutz gewährt wurde. Verfolgte der Franco-Diktatur fanden ebenso Aufnahme wie die von Buddhisten in Myanmar brutal unterdrückten Rohingya und syrische Flüchtlinge, die dem IS-Terror entkommen konnten. Die hier nur unvollständige Liste der in den Philippinen mit Hilfsbereitschaft aufgenommenen Schutzsuchenden aus aller Welt ist lang und eindrucksvoll. Und dies umso mehr, wenn man bedenkt, wie viele Tausend Menschen aus dem eigenen Land dauernd auf der Flucht vor Verwüstung, Dürren, Überschwemmungen und regionalen kriegerischen Auseinandersetzungen sind.

Seit dem Zweiten Weltkrieg hat es **keine** massenhaften **Proteste gegen Ausländer** gegeben, der verbreitete Hass der philippinischen Kriegsgeneration auf die Japaner wich allmählich der Akzeptanz eines wichtigen Wirtschaftspartners. Vereinzelt versuchten Politiker, die Präsenz und Einflussnahme von Fremden zu thematisieren, bspw. als Anfang der 1990er-Jahre die Pachtverträge für die US-Militärbasen ausliefen. Und als China 2014 damit begann, auf einer der Spratly-Inseln eine befestigte Schiffsanlege- und Versorgungsstation zu bauen, sind nie verstummte antichinesische Töne wieder lauter geworden.

Der Weiß-Abgleich

Die Jahrhunderte währende Koexistenz mit Fremden aller Hautfarben und Eigenarten, die gelebte, mitnichten verordnete Willkommenskultur der Filipinos schließt **rassistische Tendenzen** und **starre Vorurteile** nicht aus. Immer mal wieder sind sie Inhalt von Debatten. Wie 2016 am Beispiel des vorherigen Vizepräsidenten und Präsidentschaftskandidaten *Binay* zu sehen, bleiben gehässige Kommentare zur Abstammung des „Indio-Aufsteigers, der sich die Privilegien eines *mestizos* anmaßt" nicht aus. Wobei nicht vergessen werden darf, dass „Filipino" selbst die diskriminierende Bezeichnung für die auf den Inseln geborenen Spanier war, von denen sich die *peninsulares,* die auf der iberischen Halbinsel geborenen Landsleute, dünkelhaft distanzierten. Das Wort *moro* war lange ein spanisches Schimpfwort für die muslimischen Malaien, die für die Konquistadoren ein nicht minder großes Feindbild darstellten als die zuvor in Europa bekämpften Mauren. Inzwischen tragen die nach Autonomie strebenden Muslime der Philippinen die ehemalige Beleidigung stolz im Namen ihrer wichtigsten politischen und militanten Vereinigungen Moro National Liberation Front (MNLF) und Moro Islamic Liberation Front (MILF).

„Filipino" steht heute für eine Nationalität, mit der sich alle Landesbewohner, die Nachfahren der Unterdrücker und der Unterdrückten, identifizieren können. Gleichzeitig machen sie unter sich sozialrelevante **Abstufungen hinsichtlich der Hautfarbe** aus: je heller, desto erstrebenswerter und attraktiver. Wenn *whitening lotion* (aufhellende Lotion) in Drogerien und Shops der Strandhotels ganz vorne in den Vitrinen Platz finden, wenn bei Sonnenwetter auffällig viele Frauen mit Schirmen unterwegs und die auf Feldern und Baustellen arbeitenden Männer vermummt sind, als ob jeden Moment ein Sandsturm über sie hereinbrechen könnte, dann dient das dem Ideal eines möglichst hellen Teints und dem Schutz gegen die Sonne. Brauner Teint – für Europäer immer noch Symbol für Jugendlichkeit, Sportlichkeit und Wohlstand – bedeutet für Filipinos Zugehörigkeit zu einer niederen Klasse. Wenn man selbst im Freien arbeiten muss, also eher wenig Besitz und keine Angestellten hat, lässt das auf indigene Vorfahren schließen und hat den Anschein von Primitivität. *Puti* – die Farbe Weiß – ist modern und fortschrittlich, selbst beim Reis oder Zucker rücken braune oder rote Varianten erst allmählich als die gesünderen Lebensmittel ins Bewusstsein der gebildeten Filipinos.

084kp-ags

Menschen mit dunkler Hautfarbe sind nach wie vor in der allgemeinen Wahrnehmung anders, fremder, zumindest exotisch. Auch darin wirkt die **Wertevermittlung der langen Kolonialzeit** nach. Wer sich von den Zuwanderern aller Hautfarben und ethnischer Herkunft dem katholischen Weltbild von *Madre España* und anschließend den anglosächsisch-protestantischen Normen der USA brav unterordnete, der wurde geduldet. Spätestens seit der Unabhängigkeit sind es nun in der Regel die Indigenen, Dunkelhäutigen und Nichtchristen, denen sich die nationalbewussten Filipinos überlegen fühlen, mit rassistischer Komponente. Beispiele dafür gibt es genug: Die Mehrzahl der philippinischen Schönheitsköniginnen, Frauenbilder in der **Werbung** und **auf Zeitschriften,** dynamisch-clevere Machertypen in Fernsehspots werden durch den **strahlend hellen Typ** vertreten. Wem rein malaiische Vorfahren anzusehen sind, der hat als Bewerber für die Position des Flugbegleiters kaum reelle Chancen auf einen Job. Prominentenstatus scheint sich ein Filipino ohne distinktiv helle Haut regelrecht erkämpfen zu müssen – mit Geld, einem politischen Amt oder mindestens einem Weltmeistertitel, wie der Boxchampion und Senator *Manny Paquiao,* der gleich in allen drei Anforderungen punkten kann.

Am Beispiel der beiden jungen Frauen zeigt sich, dass Filipinos auch hinsichtlich ihrer Hautfarbe sehr heterogen sind

Separatismus, Terrorismus und Kriminalität

Nachrichten aus den Philippinen, oft sind es nur Schlagzeilen, die uns erreichen, handeln leider mehrheitlich von Gewalt und Schrecken. Wenn es nicht Naturkatastrophen sind, dann beunruhigen uns Entführungsfälle, wobei die auch nur in heimischen Medien auftauchen, wenn Landsleute davon betroffen sind. Unvergesslich ist die Entführung der deutschen Familie aus Göttingen im Jahr 2000, seitdem ist die islamistische Terrorgruppe **Abu Sayyaf** zum Schreckgespenst Nummer eins in der südostasiatischen Inselwelt avanciert.

In der Tat sind die „Schwertträger" für zahlreiche, manchmal tödlich endende Entführungen, Überfälle und Bombenattentate verantwortlich. In Zeiten, wo die islamistischen Killerkommandos rund um die Welt zuschlagen, ist ihnen und ihren Splittergruppen große Aufmerksamkeit auch in Südostasien sicher. Darüber wird oft vergessen, dass in den Philippinen gerade **Entführungen,** bei denen es nicht um politisch motivierte Gewalt und Einschüchterung, sondern vorrangig um üppige Lösegelder geht, eine unsäglich lange Tradition haben. Sehr oft sind chinesisch-philippinische Geschäftsleute oder deren Verwandte einschließlich der Kinder die Opfer. Auch fallen gelegentlich ausländische Mitarbeiter internationaler Firmen in die Hände der Gangster und kriminellen Syndikate. Etwas in den Schatten der Aufmerksamkeit geraten sind die Aktivitäten der einst so gefürchteten **NPA (New People's Army),** die in den 1970er- bis 1990er-Jahren als militanter Arm der kommunistischen Partei (CCP) in vielen Landesteilen für Unruhe sorgten (s. S. 69). Doch die Männer und Frauen der NPA, ironisch auch als *„Nice People Around"* („nette Leute in der

085kp-ags

Nachbarschaft") oder *„No Permanent Address"* („Leute ohne feste Adresse") tituliert, sind weiterhin umtriebig. Wenn auch in wesentlich geringerer Stärke (ca. 3000 bis 4000 Bewaffnete im Vergleich zu rund zehnmal mehr während der Marcos-Ära) sind sie insbesondere im Umfeld von Bergbauprojekten aktiv, wo sie sich als Unterstützer im Kampf der ethnischen Minderheiten um deren Landrechte präsentieren.

Aufgeputscht

Ganz schwer zu kontrollieren ist das **Drogenproblem,** das längst nicht mehr nur die städtischen Bevölkerungsteile belastet. In vielen Provinzen sind Drogendelikte an der Tagesordnung, die Beschaffungskriminellen finden immer neue Wege, den Behörden und Resozialisierungsprogrammen ein Schnippchen zu schlagen. Und die überall präsente Korruption tragt dazu bei, dass jeder spektakuläre Erfolg der Fahnder schon bald durch neue Schlupflöcher und Netzwerke, die vor allem aus China, aber auch aus Lateinamerika versorgt werden, überholt wird. Der absolute Renner unter den Muntermachern, die von Hustensirup über Klebstoff zum Schnüffeln bis zu Kokain und Heroin reichen, ist *shabu,* der lokale Name für **Christal Meth**. Schätzungsweise sind 1,7 Millionen Filipinos von *shabu* abhängig und so Endverbraucher eines Markts, der über acht Milliarden US-Dollar wert sein soll.

Berichte von **Überfällen, Diebstählen** und **Raubmorden** füllen die Zeitungen und Nachrichtensendungen. Ein Großteil davon geschieht in Verbindung mit Drogen und hat die Forderung nach Wiedereinführung der Todesstrafe geschürt. Unbeirrbarer Befürworter der Todesstrafe ist Präsident *Duterte,* der seit Juni 2016 „Oberbefehlshaber" im „Krieg gegen Drogen und Kriminalität" ist. Er und seine Polizeikommandanten setzen dabei auf Abschreckung und nehmen die im zweiten Halbjahr 2016 über 4000 illegalen, von Todesschwadronen verübten Morde an bekannten und angeblichen Kriminellen scheinbar in Kauf. Dabei lässt *Duterte* wie gegen all die verdächtigen Drogenhändler und -konsumenten auch gegen jegliche Form von Straßenkriminalität drakonische Maßnahmen anwenden, die nicht selten als „Kollateralschaden" völlig Unbeteilgte treffen und töten. Die „gute" Nachricht ist: Seit seinem Amtsantritt Mitte 2016 häufen sich die Anmeldungen von Drogenabhängigen zu Entzugs- und Reha-Programmen.

[<] In der Zeit vor Präsident Duterte (s. S. 84) waren die Maßnahmen gegen Drogenkonsum noch friedlicher

Extrainfo 11 (s. S. 6): Reportage über „shabu" (Christal Meth), die „Heimindustrie", den Vertrieb durch Drogenkartelle sowie die Wirkung der chemischen Substanz (Englisch)

Inseln unter Waffen

Schwerbewaffnetes Personal vor Supermärkten, in Hotels und vor den Villen der Reichen, Schilder in Restaurants und an Flughäfen, die zur Abgabe von Handfeuerwaffen auffordern – beunruhigen ausländische Besucher im Reich der Inseln, das angeblich eine höhere **Mordrate** als die USA aufweist. Doch genau das Gegenteil soll das martialisch anmutende Ambiente vermitteln: Sicherheit. Philippinische Kunden würden Lokale oder Geschäfte meiden, die sich nicht rund um die Uhr Wachleute leisten wollen. Wichtige Leute und die, die sich dafür halten, tragen Revolver, Pistolen oder umgeben sich mit Leibwächtern. Die Zucht und der Verkauf von Kampfhunden ist ein einträgliches Geschäft. Die Philippinen sind ein wahrhaft waffenstarrendes Land. Eine global vergleichende Studie im Jahr 2007 fand heraus, dass die Philippinen hinsichtlich der Anzahl **von**

Begegnung der Revolverhelden

Wie eine Provinzposse klingt die (wahre) Geschichte über drei Männer, die, alle in unterschiedlicher Mission unterwegs, eines Nachmittags in einem Haus in San Joaquin bei Iloilo City zufällig aufeinander trafen. Der Älteste von ihnen war der ehemalige Leibwächter des längst verstorbenen Hausherrn. Er traf als erster ein und wollte nach so langer Zeit vor allem die im Schlafzimmer aufbewahrte „Dolorosa", eine Statue der heiligen Jungfrau mit dem vom Kreuz abgenommenen Jesus, wieder einmal berühren. So oft hatte er doch früher vor ihr gekniet und sich ihren Beistand eingeholt, wenn er für seinen Patron im Einsatz war. „Apropos ...", so flüsterte er Maria, der Tochter seines früheren Dienstherrn zu, er wolle sich außerdem von ihrem Bruder Munition für seinen 45er Colt borgen.

Als zweiter tauchte am Gartentor ein junger Mann mit rotem Stirnband auf. Maria erkannte ihn als einen der NPA-Kämpfer, die sich in den Bergen versteckten. Er war auf der Flucht vor einem Polizeispitzel und hatte sich an Marias verstorbene Mutter und deren Hilfsbereitschaft erinnert.

Der letzte Gast des Hauses war ein Bodyguard in Diensten eines Lokalpolitikers, der einen Feldzug gegen die linken Rebellen, also auch gegen echte oder vermeintliche NPA-Mitglieder, führte. Der Bodyguard war zufällig im Ort gestrandet, weil der Jeepney, mit dem er unterwegs war, den Geist aufgegeben hatte. Ebenso zufällig war auch er auf der Suche nach Munition und just war ihm sein Kumpel Manuel, Marias Bruder, in den Sinn gekommen.

Handfeuerwaffen in Privatbesitz – die Waffen von Militär, Polizei und den etwa einhundert Privatarmeen nicht mitgerechnet – an zwanzigster Stelle weltweit liegen. Die Zahl von rund vier Millionen Schießeisen entsprach zum damaligen Zeitpunkt ungefähr sechs Waffen auf 100 Einwohner – Tendenz weiterhin steigend, trotz eines 2014 von Präsident *Aquino III.* verabschiedeten strengeren Waffengesetzes. Die Menge der **illegalen Waffen** ist schwer auszumachen. Schätzungen schwanken zwischen einer und 40 Millionen Gewehre, Revolver, Pistolen, Schrotflinten, Maschinenpistolen – seien sie ins Land geschmuggelt, auf dem Schwarzmarkt gekauft oder in mehr oder weniger geheimen Waffenschmieden, auch als Nachbauten der allseits geschätzten deutschen Vorbilder, hergestellt.

Kurios-makaber ist der nicht nur einmal berichtete Fall von zwei Wachleuten, die sich bei der Verfolgung eines verdächtigen Schattens gegenseitig über den Haufen geschossen haben.

Gastfreundschaft hat Vorrang, so saßen die drei bald gemeinsam am Küchentisch, tranken mit Manuel auf die alten Zeiten und – wie so oft beim Zusammentreffen von Filipinos – auf gemeinsame Verwandte. Ihre Waffen mussten sie, da hatte Maria *ein Machtwort gesprochen, im Nebenzimmer zu Füßen der „Dolorosa" deponieren.*

Whisky- und Bierflaschen leerten und mehrten sich. Bebot, der Haushaltsgehilfe war ständig unterwegs zum Kiosk, um Nachschub zu besorgen. Ab und zu fiel ein Schimpfwort oder zuckten die Fäuste, weil die drei schon bald herausgefunden hatten, dass sie eigentlich alles andere als Freunde waren und sich, ginge es nach dem Willen ihrer (ehemaligen) Auftraggeber, schon längst hätten umbringen müssen. Doch Spaß und Schnaps besänftigten die Gemüter, es wurde Nacht und das Essen serviert. Schließlich merkten die drei Revolverhelden, dass es zu spät für die Weiterreise geworden war. Maria *bot ihnen den freien Fußboden an der Außenseite der* sala *(Wohnzimmer) als Nachtlager an. Zuvor hatte sie das Zimmer, in dem die Waffen verwahrt waren, abgeschlossen Nun gab es Streit, weil keiner in der Nähe des großen Fensters schlafen wollte, denn wie leicht könnte jemand dadurch ins Haus ballern. Irgendwann kehrte Ruhe ein, einer schnarchte unterm Esstisch, der andere hatte sich hinter ein paar Stühlen verschanzt, und der dritte wähnte sich hinter zwei dicken chinesischen Tonkrügen sicher. Beim ersten Hahnenschrei vor Sonnenaufgang stand* Maria *auf und schob einen Gast nach dem anderen vor die Türe, nicht ohne ihnen vorher ihre Knarren ausgehändigt und sich draußen versichert zu haben, dass die Luft rein war. Die „Helden" verschwanden so plötzlich, wie sie aufgetaucht waren.*

Die Mindanao-Misere

Mehr als zwei unfriedliche Jahrzehnte nachdem *Nur Misuari,* damals Führer der muslimischen Moro National Liberation Front (MNLF), und Präsident *Ramos* ein **Friedensabkommen** unterzeichnet hatten, leuchtet wieder ein Licht der Hoffnung auf ein Ende der Gewalt. Doch es flackert bedrohlich, seitdem Anfang 2015 in der Nähe des Ortes Mamasapano in Maguindanao während eines brutal geführten Gefechts Dutzende von Menschen getötet wurden, darunter 44 Regierungssoldaten, 18 muslimische Rebellen und mehrere Zivilisten. Die Verantwortung für das Blutbad soll bei den in dem Gebiet operierenden Kämpfern der **MILF (Moro Islamic Liberation Front)** und der **BIFF (Bangsamoro Islamic Freedom Fighters)** liegen. Es zeichnet sich ab, dass auch *Rodrigo Duterte,* der Nachfolger von *Aquino III.,* die unsichere Situation in der Mindanao-Frage übernehmen muss. Wie ernst er es mit seinen Bemühungen um Frieden zwischen christlichen und muslimischen Filipinos meint, bleibt abzuwarten. Er und seine Berater sollen ja, und das bestärkt Erwartungen auf eine Fortsetzung von Friedensverhandlungen, Kontakte zu den Führern verschiedener Rebellengruppen haben. Zweifellos bestehen hier auch Verbindungen zur ASG, der terroristischen Abu Sayyaf Gruppe. Ob diese sich offen als Unterstützerin des IS (Islamischer Staat) bekennende Terrororganisation sich jedoch durch Friedensgespräche beeindrucken oder gar zur Teilnahme bewegen lässt, ist sehr ungewiss.

„Mit *Rodrigo Duterte* als neuem Staatsoberhaupt aus Mindanao ist die Hoffnung groß, dass nun auch der Friedensprozess mit den verschiedenen muslimischen Gruppen voranschreitet", bestätigt *Lilli Breininger,* Geschäftsführerin des Philippinen-Büros, das seit 30 Jahren die menschenrechtliche und sozioökonomische Entwicklung des Landes begleitet. Ein Gesetz, das der Region im westlichen Mindanao weitere Unabhängigkeit zugesteht und das ein Teil der Friedensabkommen mit der MILF ist, wird derzeit wieder im Parlament diskutiert. Dieses **Bangsamoro Basic Law (BBL),** ein Gesetzentwurf, den Ex-Präsident *Aquino* 2014 dem Kongress zur Prüfung vorgelegt hat, soll den Abschluss der bis dahin bereits neun Jahre andauernden **Friedensgespräche** zwischen der Regierung und der muslimischen Unabhängigkeitsbewegung MILF bilden. Damit wäre der Weg geebnet für die neu zu schaffende Region Bangsamoro, deren Teilautonomie das BBL als Grundgesetz festschreiben soll. Das **Blutbad von Mamasapano** und einige spätere Überfälle muslimischer Rebellen dienen den Gegnern des Gesetzes, allen voran Senator *„Bongbong" Marcos* – Sohn des Ex-Diktators *Marcos,* als willkommenes Argument gegen die friedliche Einigung. Dass bisher kein einziger Muslim oder Moro im Senat eine Stimme habe und das Geschichtsbewusstsein in Bezug auf Mindanao bei vielen verantwortlichen Politikern und in der Öffentlichkeit beachtliche Lücken aufweise, reklamieren nicht nur muslimische Sympathisanten des BBL.

Bisher haben die philippinischen Regierungen vor allem auf militärische Mittel gesetzt, obwohl sich eine Lösung nicht abzeichnet. Die lokalen politischen Strukturen, die es Mitgliedern einflussreicher Familien ermöglichen, als Warlords zu agieren, werden nicht angegangen. Eine Geisel, die Ehefrau eines enthaupteten Kanadiers, wurde nicht zufällig vor dem Haus des Gouverneurs freigelassen, dem schon lange Zeit enge Kontakte zur ASG nachgesagt werden. Die Freilassung der Geisel soll dem Präsidenten *Rodrigo Duterte* zeigen, dass es einen Willen zur Zusammenarbeit gibt. Gleichzeitig aber auch, dass es blutig wird, wenn er sich in die Angelegenheiten einmischt.

Der international bekannte Musiker **Freddie Aguilar** (geb. 5.2.1953) besingt in einem seiner berühmten Lieder die Insel **Mindanao,** auf der in einem der ältesten und von der Weltöffentlichkeit kaum wahrgenommenen **Unabhängigkeitskrieg** mehr als 120.000 Menschen ihr Leben gelassen haben. Mit melancholischer Melodie geht der Song „Mindanao" unter die Haut. *Aguilar* erinnert daran, dass er selbst mit dem Bürgerkriegsproblem aufgewachsen ist und immer noch Krieg herrscht, dass Angst die Menschen aufreibt, die Erde mit Blut getränkt ist. Seine klagend gesungenen Fragen haben nichts an Aktualität verloren: Wie kann es sein, dass Filipinos gegen Filipinos kämpfen? Ist denn Krieg die einzige Zukunft für das Land der Verheißung? Können wir unsere Brüder in Mindanao nicht endlich retten?

Angesichts der brutalen Wirklichkeit klingt das schwärmerische Etikett „Mindanao – Land der Verheißung", mit dem man besonders in Manila und auf den überbevölkerten Visayas-Inseln jahrzehntelang Siedler auf die große, mit Natur- und Bodenschätzen gesegnete Südinsel der Philippinen gelockt hat, heuchlerisch. Mit rund 95.600 km^2 Fläche ein wenig größer als Österreich, bildet **Mindanao** mit über 22 Millionen Einwohnern den geopolitischen Gegenpol zu **Luzon,** wo über 53 Millionen Menschen leben. Rivalin Mindanaos ist die Hauptinsel Luzon nicht erst seit Beginn der erbitterten Kämpfe zwischen Rebellen und Regierungstruppen. Die **Spannungen** zwischen Nord und Süd wie zwischen Christen und Muslimen sind so alt wie der Expansionsdrang der Spanier, die um 1570, bald nach den Gründungen von Cebu und Manila, anfingen, den rund 150 Jahre früher gegründeten Sultanaten auf Mindanao die Territorien streitig zu machen. Was bis in unsere Zeit unter den Zeichen von Kreuz und Halbmond als „heiliger Krieg" gegen die jeweils Ungläubigen dargestellt wird, war

Extrainfo 12 (s. S. 6): Musikvideo:
Freddie Aguilar – „Mindanao"

von vorneherein ein **Kampf um wirtschaftliche Vorteile** – der weltweit erstarkende Fundamentalismus der Muslime liefert den Christen willkommene Rückendeckung. Da passt es ins Bild, dass auf Mindanao sofort nach Bekanntwerden der Einigung zwischen *Ramos* und *Misuari* neben den radikalen Muslimfraktionen wie die Terrorgruppe Abu Sayyaf („Schwertträger") auch Tausende von Christen gegen das Friedensabkommen vom September 1996 protestierten und sich 20 Jahre später wiederum gegen das Bangsamoro Basic Law auflehnen.

Was die Spanier in drei Jahrhunderten nicht schafften, gelang den **Amerikanern.** Sie brachen den Widerstand der Moros, der Mauren Asiens. In der ersten Hälfte des 20. Jahrhunderts besiegten sie die Muslime zumindest militärisch und „befriedeten" die Inseln mit Methoden, die ihre moderne Wiederholung im Indochinakrieg wie auch im „Krieg gegen Terror" in Afghanistan und im Irak fanden. Als „Schlächter der Moros" während der „Befriedungskampagne" sind zwei nordamerikanische Namen untrennbar mit Mindanao verbunden: **Leonard Wood** (1860-1927) und **John Joseph Pershing** (1860–1948). Letzterer, der auch den Beinamen „General Black Jack" trug, war zwischen 1899 und 1913 u. a. als Militärgouverneur der Moro-Provinz und als Oberbefehlshaber über Südmindanao stationiert. Zusammen waren *Wood* und *Pershing* für die vielen abscheulichen **Massaker an der Zivilbevölkerung Mindanaos**

086kp-ags

verantwortlich. Diese „Heldentaten", die in US-Militärgeschichtsbüchern weiterhin als „Unterwerfung der kriegslüsternen Stammeskrieger" gepriesen werden, ebneten letztlich das Terrain für internationale Konzerne, die sich riesige Ländereien aneigneten. Während der nächsten Jahrzehnte änderten sich die **demografischen Verhältnisse** drastisch. Waren es 1913 noch 98 % Muslime in den Südphilippinen, so schrumpfte ihr Anteil 1976 auf 40, 1996 auf 25 %. Vor der Kolonialisierung gehörte den Muslimen das gesamte Land, heute sind 80 % von ihnen landlose Pächter. Auch die Mehrheit der christlichen Siedler lebt kaum weniger ärmlich als anderswo im Land. Das Sagen haben einflussreiche Familien aus dem Norden und internationale Firmen. Beim Konflikt in Mindanao ging und geht es um die Kontrolle über Bodenschätze und fruchtbares Agrarland, um lukrativen Holzhandel, um Fischereirechte und um Lebensraum für die wachsende Bevölkerung des philippinischen Archipels.

Der historisch verankerte **Zwiespalt,** der die philippinische Öffentlichkeit in der **Mindanao-Frage** prägt, ist wiederum durch einseitige Erziehung und Informationspolitik bedingt. Dass die „Zivilisation" nicht erst durch spanische Mönche und amerikanische Lehrer auf die Inseln kam, sondern bereits mindestens 140 Jahre vor den ersten Europäern mit den islamischen Einwanderern, wollen viele christliche Filipinos nicht wahrhaben. Für sie beginnt die **nationale Geschichte** 1521 mit der Ankunft von *Magellan.* Doch bereits 1380 gründete Scheich *Karim al-Makdum* auf der Sulu-Insel Simunul die erste Moschee der Philippinen. Das Grab eines ausländischen Muslims auf der Insel Jolo wird sogar auf das Jahr 1310 datiert. Aus Arabien über Indonesien und Borneo in die südlichen Philippinen vorgedrungene Händler, Gelehrte und Missionare legten dort den Grundstein für eine politische Einheit

◁ Die ethnischen Gruppen auf Mindanao sind stolz auf ihre kunsthandwerklichen Fertigkeiten

Geschlechter und Familie

< Die Familie gibt Kraft und verpflichtet zu gegenseitiger Hilfe, ungeachtet der sozialen Stellung (019kp Foto: ags)

„Malakas" und „maganda" – Mann und Frau

Die **gesamte Bevölkerung** und alle Altersstufen **statistisch** zugrunde gelegt, halten sich zahlenmäßig beide Geschlechter in etwa die Waage. Frauen werden allerdings im Schnitt rund sieben Jahre älter als Männer (Durchschnittsalter Frauen: 72,6 Jahre, Männer: 65,5 Jahre).

Schon lange bevor *Ferdinand Marcos* die ihn im Kampf um das Präsidentenamt herausfordernde *Corazon Aquino* (siehe auch den Abschnitt „‚People's Power' – Blumen und Gebete gegen Gewehre" ab Seite 73) in einem äußerst undiplomatischen Aufruf ins Haus und ins Schlafzimmer zurückschickte, war der **Wettstreit um die Gleichstellung der Geschlechter** ein wichtiges Thema der philippinischen Öffentlichkeit. Stets wurde und wird dabei auch diskutiert, ob und wie weit die spanische Kolonialzeit mit ihrer männlichen Vorherrschaft in Staat, Kirche und Moral das Rollenverhalten beeinflusst und das Fundament für die fortbestehende **Benachteiligung der Frauen** gelegt hat. Waren es die iberischen Europäer, womöglich inspiriert durch ihre Erfahrungen der Conquista in Lateinamerika, die den Machismo auf die Inseln brachten? Hat der Katholizismus die einst so selbstbewussten Frauen der prä-spanischen Gesellschaften in die unterwürfige Position befördert? Und hat deren Re-Emanzipierung beziehungsweise das Streben danach mit dem „American way of life" zu tun, der unter der Vorherrschaft der USA in den Philippinen Einzug hielt?

087kp-ags

Die Antworten auf all die Fragen, die sich weder eindeutig bejahen noch verneinen lassen, füllen etliche Bücher, Kolumnen, Diskurse und Internetblogs. Jedenfalls sind sie Bestandteil der andauernden Suche nach der kulturellen Identität, die das philippinische Geschlechterverhältnis mit einschließt. Unbestritten ist, dass heute in allen Bereichen eines modernen Lebens, also in Verwaltung, Handel, Politik, Kultur,

◁ Das Zusammenleben und -arbeiten mehrerer Generationen ist in ländlichen Familien noch die Regel

Forschung, Lehre und Erziehung, Frauen wie Männer bis in höchste Positionen vorgerückt sind. Die relativ große, im Vergleich zu manchen europäischen Ländern sogar größere **soziale Mobilität** steht im scheinbaren Widerspruch zur **traditionellen Arbeitsteilung** in ländlichen, also weitgehend an Landwirtschaft und Fischerei gebundenen Familienhaushalten: Der Mann nimmt sich der Kraft fordernden Aufgaben auf dem Feld, auf dem Boot, mit dem Vieh und mit Fahrzeugen an, während die Frau den Haushalt führt. Ihr sind außerdem die Versorgung und die Erziehung der Kinder sowie die Pflege von kranken Verwandten, Eltern und Schwiegereltern anvertraut. Obendrein verwaltet sie die Haushaltskasse, züchtet Gemüse vor dem Haus und verdient nicht selten noch etwas dazu, indem sie einen Kiosk *(Sari-Sari Store)* betreibt oder in Heimarbeit Kleider schneidert – nicht aus Langeweile, sondern weil nur so der Lebensunterhalt der Familie mehr schlecht als recht gesichert ist. Kurz gesagt, das Familienmanagement obliegt der Frau.

Kinder wachsen in die Rollenverhältnisse hinein. Mädchen übernehmen schon in jungen Jahren einige der „typisch weiblichen", mütterlichen Aufgaben. Sie betreuen und erziehen jüngere Geschwister, üben sich im Kochen und dirigieren die Hausangestellten, von denen sie auch viel lernen. Die Söhne helfen vornehmlich dem Vater bei der Arbeit und lernen so, Verantwortung zu übernehmen. Im Gegensatz zu den Töchtern können sie mehr persönlichen Freiraum beanspruchen. Denn innerhalb des traditionellen Geschlechterverständnisses sind Söhne die erhofften **Stammhalter** und genießen schon deswegen den Verwöhnbonus. Es darf jedoch vermutet werden, dass soziale Mobilität, anerzogene Anpassungsfähigkeit in mehreren Beschäftigungsbereichen und ein hohes Bildungsniveau (siehe auch das Kapitel „Bildung nicht für jedermann" ab Seite 138) den Frauen den Zugang zu unterschiedlichen Berufsfeldern geöffnet haben.

Gemäß der Verfassung sind Mann und Frau gleichberechtigt. Das **Wahlrecht** besitzen Frauen seit 1938. Als eines der ersten Länder haben die Philippinen 1992 in einem **„Gesetz zur Gleichstellung von Frauen in Entwicklung und Aufbau der Nation"** (Republic Act 7192) festgeschrieben, dass alle staatlichen Behörden 5 % ihres Budgets für frauenspezifische Projekte einsetzen sollen.

Bei den oben eher allgemein geschilderten Beobachtungen, die auch der beschleunigten Modernisierung des Gesellschaftswesens in den vergangenen vier Jahrzehnten entsprechen, darf keineswegs vergessen werden, dass **philippinische Männer** nach wie vor die Wirtschaft dominieren, den leichteren Zugang zu politischer Macht, zu Land, Kapital und Arbeit haben. Männer haben mehr Bewegungsfreiheit und leisten sich – der Machismo macht's möglich – größeren sexuellen „Spielraum". Die überwiegende Mehrzahl an Landtiteln, die laut Gesetz gemeinsames Eigentum von Eheleuten bilden, wird allein auf den Namen des Mannes ausgestellt, der als Haushaltsvorstand auch eventuell anfallende Unterstützung vom Staat erhält.

Frauen sind vorwiegend in Tätigkeiten zu finden, bei denen Fürsorge, Dienstleistung, Zuverlässigkeit und Genauigkeit im Vordergrund stehen – etwa als Verkäuferinnen, Haushaltsangestellte, Lehrerinnen oder Sekretärinnen. Am Steuer von Privatautos sitzen viele Frauen, doch als Bus- oder Taxifahrerinnen sind sie im ganzen Land vielleicht an zwei Händen abzuzählen. Wie bei uns in Deutschland gilt: Je höher die Position, desto größer ist der Männeranteil. Dagegen ist das **Durchschnittseinkommen** in einer Branche tendenziell umso niedriger, je mehr Frauen dort beschäftigt sind. Wenn Entlassungen in Betrieben anstehen, sind Frauen die ersten unter den Arbeitslosen.

Der bereits zitierte Kolumnist des „Philippine Daily Inquirer" *Michael L. Tan* hat einmal das Miteinander von Frau und Mann sinngemäß so beschrieben: Wir leben auch zu Beginn des dritten Jahrtausends in einer Gesellschaft, die um die Privilegien der Männer und das Einverständnis der Frauen herum aufgebaut ist.

Frauen in der Gesellschaft

„Wir sind oft zu macho und lassen den Frauen keinen Raum. Aber sie sehen die Dinge mit anderem Blick und können Fragen stellen, die wir Männer noch nicht einmal verstehen. Also: Wenn der nächste Papst kommt: bitte mehr Frauen und Mädchen!" (Papst *Franziskus* in Manila, Januar 2015 im Rizal Park, als er anlässlich der Massenmesse die Auswahl der ihm präsentierten Kinder kritisierte – unter ihnen war nur ein Mädchen.)

Den **alten Mythen** zufolge sind Mann und Frau gleichzeitig entstanden. Es war, so fährt beispielsweise die eingangs vorgestellte Ursprungslegende (s. S. 44) fort, wiederum der pfiffige Vogel, der mit seinem Schnabel ein Stück Bambusrohr aufhackte, aus dem *maganda,* die Schöne, und *malakas,* der Starke, gleichzeitig herausstiegen.

Wie alle austronesischen (malayo-polynesischen), aber auch einige europäische (z. B. Finnisch, Ungarisch, Estnisch, Baskisch), indo-arische und afrikanische Sprachen kennen die meisten philippinischen Idiome nur ein und dasselbe Wort für „er", „sie – und auch „es": *siyà.* So heißt es beispielsweise: *„Iyon ay ang akin asawa?" „Siyà ay isang mangingisda."* („Das ist mein Mann. Er ist Fischer") Und ebenso: *„Nasa-ang iyong asawa?"*

„Nagtuturo siyà ng sayaw sa eskuwela." („Wo ist ihre Frau?" „Sie ist in der Schule und gibt Tanzunterricht.")

Eine grundsätzliche Gleichstellung der Geschlechter ist in dem heute **populären Bild der Filipina** schwerlich wiederzuerkennen. Die internationale Öffentlichkeit orientiert sich nur zu gerne an der spleenigen Theatralik einer *Imelda Marcos,* deren Schuhe und Schulden der einschlägigen Klatschpresse Dauerthemen liefern. Oder an einer *Corazon Aquino,* die von der frommen Hausfrau zur ersten Präsidentin und Oberbefehlshaberin ihres Volkes avancierte. Das aus Sentimentalität, Skandalen und Sensationen gemischte Filipina-Image bestimmen aber auch die unzähligen **Hausmädchen, Krankenschwestern** und **Hotelangestellten,** die in aller Welt Arbeit suchen, um Ehemann, Kindern und Verwandten daheim ein besseres Leben zu ermöglichen. Schließlich werden Filipinas häufig genug mit **Mädchenhandel** und **Prostitution** in Verbindung gebracht. Der hohe Anteil alleinreisender Männer unter den Philippinentouristen bestätigt, dass das Klischee von den (heirats)willigen Frauen den Bekanntheitsgrad des Landes erhöht hat. Das Etikett „mandeläugig, sanftmütig, anschmiegsam, anspruchslos und treu", das wie ein Abklatsch des als „Maria-Clara-Image" bekannten Frauenbildes aus der spanischen Kolonialzeit anmutet, wurde zur **Marketingstrategie** etlicher Partnervermittlungsagenturen in den Industrieländern. Aber auch die Tourismusbranche setzt die Filipina als Zugpferd ein. Sie lächelt von Plakaten und Broschüren der nationalen Fremdenverkehrsbehörde und lockt als Titelbild auf dem Einband etlicher Reisehandbücher Besucher an. Umso lauter war der nationale Aufschrei, als die philippinische Frau im Ausland oft nur als leicht bekleidetes Go Go-Girl wahrgenommen wurde oder als bereits Mitte der 1980er-Jahre in australischen Männerzirkeln die Vorteile der „langhaarigen, braunäugigen Waschmaschine" diskutiert wurden. Nach wie vor werden Filipinas in den Herkunftsländern der Besucher, unter denen sich auffallend viele alleinreisende Männer befinden, voreilig im Kontext zu lockerem Nachtleben und weit verbreiteter, durch Armut motivierter Prostitution gesehen. Die Überlegung, dass der respektvolle Umgang zwischen Mann und Frau in voreuropäischen Zeiten durch mitunter strenge Traditionen eingefordert wurde und auch heute noch ein Wunschziel in der Moralerziehung vieler gewissenhafter Eltern darstellt, könnte dabei helfen, eine derart oberflächliche Wahrnehmung der philippinischen Frau zu korrigieren. Frauenrechtlerinnen von heute sehnen sich zuweilen nach der Rolle, die ihre Geschlechtsgenossinnen in der **vorspanischen Gesellschaft** innehatten. Demnach war die Frau in der traditionellen Familie gleichberechtigte Partnerin des Mannes und konnte persönliches Eigentum und ihren eigenen Namen besitzen. Sie konnte sich sogar scheiden lassen. In **matrilinearen**

Verbänden lebten die Eheleute am Geburtsort der Frau. Manche Frauen übernahmen eine zentrale Funktion als *babaylanes* (Schamaninnen) und religiöse Führerinnen, in der sie die Verbindung zur Geisterwelt gewährleisteten.

Unter gestrenger Aufsicht der Kirche beanspruchten die katholischen Mönche nach ihrem Eintreffen diese Vermittleraufgaben zu ihrem Nutzen; die einstmals unabhängige Frau wurde zum Besitz des Mannes, des nun uneingeschränkten Familienoberhauptes. Die Rechte der Frauen schrumpften zu denen von Minderjährigen, sie hatten nunmehr vornehmlich möglichst viele Kinder zu gebären und aufzuziehen. Seit dem späten 18. Jahrhundert, mit der sich ausbreitenden spanischen Kolonisierung und zunehmendem Einfluss des Klerus ist in den Philippinen die **Scheidung per Gesetz verboten.** Die Eskapaden der Männer sind vom importierten Machismo legitimiert und werden wohl oder übel hingenommen. Eine *querida* (siehe auch den Exkurs „Die ewige Nummer zwei" ab Seite 204), die Mätresse des spanischen Verwalters und Klerikers, leisteten sich bald auch die wohlhabenderen *mestizos*. Für die Frau bedeutet(e) **Ehebruch** indes fast immer soziale Sanktionen. Die **Ausnahmen** finden sich noch heute bei einigen traditionellen Kulturgruppen (z. B. bei den Alangan auf Mindoro) und den muslimischen Gesellschaften, in denen beiden Seiten die

⌃ Ältere Schwestern, Cousinen und Tanten üben sich gerne in der Mutterrolle

Scheidung erlaubt ist und – wie in den alten Familien der Maguindanao- und Sulu-Fürsten – Frauen politische und wirtschaftliche Führungspositionen innehaben.

Mit der Aufwertung des bislang eingeschränkten Erziehungswesens durch die Amerikaner verbesserte sich die soziale Situation der Frauen etwas. Die **neuen Chancen** brachten aber auch ein mitunter problematisches Identitätsbewusstsein mit sich. Frauen mussten ihre neu zugewiesene Rolle, die die Möglichkeiten von Auslandsstudium und akademischer Karriere einschloss, im Widerspruch zu den althergebrachten, von Klerus und männlicher Dominanz bestimmten Normen behaupten. So sahen sie sich einerseits mit dem Bild der braven Tochter und opferbereiten Mutter, die oft genug zusammenhält, was Verschwendung und Rücksichtslosigkeit der Männer übrig gelassen haben, konfrontiert und andererseits mit dem Anspruch der emanzipierten Frau, die ihr eigenes Leben ins Auge fasst und es auch schon einmal wagt, den traditionellen Kindersegen durch Verhütungsmittel zu reduzieren.

Tatsächlich sind die Möglichkeiten der Frauen in den Philippinen im Vergleich zu anderen asiatischen Ländern in den letzten Jahren erheblich gestiegen. **Viele öffentliche Ämter werden von Frauen besetzt,** Erziehungs- und Gesundheitswesen gehören zu ihren wichtigsten Domänen. Die rund 50.000 Mediziner im Land sind zur Hälfte Frauen. Berufssoldatinnen dienen im Militär, wo ihnen Frauen als hochrangige Offiziere Befehle erteilen. Als herausragende Persönlichkeit und 2016 leider erfolglose Präsidentschaftskandidatin war die Journalistin, ehemalige Richterin am Internationalen Gerichtshof und Senatorin **Miriam Santiago-Defensor** (1945–2016) vor allem für junge Menschen das Beispiel einer mutigen, integren Frau und Hoffnungsträgerin für eine Zukunft ohne Korruption. Auffällig viele Mädchen und Frauen kämpfen auf Seiten der Rebellen für eine vermeintlich bessere Welt. In den Medien schreiben und berichten zunehmend Frauen und das auch in ihnen bislang vorenthaltenen Ressorts wie Politik, Wirtschaft und Wissenschaft. Sie stehen Bürgerinitiativen vor, organisieren Aktionen für Taifun- und Erdbebenopfer, protestierten für Klimaschutz und gegen die Ausbeutung von Filipinas im Ausland. Die Frauen des 1984 gegründeten Dachverbands **GABRIELA** (General Assembly Binding Woman for Reform, Integrity, Equality, Leadership and Action) setzen sich für Eigenverantwortung bei der **Geburtenkontrolle** ein und fordern ein in dieser Hinsicht kompetenteres, sensibleres Gesundheitssystem. Damit stehen sie in direktem Widerspruch zur katholischen Kirche, der sie, wie auch großen Teilen der Gesellschaft, Sexismus und ein mittelalterliches Familienkonzept vorwerfen. Die Regierung ermahnen sie, Frauen nicht zur Auslandsarbeit zu ermuntern.

Die ewige Nummer zwei

Irgendwann taucht sie auf, als Ergänzung und Bedrohung der Familie, als Schatten der ehelichen Beziehung - die „querida". Niemand will über sie reden, jedenfalls nicht öffentlich, vor anderen. „Querida" ist das spanische Wort für „(meine) Liebe", „Geschätzte" „Verehrte", für Filipinos bedeutet „kerida", die Filipino-Schreibweise, ausschließlich „die Geliebte" und als solche ist sie ein Privileg des Machos. Die Zweitfrau, mit der nicht selten eine zweite Familie gegründet wird, „beglückt" Männer aller Alters- und Gesellschaftsklassen, sei es den Universitätsdozenten, den Politiker, den Taxifahrer, den Eisverkäufer oder den Polizisten. Weder als legale Polygamie, wie sie in vorspanischen Kulturen sicher existiert hat, und schon gar nicht von der offiziellen Kirchenlehre abgesegnet, ist das „Querida-System" dennoch gesellschaftlich etabliert und wird vom Gesetz berücksichtigt: Eine „kerida", die mindestens sieben Jahre mit einem Mann zusammenlebt, hat durch diese Beziehung bestimmte Rechte. Sie und die unehelichen Kinder aus der Beziehung, die den Namen des Vaters tragen, können u. a. Erbansprüche stellen. Das liest sich einfacher als es ist, denn die erbitterten Streitigkeiten, die auf den eventuellen Tod eines Mannes folgen mögen, die zuweilen beschämenden Diskussionen anlässlich der Bestattungsfeier sind Ausdruck jahrelang aufgestauten Frusts der Hinterbliebenen beider Familien. Die Vorliebe einiger Männer für mehr als eine Frau ist bekanntlich nicht nur ein Forschungsfeld für Sexualwissenschaftler. Auch die sozioökonomischen Gegebenheiten in einer Gesellschaft, in der viele Frauen während oder nach der Schwangerschaft von den Vätern der Kinder verlassen werden und/oder sich aus anderen Gründen eine andere Existenzsicherung, also einen Job und/oder einen neuen Versorger suchen müssen, können Erklärungsansätze für das Phänomen liefern. Filipinos tendieren

Hochzeit und Familie

Eines von zahlreichen philippinischen Märchen ist dem **Mangobaum** mit seinen hochgeschätzten Vitaminlieferanten gewidmet. Es erzählt die traurige Geschichte einer jungen Frau, die sich aus Verzweiflung das Leben nahm, weil sie den vom Vater ausgesuchten Mann nicht heiraten wollte. An der Stelle, wo sie starb, wuchs auf wundersame Weise ein Baum mit goldgelben, herzförmigen Früchten, als Andenken an die, deren Herz gebrochen wurde.

traditionell unter dem Einfluss von Machismo und Patriarchat dazu, der Ehefrau die Schuld zu geben: Entweder erfüllt sie ihre ehelichen Pflichten nicht gut genug oder sie lässt dem Mann zu viel Zuneigung angedeihen, durch die er sich eingeengt fühlt. Entweder vernachlässigt sie ihren Sex-Appeal oder sie verwendet mehr Zeit für Körperpflege als für den Haushalt.

Nicht wenige der Macho-Männer verstehen eine Nebenfrau (oder sogar mehrere) als Statussymbol. Das System funktioniert allerdings nicht ohne Einsatz und Gegenleistungen: Ehefrau, „kerida" und die Kinder beider Beziehungen erwarten umsorgt und versorgt zu werden.

Unter verständlichem Protest der Ehefrauen und der Wut von Frauenrechtsgruppen vertreten manche Beobachter die Auffassung, dass das „Querida-System" durch die Frauen aktiv unterstützt wird, die nichts dagegen haben, als zweite oder dritte Nebenfrau „unter die Haube" zu kommen. Wie oben angedeutet scheint es immer noch genug von ihnen zugeben, darunter Witwen und verlassene Frauen und auch viele Unverheiratete zwischen 25 und 30 Jahren alt, die ein Leben als Zweitfrau dem drohenden und teilweise geächteten Dasein einer „matandang dalaga", einer alten Jungfer, vorziehen.

Trotz einer gewissen gesellschaftlichen Toleranz ist das Querida-System nicht als der Ehe gleichwertig zu sehen. Die Nebenfrau führt ein Schattendasein, sie darf nie auf die gleiche Achtung hoffen, die die Ehefrau genießt. Schon im Hinblick auf die Einbindung in die Verpflichtungen durch hiya" und „amor-proprio" (s. auch den Abschnitt „Hiya - Selbstachtung, Schande, Scham - was denn nun?" ab Seite 117) verharrt die „kerida" in besonderem Maße in einer Außenstellung. Das spiegelt sich in der saloppen Abkürzung „kiri" wie in den lustig klingenden, aber wenig schmeichelhaften Bezeichnungen „kulasisi" (kleiner grüner Papagei) oder „kalapating mababang lipad" („tief fliegende Taube") wider.

Inzwischen gedeihen unzählige Mangobäume auf den philippinischen Inseln, die Früchte zählen zu den schmackhaftesten ihrer Art. Etliche andere Märchen und Legenden erzählen ebenso von Leid und Frust junger Filipinos und Filipinas, die nicht den Partner ihrer Wahl heiraten dürfen.

Lange Zeit waren von den Eltern oder autorisierten Verwandten beider Seiten **arrangierte Ehen** weitverbreitet, vor allem unter Familien der Oberschicht ist diese auf Sicherung oder Vermehrung der wirtschaftlichen Vorteile zielende Praxis auch heute vereinzelt noch Brauch. Die Heirat unter nahen Verwandten, Cousinen und Cousins zweiten, teilweise sogar ersten Grades war und ist ebenso verbreitet.

Geborgenheit und Anspruch der Familie

„Die Bedeutung der Familie bei der Ausbildung von Sozial- und Kulturverhalten in einer Gesellschaft kann nicht genug betont werden. Sie ist unbestritten die Basiseinheit, die junge Menschen formt, bevor irgendeine andere Institution ihre Entwicklung beeinflusst. Die Familie setzt sich zusammen aus miteinander in verschiedener Weise verwandten Individuen; sie ist die Umwelt, an die sich ein Neuling anpassen muss, wenn er überleben will. Familie ist sozusagen eine ökologische Nische, in die der Einzelne ‚eingestöpselt' ist und sich integrieren muss, damit er besser am Leben in der Gruppe teilhaben kann. Teilhaben bedeutet das Erlernen der Möglichkeiten, der Neigungen, der Vorlieben, der Verhaltensweisen, der Weltansicht seiner Familie."

Diese Definition der Familie (übersetzt von *Albrecht G. Schaefer*) gibt der philippinische Ethnologe *F. Landa Joacano* in seinem 1975 erschienenen Buch „Slum as a Way of Life". Sie passt nicht nur auf die Menschen in einem Elendsviertel von Manila, sondern im Allgemeinen auf alle Bevölkerungsschichten der Philippinen. *Pamilya* ist das Pilipino-Wort spanischen Ursprungs für „Familie", im Tagalog heißt es *mag-anak* (auch *kamaganak*), ein Begriff, durch den sich die Kinder *(anak)* bzw. die Nachfahren in einer Abstammungslinie definieren.

Schutzmacht und Sozialversicherung

Auf die Familie und ihre Strukturen wird in dem vorliegenden Buch immer wieder eingegangen, zu Recht, denn ohne sie, den Felsen in der komplex-diffusen und zeitweise heftig durcheinandergewirbelten Gesellschaftsordnung, ist eine Annäherung an die philippinische Kultur vergeblich. Kaum ein Besucher, der längere Zeit im Land verbringt und persönliche Kontakte geknüpft hat, wird sich dem Ausdruck und der Bedeutung des **engen Verwandtschaftsgeflechts** entziehen können. Mit bewunderndem Staunen oder skeptischer Neugier wird er dies beobachten, vor allem, wenn er aus einem Kulturkreis kommt, in dem die Familie immer kleiner und die Kontakte immer spärlicher werden. Während Familientreffen bei uns häufig nur noch anlässlich der Bestattung eines wichtigen Verwandtschaftsmitglieds stattfinden und einer Sensation gleichkommen, weil man sich ja so lange nicht gesehen hat, ist Familie für Filipinos Heimat, Schutz, Geborgenheit, gegenseitige Hilfe, Freude, Spaß, Anlaufstelle bei Problemen, Kontrollinstanz, Quelle der Lebenserfahrung und mehr.

In einer Gruppe vom Unterricht heimkehrender Schüler ist mit Sicherheit die Hälfte miteinander verwandt. Auf dem Land wohnen viele Verwandte in gegenseitiger Nähe, wenn nicht sogar im selben Haus. Gemeinsames Spielen, Herumtoben und Streiche aushecken ist hier angesagt. Wen wundert es also, wenn ältere Menschen mit sichtbarer Freude von den Kindheitstagen im Kreis ihrer Brüder, Schwestern und Cousinen erzählen und von engen Beziehungen, die meistens ein Leben lang bestehen bleiben?

Hat ein Junge eine erste oder neue **Freundin,** wird er sie recht bald seiner Familie vorstellen – oftmals zuerst den Geschwistern, danach den Eltern. In der Familie der Freundin läuft das im Idealfall ebenso ab. Kommt jemand von einer **Reise** zurück, ist das Gepäck gefüllt mit *pasalubong,* **Mitbringseln,** die möglichst allen in seiner nahen Verwandtschaft eine Freude machen sollen. Wer jemals einen Busbahnhof in den Philippinen erlebt hat, wird sich an die überbordenden Souvenirstände, insbesondere mit Delikatessen der Region, erinnern. Diese bedienen in erster Linie die Wünsche der Passagiere, die ihre Familien am Reiseerlebnis teilhaben lassen wollen.

Für gewichtigere Grüße aus der Ferne nutzen viele Auslandsfilipinos die dort etablierten **speziellen Versandagenturen,** allein in Deutschland gibt es mehr als ein Dutzend von ihnen. Die Tochter eines verarmten Ehepaares arbeitet in einem Hotel in Deutschland und schickt monatlich die Hälfte ihres Lohns nach Bacolod, um die Kosten für das College ihrer beiden jüngeren Geschwister zu finanzieren. Von ihrem letzten Weihnachtsgeld hat sie einen großen Karton mit allerlei guten Sachen „made in Germany" an die Familie geschickt. Solche Alltagsbeispiele lassen sich beliebig fortsetzen, sie sollen aber nicht darüber hinwegtäuschen, dass die Familienbande auch **großen Belastungen** ausgesetzt sind.

In einer Gesellschaft, die den Menschen wenig an sozialer und wirtschaftlicher Sicherheit bietet, wird die Familie zur ersten Anlaufstelle auf der Suche nach den lebenswichtigen Dingen. Sie ist das Pendant für Leistungen, die andernorts von Sozialamt, Arbeitsvermittlung, Kreditvergabestelle, Eheberatung, Kranken- und – ganz wichtig – Altersversicherung etc. übernommen werden. Gerade Letztgenannte gibt es für die Mehrheit der Filipinos seitens des Staates nur unzureichend oder gar nicht.

Familienzuwachs

Mit Familie ist nicht die Kerngruppe aus Eltern, Großeltern und Geschwistern gemeint. Die philippinische *pamilya* umfasst Onkel, Tanten, Cousinen und Cousins ersten bis dritten Grades, Neffen, Nichten, die Verwandtschaft des Ehepartners und gute Freunde. Ganz wichtige Verwandtschaftsmitglieder sind die **Paten,** die aus allen der gerade genannten Familienebenen, aber auch aus dem Freundes- und Bekanntenkreis „rekrutiert" werden können. Taufpaten, Kommunions-, Firm- oder Hoch-

088kp-ags

zeitspaten – je mehr, umso größer sind das Ansehen – vor allem, wenn eine bekannte Persönlichkeit darunter ist – und hoffentlich auch die wirtschaftliche Absicherung. Denn vorzugsweise suchen die Eltern und nahen Verwandten die *sponsors,* wie die Paten heutzutage zeitgemäß genannt werden, in wohlhabenden, einflussreichen Kreisen, damit die Zukunft des Patenkindes durch ihre Hilfe schon etwas konkreter geplant werden kann. Geschätzt werden kleinere oder größere Geldzuwendungen und die Beziehungen der Paten. Seine erste gute Tat erbringt der Pate bei der Taufe, indem er für die Kosten der Kirchenfeier aufkommt. Seine Verantwortung für den Täufling drückt er auch dadurch aus, dass er das Kind während der Taufe in den Armen hält. Ist es ein Mädchen, übernimmt die Patentante diese Aufgabe. Während bei uns die familiären Patenschaften (Pateneltern als eventuelle Ersatzeltern im Fall, dass den leiblichen Eltern etwas zustoßen sollte) kaum noch gepflegt werden, gibt es in den Philippinen Paten, die mehreren Dutzend, manchmal gar Hunderten von Patenkindern verpflichtet sind. Umgekehrt ist das Patenkind getreu dem *Utang-na-loob*-Prinzip (s. S. 122) angehalten, den Paten auf Lebenszeit Respekt und Dankbarkeit entgegenzubringen. Natürlich hat diese **gegenseitige Verpflichtung** ihre Grenzen. Idealerweise handelt es sich um eine auf gegenseitiger Achtung und Hilfsbereitschaft aufgebaute Beziehung, die sich nicht in materiellen Vorteilen erschöpfen sollte. Und sie dient, ausgehend von einer religiös-rituellen Funktion, der Familienerweiterung, was letztlich eine Steigerung des Ansehens und Einflusses bedeutet.

Die Sonntagskleider von Jung und Alt kommen beim Kirchgang zur Geltung

Das **„Compadrazo-System"** (auch *compadrazgo*) ist eng mit der Institution der Patenschaft verknüpft und eine zusätzliche Variante der ausgedehnten Verwandtschaft. Ursprünglich aus dem Spanischen (*padrino* bzw. *madrina* – Patenonkel, -tante) stammend, hat die Compadrazo-Beziehung mit Einfluss des Katholizismus' die Funktion der unter vorspanischen Klans üblichen **Blutsbrüderschaft** übernommen. Die Familie wird so auf nicht verwandte Mitglieder ausgeweitet und – das muss als Ursprung dieser „Taktik" vermutet werden – unter einstmals verfeindeten oder sehr distanzierten Gruppen werden friedliche, vertraute Beziehungen ermöglicht. Angesichts der vielen, früher relativ isoliert lebenden Inselgesellschaften mag es zudem einleuchten, dass die Suche nach Familienzuwachs außerhalb des Kreises der Blutsverwandtschaft möglichen inzestuösen Entwicklungen vorbeugen kann. Die Taufpaten, auch *sponsors* oder in Tagalog *ninong* (männlich) bzw. *ninang* (weiblich) genannt, werden anlässlich des religiösen Rituals der Patenschaft zu *compadres* mit den Patenkindseltern. Sämtliche Paten des jeweiligen Kindes gehen untereinander ebenfalls eine Compadrazo-Beziehung ein und schon ist die Familie wieder ein ganzes Stück größer geworden. Die Kinder der *compadres* sind auf diese Weise übrigens ebenso mit dem getauften Patenkind verwandt.

Ein einfaches Beispiel kann dies verdeutlichen: *Maria-Lourdes* beschäftigt *Estelita* in ihrem Haus als Hausangestellte. Diese war schon bei *Maria-Lourdes'* Eltern als Kindermädchen für die acht Kinder beschäftigt. Im Laufe der Jahre wurden *Maria-Lourdes* und einige ihrer Brüder und Schwestern die Taufpaten von *Estelitas* Kindern. So wirkt sich die erweiterte Familie auch auf unterschiedliche soziale Schichten aus und hat in diesem Fall dazu geführt, dass alle Kinder von *Estelita* eine gute Schulausbildung genießen konnten. Die gesellschaftlich höchst relevante **Bedeutung der Taufe** (ohne Taufschein keine Einschulung) und der tiefe Wunsch nach Kindern finden vor dem Hintergrund dieses Familiensystems ihre Bestätigung.

In Bezug auf die Phänomene Vetternwirtschaft und Korruption nimmt das Compadre-System eine nicht unproblematische Rolle ein und bringt die Partner einer solchen Verbindung nicht selten in ein Dilemma. Ein gerne bemühtes Beispiel dafür ist der Verkehrspolizist, der seinen *ninong* beim Falschparken erwischt. Der *ninong* ist in diesem Fall derjenige, der seinem Patensohn nach guter Compadre-Sitte die Ausbildung auf der Polizeischule finanziert hat. Die Antwort auf die Frage, ob der Patensohn den Strafzettel ausstellt oder nicht, liegt auf der Hand ...

Übrigens kommt der unter Männern oft gebrauchte Ausdruck *pare* auch von *compadre* und bedeutet salopp, völlig ohne familiäre Assoziation „Freund", „Kumpel".

„Barkada" – die Clique

Die *barkada* (Clique) kann eine erweiterte Verwandtschaftsgruppe darstellen und als solche im weitesten Sinne in die Großfamilie eingegliedert sein. Meistens wird sie allerdings als eine mit den nahen Verwandten konkurrierende Gruppe wahrgenommen, vor allem in den Beziehungen des heranwachsenden Individuums. Die *barkada* (aus dem Spanischen „Bootsladung") ist der Freundeskreis, der sich meist bereits in Kindertagen bildet und mit dem man sich umgibt. Oft hält die Gruppe ein Leben lang Beziehungen untereinander aufrecht und kann den Einzelnen vor allem im Berufs- und Geschäftsleben viele Vorteile bringen. Etliche der politischen Seilschaften sind nichts anderes als jahrzehntealte Barkada-Freundschaften. Eltern ist die *barkada* zuweilen ein Dorn im Auge, wenn die Kinder ihr mehr Zeit und Beachtung schenken als der Schule oder den familiären Verpflichtungen. Vater, Mutter, Großeltern oder ältere Geschwister sehen es auch schon mal in ihrer Verantwortung zu bestimmen, mit wem die Jüngeren Umgang haben und mit wem besser nicht. Die Mitgliedschaft in der *barkada* kann ebensolche Verbindlichkeiten wie die Familie fordern (siehe auch die Kapitel „,Pakikisama' – gemeinsam sind wir stark" ab Seite 116 und „,Utang na loob' – vernetzt durch Schuld" ab Seite 122). Entsprechend können aus innigsten Freunden beste Feinde werden.

Die folgende Auswahl der **Verwandtschaftsbezeichnungen** in Pilipino kann die Orientierung bei einem Familienbesuch erleichtern:

- Großvater — *lolo*
- Großmutter — *lola*
- Vater — *ama*, als *tatay, itáy, tatang, papa, dad, daddy* gerufen
- Mutter — *ina*, als *nanang, nanay, inay, mom, mummy* gerufen
- Kind — *anak*
- ältester Bruder — *kuya, manong*
- älteste Schwester — *ate, manang*
- Pate/Patin — *ninong/ninang*
- Patenkind — *inaanak*
- Enkelkind — *apo* (das Urenkelkind hat die lustige Bezeichnung *apo sa tuhod* – wörtlich: „Enkelkind, das bis zum Knie reicht")
- Onkel — *tito, tiyo*
- Tante — *tita, tiya*
- Eltern — *magulang*
- Schwiegereltern — *biyenang*

- Schwiegervater — *biyenang na lalaki*
- Schwiegermutter — *biyenang na babae*
- Schwiegertochter — *manugang na babae*
- Schwiegersohn — *manugang na lalaki*
- Schwager — *bayaw*
- Schwägerin — *hipag*
- unverheiratete Frau — *dalaga* („alte Jungfer“ – *matandang dalaga*)

Die Großeltern führen die Liste an und stehen in der Familienhierarchie ganz oben, nicht unbedingt in Bezug auf ihre Machtausübung, sondern als unumstrittene Respektspersonen, denen man mit Hochachtung und Ehrerbietung begegnet. Filipinos, die ins hochindustrialisierte Ausland (z. B. Deutschland) kommen, sind irritiert, wenn sie von Seniorenheimen hören. In den meisten philippinischen Familien, auch in den reichen, werden die Alten von Verwandten versorgt und notfalls finanziell unterstützt. So lange es geht, sind sie am Familienalltag beteiligt, mit leichten Haus- und/oder Feldarbeiten beschäftigt und kümmern sich um Enkel und Urenkel.

Familie im Stress

Selbstverständlich sind Zusammenhalt und Traditionen in den Familien Belastungen ausgesetzt. Steigende Lebenshaltungskosten erfordern zunehmend die Mitarbeit der Frauen und überzeugen viele Ehepaare, die Zahl der Kinder gering zu halten. Die **durchschnittliche Haushaltsgrö-**

Geachtete, unersetzbare und vollwertige Familienmitglieder sind die Großeltern, wie diese „lola“ in einem Dorf der Mangyan

ße ist in den vergangenen zehn Jahren vor allem in den Städten und bei wohlhabenden Filipinos kontinuierlich gesunken. Eltern trennen sich – für immer oder auf Zeit –, wenn Vater oder Mutter in einer anderen Stadt oder im Ausland arbeitet. Vor allem in den Familien der OFWs („Overseas Filipino Workers") kommt es zu besorgniserregenden Verwerfungen: Die oft Jahre dauernde Abwesenheit eines Elternteils überfordert den Partner, der sich allein um die Erziehung der Kinder kümmern und zudem selbst arbeiten muss. Viele Kinder kommunizieren über Jahre hinweg ausschließlich via Internet und Telefon mit Vater oder Mutter. Sie wachsen bei Verwandten auf und riskieren die **Entfremdung von den Eltern.** Kinder, die einen Elternteil – insbesondere die Mutter – entbehren, zeigen laut mehrerer Studien (u. a. „Impact of Migration on the Children Left Behind" in „The Asian Migrant" (1996) und einige UNICEF-Studien) häufiger psychische und physische Auffälligkeiten als Kinder, die mit beiden Elternteilen aufwachsen. Paradoxerweise arbeiten viele Eltern gerade deswegen im Ausland, um den Kindern ein besseres Leben, eine gute Ausbildung zu ermöglichen. Doch immer öfter resultiert aus der gut gemeinten Anstrengung letztlich mehr Stress. Eine weitere Studie (Social Science & Medicine Journal) hat ergeben, dass Kinder aus Familien, in denen die Frau tagsüber oder zeitweise einer auswärtigen Arbeit nachgeht, eher häuslicher Gewalt ausgesetzt sind. Übrigens schützt ein noch so harmonisch und stark wirkender Familienverband weder vor Eifersucht und Missgunst noch vor Erb- und Landstreitigkeiten, die ehemals enge Verwandte für immer auseinanderbringen können.

Der kinderliebe Macho

„Allgemeinhin scheint der philippinische Mann das Vatersein auf Vaterschaft zu reduzieren. Die Tatsache, dass er Kinder hat – je mehr desto besser – will er gerne als Anzeichen von Unsterblichkeit deuten und mit diesem Beweis der Manneskraft seine Freunde beeindrucken. Überdies kann er, ungeachtet seiner beruflichen Position, immer sicher sein, dass in seiner kleinen Welt er die Nummer eins ist." (Aus *Lourdes V. Lapuz* „The Father", in „Being Filipino", GCF Books, Manila 1987)

Was die Autorin, eine bekannte Professorin für Psychiatrie und Publizistin schreibt, ist für ihre männlichen Landsleute nicht sehr schmeichelhaft. Doch, so erklärt *Lapuz* an anderer Stelle, ist der **Machismo** nur ein Image, ein traditionelles Rollenverständnis des philippinischen Mannes, zu dem er erzogen wird, das er pflegt und in dem er weitgehend von der Gesellschaft bestätigt wird. Zu seinem Selbstverständnis gehört auch, dass er cool und zurückhaltend auftritt, locker und zuvorkommend wirkt. Selbst wenn er verärgert ist, hält er dieses Gefühl möglichst zurück, es sei denn, sein Stolz und seine *amor-proprio* (sein Selbstwertgefühl) werden attackiert. Allein seine Männlichkeit erfüllt ihn mit Stolz und er zeigt sie mal subtil, mal exponiert. Zurschaustellung von Besitz und das Tragen von Waffen gehören zur letzteren Ausdrucksweise, ebenso die oft zu beobachtende Sitte von gemeinsam Bier trinkenden Männern, die die geleerten Flaschen für alle sichtbar auf dem Tisch platzieren.

Maskulinität wie der Filipino sie versteht, wollen europäisch-westliche Männer und Frauen nicht immer als solche wahrnehmen. Sie empfinden es nicht unbedingt als männlich, wenn man sich allzu viel Mühe mit dem Aussehen macht und mit Frisur und Kleidung sehr wählerisch ist. Auch (transparent) lackierte Fingernägel, auf die viele philippinische Männer Wert legen, wirken auf Europäer etwas befremdlich. Der Gegensatz – besonders zum Verhalten amerikanischer Geschlechtsgenossen – ist deutlich: hier der jovial auftretende Westler, der sich gleich vorstellt und drauflosredet; dort der eher schüchtern wirkende Filipino, der sich in unvertrauter Atmosphäre lieber zurücknimmt, sich abwartend, still und wortkarg verhält. Dabei geht es zunächst um oberflächliche Attitüden; das Wesen tritt auch beim philippinischen Mann erst in den einzelnen Lebensphasen und den darin einzunehmenden Aufgaben zutage.

Als **„Meilensteine“** im Leben eines philippinischen Mannes sind folgende, teilweise rituell gefeierte Schlüsselerlebnisse zu sehen:

- die **Beschneidung**, die jeder Junge spätestens im Alter von fünf bis sieben Jahren über sich ergehen lassen sollte (siehe auch den Abschnitt „Der schnelle Schnitt, ein großer Schritt“ ab Seite 227)
- der **erste Geschlechtsverkehr** *(pagbibinyag)*. Es ist nicht selten, dass ein junger Mann die erste sexuelle Erfahrung zusammen mit Freunden bei einer Prostituierten macht.
- **mit der Freundin ausgehen,** sie der Familie vorstellen *(panliligaw)*
- mit Gleichaltrigen oder Älteren **Alkohol trinken** *(pag-iinom)*
- das **Elternhaus verlassen,** eine eigene Arbeit aufnehmen, sich unabhängig machen *(pagsasarili)*

Der gute Sohn

Als Vorzeigesohn wird dem Mann die wichtigste seiner männlichen Rollen zuteil. Die **Reputation als guter Sohn** zählt im Familienverband mehr als beispielsweise der Ruf als guter Vater oder Ehemann. Das heißt, Dankbarkeit für die Anstrengungen und die Fürsorge der Eltern sind die wahren Tugenden im Streben eines Mannes nach Anerkennung. Das erklärt auch, warum Söhne im Allgemeinen sehr lange im Elternhaus verbleiben, auch wenn sie bereits arbeiten oder studieren. In den Philippinen darf der Sohn seine Füße so lange wie möglich unter den elterlichen Tisch strecken, denn seine Mithilfe im Haus, im Betrieb, beim Fischfang oder auf dem Feld ist erforderlich. Gleichzeitig wird er eher verwöhnt als Töchter. Meist verlassen die Jungen das Elternhaus erst, wenn sie heiraten und sich dann womöglich ein eigenes Heim leisten können. Wenn nicht, wohnen Sohn und Schwiegertochter weiter bei seinen Eltern, was der, auch in vielen indigenen Gruppen praktizierten, patrilokalen Tradition entspricht. Der moderne, von mehr Mobilität geprägte Alltag bringt es mit sich, dass Söhne zwecks weiterführender Schulbildung in einen anderen Ort, auf eine andere Insel umziehen müssen. Selbst dann tun sie i.d.R. ihr Bestes, um die Eltern so oft wie möglich zu besuchen und sie materiell zu unterstützen. Insbesondere wenn sie auswärts Geld verdienen, wird zu Hause erwartet, dass nicht nur die Eltern, sondern auch Geschwister finanziell unterstützt werden. Oft muss der Sohn, meistens der älteste, die Schule abbrechen und außerhalb arbeiten und wohnen, weil der Vater wegen Krankheit oder Tod als Brotverdiener ausgefallen ist. Diese Pflicht nehmen auch sehr viele Töchter auf sich, wenn sie entweder keine Brüder haben oder diese noch zu jung sind.

Der gute Gatte

Die Hauptverantwortung des Ehemanns ist, mit seiner Arbeit **die Familie zu ernähren.** Der Erfolg oder Misserfolg darin definiert seine Qualifikation. Während ein Mann, der neben Ehefrau und Kindern eine Zweitfrau hat (*querida,* auch *kerida,* siehe den Exkurs „Die ewige Nummer zwei" ab Seite 204) und diese wie auch die gemeinsamen Kinder versorgen

089kp-ags

kann, Respekt erntet und sein Macho-Image aufpolieren kann, gilt der Playboy als Feigling und verantwortungsloser Angeber. Unbedingt wünschens- und erhaltenswert ist für den Durchschnittsfilipino seine **sexuelle Potenz,** die letztlich durch die **Zahl der** von ihm gezeugten **Kinder** unter Beweis gestellt werden soll. Er will sich in seinen Aktivitäten ungern einengen lassen, auch nicht durch die Auflagen der Ehe. Ganz unangenehm und unmännlich ist es, als *„nasa ilalim ng saya ng nanay"* oder *„andres de saya"* zu gelten (wörtlich: „der unter dem Rock der Frau geht" oder „unter dem Rock"), also „unterm Pantoffel" zu stehen. Damit wird auch erklärt, warum Männer sich traditionell aus Haushaltsbelangen wie Waschen, Küchenarbeiten und Kinder versorgen heraushält. Abgesehen von dieser immer noch weitverbreiteten, konventionellen Arbeitsteilung lassen sich in der modernen, vor allem städtischen Lebensweise schon öfter Ausnahmen und eine flexiblere Aufteilung zwischen Frauen- und Männerdomanen feststellen. Außerdem: So ziemlich jeder philippinische Mann versteht sich aufs Kochen, die Mehrzahl der Chefs in guten Restaurants ist männlich. Wo Männer für längere Zeit unter sich sind, wie beispielsweise auf Schiffen oder auch beim Picknick, zeigen sie gerne ihre Kochkünste.

Vater werden ist nicht schwer …

Mit jedem seiner Kinder erweitert sich des Mannes Kompetenz als Haushaltsvorstand und Hauptverdiener. Er sieht sich nun in der gesellschaftlichen Pflicht, die Mittel für die größer werdende Kernfamilie heranzuschaffen und sicherzustellen. Wo nötig und möglich nimmt er eine besser bezahlte Arbeit auf oder stockt das Geschäft und seinen Besitz auf. Oft ist er auch gezwungen, denselben zu verkleinern, ein Stück Vieh oder Land zu verkaufen, nicht nur um den täglichen Reis zu verdienen, sondern, um jedem der Kinder eine **gute Ausbildung** zukommen zu lassen. Sie ist die Messlatte seiner Qualität als Vater. Wie auch die Mutter sieht er die Investitionen in eine gediegene Berufsplanung für die Kinder und die gewisse Sorge um deren zukünftige Ehebeziehungen als **Vorsorge** für die eigenen späteren Jahrzehnte an. Denn dann sind es die Kinder, die die Eltern dank eigener finanzieller Unabhängigkeit unterstützen können. Bei uns sind Eltern meist stolz und erleichtert, wenn die Kinder aus dem Haus und unabhängig sind, sich „abgenabelt" haben. Philippinische Väter fühlen sich normalerweise immer verantwortlich für ihre Kinder, auch wenn diese schon für sich und ihre eigenen Familien sorgen können. Immer –

◁ Der Mann und sein Kampfhahn – eine für den Familienwohlstand nicht immer förderliche Beziehung

und das gilt gleichermaßen für die Mutter – mit dem tiefen Wunsch, dass die Kinder mal ein besseres Leben haben sollen, als es ihnen vergönnt war. Herkömmlicher- und idealerweise schätzen die Kinder den Vater als fleißigen, verantwortungsbewussten Garant ihrer Zukunft. Der Vater gilt als **Repräsentationsfigur der Familie,** die Hauptlast der täglichen Kinderbetreuung und -erziehung überlässt er der Mutter. Traditionell ist der Vater der Disziplinar, von dem mehr Strenge als von der Mutter erwartet wird. Wie in vielen Bereichen der Gesellschaft finden diese Muster inzwischen häufig ihre Ablösung und Verschiebung durch moderne, liberale Rollenverteilung. So dürfen Väter heute vereinzelt bei der Geburt ihres Kindes in Krankenhäusern anwesend sein.

Lange war es in konservativ-katholischen Familien verboten, mit den Kindern über **Sexualität** zu sprechen, geschweige denn, sie darin aufzuklären. Da sind auch heute Vater wie Mutter noch nicht die vorrangigen Vertrauenspersonen. Auch in der Schule war Sexualität lange Zeit ein absolutes **Tabuthema.** Meistens holen sich die Heranwachsenden ihr diesbezügliches Wissen von Freunden auf der Straße oder aus dem Internet.

Das hier beschriebene Vaterbild wird selbstverständlich häufig genug Lügen gestraft. Im Alltag, in Städten und in ländlicher Provinz, begehen gewalttätige Väter sexuellen Missbrauch an den eigenen Kindern. Alkoholismus, Drogen und Spielsucht zerrütten viele Familien. Dazu kommt eine hohe Zahl von jungen, werdenden Vätern, die dem Vatersein nicht gewachsen sind und das Weite suchen.

Kinder in der Gesellschaft

„Ang anak ay kaligayahan." – „Ein Kind ist die Quelle des Glücks."
„Ang anak ay katibayan ng pagmamahal." – „Ein Kind ist der Beweis der Liebe." (Zwei von zahlreichen auf das Kind bezogenen Huldigungen im Volksmund)

„Haben Sie Kinder?" Das bekommt der Fremde – nach den Fragen zur Herkunft, zur Reise und zum Familienstand sehr oft und meist unverhofft zu hören. Manche Besucher empfinden die spontane Wissbegierde zu privaten Dingen als unangenehm, sicher auch, weil zwischen dem Stellenwert von Kindern in unserer Kultur und dem in den Philippinen Welten klaffen. Das wird u. a. in dem Vorschlag mancher Reiseratgeber für kinderlose Reisende, sich doch mit einer Notlüge ein paar Kinder anzudichten, deutlich. Für Filipinos ist der Nachwuchs Lebensmittelpunkt und Sinn des eigenen Lebens. Kinder sind ein Segen, die Geschenke Gottes. Wer keine

Kinder haben kann, ist sich großen Bedauerns sicher. Wenn aber eine freiwillige Kinderlosigkeit erkennbar wird, dann ist die allgemeine Reaktion völliges Unverständnis.

Über ein Drittel der Bevölkerung (34 %, Stand 2015) sind jünger als 15 Jahre (zum Vergleich: in Deutschland sind es 13 %). Kinder bestimmen das Straßenbild, besonders auf dem Land. Beim Spiel, auf dem Weg in die Schule und von dort nach Hause, in Gruppen an Bord von Jeepneys und Tricycles oder an der Hand von Erwachsenen – für Filipinos sind die allgegenwärtigen Kinderstimmen ein Ohrenschmaus und der fröhliche Klang des Lebens.

Redensarten und abergläubische Verhaltenshinweise nehmen immer wieder Bezug auf Kinder und mahnen die Erwachsenen, ihr Bestmögliches für deren Wohlergehen zu tun. Für viele ist die Sicherstellung von Versorgung und Erziehung mit großen Mühen verbunden. Kindergeld, Kinderfreibetrag oder Betreuungsgeld sind in den Philippinen Fremdworte ebenso wie Altersvorsorge. Für die meisten, auch modernen Familien bedeuten Kinder neben der finanziellen Absicherung auch Schutz vor Vereinsamung im Alter. Manchmal wird die hohe Kinderzahl unter den Armen des Landes mit Losen einer Lotterie verglichen: Viele Lose bedeuten höhere Chancen auf einen Gewinn. Bei der immer noch recht hohen Kindersterblichkeit (mit 22,4 auf 1000 Geburten im Jahr 2015 rund sieben Mal höher als in Deutschland) hat der saloppe Vergleich eine gewisse Berechtigung. Die Relation zwischen Wohlstand und Kinderzahl ist dagegen ebenso aussagekräftig: Unter Eltern, die über ein höheres Einkommen verfügen und damit einer eher gesicherten Zukunft entgegenblicken, ist eine niedrigere Kinderzahl (weniger als vier) weiter verbreitet.

Früh übt sich ... was Ausbeutung heißt

Für Millionen von philippinischen Kindern gehört **Arbeit neben oder statt der Schule** ab einem Alter von etwa sieben bis acht Jahren zur Kindheit. Es wird von ihnen erwartet, dass sie als Helfer im Familienbetrieb, bei der Ernte oder im Haushalt mitarbeiten. Die Erziehung ist auf Respekt und Gehorsam gegenüber den Eltern ausgerichtet. Viele Kinder müssen auch außerhalb der Familie arbeiten und sich als Tagelöhner, Hilfsarbeiter, Schuhputzer, Handlanger oder als ambulante Verkaufer für Zigaretten, Zeitungen, Blumen etc. verdingen. Passagiere der Überlandbusse erleben häufig Kinder, die zusteigen und nach dem Vortragen religiöser Lieder oder Gedichte um Almosen bitten. Die Liste der Tätigkeiten, die Kinder ausführen, ist lang, vielfältig und mitunter abstoßend. Seit Jahrzehnten verkörpern die **Müllkinder,** die mit geschickten, kleinen Händen die Abfallberge

Extrainfo 13 (s. S. 6): „Kinder ohne Kindheit": ZDF-Dokumentation zu Kindern in Armut – eine andauernde Problematik der philippinischen Städte

von Manila und vielen anderen Orten nach Verwertbarem durchsuchen die hässliche Kehrseite der kinderfreundlichen Philippinen. Die jüngsten Generationen der Kinderarbeiter wühlen sich durch **hochgiftigen Elektronikschrott aus westlichen Ländern,** den sie völlig ungeschützt auseinanderklauben.

Die **Prostitution von Minderjährigen** hat dem Land viele Negativschlagzeilen und Protestkampagnen beschert. Gesetze und Strafen wurden verschärft, zahlreiche Kinderschutzorganisationen sind im Dauereinsatz, doch Nachfrage und Angebot sind nach wie vor extrem hoch. NGOs schätzen die Zahl der Prostituierten im Alter unter 16 Jahren auf 50.000 bis 110.000. Das internationale Päderasten-Klientel und die Sextouristen, die aus Angst vor HIV bevorzugt junge Mädchen und Jungen ins Visier nehmen, bedienen sich zeitgemäßer Technologie und nutzen gleichzeitig auf perfide Weise die traditionelle Gehorsamspflicht und Abhängigkeit der Kinder aus. Manche Eltern und Verwandte aus verarmten Verhältnissen lassen ihre Kinder mitverdienen, indem sie sie auf den Strich schicken oder sie Zuhältern – manche nur wenig älter als die Kinder selbst – „anvertrauen". Andere lassen ihre Kinder im Auftrag von skrupellosen Sexhändlern in eindeutigen Posen vor Webcams auftreten. Ausländische

036kp-ags

„Produzenten" vermarkten die Videos in aller Welt und locken Kunden mit individuell abgestimmten Reisen ins Land – „all inclusive".

Ermittler haben bei Nachforschungen in kleinen Ortschaften in den Philippinen bereits etliche einschlägige „Studios" ausfindig gemacht. Dass diese Art von **Menschenhandel** sich gerade in den armen Ländern ausgebreitet hat, liegt auf der Hand. Mit der **Armut und Not** der Habenichtse werden lukrative Geschäfte gemacht.

In diesem Zusammenhang entsetzten die Nachrichten über Menschenhändler, die kurz nach dem schlimmen Wirbelsturm Haiyan (Yolanda) in den verwüsteten Gegenden umherstreiften auf der Suche nach jungen Frauen und minderjährigen Mädchen, oft Waisenkinder, die sie mit angeblich gut bezahlten Jobs in die Zentren locken und notfalls auch durch Entführung in den Sexhandel einschleusen könnten.

Leicht fällt es da, angesichts der Misere so vieler Kinder und ihrer Familien nach einem drastischen Rückgang der Kinderzahl in den Philippinen zu rufen, denn der Zusammenhang zwischen Kinderreichtum und Armut scheint offensichtlich. Auch die Asiatische Entwicklungsbank stellte vor einigen Jahren fest: „Kinder aus größeren Familien sind schlechter in der Schule, haben mehr Krankheiten und eine schlechtere körperliche Konstitution. Mit jedem zusätzlichen Kind stehen weniger Mittel, weniger Nahrung und weniger Zeit für das einzelne Kind zur Verfügung". Doch es ist weniger das Bevölkerungswachstum, sondern es sind vielmehr die immer weiter auseinanderklaffende soziale Ungleichheit und die fehlenden Perspektiven, die die Menschen in dem Dilemma „Kinder als Schutz vor Elend im Alter" verharren lassen.

Es erstaunt daher wenig, dass das staatliche **Familienplanungsprogramm „Family Planning"** mit Aufklärung, Sexualerziehung, Beratung zu Verhütungsmethoden, wozu Mitarbeiter und Mitarbeiterinnen vor allem arme Haushalte besuchen, von vielen Menschen immer noch kaum als solches wahrgenommen und daher spöttisch „Family Planting" genannt wird. Gründe für das häufige Scheitern der Familienplaner liefert sicher der starke Einfluss der katholischen Kirche. Vor allem ihre größtenteils erzkonservativen Bischöfe lassen die Menschen in dem Glauben, dass Verhütung eine schwere Sünde sei, weil sie ungeborenes Leben töte und einem unmoralischen Sexualverhalten Vorschub leiste. Zudem lehnen sehr viele Männer den Gebrauch von Kondomen ab, weil sie die Libido bremsen würden.

[<] Kinder, ein Segen, der für viele Eltern inzwischen auch von nur zwei Sprösslingen ausgehen kann

Extrainfo 14 (s. S. 6): „Kann Verhütung Sünde sein?": ARD-Video über das Fabella-Hospital in Manila – die Mutter aller Geburtskliniken

Geburtenkontrolle und Abtreibung

Hitzige Debatten und zum Teil gewalttätige Proteste rufen seit Jahren die Vorstöße seitens Frauengruppen und fortschrittlich eingestellter Politiker hervor, die sich für einen liberaleren Umgang mit den Themen **Empfängnisverhütung** und **Schwangerschaftsabbruch** einsetzen. In einem Land, in dem sich der reaktionäre Flügel des Klerus gegen liberalere Moral- und Familiengesetze wehrt, verwundert das nicht (siehe auch das Kapitel „Religion und Kirche" ab Seite 101).

Unter *Aquino III* gipfelte der Streit im Zusammenhang mit dem **„Reproductive Health Bill" (RHB).** Der Gesetzentwurf dazu wurde mehr als 13 Jahre lang diskutiert, von *Aquino* 2012 verabschiedet und vom Supreme Court aufgrund vehementer Proteste wieder kassiert. Seit August 2014 ist das Gesetz nun in Kraft, allerdings mit einigen Einschränkungen. Es bestätigt jedem Filipino grundsätzlich ein **Recht auf Gesundheit und Selbstbestimmung** unabhängig von Religion, Geschlecht, sozialem Hintergrund und Zugang zu finanziellen Ressourcen. Informationskampagnen zur Geburtenkontrolle, zum Zugang zu Verhütungsmitteln (für ärmere Bevölkerungsgruppen werden die Kosten von der staatlichen Gesundheitsversicherung übernommen) und Seminare über Familienplanung für Jungverheiratete sind wichtige Neuerungen. Aufklärungsunterricht in Schulen ab der 5. Klasse ist nun erlaubt, Maßnahmen zur allgemeinen Förderung der Kinder- und Müttergesundheit sind geplant. Die Zahl der Hebammen soll um ein Vielfaches erhöht werden, und durch ein größeres Angebot an medizinischen Einrichtungen soll eine bessere Versorgung in ländlichen, infrastrukturell schwachen Regionen gewährleistet werden. Somit ist es dem Staat nun erlaubt, Jugendliche mithilfe öffentlicher Mittel zum Thema **Familienplanung** aufzuklären, Paaren Verhütungsmittel zur Verfügung zu stellen und die Gesundheitsversorgung von Müttern zu verbessern. Gestrichen wurde eine anfängliche Kernregelung, nach der alle öffentlichen Kliniken dazu verpflichtet wären, Paaren Leistungen zur Familienplanung zur Verfügung zu stellen, wie beispielsweise die Abgabe von Verhütungsmitteln.

Zwei Lager stehen sich ziemlich unnachgiebig gegenüber: auf der einen Seite die **„Pro-Life"-Vertreter,** die eine RH Bill ablehnen, auf der anderen Seite die Verfechter eines **„Pro-Choice"-Standpunkts,** die eine freie Wahl der Familienplanung proklamieren. Die **katholische Kirche** ist die stärkste Repräsentantin der „Pro-Life"-Fraktion, zu der noch weitere katholische Organisationen zählen.

Besonders ein Punkt sorgt in der öffentlichen Diskussion für viel Aufregung: Abtreibung ist und bleibt verboten. Wird eine Frau ungewollt

Extrainfo 15 (s. S. 6): Textbeitrag in englischer Sprache zu den Themen Kinder, Abtreibung und der Problematik des Gesetzes zur reproduktiven Gesundheit (RHB)

schwanger und sieht sich nicht in der Lage, das Kind großzuziehen, bleibt ihr oft nur der Ausweg einer **illegalen Abtreibung** mit hohen Gesundheitsrisiken. (Einigermaßen verlässlichen Statistiken zufolge treiben jedes Jahr ca. 500.000 philippinische Frauen illegal ab, 90.000 von ihnen müssen anschließend in ein Krankenhaus, rund 1000 verlieren infolge des Eingriffs ihr Leben.) Frauen in dieser Situation konnten bislang keine ärztliche Hilfe beanspruchen, ohne Gefahr zu laufen, nicht behandelt bzw. verhaftet zu werden. Eine eigens von der Regierung beauftragte und als zuverlässig einzustufende Studie hat ergeben, dass die meisten Abtreibungen in den Philippinen die Folge von erzwungenem Geschlechtsverkehr innerhalb von Partnerschaften seien.

Seitens der **EU** wird die neue Gesetzgebung befürwortet. Der frühere EU-Botschafter *MacDonald* beklagte, dass der mangelhafte Zugang zu Beratung und medizinischer Behandlung für betroffene Frauen angesichts der hohen Zahl an illegal und sehr oft ohne professionelle Aufsicht praktizierten Abtreibungen im Widerspruch stehe zu den staatlichen Bemühungen hinsichtlich der Armutsbekämpfung. Er stellte auch fest, dass die Fertilitätsrate unter den Frauen der wohlhabendsten Bevölkerungsschicht bei 2,0 und unter den ärmsten Frauen bei 6,0 liege. Ähnlich verhalte es sich beim Vergleich von Frauen mit Hochschulreife (2,3) und denen mit Grundschulabschluss (4,5). Die unzureichende Gesundheitsfürsorge bei der Familienplanung sei ausgesprochen frauenfeindlich, schließlich gehe die Sterblichkeitsrate bei Schwangeren nur sehr langsam zurück (2015: 114 auf 100.000 Lebendgeburten).

Das RHB-Gesetz wird an dem Abtreibungsverbot nichts ändern. Es soll aber zumindest dafür sorgen, dass Frauen, die wegen Komplikationen nach einem illegalen Schwangerschaftsabbruch ärztliche Hilfe brauchen, diese nun per Gesetz erhalten müssen. Bei Verweigerung machen Ärzte sich strafbar.

Toleranz für Schwule und Lesben – ja. Respekt – na ja …

Manche Tagalog-Wörter mögen selbst dem Kurzzeitbesucher in Erinnerung bleiben wie beispielsweise das Wort **„bakla“**, das im Alltag für männliche Homosexuelle und auch für Transsexuelle bzw. Transgender verwendet wird. In jeder Familie, in jeder Gesellschaftsschicht sind sie anzutreffen, die Jungen und Männer, die „sich wie Frauen bewegen“. In der Öffentlichkeit und in der Arbeitswelt sind *bakla* oder *bading* – politisch korrekter hieße es *binabae* („in Frauenart“) – weitgehend toleriert. Viele arbeiten in den klischeehaft klassischen Berufen u. a. in Friseur- und Kosmetiksalons, als Modedesigner, Schneider und in der Gastronomie. Einige schlagen sich im Rotlicht- und Prostitutionsmilieu durchs Leben. Seit 2009 dürfen „geoutete" homosexuelle Menschen beim Militär dienen. „The Gay" – wie man in besseren Kreisen weltmännisch wie oberflächlich sagt – sind in der Kunst- und Musikszene aktiv ebenso wie in politisch einflussreichen Positionen. *Bakla* geben als TV-Stars nicht selten den Ton an – es gibt kaum einen philippinischen Film oder eine Telenovela, in denen sie nicht zur guten Stimmung beitragen. Genau als solche sind sie beliebt, als **spaßige Typen,** die frohe Laune verbreiten.

Für philippinische Mädchen und Frauen sind sich feminin gebende Jungen und Männer oftmals die besten Freunde, gefragte Berater in Mode- und Beziehungsfragen, innige Vertrauenspersonen. Als prominenteste „Schutzpatronin" der *bakla* wird die ehemalige First Lady *Imelda Marcos* bezeichnet, die sich gerne zu pompösen Events von *bakla* begleiten, besingen und einkleiden ließ. Anlässlich von Fiestas und eigenen Paraden treten *bakla* gerne einzeln und in Gruppen in sexy Aufmachung auf. Diejenigen, die sich von der relativ hohen Toleranz in der Gesellschaft ermutigt fühlen, zeigen sich in ihrer Andersartigkeit offen, locker und anscheinend selbstbewusst. Sie unterhalten sich untereinander in einem eigenen Slang, der als sog. **„gay talk"** zumindest in den größeren Städten Bestandteil der Alltagssprache geworden ist. Sie kommunizieren außerdem durch eine überbetont feminine Gestik; zuweilen wirkt das auf Fremde verwirrend. Seit 1994 findet alljährlich eine Gay Pride Parade in Manila auf dem Quezon Memorial Circle statt, an der auch sog. **„tomboys"** („Mannweiber" – so lautet der populärste Ausdruck für Transgender-Frauen neben zahlreichen Varianten und Slang-Bezeichnungen) teilnehmen. Gendervariante Frauen leben ebenso in allen Schichten der Gesellschaft, finden es jedoch schwieriger, sich zu outen, oder sind zurückhaltender in ihrer Präsentation nach außen.

Seit den 1990er-Jahren haben Dutzende Schwulen- und Lesbenorganisationen sich unter dem Oberbegriff **„LGBT" (Lesbian, Gay, Bisexual and Transgender)** landesweit vernetzt. Unter der Bezeichnung LGBT werden verschiedene Formen von sexueller Orientierung und Gendervarianz zusammengefasst. Außer dem Ausarbeiten von politischen Forderungen und Gesetzesvorschlägen haben sie auch ein **Antidiskriminierungsgesetz** auf ihrer Agenda, dass sie in Kooperation mit politischen Parteien und Organisationen umsetzen wollen. Tatsächlich sind und waren LGBT in den Philippinen nie Ziel von einschränkenden, kriminalisierenden und tabuisierenden Gesetzen. Genauso wenig gibt es **Gesetze,** die sie ausdrücklich schützen.

Doch **tabuisiert** werden Homosexuelle, *bakla* und *tomboys* vor allem von der **katholischen Kirche.** Sie ist strikt gegen eine Legalisierung von gleichgeschlechtlichen Partnerschaften. Nichtsdestotrotz leben viele Homosexuelle zusammen. Bei seinem Besuch in den Philippinen gab Papst *Franziskus* indirekt, aber hörbar zu verstehen, dass die gleichgeschlechtlichen Ehen zu den „ideologischen Kolonisierungen" zählten, „die versuchten, die Familie zu zerstören". Doch es gibt nicht nur die Kirche in Rom und auch unter Gläubigen verschiedene Auffassungen: Im Dezember 2015 haben eine Philippinin und eine Australierin, beide Katholikinnen, auf der Insel Boracay geheiratet, mit dem Segen der Metropolitan Community Church mit Sitz in Quezon City.

Vor dem Gesetz sind alle Menschen, unabhängig von ihrer sexuellen Orientierung, gleich. Ein „Anderssein" ist den *bakla,* den *tomboy* und der Gesellschaft gleichwohl bewusst. Alltägliche **Diskriminierung,** Witze und Hänseleien in der Schule, Mobbing beim Militär, die Weigerung von konservativen katholischen Schulen, sie überhaupt aufzunehmen – das ist vielfach die Kehrseite der Toleranz. Auch erfahren nicht wenige Heranwachsende, die sich sexuell zum gleichen oder sozial zum anderen Geschlecht hingezogen fühlen, Protest und Scham im Verwandtschaftskreis.

Für **homosexuelle Frauen und „tomboys"** ist die Situation allgemein schwieriger als für Männer. Sie bekennen sich aus **Furcht vor sozialer Ausgrenzung** viel seltener offen zu ihrer sexuellen Orientierung oder ihrer sozialen Geschlechterrolle. Um beispielsweise im Bankenwesen, in der Politik, als Rechtsanwältin, Richterin oder Dozentin Karriere machen zu können, outen Lesben sich häufig nicht.

Für die trotz des allgegenwärtigen Machismo und des klerikalen Argwohns relativ hohe gesellschaftliche Akzeptanz von abweichender sexueller Orientierung geben einige philippinische Psychologen als Erklärung die in den Familien generell gelebte **Toleranz** gegenüber den einzelnen Mitgliedern und ihrem Verhalten und die Bereitschaft zur Anerkennung von menschlicher Vielfalt an. Revolutionär klingt da der Vorstoß von *Geraldine Roman,* erste Transgender-Kongressabgeordnete der Nation. Sie will sich selbst als Reserveoffizierin bei den Streitkräften bewerben, kündigte sie im Februar 2017 an, um die LGBT-Gemeinschaft wie Militärs darin zu bestärken, dass „wir ebenso disziplinierte, professionelle, unser Land liebende Soldaten sein können wie die übrigen Männer und Frauen in Uniform."

Ohne einen semantischen Zusammenhang herbeireden zu wollen, sei daran erinnert, dass in der Mehrzahl der philippinischen Sprachen keine Geschlechtertrennung vorkommt: Für das dritte Personalpronomen „er" und „sie", die in den meisten europäischen Sprachen in männlich und weiblich unterschieden werden, gibt es nur ein Wort: *siyà* (siehe das Kapitel „Frauen in der Gesellschaft" ab Seite 200).

Der Lebenszyklus: Geburt, Jugend, Alter, Tod

Keine einfache Geburt

Ist der erste Besuch bei einem Neugeborenen eine alte Person, dann wird auch das Kind ein langes Leben haben. (Redensart auf der Insel Romblon)

Bevor ein **Kind** das Licht der Welt erblickt, stehen Hunderte von **Volksweisheiten** und in unseren Ohren **abergläubische Ratschläge** zur Verfügung, um den sehnlichsten Wunsch der Eltern in Erfüllung gehen zu lassen: ein gesundes Kind zu bekommen.

Einige Beispiele:

- Schwangere sollten ein Kreuz auf ihren Bauch malen, zum Schutz vor Hexen und Vampiren (Cagayan de Oro).
- Wenn die Schwangere Verlangen nach Obst spürt, wird das Kind ein Junge; sehnt sie sich nach Blumen, wird es ein Mädchen (aus Bukidnon).
- Isst die Frau während der Schwangerschaft Bananen, wird das Kind behäbig und faul (Lanao del Sur).
- Eine Schwangere darf keinen Schal um den Hals tragen, sonst kann sich die Nabelschnur um den Hals des ungeborenen Kindes wickeln (Romblon).
- Eine schwangere Frau sollte sich nicht fotografieren lassen, sonst riskiert sie eine Fehl- oder Totgeburt (aus Bukidnon und Iloilo).
- Die Nachgeburt soll entweder in einem Bambusrohr aufbewahrt werden oder unter einer Bananenstaude oder im Boden unter dem Dachvorsprung des Hauses vergraben werden, damit sich das Kind intelligent und aufgeweckt entwickeln wird (Misamis Oriental).
- Es wird eine einfache Geburt, wenn zu Beginn des Geburtsvorgangs alle Fenster und Türen des Hauses geöffnet sind (Insel Bohol).
- Eine schwere Geburt droht, wenn die Frau während der Schwangerschaft einem Begräbnis beigewohnt hat (Insel Romblon).

Hin und wieder erleben fremde Besucher, dass eine schwangere Frau sie anstarrt. Das sollte nicht als Unhöflichkeit, sondern als Kompliment verstanden werden, denn die werdende Mutter hofft, durch den **Anblick eines hübschen Menschen** das gute Aussehen ihres Kindes zu beeinflussen.

Aberglaube hin oder her, viele der heute von modernen Familien belächelten wie respektierten Tabus stammen aus dem Fundus verschiedener ethnischer Gruppen, die noch oder früher sehr stark im Einklang mit der Natur leb(t)en. Darunter sind auch Verhaltensregeln im Zusammenhang mit der Geburt eines Kindes, die interessanterweise den Umgang des Menschen mit den natürlichen Ressourcen kontrollieren sollen. So ist eine **Geschichte von den Bontoc** überliefert, in der der Vater vor der Geburt seines Kindes übermäßig viele Fische gefangen hatte, obwohl ihn alle in der Familie von diesem Ehrgeiz zurückhalten wollten. Als sein Sohn auf die Welt kam, war er völlig apathisch und seine Haut ähnelte den Schuppen von Fischen. Nach zwei Monaten starb er. Ein anderes Beispiel aus derselben Gegend warnt vor Hochmut und Spott: Ein Mann liebte es, Mitmenschen mit körperlichen Behinderungen zu hänseln. Auch hier fruchteten Belehrungen der Nachbarn und Verwandten nicht. Sein erster Sohn wurde mit einem deformierten Ohr geboren.

Zahlreiche mit der Geburt zusammenhängende **regionale Bräuche und Rituale** der philippinischen Inselwelt ähneln sich. Das liegt einerseits am frühen islamischen Einfluss, zeigt aber auch Gemeinsamkeiten der malayo-polynesischen Kulturen aus vorislamischer Zeit. Nahrungstabus während der Schwangerschaft und nach der Geburt wie auch während der Menstruation der Frauen gehören zu den alten Überlieferungen. Wiederum von den Bontoc wird berichtet, dass die schwangere Frau nicht nach Früchte tragenden Bäumen Ausschau halten, dieses Obst nicht einmal begehren darf. Der Baum würde sonst verkümmern und absterben oder die Früchte bei der Ernte mickrig und verschrumpelt sein, wie dann eventuell auch die Haut des Neugeborenen. Werden also derartig entstellte Bäume oder Früchte gefunden, wird der Tabubruch einer schwangeren Frau dafür verantwortlich gemacht. Symbolik bestimmt auch die Regelung, dass mit dem Tag der Geburt für die Familie und die Schwiegereltern der Mutter mindestens eine Woche lang eine Abstinenz in Bezug auf frisches Obst und Gemüse eingehalten werden muss. Denn alles, was welken und verderben kann, wäre dem Gedeihen des Neugeborenen abträglich. Nur eine bestimmte konservierte Erbsenart darf – neben einem frisch geschlachteten Huhn – gegessen werden. Im Moment der Geburt ist es entscheidend, in welcher Lage das Kind aus dem Mutterleib kommt: Eine Bauchlage bedeutet, dass das heranwachsende Kind seine Eltern schnell vergessen wird, weil es bei seinem Lebensbeginn der eigenen Mutter den Rücken zuwendet. Dann muss der Schamane *(insupok)* die Ahnen sofort bitten, das Missgeschick rückgängig zu machen. Zeigt das Gesicht des Babys nach oben, so wird es stets rücksichtsvoll und in Dankbarkeit für Eltern und Verwandte sein.

Auf dem Land, vor allem fernab von ausreichender und moderner Gesundheitsversorgung, kommen viele Kinder immer noch **zu Hause** auf die Welt. Eine diplomierte Hebamme ist dort kaum vonnöten, denn Frauen in Nachbar- und Verwandtschaft kennen gewöhnlich die **lebenswichtigen**

090kp-ags

Handgriffe und Hygienemaßnahmen. Wo das Leben noch von religiösen und sozialen Traditionen (mit)bestimmt wird, folgen die Beteiligten den vorgeschriebenen Riten. Wie beispielsweise die Jama Mapun, eine im Süden der Insel Palawan und im Norden von Borneo lebende, muslimisch geprägte Ethnie, legen auch andere Kulturgruppen viel Wert auf den korrekten **Umgang mit Nabelschnur und Plazenta.** Diese werden nicht einfach entsorgt, sondern vom Vater oder anderen nahen Verwandten an einem bestimmten Ort vergraben. Von anderen Gruppen werden diese in getrockneter Form aufgehoben. Die Bontoc nehmen sogar die Plazenten der im Krankenhaus geborenen Kinder mit nach Hause, um sie dort zu vergraben.

Im jungen Leben eines Kindes ist, je nach regionalen Traditionen, die **erste Ausführung bestimmter Tätigkeiten** wichtig und denkwürdig, so beispielsweise das erste Schneiden der Finger- und Fußnägel oder der erste Haarschnitt, der oft erst nach einem Jahr feierlich erfolgt. Mancherorts legen die Eltern ein abgeschnittenes Haarbündel in ein Buch ihrer Wahl mit dem Wunsch, dass das Kind seine Interessen dem Buchinhalt entsprechend entwickeln möge, also etwa in ein Mathematikbuch, in die Bibel oder in einen Weltatlas. Möglicherweise ist dies ein Überbleibsel einer sehr festlichen Zeremonie anlässlich des ersten Haarschnitts, wie sie bei verschiedenen Kulturgruppen im asiatisch-ozeanischen Raum früher üblich war und als *paggunting* bei den Jama Mapun heute noch gefeiert wird.

⌃ Skeptische Blicke in die Außenwelt

Der schnelle Schnitt, ein großer Schritt

Ein Schnitt ist für Jungen (fast) unvermeidbar: die **Beschneidung.** Dass im katholischsten Land Asiens schätzungsweise 95 % der Männer, also auch die Priester, beschnitten sind, erstaunt zunächst. Doch wie wir wissen, hatte der **Islam** sich mindestens 200 Jahre vor Ankunft der Spanier auf vielen der südlichen und zentralen Inseln des Archipels etabliert und – so die kaum umstrittene Theorie – den Brauch der Beschneidung eingeführt.

„Pagtutuli" oder **„tuli"** heißt das schmerzhafte Ritual auf Tagalog (andere philippinische Sprachen kennen eigene Ausdrücke). Für muslimische Jungen ist dies nach wie vor fester Bestandteil des Glaubens, für die Mehrheit der Filipinos handelt es sich vielmehr um eine kulturell relevante Angelegenheit, die mit gesundheitlich-hygienischen Gründen erklärt wird. Viele Eltern lassen diesen Schnitt heute bereits wenige Tage nach der Geburt im Krankenhaus vornehmen, so wie bei Mädchen routinemäßig gleich die Ohrlöcher durchstochen und mittels steriler Schnüre offen gehalten werden. Für die Mehrheit der vor allem auf dem Land lebenden Familien ist *tuli* eine traditionell wichtige Erfahrung, die die Jungen als eine Art **Initiation** und **Zeichen des Übergangs in die Adoleszens** im Alter zwischen fünf und sieben, spätestens bis zum zwölften Lebensjahr über sich ergehen lassen sollen. Tatsächlich sehen Jungen und junge Männer, die nicht beschnitten sind, sich oft dem Spott anderer ausgesetzt, von denen sie anzüglich *supót* („intakt") gerufen werden. So ist es mehr der Gruppendruck als direkter Zwang der Eltern und Verwandten, unter dem sich die Jungen zu der Aktion bereiterklären.

Da gibt es auf dem Land tatsächlich **Gruppenbeschneidungen,** vorzugsweise in der Sommer- und Ferienzeit, wenn mehr oder weniger mutige Jungs am Fluss aufgereiht warten, um sich nach einem erfrischenden und erweichenden Bad der Klinge des „Beschneiders" zu stellen. Sie kauen auf dessen Anraten Guavenblätter, die sie nach dem Schnitt zum Blutstillen und als Schutz vor Infektionen auf die Wunde legen. Ein paar Tage laufen sie in weiten Hosen oder einem Rock herum, dann ist die Wunde im Normalfall verheilt. Bei den Ethnien im Bergland von Nordluzon suchen die Jungen zu gegebener Zeit einen älteren Mann auf, der sich auf „das Handwerk" versteht. Dort gibt es allerdings Regionen, wie im westlichen Bontoc-Gebiet, in denen die Beschneidung im Gegensatz zum zentralen Siedlungsgebiet erst seit der Einrichtung von staatlichen Gesundheitsstationen praktiziert wird. Außer den **Gesundheitsämtern** und **öffentlichen Kliniken** sind es nicht selten, und das klingt paradox, sogar **kirchliche Vereine,** die eine solche *operasyon tuli* als „Sponsoren" betreuen. In den Medien beraten Experten die Eltern, wie sie sich und die Söhne auf das

Ereignis vorbereiten können und empfehlen geeignete Krankenhäuser und Ärzte, die die Prozedur klinisch steril und unter Betäubung durchführen. In Zeiten des World Wide Web bleibt es natürlich nicht aus, dass sich auch in den Philippinen Gegenstimmen zur Praxis der Beschneidung zu Wort melden, die eine mögliche Traumatisierung der Jungen beklagen und ihre Meinung in Internetforen austauschen.

Bis der Tod – oder eine neue Verfassung – uns scheidet

Die Ehe ist nicht wie heißer Reis, den man ausspucken kann, wenn er einem den Mund verbrennt. (Philippinische Redensart)

Das wichtigste Ereignis für Mann und Frau ist konventionell die Hochzeit. Wie knebelnd der Ehebund sein kann und wie erdrückend das kirchliche Dogma des **Scheidungsverbots** wirkt, wird in vorangegangenen Kapiteln bereits angeschnitten und im folgenden Abschnitt näher erläutert (s. rechts). Und die Tatsache, dass zahlreiche indigene Kulturen und die muslimischen Gesellschaften im Land - die einen sind seit langer Zeit Zielgruppe ehrgeiziger Missionierung, die anderen gelten als religiöse Widersacher - die Scheidung erlauben, bestärkt Befürworter einer fortschrittlicheren Ehegesetzgebung in der Überzeugung, dass die von der katholischen Kirche beeinflusste Politik anachronistisch und widersprüchlich ist.

Wie die ersten Europäer die Heiratsverhältnisse im Inselreich wahrnahmen, gibt ein Kommentar des Eroberers *Miguel Lopez de Legaspi* wider:

„Unter diesen Eingeborenen ist Hochzeit so viel wie der Erwerb eines Handelsgutes. Dafür zahlen die Männer mit Geld und bekommen dafür Frauen, abhängig von ihrem Status. Die bezahlte Summe wird unter den Eltern und Verwandten der Frau geteilt. So wird ein Mann, der viele Töchter hat, als reich betrachtet. Will der Mann seine Frau nach der Hochzeit verlassen oder sich von ihr trennen, so kann er dies tun, indem er die gleiche Summe bezahlt wie bei der Hochzeit. Ebenso kann die Frau ihren Ehemann verlassen, sich von ihm trennen, wenn sie ihm den doppelten Betrag von dem gibt, was er für sie bezahlt hat. Männer dürfen zwei oder drei Frauen haben, vorausgesetzt sie haben genug Geld, sie zu kaufen und zu versorgen. Sie behandeln ihre Frauen gut und lieben sie gemäß ihren Gewohnheiten und Bräuchen. Obwohl sie ja alle Barbaren sind und weder Manieren noch Höflichkeit kennen.“ (Zitiert aus *Legazpi, Miguel Lopez,* „Relation of the Filipinas Islands and of the Character and Conditions of their Inhabitants. The Philippine Islands 1493–1803“, 1962. *Emma Helen Blair* und *James Alexander Robertson* (Hgg.), Bd. 3, übersetzt von *Albrecht G. Schaefer*)

Auf Biegen und Brechen

Derart „unsittlichen" Eheverhältnissen wollten die Spanier schnellstmöglich Einhalt gebieten und so muss in den Philippinen bis heute sehr oft zusammenbleiben, was nicht oder nicht mehr zusammengehört. Wer es sich leisten kann, hat die Option, **ins Ausland** zu reisen und sich in einem Land trauen zu lassen, in dem **Scheidungen erlaubt** sind. Je nachdem, wie die Familien dazu eingestellt sind, kann das jedoch schwere Zerwürfnisse nach sich ziehen. Denn die Heirat ist nicht nur die enge Beziehung zwischen den Ehegatten, sondern zwischen zwei Familien. Es gibt weiterhin die Möglichkeit, eine **Annullierung der Ehe** zu beantragen. Dazu benötigt man allerdings stichhaltige Beweise für bereits vor der Eheschließung vorhandene psychologische Defizite wie antisoziale oder narzisstische Tendenzen, erklärt die angesehene Rechtsprofessorin *Elizabeth Aguiling-Pangalangan.* Auch wenn die Ehe bei unter 21 Jahre alten Partnern ohne Einverständnis der Eltern geschlossen wurde, die Eheschließung unter Drohung und/oder physischer Gewalt zustande kam oder dauerhaft kein Geschlechtsverkehr praktiziert werden kann, sind dies Gründe für eine Annullierung. Wird die Ehe aus diesen und anderen Gründen für nichtig erklärt, dürfen beide Partner standesamtlich, nicht aber kirchlich, wieder heiraten. Bei etwaigen Nachweisen und Gutachten ließe sich, so darf man vermuten, bei den sowieso anfallenden saftigen Gebühren mit finanziellen oder anderen Mitteln nachhelfen, die letztlich sogar den zuständigen Richter „überzeugen" könnten. Kein Wunder, dass sich die **Kritik an der offiziellen Rechtslage** immer wieder Luft verschafft. Wie bei *Elizabeth Aguiling-Pangalangan,* die in einem Interview mit der Zeitung „Die Welt" schimpft: „Die Verfassung will die Familie schützen, aber wenn alle in der Familie unglücklich sind, gibt es nichts, was sich zu schützen lohnt. ... Wenn die Scheidung endlich erlaubt wäre, bekämen sowohl Kirche als auch der Staat, was sie wollen: solide Ehen."

„Legal separation" (legale Trennung) nennt sich eine Maßnahme, die gescheiterte Ehepartner als Alternative zur tatsächlichen Scheidung nutzen können. Dabei wird ihnen jedoch lediglich gestattet, getrennt voneinander zu leben, eine **erneute Heirat ist ausgeschlossen.** Die minderjährigen Kinder dürfen bei dem Partner leben, der dem anderen nachweislich einige der oben erwähnten und noch andere beziehungsgefährdende Gründe wie beispielsweise Homosexualität, eine länger als sechs Jahre dauernde Gefängnisstrafe, Perversion, eheliche Untreue, Drogenabhängigkeit o. Ä. vorwerfen kann. Aber auch in dieser gesetzlich vorgesehenen, halbherzigen Lösung sehen die Befürworter der längst überfälligen Scheidung per Gesetz nur noch mehr Unheil auf die Gesellschaft zukommen: „Wilde Ehen", sexuelle Unmoral, Prostitution, Verbrechen, Armut.

Um noch einmal die Rechtsgelehrte *Aguiling-Pangalangan* zu zitieren: „Ich sehe nicht ein, warum wir so stolz darauf sind, das größte katholische Land Asiens zu sein. Es ist Heuchelei! Wir schmücken uns mit den traditionellen Werten der Kirche, dabei gibt es so viele Paare hier, die unzufrieden sind, die gezwungen werden zu lügen, die in Sünde leben". (Aus *Sophie Mühlmann*, „Das Land, in dem Scheidungen verboten sind" in „Die Welt", 20.01.2015)

Man traut sich

Wenn es während der Hochzeit regnet, so ist das ein Zeichen dafür, dass es dem Paar später gut gehen wird. (Sprichwort von der Insel Romblon)

In modernen Zeiten sind unter liberal eingestellten Teilen der Gesellschaft immer mehr Paare zu beobachten, die ihre Beziehung erst einmal „ausprobieren", also ohne Trauschein zusammenleben. In einem Vorstoß von bewusster Emanzipation entscheiden sich sogar vornehmlich alleinstehende oder allein gelassene Frauen aus besseren Verhältnissen gegen Konventionen und öffentliche Moral. Wie auch immer, die meisten Ehen beginnen mit Romantik und dem innigen Wunsch, eine beeindruckende, festliche Hochzeit auszurichten, mit allem, was dazugehört, je nach Budget der beiden Familien. Zwar ist auch für Katholiken die Heiratsurkunde vom Standesamt die offizielle Anerkennung der Ehe, doch die religiöse Trauung bringt den gesellschaftlichen Segen. Das Ja-Wort vor dem geschmückten Altar inmitten von Weihrauchschwaden und Orgelmusik

105kp-ags

bleibt das oberste Gebot. Es gibt Gotteshäuser, die Monate, sogar Jahre im Voraus für Hochzeiten ausgebucht sind, beispielsweise die Manila Cathedral, die Kirche San Agustin in der alten spanischen Kernstadt Intramuros oder die berühmte „Erdbeben-Barock"-Kirche in Miagao an der Südküste der Insel Panay. Auch luxuriöse, pittoreske Strandresorts, die eine Kapelle auf dem Gelände haben, sind in höheren Kreisen für Heiratsschwüre sehr beliebt.

Gesetzliche Grundlage einer Heirat ist das Alter von mindestens 18 Jahren für Mann und Frau. Wenn beide eine **Ehefähigkeitsbescheinigung** vorlegen, also nachweisen, dass keine Einwände gegen die Heirat vorliegen, kann das Aufgebot bestellt werden. Auch manche Kirchenämter verlangen eine solche Bescheinigung. Vorausgegangen ist bei den meisten Paaren selbstverständlich die **Verlobungszeit,** während der sich auch die beiden Familien der Brautleute kennengelernt haben. *Pamanhikan* oder *pamamanhikan* nennt man das formale **Anhalten um die Hand.** Dazu gehen der Bräutigam und seine Eltern mit Geschenken zu der Brauteltern, erbitten deren Einverständnis für die Hochzeit und die neue Verbindung der beiden Familien ist damit offiziell besiegelt. Die Kinder gut zu verheiraten, sichert auch das Ansehen der Familien.

Als verlobt gilt ein Paar, wenn alle wichtigen Vorbereitungen zur Hochzeit besprochen worden sind: Datum, Ort, Budget, Gästeliste und Mitgift, die die Familie des Bräutigams stellt. Traditionell übernimmt diese auch die **Finanzierung der Feier,** doch heutzutage schultern immer mehr, vor allem nicht so vermögende Familien diese Ausgaben gemeinsam. Üblicherweise wird die Zeremonie des *pamamanhikan* (auf Deutsch wörtlich „die Treppe zum Haus der Braut hinaufsteigen") mit einem kleinen Fest im Haus der Braut begangen, ist sie doch Ausdruck der zukünftigen Verbundenheit beider Klans. Manche Brautfamilien laden in spanischer Tradition zusätzlich zum *despedida de la soltera,* „Abschied der Junggesellin", ein. Beim anschließenden *pa-alam* sind Braut und Bräutigam gemeinsam unterwegs zu Freunden, um sich als Paar vorzustellen und die Einladungen zur Hochzeitsfeier auszuhändigen.

Der Erfolg für die Mühen, die sich Brautpaar und beidseitige Verwandtschaft für die Vorbereitung auferlegt haben, muss präsentiert werden. Aus den sozialen Netzwerken sind Hochzeitsfotos und -filme „made in the Philippines" inzwischen nicht mehr wegzudenken. Friseur- und Schönheitssalons, Schneider und Schuhgeschäfte haben alltäglich Hochzeits-

◁ Eine prunkvolle Hochzeit, wie hier im Familienalbum verewigt, können sich nur wenige Brautpaare leisten

kundschaft ebenso wie Hochzeitsberatungs- und Eventmanagement-Agenturen. Trauzeugen, Hochzeitspaten und -sponsoren müssen rechtzeitig kontaktiert werden. Den **Sponsoren** und den Paten eines Brautpaares werden absolute Ehrenplätze eingeräumt. Je prominenter deren Status, umso größer das Ansehen der beiden Familien. Lokalpolitiker, Senatoren oder gar das Staatsoberhaupt als **Schutzpatrone** und großzügige Unterstützer des Hochzeitspaares sind in der (besseren) Gesellschaft sehr geschätzt und umworben. Dann darf auch ein adäquates **Hochzeitsgeschenk** erwartet werden.

Apropos Geschenke: Ein Nachttopf, ob vergoldet oder aus Porzellan soll der Ehe Glück bringen. Scharfe, spitze Gaben für die Braut dagegen symbolisieren ein abruptes, durch eine dritte Person verursachtes Ende der Beziehung. Alle Beteiligten sollen bitte pünktlich zur Hochzeit erscheinen, außer der Braut. Sie darf auf keinen Fall zeigen, dass sie es eilig hat, „unter die Haube zu kommen", und trifft daher etwas verspätet in der Kirche ein. Nur einem ganz wichtigen Sponsor wäre es gestattet, die Verspätung der Braut zu übertreffen.

Wer sich in einer der großen Kirchen des Landes, hier die San Agustin Church in Manila, trauen lassen will, muss viele Monate vorher buchen

Bei den Katholiken folgt die **kirchliche Trauung** grundsätzlich der spanischen Tradition, individuell fließen aber auch nordamerikanische Elemente ein wie das Werfen von Reiskörnern und Münzen. Auch das früher unbekannte Werfen des Brautstraußes, den die Braut ansonsten an einem Seitenaltar in der Kirche der Jungfrau Maria, einem Schutzheiligen oder einem lieben Vorfahren widmet, wird immer beliebter. Die **Hochzeitstorte** wird von Braut und Bräutigam gemeinsam angeschnitten und die beiden können sich gegenseitig ein paar Stücke in den Mund schieben. Eindeutig aus dem iberisch-katholischen Kulturkreis stammt der Brauch, dass der Bräutigam seiner Liebsten während der Zeremonie ein *arras* oder *arrhae* genanntes Geschenk aus 13 Gold- oder Silbermünzen gibt.

Wie die **Trauringe,** die dem Priester von einem Sponsor zum Segen präsentiert werden, symbolisiert das Geschenk in pekuniärer Form das innige Versprechen des Mannes, für das Wohlergehen seiner Frau und der zukünftigen Kinder einzutreten. Wenn es im Anschluss an die Messe zum Empfang und Bankett geht, begrüßt das Brautpaar die Gäste vor dem Saal. Nur dem Bräutigam darf man gratulieren, die Braut erhält gute Wünsche.

Der **Festschmaus** kann nicht üppig genug sein. Entweder dürfen sich die Angestellten der Familien dafür ins Zeug legen oder ein Catering-Service bekommt den lukrativen Zuschlag, wenn nicht ein Luxushotel oder ein eigens dafür eingerichteter Festsaal samt Bewirtung gebucht wurde. Je nachdem wie groß die Gästeschar ist, wird auch mal mindestens eine Kuh geschlachtet, von den üblichen Spanferkeln *(lechon)* anlässlich solcher Festgelegenheiten mal abgesehen.

Ein **Paar weiße Tauben** – eine männlich, eine weiblich – wartet als Zeichen für eheliche Harmonie in einem Käfig, bis das Brautpaar sie entfliegen lässt.

Musik darf auf keinen Fall fehlen. Eine Band, eine Kombo, manches Mal ein Superstar der angesagten Szene und natürlich ein „MC", ein möglichst bekannter Unterhaltungskünstler als „Master of ceremony", sollen zusätzlich garantieren, dass die Feier noch möglichst lange in bester Erinnerung bleibt. Geld scheint keine Rolle zu spielen, denn je höher die Ausgaben, umso besser das Ansehen und da zahlt man auch gerne für ein paar Medienleute, damit über das Ereignis berichtet wird. Um die exotische Hochzeitsreise wird zwar standesgemäß ein Geheimnis gemacht und dann doch öffentlich gemunkelt, ob die Vermählten ihre Flitterwochen in Hongkong, Singapur oder in Las Vegas verbringen.

So weit eine längst nicht erschöpfende Beschreibung des passenden Ambientes, wenn sich **Wohlstand** mit Wohlstand paart. Wo das Geld nicht so sprudelt, die Treueschwüre aber ebenso innig und vielleicht ehrlicher sind, fällt die Feier wesentlich bescheidener aus. Da nehmen die Familien mit der Dorfkirche Vorlieb. Sie kochen das Festessen notfalls selbst oder bestellen es nach hartnäckigen Verhandlungen im Restaurant. Man sucht ebenfalls nach hoffentlich spendablen Paten und Sponsoren (siehe auch das Kapitel „Familienzuwachs“ ab Seite 207). Und Karaoke ersetzt heute den Spaß, den zu Großmutters Zeiten der Tanz auf dem Dorfplatz brachte.

In ländlichen Kreisen ranken sich um die Hochzeit noch mehr **abergläubisch anmutende Rituale.** So stellt man gerne zwei Kerzen links und rechts neben das Brautpaar. Bei wem sie während der Zeremonie zuerst verlöscht, der wird vor dem Ehepartner sterben. Wenn dagegen Geschirr oder Gläser am Hochzeitstag zerbrechen, so bedeutet das Glück. Sollte sich die Braut schon vor dem großen Tag in ihrem Hochzeitskleid öffentlich zeigen, so ist das ein schlechtes Omen und die ganze Feier könnte ausfallen. Das einteilige, weiße Kleid, wie wir es kennen, ist auch die in den Philippinen typische **Brautmode** und geht auf westlichen, vor allem amerikanischen Einfluss zurück. Manche Frauen ziehen allerdings mit *baro't saya* eine traditionelle Variante des Brautkleids vor: ein langer, weiter Rock und eine kragenlose Bluse mit langen Ärmeln, beide Kleidungsstücke aus wertvoller Seide gewebt und in unterschiedlichen Farbtönen. Ein alter Rosenkranz im Familienbesitz, der bei den Katholiken und Aglipayan-Christen die Braut schmückt, ist weniger Ornament als Glaubensbekenntnis. Der Mann erscheint bei der Hochzeit nicht in Frack und Weste, sondern in langer, schwarzer Hose und dem *barong tagalog,* dem generell zu festlichen Anlässen getragenen langärmeligen, weißen, dezent bestickten Hemd aus *jusi* (gewebte Fasern der Ananas-Agave), das über der Hose getragen wird.

Mehrheitlich suchen sich die jungen Leute ihre Lebenspartner heute selbst aus. Die Eltern wollen aber bei der Wahl immer ein Wörtchen mitreden, denn die Heirat verbindet zwei Familien und hat daher gesellschaftliche, wenn nicht gar politische Relevanz. Vor allem bei den sehr wohlhabenden Familien kann der **elterliche Einfluss** schon im frühen Jugendalter seinen Anfang nehmen. Nicht nur das Ansehen, sondern auch der Besitz soll durch die Heirat wachsen oder möglichst in der Familie, im Klan bleiben. Beispiele für Heiraten unter Cousins und Cousinen zweiten Grades gibt es viele, früher konnten unter reichen Großgrundbesitzern sogar noch engere Verwandte zu Eheleuten werden. Sinn und Zweck der inzestuösen Liaison war, die Ländereien und Güter im Familienverband zu sichern. Die Heirat zwischen – nicht blutsverwandten – Mitgliedern der oberen Gesellschaftsklasse ist auch in vielen indigenen Gruppen, beispielsweise bei den Völkern der Bergregionen von Nordluzon, und bei vielen muslimischen Ethnien üblich.

Der letzte Weg – Alter, Tod und Trauern

Sie starb am 24.6.2015 im Alter von 97 Jahren in Iloilo City. Die Nachricht ging durchs ganze Land und nach Übersee. Von überall her trafen Kondolenzbekundungen ein, auch von *Imelda Marcos,* eine der guten Freundinnen von *„Lola Eva"*, wie eine ihrer Großnichten sie immer nannte. Trauerbesucher aus Manila, den Nachbarprovinzen, aus den USA, aus China und dem ganzen Land hatten sich schnell angekündigt. Ein repräsentabler Sarg musste zum Glück nicht mehr ausgesucht werden, das hatte *Lola Eva* bereits selbst erledigt. Ein renommiertes Bestattungsunternehmen war beauftragt worden und hatte das Prunkstück aus Edelholz und mit vergoldeten Beschlägen geliefert, in Begleitung von bewaffneten Sicherheitsleuten. Denn, so hatte es sich schnell und beabsichtigt herumgesprochen, umgerechnet etwa 36.000 Euro soll der Sarg gekostet haben. Für *Lola Eva,* Mitglied einer der wohlhabendsten Familien des Landes, nicht mehr als *sencillos,* Wechselgeld, wie die Großnichte nicht ohne Stolz bemerkt.

Das pompöse Ende eines in vielerlei Hinsicht reichen und langen Lebens, wie es nur wenigen im Land vergönnt ist. Zwar ist die **Lebenserwartung** auf durchschnittlich 72 Jahre gestiegen – die (statistische) Frau

039kp-mlp

In spanischer Tradition zieren Mausoleen namhafter Familien die christlichen Friedhöfe

wird demnach 75 Jahre, der Mann 69 Jahre alt – doch vom ersehnten „Altenteil" als Ruhepolster, sprich einer **ausreichenden Rente,** können die meisten Filipinos nur träumen. Gerade mal 13 % der Menschen über 60 (z. B. Staatsbedienstete oder Mitarbeiter ausländischer Firmen) erhalten Pensionszahlungen, deren bescheidene Summen aber viele weiterhin zur Erwerbstätigkeit nötigt oder sie von familiärer Unterstützung abhängig macht. Der sogenannte „Labor Code of the Philippines" (die Arbeitsgesetzgebung) schreibt vor, dass jemand frühestens ab 60 und spätestens mit 65 in Rente gehen kann.

Was vielen Menschen im Alter bleibt, ist der Reichtum einer mehrere Generationen umfassenden **Familie,** in der sie Geborgenheit, Liebe und Respekt finden. Ihre Aktivität im Familienkreis und in der Nachbarschaft ist gefragt: Sie geben Rat bei anstehenden Entscheidungen, sind Vermittler bei Streitigkeiten, Garanten der Traditionen und Repräsentanten der Vorfahren. „Seniorenheim" ist ein Fremdwort in dem Land, wo es Kinder und Enkel als geheiligte Pflicht empfinden, sich um Eltern und Großeltern zu kümmern, sie bei sich aufzunehmen, sie zu pflegen – bis zum Abschied am Grab.

Der **Tod** ist für Filipinos **allgegenwärtig,** er wartet nicht unbedingt, bis der Mensch ein „sterbefähiges" Alter erreicht hat. Das wird schon in den vielen Redensarten und Sprichwörtern deutlich, die dem Tod landesweit eine fast vertraute Rolle im Leben geben und jeden seit der frühen Kindheit begleiten, so z. B.:

- *Wenn jemand nachts auf Knien rutscht, ohne damit einen religiösen Zweck zu verfolgen, so verursacht das Missgeschick oder den Tod eines nahen Familienangehörigen.* (Cagayan de Oro)
- *Betreut ein Arzt einen Sterbenden, so sollte er nicht bis zu dessen letztem Atemzug bei ihm bleiben, sonst werden viele seiner Patienten bald sterben.* (San Pablo City)
- *Wer davon träumt, dass ihm ein Zahn gezogen wird, der wird bald einen Familienangehörigen durch Tod verlieren.* (Cagayan de Oro)
- *Das Fotografieren von drei Personen gleichzeitig bringt Unglück oder sogar den Tod für die Person in der Mitte.* (Landesweit bekannt)

Dann ist da, treppauf, treppab, der Abzählvers in aller Munde: *„oro, plata, mata"* – „Gold, Silber, Tod". So darf die Stufenfolge beim Treppenbau, die immer mit „Gold" beginnen muss, auf keinen Fall mit „Tod" enden, sonst hätte dieser leichten Zugang. Also muss die letzte Stufe auf „Gold" oder „Silber" passen. Diese Formel beachtet man peinlichst. Daher schimpfen an akkuraten Stufenbau gewöhnte Besucher schon mal, wenn die letzte Stufe zu hoch oder zu niedrig ist und man leicht darüber stolpern könnte.

Gemeinsam trauern

Sterben und Tod sind oft grausam, noch schlimmer empfinden die Menschen es, wenn jemand allein und einsam sterben muss. Wie eine Geburt, die Taufe, ein wichtiger Geburtstag oder das erfolgreiche Examen Anlässe zum gemeinsamen Feiern sind, schätzen Filipinos auch Besuche bei Kranken zu Hause oder im Krankenhaus. Umso mehr werden Kondolenzbesuche und die Teilnahme an der Totenwache sehr hoch bewertet, sind sie doch der verdiente Abschied von einem vertrauten Mitmenschen. Daher kommen die Besucher so schnell wie möglich ins Trauerhaus. Alle, auch Kinder, nehmen sich Zeit und werden bewirtet. Man schickt Blumen und Beileidskarten oder übergibt sie der trauernden Familie persönlich mit einer mündlichen Kondolenzbekundung. Höflicherweise auch mit einem *abuloy*, einem **Geldgeschenk**, als Beitrag für die Trauer- und Bestattungskosten, vor allem, wenn die Trauerfamilie nicht allzu vermögend ist. Wer einer trauernden Familie einen Kondolenzbesuch abstatten will, sei es während der Totenwache oder zum Begräbnis, der sollte dunkle Kleidung tragen, vornehmes Weiß ist ebenso angebracht. Die engsten Verwandten des Verstorbenen sind schwarz oder schwarz-weiß gekleidet.

Angebotene Getränke und Gerichte müssen nicht verzehrt werden. Eine Viertel- bis halbe Stunde Aufenthalt im Trauerhaus reicht aus. Dem Eintrag im Kondolenzbuch sollte man seine Adresse hinzufügen, dann erhält man eine Dankeskarte. Je nachdem wie nahe man dem Verstorbenen stand, kann man zur Totenwache und/oder zum Begräbnis gehen.

In jedem größeren Dorf hat sich mindestens ein **Bestattungsunternehmen** niedergelassen, in Städten decken mehrere Dutzend der *funeral parlour* genannten Betriebe die naturgemäß rege Nachfrage. Sie geben ihr Bestes, für die wohlhabende ebenso wie für die ärmere Kundschaft. Särge gibt es in allen Preisklassen, aus Sperrholz, Aluminium oder Mahagoni mit vergoldeten Beschlägen, mit synthetischem Textilbezug oder mit Seide ausgeschlagen, mit und ohne Glasscheibe im Kopfteil ... Die Unternehmer sind auch Experten für Techniken, die den für alle sichtbar aufgebahrten Körper der Verstorbenen bis zur Beerdigung oder Verbrennung, die bei Chinesen üblich und von Christen der verschiedenen Konfessionen gelegentlich gewünscht ist, ansehnlich präsentieren. Formalin (Formaldehyd) ist dabei das bewährte Mittel, das es ermöglicht, dass auch aus der Ferne angereiste Verwandte die Bestattung mit einem „schönen" Leichnam noch miterleben können.

Bis es so weit ist, bleibt dieser i. d. R. im Familienhaus, wo die Angehörigen sich bei der Totenwache (*lamay* oder *paglalamay*) Tag und Nacht abwechseln. Am offenen Sarg und rund um die Uhr brennt Licht, die Stromkosten anlässlich eines Todesfalls sind zuweilen das Gesprächsthema im Ort, auch solche finanziellen Ausgaben tragen zum Ansehen der Familie bei. Es wird gegessen und getrunken, man vertreibt sich die Zeit mit Kartenspielen oder mit Mahjong (ein aus China stammendes Spiel, mit bedruckten oder gravierten Spielsteinen). Allerlei Anekdoten machen die Runde und es wird sicher auch schon mal über das Erbe geredet. Regional respektiert man gewisse **Taburegeln,** die verbieten, dass das Haus des Verstorbenen bis zur Bestattung mit einem Besen gereinigt wird oder dass die Verwandten sich baden und die Haare kämmen.

Auf der Insel Cebu wird ein Huhn auf den Sarg eines durch Gewalt umgekommenen Menschen gesetzt, um schnelle Gerechtigkeit für ihn zu fordern. Verwandte sollen möglichst noch unter dem angehobenen Sarg hindurchgehen, bevor dieser auf den Leichenwagen gesetzt wird; das soll ihnen helfen, ihren Lebensrhythmus bald wieder aufnehmen zu können. Das Passieren von Rauchschwaden auf dem Friedhof soll den Geist des Verstorbenen von den Lebenden fernhalten. Für die Katholiken ist es Vorschrift, die **„novena",** in Tagalog *pasiyam* oder *pagsisiyam* genannt, zu beachten: Nach der Bestattung wird neun Tage lang an jedem Abend für den Verstorbenen gebetet. Dahinter steht die Vorstellung, dass die Seele des Verstorbenen erst am neunten Tag ins überirdische Leben eintritt. Die *novena* schließt ab mit einer Messe und einem im Familienkreis eingenommenen Essen. Schließlich folgt eine weitere Messe 40 Tage nach dem Tod, das entspricht der Zeitspanne, die zwischen Christi Auferstehung und Himmelfahrt liegt. Die Trauerzeit endet nach einem Jahr an *babang luksa* („Ausklang der Trauer").

Grabkultur – einfach bis luxuriös

Reisende begegnen gelegentlich **Trauerprozessionen.** Unverkennbar ist dabei der soziale Status der Person, die zu Grabe getragen wird. Mal sind es Hunderte Trauergäste und Verwandte, die hinter dem geschmückten Leichenwagen schreiten und von einem uniformierten Orchester begleitet werden. Umgebaute US-Oldtimer wie Cadillacs oder Chevrolets sind zu diesem Zweck beliebt und kosten selbstverständlich eine stattliche Miete. Bei armen Leuten beschränkt sich das Feierliche darauf, dass Verwandte den Sarg auf einem einfachen, mit Blumen verzierten Handkarren schieben und die Trauermusik aus einem portablen Kassettenrekorder oder MP3-Player-Lautsprechern klingt.

Friedhöfe liegen allgemein außerhalb der Ortschaften, oft mehrere Kilometer entfernt. Von Weitem sind sie zu erkennen an Mauer und Portal, Namen wie „Campo Santo", „Campo de la Paz" oder schlicht „Cementerio", Inschriften, Heiligenfiguren und Baustil erinnern an die spanische Vergangenheit. Reich verzierte Mausoleen prägen das Bild.

Zunehmend werden in größeren Städten für Verstorbene der oberen Mittelklasse und der Oberschicht großflächige „Memorial Parks" nach amerikanischem Vorbild mit Straßen, gepflegtem Rasen und Heckenrainen, Sicherheitspersonal und Alarmsystem angelegt.

Weltberühmt ist der 54 Hektar große **Chinesische Friedhof in Manila** – eine kleine Stadt mit Straßennamen, Adressenverzeichnis, Kontrollpunkten und Wachleuten. Besucht man diesen interessanten Ort an Allerheiligen Anfang November, leuchtet ein, dass viele der Grabhäuser, ja Grabvillen und mehrstöckigen Mausoleen nicht allein des Ansehens wegen großzügig und luxuriös angelegt wurden. Die Verwandten der hier Bestatteten strömen zum Gedenktag in Scharen herbei; ganz wie zu Lebzeiten der Verstorbenen trifft man sich zum geselligen Beisammensein. Es gibt sogar eine eigene „Millionaires Row" („Straßenzug der Millionäre") und „Little Beverly Hills" zu bestaunen – für die Toten. Hier sind Gärtner beschäftigt, dort reinigt ein Mann einen Teich mit Koi-Karpfen. Viele der Prachtbauten bieten sogar Aufenthaltsräume, Toiletten mit fließendem Wasser, Klimaanlagen, Ruhebänke und WLAN – für die Angehörigen, versteht sich. Wenn die Großfamilien ihrer Ahnen gedenken, dann wimmelt die Friedhofstadt von Menschen, die Essen, Getränke, eine ganze Palette moderner Elektronikunterhaltung und Spielgeräte für die Kinder mitbringen. Abgehobener Luxus für das Rendez-vous mit den Ahnen, das bieten auch andere Friedhöfe. In Parañaque, einem südlichen Vorort von Manila, soll es ein Mausoleum mit Helipad geben. Den Kontrast zu dieser bizarren Szenerie stellen die Innenseiten der bis zu zehn Meter hohen Mauern dar, in denen mehrere Tausend einfacher, in Reihen übereinander befindlicher Grabnischen die Toten beherbergen. Dort ruhen die sterblichen Überreste von denen, deren Hinterbliebene ihre bescheidenen Mittel für das tägliche Leben selbst bitter nötig haben.

Vereint mit den Ahnen – traditionelle Grabstätten

Eine Touristenattraktion stellen die: **„Hängenden Särge"** in der Karstlandschaft um Sagada dar. Hier, im Siedlungsgebiet der Bontoc, ist es alte Tradition, die Verstorbenen in Särgen an senkrecht aufragenden Felswänden herunterhängen zu lassen. Vereinzelt befolgen die Bewohner des Gebiets diese halsbrecherische Praxis noch. An manchen Särgen ist ein Stuhl befestigt; es heißt, dass darauf der Leichnam platziert war, bevor er in den Sarg gelegt wurde und dieser danach für die Lebenden unbrauchbar geworden sei. Bei Sagada liegen auch Hunderte Holzsärge in einer riesigen Höhle aufeinandergestapelt. An einigen der leider in jüngster Vergangenheit auch von europäischen Grabschändern beschädigten, sogar geleerten Sarkophage sind christliche Darstellungen, aber auch Zeichen des traditionellen Naturglaubens zu entdecken. Wie die Umrisse eines Geckos, der als Symbol für Wohlergehen und ein langes Leben gilt. Die exponierte Position der Toten an hochragenden Felsen und im Innern von Mutter Erde soll, so erklärt es die alte Religion, die Nähe zu den Ahnen ermöglichen.

In allen indigenen, traditionellen Kulturgruppen des Landes glauben die Menschen an ein **Jenseits,** ein Leben nach dem Tod. Darauf deutet auch die Fötushaltung hin, in der Skelette in eher kleinen Särgen aus präkolonialer Zeit gefunden wurden. Denn der Übergang in eine andere Welt entspricht einer Wiedergeburt.

Sehr kostspielig und festlich wurden und werden gelegentlich noch die Toten bei den **Ifugao** rund um den Ort Banawe bestattet. Für die als Erbauer der Reisterrassen und bis in die 1970er-Jahre noch als kriegerische Kopfjäger bekannten Ifugao bedeutet der Tod eines Familienangehörigen außer dem Verlust eines geliebten Menschen immense Kosten. An jedem Tag der Totenwache, die abhängig von Status, Alter des Verstorbenen und Todesursache mehrere, mindestens aber fünf Tage dauern soll, muss ein Schwein oder ein Wasserbüffel als Fürbitte bei Göttern und Ahnen geschlachtet werden. Das ganze Dorf wird zum Trauerfest eingeladen. Mit dem Spielen von Gongs, Tanz und abendlichem Gesang der Ballade *hudhud* werden die Anwesenden wachgehalten. Teilweise bleiben die Familien durch die Kosten für eine Trauerfeier ihr Leben lang verarmt, aber für die Gesellschaft sind sie „gute Leute“. Die Parallelen zur modernen Gesellschaft sind offensichtlich: Je größer der materielle Aufwand für ein Begräbnis, umso höher das Ansehen der Familie.

Auch die katholisch-christliche „novena“ scheint ihre Wurzeln in vorchristlichen Traditionen zu haben. Die Toten der Ifugao, insbesondere die im Kampf gestorbenen, blieben nach der Waschung im Fluss in ihren besten Kleidern und mit aromatischen Kräutern im Mund bis zu neun Tagen aufgebahrt liegen, allerdings ohne einbalsamiert zu werden. Reiche Familien „haben daher das Privileg des Verwesungsgeruchs, während arme Stammesangehörige sich die Kosten für den Geruch nicht leisten können (weil während der langen Aufbahrungszeit u. a. die täglichen Tieropfer bezahlt werden müssen, Anm. des Autors) [...] Aber arme wie reiche Tote werden am dritten Tag im Fluss gebadet. Denn für das Treffen mit den Vorfahren muss der Verstorbene vom Schmutz der Erde befreit sein.“ (*Norma Miraflor,* Journalistin aus Manila, die 1971 zu einem Ifugao-Begräbnis eingeladen war, zitiert in „The Ifugao World“ von *Mariano A. Dumia,* Quezon City, 1979, S. 21)

Diese Bräuche und ihre Varianten anlässlich von Todesfällen wegen kriegerischer Auseinandersetzungen und Verbrechen werden kaum noch

038kp-ags

praktiziert. Der hier nur unvollständige Überblick zu den **vielfältigen Bestattungsbräuchen** in den Philippinen soll mit einem kurzen Blick auf ein Ritual bei einer **muslimischen Gruppe** abgeschlossen werden. So verlangt es der Glaube bei den Jama Sapun, dass der Verstorbene innerhalb von 24 Stunden bestattet sein muss und nach Waschung und Einwickeln in ein einfaches, weißes Tuch ohne Sarg in die ausgehöhlte Seitennische des Grabes gelegt wird. Zwei hölzerne Stelen markieren das einfache, durch Steine abgegrenzte Grab – eine in Höhe der Schultern, die andere über den Knien des Toten. Während der hundert Tage nach dem Tod und an jedem Todestag werden Festlichkeiten abgehalten und gemeinsam Gebete (*dua'a alua* – „Gebete für die Seele, den Geist") gesprochen.

Wäre eine hochverehrte Dame wie die eingangs betrauerte *Lola Eva* vor rund 2800 Jahren auf der Insel Palawan gestorben, wären ihre Gebeine – so lassen archäologische Funde erkennen – in einem für die damalige Zeit sehr kunstvollen Tonkrug aufbewahrt worden. Mit einer symbolträchtigen, an die seefahrende Vergangenheit der heutigen Filipinos erinnernden Skulptur als Verzierung: ein Boot, das ein Bootsmann vom irdischen Leben in das andere Leben hinüberrudert.

⌃ Für die Nachfahren weithin sichtbar und für die Verstorbenen näher bei den Ahnen: die Hängenden Särge bei Sagada

Der Alltag

◁ Warten auf Kundschaft - ein Friseurmeister auf der Insel Negros (091kp Foto: ags)

Arbeitsleben – drei Beispiele

Auf der Piste von Palawan

Morgens um 5.30 Uhr am Terminal, der einige Kilometer außerhalb von Puerto Princesa auf der Insel Palawan liegt, beginnt **Marios Arbeitstag.** Aufgestanden ist er schon um 4 Uhr. Von seinem Häuschen in der Nähe des Hafens, wo der 38-jährige, stämmige Cebuano mit seiner Frau und drei kleinen Kindern wohnt, braucht es auch mit dem Motorradtaxi seine Zeit. Vor Fahrtantritt muss er noch sein Arbeitsgerät inspizieren: einen überdimensionierten **Jeepney,** der mit rund 7,5 Tonnen die Größe und Funktion eines Überlandbusses hat. „Negotiator" heißt das Monstrum, auf dessen Dach *Marios* Assistent *Joey* bereits zusammen mit den Mitarbeitern der Busgesellschaft die ersten Gepäck- und Frachtstücke wuchtet. Eine Handvoll Touristen gehört zu den Passagieren, die in den Inselnorden wollen. Die Morgensonne brennt schon kräftig, ein anstrengender, langer Tag steht den beiden bevor, wie mehrmals in der Woche, wenn sie auf der rund 125 Kilometer langen Strecke zwischen Puerto Princesa und Port Barton an zwei aufeinanderfolgenden Tagen jeweils fünf bis sechs Stunden pro Fahrt unterwegs sind. Auf dem eigentlich gut ausgebauten Palawan-Highway kommt es vor allem in der Regenzeit immer wieder zu Erdrutschen und unterspülten Abschnitten. Wachsamkeit und Konzentrationsvermögen erwarten die Passagiere von *Mario,* der auch Eigentümer des Fahrzeugs ist. Wenn er unterwegs eine Panne hat, legt er selbst Hand an. Als gelernter Kfz-Mechaniker weiß er sich meistens zu helfen und bringt *Joey,* seinem 16 Jahre alten Assistenten, so manchen Trick bei. Dem Halbwaisen, der mit dem Monatslohn von rund 30 Euro auch die kranke Mutter und zwei Geschwister versorgt, will *Mario* fachlich so weit auf die Sprünge helfen, dass er bald eine Lehre beginnen kann. Nur ans Steuer lässt er ihn noch nicht, weil er noch keine Fahrerlaubnis für den Personentransport hat.

Auf dem Busbahnhof geht es laut und geschäftig zu, einige Busse sind angekommen, mindestens drei Jeepneys und Kleinbusse sind abfahrbereit. Passagiere drängen sich in den Fahrzeugen, Verwandte und Freunde, die zum Abschiednehmen gekommen sind, zücken ihre mobilen Telefone und machen Fotos, reichen Obst und Gepäck als Wegzehrung. *Mario* zieht an einem Kabel über seinem Sitz; ein Tuten, das einem Hochseeschiff alle Ehre machen würde, lässt die Leute am Terminal zusammenzucken, *Mario* schaut sich grinsend um. Es geht los.

Joey sitzt einige Zeit später wieder im Bus, nachdem er während der Fahrt durch ein, zwei Dörfer außerhalb von Puerto Princesa außen am

Geländer hing, um winkend und mit lautem Rufen weitere Passagiere dazuzuholen. Die Fahrt wird sich lohnen, alle Sitzplätze sind belegt. Die Fracht und die meisten Reisenden, auch die Touristen, wollen bis Roxas oder Port Barton mitfahren, da muss *Mario* nicht viele Stopps für aus- oder einsteigende Fahrgäste einlegen und kann Zeit sparen. Zugegeben, wenn er unterwegs für wenige Kilometer ein paar Leute zusteigen lässt, kann er etwas zusätzlich verdienen, das er mit *Joey* teilt. Das ist mit der Busfirma so vereinbart, denn von der bekommt er als **Subunternehmer** außer den Dieselkosten und den Nutzungsgebühren für den Busbahnhof nichts bezahlt. Für alle anderen Kosten für den „Negotiator", also auch Ersatzteile, muss *Mario* mit seinem durchschnittlichen Bruttoverdienst von rund 90 Euro, der sich aus den Fahrtkosteneinnahmen generiert, monatlich aufkommen. Deswegen will er auch möglichst schnell ans Ziel kommen. Dort warten neben hoffentlich einigen Fahrgästen sechs wertvolle Kisten. Mit einer befreundeten Fischerfamilie hat er telefonisch vereinbart, dass er deren Fang am nächsten Tag mit nach Puerto Princesa nimmt. Der Ertrag aus dieser „Gefälligkeit" sichert das Schulgeld seiner Kinder für die nächsten drei Monate.

Die **Fahrt** verläuft ohne Probleme. Nur einmal, kurz vor Roxas, wo es über steile Kurven durch Regenwald geht, muss *Joey* Kühlwasser nachfüllen. Am frühen Nachmittag kommen sie an der großen Bucht von Port Barton an. Abladen, ein schneller Snack aus Fisch und Reis und eine Stunde Siesta auf einer der Sitzbänke im Bus. Morgen wird der Arbeitstag noch früher beginnen, denn bevor die Passagiere um halb sieben einsteigen, muss *Mario* die Fischkisten mit dem frischen Fang auf dem Dach verzurrt haben. Er und sein Helfer werden vor dem Bambushaus der befreundeten Familie **im Bus übernachten,** die Moskitonetze haben sie schon einmal bereitgelegt.

In der Mall von Manila

Maribel schafft es zum Glück auch dieses Mal im ersten Anlauf, sich in die überfüllte Hochbahn LRT zu quetschen. Zu früher Stunde um kurz vor 6 Uhr sind bereits Zigtausende Arbeitnehmer und Händler aus den Vororten ins Zentrum von Manila unterwegs, wie sie, die 24 Jahre alte Verkäuferin, die sechsmal in der Woche von Parañaque im Süden in den Stadtteil Ermita pendelt. Seit sechs Jahren arbeitet *Maribel* in einem Buchladen in Robinsons Place, einem der älteren von vielen Einkaufszentren der Zwölf-Millionen-Stadt. Nach ihrem Abschluss des College ist der Versuch, ein Studium der Bibliothekswissenschaft aufzunehmen, wegen Geldmangels in der Familie gescheitert.

Für die Kundschaft öffnet die Mall um 8 Uhr die Tore, die Angestellten der ersten Schicht, die bis 16 Uhr dauert, müssen bereits eine Stunde früher da sein. *Maribel* will schnell noch etwas zum Frühstück kaufen bei einem der ambulanten Fastfood-Stände, die zu Dutzenden in den Straßen von Ermita zu finden sind. Später, wenn der Hauptverkehr Fahrt aufgenommen hat, sind deren Betreiber gezwungen, sich in die kleinen Gassen zurückzuziehen. Eilig löffelt *Maribel* eine heiße Brühe mit Fleischklößchen, nimmt eine Tüte mit Teigtaschen mit und eilt zum Personaleingang. Nach der Inspektion ihres Rucksacks und ihres Dienstausweises registriert sie sich an der Kontrollstelle, es bleibt nicht mehr viel Zeit zum Anziehen ihrer Uniform und zum Auffrischen ihres Make-ups. Die Kolleginnen von der Kosmetikabteilung müssen da schon länger in die Schminktöpfchen greifen, aber auch der Abteilungsleiter des Buchladens verlangt adrettes Aussehen. Zum Glück kann *Maribel* Utensilien ihrer „Arbeitsausrüstung", wie Lippenstift und Gesichtscreme, mit etwas Preisnachlass im Haus kaufen, da zeigt sich Robinsons kulant. Überhaupt fühlt sie sich in der Firma einigermaßen wohl. Neben einem **Lohn** von etwa 10 Euro in der Woche gibt es an **Weihnachten einen Bonus** von einem halben Monatssalär und nach mehr als drei Jahren Zugehörigkeit zur Firma zahlt diese bescheidene, aber regelmäßige Beiträge in **eine Art Altersversorgung** für die Angestellten ein. Wenn nur **der lange Weg zur Arbeit** und zurück nach Hause nicht wäre. Manchmal muss sie für eine Kollegin einspringen, die noch weiter entfernt wohnt und nicht immer pünktlich zur Nachmittagsschicht von 16.00 bis 21.00 Uhr kommen kann. Dann nimmt *Maribel* lieber den Jeepney nach Parañaque, weil sie abends im Gedränge vor der Hochbahn schon mehrmals von Taschendieben beklaut wurde. Ihren großen Wunsch, ein Abendstudium durchzuziehen, hat *Maribel* noch nicht aufgegeben. Vielleicht in einem Jahr, wenn sie bis dahin eisern spart und sich ein einfaches Zimmer in der Nähe der Uni mieten kann.

Suche nach der Neuen

In San Joaquin bei Iloilo treffen sich die beiden Schwestern *Eva* und *Annemarie* mit ihrer Cousine *Rose* im Haus der Familie, wo sie ihre Kindheit und einen Teil der Jugend verbracht haben. Es ist höchste Zeit, eine Nachfolgerin für die gute **Estelita** zu finden. Von allen liebevoll nur *„Esteling"* genannt, ist die Frau nach schwerer, erst kurz vor ihrem Tod entdeckter Krankheit gestorben. Über zwei Generationen lang hatte sie in der Familie gearbeitet als **Haushaltshilfe, Köchin, Babysitter, Putz- und Waschfrau,** als „Mädchen für Alles". Unersetzlich, von allen gemocht, von den Kindern geliebt, aber auch unterbezahlt und nicht selten ausgebeutet, vor

Extrainfo 16 (s. S. 6): „Philippinen – Die globalen Helden": 3Sat-Reportage über junge Menschen, die auf dem Arbeitsmarkt ihre Zukunft suchen, und den Einfluss der Globalisierung

allem, weil ihr Lohn nur unregelmäßig und minimal angehoben wurde. Zuletzt erhielt sie, die selbst sechs Kinder zu ernähren hatte, ungefähr **einen Euro am Tag.** Sehr wenig, zugegeben, aber das ist in der Provinz Durchschnitt. Immerhin hatten einige im Ausland lebende Angehörige der Familie, in der *Esteling* so lange angestellt war, Geld für teure, letztlich aber unnütze Medikamente und den einfachen Sarg überwiesen. Jetzt sucht man also Ersatz und das ist nicht so einfach. Zwar sind genügend Kandidatinnen verfügbar, allein von den Pächterfamilien, die den Landbesitz der Familie bearbeiten, haben sich einige junge Frauen als Haushaltshilfen angeboten. Es wäre getreu der Tradition, eine von ihnen als **muchacha** – so hatte die noch sehr spanisch erzogene Großmutter die Bedienstete genannt – anzustellen, meint *Eva.* Die Leute von der Farm sind loyal, einfach, nicht verwöhnt und dankbar für jeden kleinen zusätzlichen Verdienst. Doch *Annemarie* zieht es vor, jemand von auswärts zu beschäftigen. Die gut verdienende Ärztin, die in Australien lebt und Mitglied in einer Organisation für Frauenrechte ist, will mit der Tradition brechen, die sei ungerecht und feudalistisch. In der Stadt Iloilo habe sie schon mit einer vertrauenswürdigen Frau, die sich auf ihre Anzeige hin gemeldet hat, gesprochen. Mit 35 Euro im Monat sei sie einverstanden, sie müsste aber ein Zimmer im Haus bewohnen können und zweimal im Monat ihre eigene Familie in der Stadt besuchen dürfen, die Fahrtkosten zahle sie selbst. Die Frau spreche ja den gleichen Dialekt wie hier im Dorf und kenne die regionalen Sitten. Ihre Schwester und *Rosa,* die Cousine protestieren. Sie seien immer gut gewesen zu den Angestellten, auch *Estelings* Kindern hätten sie die **Schulausbildung** ermöglicht, bei ernsten Krankheiten oder Verletzungen seien sie für die **medizinische Versorgung** aufgekommen. Wie Familienmitglieder seien sie behandelt worden. *Annemarie* dagegen wendet ein, dass das Personal völlig abhängig sei und erinnert daran, dass die philippinische Öffentlichkeit die Unterdrückung der Filipinas im Ausland anprangere, aber im eigenen Land die **Ausbeutung** dulde.

Beim Mittagessen, das *Rosa* zubereitet hat, setzen sie die Diskussion fort. Eine Frau aus der Stadt würde es doch gar nicht lange im Dorf aushalten, irgendwann würde sie wegbleiben und wir müssten uns wieder eine suchen, zweifelt *Eva. Rosa* gibt zu bedenken, dass es immer schwieriger werde, vertrauenswürdige Angestellte zu finden, so oft höre man ja von Einbrüchen und schlimmeren Verbrechen in Privathäusern, die erst mithilfe der Angestellten möglich wurden. Hin und her wird argumentiert, die drei Frauen geben sich alle Mühe, einen Kompromiss zu finden. Sie vereinbaren schließlich, dass sie am nächsten Tag eine Pächterfamilie auf der Farm besuchen wollen, um mit deren ältester, verwitweter Tochter über das Arbeitsverhältnis zu reden. Dieses soll *Annemaries* zweifellos fortschrittliche Bedingungen einhalten: Die neue **sologoon** (Haushaltshilfe in der Ilonggo-Sprache) soll im Haus bei freier Kost und ohne eigenen Mietanteil in einem kleinen Anbau wohnen können, 30 Pesos, ca. einen halben Euro mehr am Tag erhalten und zweimal im Monat einen freien, bezahlten Tag nehmen dürfen.

Flüssige und rauchende Laster

Nach dem **Nationalgetränk** gefragt, wird jeder Filipino lächelnd antworten: *„tubig"* („Wasser"). Will man konkrete Auskünfte zu alkoholischen Delikatessen, dann rangiert das **lokale Bier,** das im Label den heiligen Michael führt, ganz oben. Bei den stärkeren Getränken gibt es eine ganze Palette von eindrucksvollen, preisgekrönten Marken, aber auch Destillate, die alle unter „Whisky" laufen, obwohl hauptsächlich Gin, Rum und Brandy-Verschnitte darunter sind. Aber genau diese hochprozentigen Muntermacher – je billiger desto beliebter – fördern die Geselligkeit, viele geräuschvolle Diskussionen, sehr häufig Gewaltausbrüche und lassen, in noch höherem Maß als Rauchwaren, jährlich Millionen Menschen unheilbar erkranken. **Alkoholabhängigkeit** betrifft alle Gesellschaftsschichten. Unter den ärmeren Betroffenen, die ja kaum abgeschirmt voneinander leben, ist sie sichtbarer und brutaler. Wer auf höherem sozialen Niveau trinkt, ob in Abhängigkeit oder nicht, leistet sich auch schon mal teure Importgetränke und stellt sich mit diesen zur Schau.

092kp-ags

Hoch die Steuer für die „Sünden"

Das **Konsumieren von Alkohol** gilt als Beweis von Männlichkeit. Die bereits erwähnten Kumpel einer *barkada* (Clique), die vorzugsweise im Freien, in Biergärten, an Stränden, Wasserfällen oder auf privatem Terrain stapelweise Bierkästen anschleppen (lassen) und die leeren Flaschen für alle sichtbar aufreihen, sind Beweis für diesen Kult, der Trinkfestigkeit und Geldvermögen zeigen soll. Seitdem ab 2012 die sogenannte *sin tax* („Sündensteuer" für Tabak- und Alkoholwaren) per Gesetz im Jahresrhythmus drastisch erhöht wurde (zuletzt war sie 1997 angehoben worden), ist der Konsum von Bier, Gin und Co. für viele zum echten Luxus geworden. Genau das war beabsichtigt, und die WHO empfiehlt anderen Staaten, die Philippinen als nachahmenswertes **Beispiel im Vorgehen gegen Alkohol- und Nikotinabhängigkeit** zu nehmen. Die **Steuer** beträgt seit 2016 für gegorene Getränke wie Bierprodukte zwischen 21 und 23 Pesos pro Liter, für destillierte Getränke wird ein ähnlich hoher Steueranteil angerechnet. Pro Zigarettenschachtel, die maschinell verpackt wird, gehen nun zwischen 25 und 29 Pesos an den Fiskus. Damit entspricht der **Ladenpreis für eine Schachtel** der billigeren, lokal produzierten Marken (ca. 50 Pesos) dem Tagesverdienst eines im unteren Lohnsektor Beschäftigten. Für die manuell verpackten Zigaretten sind es pro Schachtel immerhin 21 Pesos.

Der Protest der **Tabakindustrie,** die neben Zigaretten auch hochwertige Zigarren produziert und alle früheren Versuche einer Steueranhebung sabotieren konnte, ließ anlässlich der ersten Erhöhung 2012 nicht lange auf sich warten: Der Staat wolle sich auf Kosten der Armen bereichern und durch enorme Umsatzeinbußen würden Entlassungen unvermeidbar. In der Tat ist die Anzahl der verkauften Zigarettenpackungen zwischen 2012 und 2014 von knapp 5,8 Milliarden auf rund 3,9 Milliarden heruntergegangen. Gleichzeitig sind die Einnahmen durch die „Sündensteuer" sprunghaft angestiegen, allein im Jahr 2015 um 124 Milliarden Pesos, der Hauptanteil kam durch besteuerte Tabakwaren zustande (86 Milliarden Pesos, 2012 waren es 32 Milliarden Pesos). Von diesen Einnahmen gehen 15 % in die hauptsächlich auf Tabakanbau angewiesenen Provinzen, als Unterstützung für die bislang davon lebenden Menschen, die sich nach anderen Erwerbsmöglichkeiten umsehen müssen. Der große Batzen, 85 %, fließt zur Freude der WHO in die PhilHealth, die öffentliche Gesundheitsversorgung, die vor allem den Armen in der Bevölkerung zugute kommt (s. S. 253).

‹ Tropische Grüße von der Cocktailbar

041kp-ags

Tabak, Betelnuss und Schnaps

Täglich sterben durchschnittlich 240 Filipinos an den direkten und indirekten **Folgen des Nikotinkonsums.** Eine breit angelegte Aufklärungskampagne durch Fernsehspots, Plakate und Veranstaltungen, die die Gesundheitsbehörden 2012 zusätzlich zum Rauchverbot in öffentlichen Gebäuden, öffentlichen Verkehrsmitteln, auf öffentlichen Plätzen und in Gastronomieeinrichtungen lanciert hatten, ermöglichte es, das Gesetz zur *sin tax* zu verabschieden. Sehr strikt handhaben einzelne Städte wie Baguio, Dumaguete und Davao das Rauchtabu. Immer mehr Hotels bieten ausdrücklich Nichtraucherzimmer an. Die abschreckenden Abbildungen von schwarzen Raucherlungen und missgebildeten Babys „zieren" die Zigarettenpackungen schon seit geraumer Zeit.

Beliebt sind dennoch Glimmstängel vorzugsweise mit Mentholaroma. Auf dem Markt finden sich lokal und im Ausland produzierte Varianten der international bekannten Tabakmarken. Daneben gibt es hin und wieder kurze, filterlose und lange, dünne, sehr dunkle Zigaretten, die nicht nur rustikal aussehen und riechen, sondern auch mit den Menschen in rückständigen Gebieten assoziiert werden. Manchmal sieht man auf dem Land Männer und Frauen, die genüsslich an derlei Tabakwaren oder gar an selbstgedrehten Zigarren ziehen. Ganz erstaunt sind Stadtmenschen und Fremde, wenn sie Frauen sehen, die diese langen, dunklen Zigaretten „verkehrt herum", mit der Glut im Mund rauchen und zur Erklärung hören, dass so die glühende Asche beim Wäschewaschen nicht auf die Kleidungsstücke fallen könne. Abgesehen davon haben die Philippinen eine lange Tradition in der Produktion erlesener, hochwertiger Zigarren und Zigarillos, die mit der Konkurrenz aus Sumatra und Kuba ohne Weiteres mithalten kann.

Kautabak, das Rauchen von Pfeifen wie das Trinken von Reisschnaps und -wein sind **traditionelle Genussmittel** der indigenen Filipinos, denen die Lastersteuer auch in modernen Zeiten noch nichts anhaben will. Die besonders im Tiefland beliebten **Varianten von Gärgetränken** wie *tubá* (Kokospalmwein), *basi* (Zuckerrohrwein) und *tapuy* (Reiswein) zählen bislang nicht zu den zu versteuernden Drogen. Gewissen Beschränkungen unterliegt allerdings die **Betelnuss,** die in Asien zwischen Indien und Neuguinea seit langer Zeit gekaut wird. Als *buyo* wurde sie schon von den frühen europäischen Besuchern in verschiedenen Regionen des Archipels beschrieben. Noch heute ist das gestampfte beziehungsweise gekaute und leicht berauschende Gemisch aus der nussartigen Frucht einer Art der Areca-Palme, aus Sirih-Blättern, Tabak und Muschelkalkpulver bei vielen Indigenen beliebt. *Moma* nennen es die Indigenen der Cordillera von Nordluzon. Und weil das Ausspucken des sich beim Kauen knallrot färbenden Saftes den modernen Hygienevorstellungen nicht mehr entspricht, weisen beispielsweise in der touristisch reizvollen Gegend um Bontoc und Banaue explizite Schilder No-Moma- und spezielle Moma-Zonen aus.

Gesundheit und Hygiene

Blühende Pflanzen im Garten schützen vor Krankheit! Denn Besucher, auch die, die Krankheitserreger an sich tragen, werden erst die Blumen bewundern, bevor sie ins Haus kommen. (Aberglaube aus der Provinz Bukidnon)

Wenn es denn so einfach wäre, gesund zu bleiben ... In Wirklichkeit ist Gesundheit für die meisten Menschen auf den vielen Inseln **eine Frage des Geldbeutels.**

◁ Betelnuss kauende Gäste dieses Restaurants in Banaue werden gebeten, nicht in die Blumentöpfe zu spucken

Das philippinische Gesundheitssystem

Krankenpflege für die ganze Welt war der Exportschlager, mit dem der damalige Präsident *Marcos* in den 1970er-Jahren die Erfolgsgeschichte der philippinischen Auslandsarbeit begann. Fachlich sehr gut ausgebildete Frauen und Männer füllen seitdem die Lücken in den Gesundheitssystemen anderer Länder, in denen es außer an weitsichtiger und ausreichender Finanzierung vor allem an professionellen, hoch motivierten und gleichzeitig einfühlsamen, geduldigen, liebenswürdigen Pflegekräften mangelt, deren bloßes Lächeln schon die Heilung der ihnen Anvertrauten fördern kann. Was sich wie ein Text aus einer Werbebroschüre für die Jobvermittlung ins Ausland liest, ist tatsächlich der Grund, aus dem vor rund 40 Jahren Tausende von Filipinas beispielsweise in deutschen Krankenhäusern und Pflegeeinrichtungen erfolgreich angestellt worden sind.

Auch **Ärzte** und **Ärztinnen** aus dem Inselstaat praktizieren in der ganzen Welt. Viele von ihnen, und das gilt auch für Pflegekräfte, haben eine Ausbildung in den USA absolviert bzw. in den Philippinen ein Examen bestanden, das den generell hohen US-Standards entspricht.

Doch wie ist es angesichts der andauernden Abwanderung von medizinischen Fachkräften um das heimische Gesundheitswesen bestellt?

Unleugbar gab es einen wichtigen Schub nach oben, nachdem die Aquino-Regierung die Erhöhung der *sin tax* (siehe auch das Kapitel „Hoch die Steuer für die ‚Sünden'" ab Seite 249) ermöglicht hatte. 85 % dieser Abgaben für Tabak- und Alkoholwaren fließen seit 2013 in die allgemeine Gesundheitsversorgung, sollen Krankenhäuser- und stationen mit besserer Ausrüstung versorgen und die Ausbildung von Ärzten und Pflegepersonal fördern. „Diese freigesetzten Mittel aus der ‚Sünden-Steuer' helfen dabei, wichtige Pläne im Gesundheitswesen

093kp-ags

Zahnersatz der rustikalen Art gibt es auf einem Wochenmarkt im Südosten der Insel Negros

042kp-ags

umzusetzen", wirbt das Gesundheitsministerium. „Es wird die Mütter- und Kindersterblichkeit wie auch die HIV-Infektionsrate reduzieren und unser Netzwerk an Dienstleistungen verstärken." Staatlichen Angaben zufolge waren Anfang 2014 etwa acht von zehn Einwohnern in der **Philippine Health Insurance (PhilHealth),** dem nationalen Krankenversicherungsunternehmen, versichert. Mit dessen Ausweitung haben mehr Patienten Zugang zu medizinischen Diensten. Allerdings müssen vor allem ambulante Patienten weiterhin bestimmte Dienstleistungen aus der eigenen Tasche bezahlen, der Anteil der **Eigenleistung** liegt bei etwa 50 % pro Haushalt. Die Gesamtausgaben für das Gesundheitssystem steigen stetig. 2014 machten sie rund 5 % des Bruttoinlandsprodukts aus.

Politische Planspiele, veröffentlichte Positivstatistiken und das generell hohe Niveau medizinischer Ausstattung und Ausbildung sind die eine Seite. Die harte Realität, die sich angesichts von Naturkatastrophen, Armut und Bedrohung durch Gewalttätigkeiten immer wieder offenbart, zeigt oft das andere, frustrierende Bild der medizinischen Unterversorgung. Nach wie vor liegen die **gesundheitlichen Hauptprobleme** in den mit dem landesweit verbreiteten Drogen-, Alkohol- und Tabakkonsum zusammenhängenden Erkrankungen sowie in chronischer Unterernährung und deren Folgeerkrankungen wie Vitaminmangel, Tuberkulose, Durchfall- und Zahnerkrankungen bei vielen Angehörigen der armen Bevölkerungsschicht. Spezielle Hilfsprojekte sollen zwar die Situation langfristig entspannen, doch die allgegenwärtige Korruption verhindert, wie an so vielen sozialpolitischen Knotenpunkten, dass die Mittel dort, wo sie benötigt werden, vollständig oder überhaupt ankommen.

⌃ Medikamentenangebot einer Provinzapotheke, einschließlich des Segens vom Jesuskind

Risiken durch Umweltprobleme und Klimawandel

Die zunehmende Verbreitung des **Dengue-Virus,** das wie das Zika-Virus durch den Stich der asiatischen Tigermücke *(Aedes albopictus)* übertragen wird, ist hauptsächlich ein Risiko für die ländliche Bevölkerung, insbesondere während der Regensaison. Regional und saisonal sind die Menschen von **Malaria** und **Bilharziose** bedroht. Doch die häufigsten Todesursachen stellen Erkrankungen der Atemwege, Bluthochdruck und Herzerkrankungen dar. Brustkrebs ist prozentual für die meisten Todesfälle unter Krebspatienten verantwortlich. Diabetes und Nierenleiden nehmen zu. Wie der Schutz der Umwelt rückt das Wissen um deren Schädigung und die Folgen für die Gesundheit erst allmählich ins Bewusstsein der Filipinos. Doch die **Zunahme von Zivilisationskrankheiten** wie Allergien und Asthma sensibilisiert langsam die Öffentlichkeit, sodass bspw. die hohe Abgasbelastung in den Städten ein zunehmend diskutiertes Thema geworden ist. **Übergewicht** vor allem bei Kindern und Jugendlichen ist längst keine auf die Städte beschränkte Problematik mehr. Das Gegenteil dessen gibt allerdings weiterhin weitaus mehr Anlass zu Sorge: Rund 40 % aller Kinder im Vorschul- und 35 % aller Kinder im Schulalter gelten als **untergewichtig,** während zwischen 7 und 10 % als übergewichtig eingestuft werden.

⌃ In der Regenzeit stehen Manilas Straßen häufiger unter Wasser

Noch vor zwei Jahrzehnten hauptsächlich für reiche Industrieländer typische **Erkrankungen mit psychischem und psychosomatischem Hintergrund** wie Depression, Magersucht oder Burn-out-Syndrom sind inzwischen auch in den Philippinen „angekommen". Gleichzeitig fehlt es aber nicht nur an genügend kompetenten Fachärzten und Psychologen, sondern auch an einem Bewusstsein, in welchem derartige Störungen als Krankheiten akzeptiert werden. Nicht selten ruft die nachweisbare Tatsache, dass es in den Philippinen infolge häufiger **Naturkatastrophen** zu einem erschreckenden Anstieg von psychischen Erkrankungen kommt, Erstaunen bei Außenstehenden hervor. Allein in der Region, die 2013 durch den Wirbelsturm Haiyan heimgesucht wurde, soll inzwischen jeder Zehnte an Depressionen leiden, wegen der immensen Verluste und der Schuldgefühle vieler Überlebender. Im Klima-Risiko-Index 2015 der Organisation Germanwatch liegt der Inselstaat auf Platz eins.

Gerade hinsichtlich des Gesundheitswesens zeigt sich, dass die Philippinen auf dem Weg sind, ein Schwellenland zu werden – mit jeder Menge an Widersprüchlichkeiten und Kontrasten. In den größeren Städten neben Manila wachsen hochmoderne Krankenhäuser und Spezialkliniken – ob öffentlich oder privat – in den Himmel. Allein von staatlicher Seite sind 30 Projekte geplant, darunter das Philippine Orthopedic Center mit über 700 Betten. Andere medizinische Einrichtungen sollen modernisiert werden, insbesondere im allgemein besser ausgestatteten privaten Sektor – 2013 waren 909 private Krankenhäuser registriert gegenüber 524 staatlich betriebenen Kliniken. Der **Medizintourismus in die Philippinen** wächst. Nicht nur aus Nachbarländern reisen Patienten an, auch aus Amerika und Europa machen sich Patienten aller Art nach Manila, Cebu, Dumaguete, Davao oder Baguio auf, um neben Urlaubsfreuden eine gute und preisgünstige Behandlung zu erhalten. Dabei geht es weniger um Genesung durch einen Wunderheiler (s. S. 108), sondern zunehmend um zahnmedizinische Belange wie Keramikkronen und Zahnaufhellung, um Eingriffe durch Schönheitschirurgen, Augenspezialisten, Dermatologen sowie um Behandlungen zur Gewichtsreduktion. Gleichzeitig vertrauen sich immer noch Angehörige der abgelegen lebenden ethnischen Kulturgruppen indigenen Naturheilern an. Die ärmeren Patienten unter den Bewohnern auf dem Land, die zwar durch PHilHealth Anspruch auf eine medizinische Grundversorgung und kostenlose Erstuntersuchungen haben, können sich bei komplizierten Erkrankungen weder den Transport in eine städtische Klinik noch die teuren Medikamente leisten.

Das Angebot an **Apotheken** ist recht groß, ihr Personal ist durchweg gut ausgebildet. Auch die Verschreibungspflicht ist im Allgemeinen streng kontrolliert, alle handelbaren Medikamente müssen von der staatlichen

Extrainfo 17 (s. S. 6): „Klimawandel macht psychisch krank": ein Beitrag über den Zusammenhang von Umweltproblemen, Naturkatastrophen und psychischen Belastungen

Behörde „Bureau of Food and Drugs" zugelassen sein. Viele Arzneimittel, die bei uns nur gegen Rezept ausgegeben werden können, sind in lokalen Apotheken ohne ärztliche Verordnung erhältlich. Angepasst an die begrenzten Mittel vieler Menschen, werden Pillen und Tabletten auch einzeln abgezählt verkauft.

Auch medizinisches Gerät ist ein lukratives Geschäft, das vornehmlich mit Auslandsprodukten gemacht wird. Jeder neue Zahnarztstuhl, jede Modernisierung und jeder Neubau einer Klinik in den Philippinen bringt letztlich auch dem Export Deutschlands Pluspunkte, denn von dort kommen seit Jahrzehnten viele der Apparaturen und Spezialutensilien.

Sauberes Wasser ist (k)ein Allgemeingut

Eine Handbewegung der Filipinos wird der aufmerksame Besucher bald registriert haben. Sie drückt ein individuell empfundenes **Hygieneproblem** dezent und doch sichtbar aus: der gestreckt zwischen Nase und Oberlippe gelegte Zeigefinger der rechten Hand: „Etwas stinkt!", kann das heißen oder sogar „Jemand riecht streng!" Das kann sich auf störenden Zigarettenrauch, den qualmenden, weil angezündeten Abfallhaufen beim Nachbarn oder die beißenden Ammoniakschwaden aus einer nahen Toilette beziehen, aber auch auf einen verschwitzten Touristen, der mit im Jeepney sitzt. Die schwarzen Dieselwolken, die so ein Gefährt mitunter in die Luft bläst, sind mit dem Finger unter der Nase kaum abzuwehren, da muss schon die ganze Hand oder gleich ein Tuch vors Gesicht gelegt werden. Die ungesunde, gefährliche Luftverschmutzung scheint den meisten Passanten allerdings weniger auszumachen als der Körpergeruch eines Mit-

043kp-ags

menschen. Die eigene **Körperhygiene** hat einen hohen Stellenwert. Da Waschmaschinen für die meisten Haushalte ein erstrebenswerter, aber kaum erschwinglicher Luxus sind, gehören waschende Frauen – und gelegentlich auch Männer – sowie mit bunter Wäsche zum Trocknen behängte Zäune, Geländer, ja selbst Hecken und Büsche zum normalen Alltagsanblick. In den ärmeren Vierteln der Städte und den einfachen Häusern auf dem Land, wo ein großer Teil des Privatlebens aus Platz- und Materialmangel öffentlich wird, ist immer mal jemand hinter einem Sichtschutz aus Rohrgeflecht oder Plastiktuch bei der Körperwäsche zu sehen. Im Schnitt wird in den tropischen Philippinen mindestens zweimal am Tag geduscht oder gebadet – und darauf legt man großen Wert!

Der Anblick der vielen in adretten Uniformen gekleideten Schüler oder der zahlreichen Schuhe und Sandalen vor Haus- und Zimmertüren – auch vor ärmlich erscheinenden Wohnungen –, die hohe Zahl der Schönheitssalons und Werbeplakate für Kosmetikprodukte lassen den ersten Eindruck entstehen, dass den Filipinos **Köperpflege** sehr wichtig ist.

Die Angewohnheit vieler Männer, in ihrer Freizeit und nicht nur zu Hause mit nacktem Oberkörper oder zumindest mit hochgezogenem Hemd aufzutreten, entspricht neben einem gewissen Macho-Gehabe dem allgemeinen Bestreben, Abkühlung an den Körper zu lassen und möglichst nicht durch nach Schweiß muffelnde Kleidung aufzufallen. Die Sampanguita-Blüten, die Besuchern gerne in Ketten um den Hals gehängt und auf den Straßen der Städte Autofahrern zum Kauf angeboten werden, verströmen mit ihrem intensiven Duft unweigerlich das Gefühl von Wohlbefinden.

In wörtlich scharf riechendem Kontrast zu den Maßnahmen der individuellen Hygiene steht mitunter das Verhalten, wenn es um die **öffentliche Sauberkeit** geht. Über „wild pinkelnde" Filipinos in aller Welt kursieren seit Jahrzehnten zahlreiche Witze. In manchen Städten haben die Behörden inzwischen drastische Strafen für diese Art der Verschmutzung eingeführt und gebührenpflichtige öffentliche Toiletten aufgestellt – ein echter Fortschritt, der nach Ausweitung ruft. Noch immer wird jegliche Notdurft mangels funktionierender Toiletten häufig im Freien verrichtet. Auch die Aufklärungskampagnen über Zusammenhänge zwischen Fäkalien und Belastungen des Trinkwassers, über die Bedeutung des regelmäßigen Händewaschens und des Abkochens von Wasser sind seit Jahren verstärkt worden, doch noch längst nicht überflüssig. Die immer noch hohe Zahl von mitunter tödlich verlaufenden **Durchfallerkrankungen** ist unter an-

⊲ Fließendes Wasser: für viele Menschen ein kostenpflichtiger Fortschritt

095kp-ags

derem auch auf die schlechten Zustände der sanitären Anlagen bei rund 26% der Bevölkerung (ca. 24 Millionen Menschen) zurückzuführen.

Ähnlich verbesserungswürdig ist die **Versorgung mit sauberem Wasser,** das immer noch für etwa 8,5 Millionen Menschen im Land nicht zugänglich ist. Diese holen sich ihr Wasser größtenteils von gegen Ratten, Ungeziefer und Unrat ungeschützten Brunnen und Quellen, andere nutzen unbehandeltes Wasser aus Flüssen, Staubecken und Kanälen zum Trinken. Für eine kleine Minderheit der Bevölkerung dagegen ist es völlig normal, mit bestem Trinkwasser ihre privaten Swimmingpools zu füllen, Golfplätze zu bewässern und regelmäßig die Autos zu waschen. Sie leben durch Mauern und Stacheldrahtzäune abgeschirmt vom weniger begünstigten Rest der Welt in Mikrokosmen, die das staatliche Krankenversicherungssystem PhilHealth als „kleine Inseln ausgezeichneter Gesundheit" ausmacht.

Unter den nur mit ausreichenden Geldmitteln durchzuführenden Maßnahmen wie dem Bau moderner Wasserleitungen, Wassertanks und Abwassersysteme sind auch Projekte, die mittels moderner, sauberer Toiletten- und Trinkwasserinstallation in Schulen die **Hygieneerziehung** vorantreiben sollen.

Senator *Ralph Recto,* der sich in dieser Problematik sehr stark engagiert, forderte 2016 unter Bezug auf WHO- und Unicef-Berichte von der Regierung und den lokalen Verwaltungen auch den Bau von Wasch- und Toilettenräumen für die Obdachlosen. Er empfahl außerdem, eine Art Straßensteuer einzuführen und die Erträge in den Bau von entweder gratis oder gegen Gebühr zu nutzenden Toilettenräumen entlang der Überlandstraßen fließen zu lassen.

In Elendssiedlungen herrschen meist prekäre hygienische Bedingungen

Kino, Musik und Theater

Musik

Wäre **Karaoke** nicht eine japanische Erfindung, dann hatte der elektronisch verstärkte Spaß am Gruppensingen sicher seine Wurzeln in den Philippinen. Überhaupt begeistern Klang, Gesang und Tanz Jung und Alt und das schon seit geraumer Zeit. Die katholischen Mönche der ersten Kolonialjahrhunderte haben die musikalischen Talente ihrer zu bekehrenden Untertanen schnell erkannt und ihrer neuen religiösen Orientierung zugeführt. Kirchenchöre wurden auf diese Weise gegründet und Musikschulen ins Leben gerufen.

Die frommen Klosterdirigenten früherer Jahrhunderte hätten sich wohl kaum träumen lassen, dass sich unter den Nachfahren ihrer Sangerknaben und -mädchen Musikgruppen und -ensembles herausbilden, die sehr erfolgreich und in aller Welt im Einsatz sind. Damit sind nicht nur der **Madrigalchor** aus Manila und **Folkloretanzgruppen** wie Bayanihan Philippine Dance Company oder Filipinescas gemeint, die regelmäßig auf internationale Tournee gehen. **„Pinoy Bands“,** wie sie oft angekündigt werden, sind auch die Stars der Luxushotels und Kreuzfahrtschiffe rund um den Globus. Sie setzen das ihnen nachgesagte Imitationstalent derartig gut um, dass sie die Stimmen westlicher Interpreten, seien es *Louis Armstrong, Johnny Cash,* die Bee Gees, *Amy Winehouse* oder die Scorpions (nahezu) originalgetreu auf Bühne und Bildschirm zaubern. Umso verständlicher, dass Karaoke-Bars alltäglich die vielen sangeslustigen Leute anlocken – sie könnten vielleicht sogar das Sprungbrett zur Karriere sein.

Die kann nicht früh genug eingeleitet oder besser erträumt werden. Bei Familienfesten sind sie die Blick- und Gehörmagneten: Kinder, die mit oder ohne Mikrofon trällern, rappen, mit Schnulzen zu Tränen rühren und auch schon mal am Klavier oder mit der Trompete ihr Bestes geben. Ihr Repertoire ist bereits wie das der Älteren umfassend und reicht von Filipino und dem lokalen Idiom bis zu amerikanischem Englisch, das besonders beliebt ist.

Musik ist überall in den Philippinen **gegenwärtig,** oft zu laut und aggressiv, immer öfter ungesund, da sie über Kopfhörer in Millionen von Ohren Schaden anrichtet, hin und wieder jedoch einfach schön und versöhnlich, wenn beispielsweise Frauen bei der Arbeit auf dem Reisfeld vor sich hin singen oder ein Bootsmann in seinem *bangka* (Auslegerboot) inbrünstig ein Liebeslied übers Meer schickt. Ganz selten erlebt man es noch, dass junge Männer ihrer Auserwählten mit Gitarre nach alter, fast ausgestorbener Sitte eine Serenade schenken.

Trotz des Überangebotes an zeitgenössischen, modernen und alle paar Monate wechselnden Rhythmen ist die philippinische oder besser die **regionaltypische Volksmusik** noch längst nicht in rein touristische Shows verbannt. Relikte aus der bewegten Vergangenheit sind diese Folkloreelemente, ohne die eine Fiesta eigentlich nur halb so bunt und fröhlich ist. Neben indigenen Wurzeln offenbaren sie auch Klänge aus aller Welt, die dank der Kolonialherrschaft ihren Weg auf die Inseln gefunden haben. Da gibt es so unerwartete Melodien wie die einer südosteuropäischen Polka, die die spanischen Monarchen aus dem Geschlecht der Habsburger nach Asien einführten. Oder die fetzigen afrokubanischen Rhythmen einer Habanera, ihrerseits Variationen einer spanischen Jota, die ihren Ursprung in Andalusien hat.

Den **Rang eines Nationaltanzes,** der auch immer gerne im Ausland vorgeführt wird, nimmt der **Tinikling** von der Insel Leyte ein. Hierbei werden zwei lange Bambusstangen in schnellem Takt aneinandergeschlagen, während Männer und Frauen zwischen ihnen wie stelzfüßige Reiher rhythmisch auf- und abhüpfen. Sehr anmutig wird im **Singkil,** dem königlichen Tanz der Maranao, das Werben eines muslimischen Prinzen um eine Frau dargestellt. Hier kommt der **Kulintang,** ein auf Mindanao sehr beliebtes Instrument aus acht Messinggongs zur Geltung. Zu dem bekannten Folkloreangebot gehören auch der **Maglatik,** ein mit Kokosschalen vorgeführter Kriegstanz als Erinnerung an die alten christlich-muslimischen Spannungen, und der sehr komplizierte **Pandango-sa-Ilaw-Tanz** von Mindoro, bei dem Mädchen Kerzenlichter oder gefüllte Gläser auf Kopf und Händen balancieren. Jede Region hat schließlich ihre typischen Hochzeits-, Geburtstags- und Erntetänze.

096kp-ags

Einen festen Platz unter den Osterfeierlichkeiten hat das langatmige Singspiel **Pasyon,** das während der spanischen Kolonialzeit außer dem Leiden Christi auch den **politischen Protest** des unterdrückten Volkes ausdrücken sollte. Es ist eine sehr philippinische Eigenart, Folklore als Vehikel für Kritik an bestehenden Verhältnissen einzusetzen. Das Beispiel der **Kundiman,** alter Lieder von Liebesleid, in denen sich später die Aversionen gegen die Spanier versteckten und die nun zeitgenössische Liedermacher motivieren, verdeutlicht die vielfältige Aussagekraft der Volksmusik.

Die **avantgardistische Musikszene** sieht auch in der Wiederverwendung traditioneller Instrumente eine spannende, vom Publikum dankbar quittierte Herausforderung. Die Gruppe Maguindanao Lilang-Lilang spielt auf Bambusflöten, Holztrommeln, Xylophonen und Gongs der Mindanao-Völker. Geheimnisvoll und wie aus uralten Zeiten klingt ihre Musik, die auch die instrumentale Gegenwart nicht ausspart, indem sie Geigen- und Gitarrenklänge integriert. Auch Musiker wie *Asin* („Salz") oder *Bagong Lumad* („Neue Erdenmenschen") haben Rock-, Pop- und Folkfans für sich gewonnen. Ihre modernisierten Indigenen-Lieder wollen Stolz über die Herkunft wecken und den postkolonialen Kleingeist überwinden, der solche Musik als ungebildet und hinterwäldlerisch abtut. Eine der bekanntesten alternativen Gruppen ist Ang Grupong Pendong. Sie kombinieren Elektronik mit Bambusflöten und Messinggongs, singen auf Englisch und auf Tagalog, kritisieren Menschenrechtsverletzungen und Umweltzerstörung und sind häufig im Ausland auf Tournee, auch in Deutschland. Mehrere Alben haben die vier Musiker und eine Sängerin bereits produziert.

Auch wenn das Genre **„Pinoy Punk"** als verbaler Ausdruck ähnlich klingt wie „Pinoy Sound", den die Pinoy Bands verbreiten, wollen die seit den 1970er Jahren lebendige, und vor allem in Asien und den USA bekannte Punkmusikszene, die weltweit eine der ältesten Quellen von Punkmusik darstellt, wie auch die Gruppen des Pinoy Rock ganz und gar nicht als bloße Nachahmung internationaler Trends verstanden werden. In der bis vor wenigen Jahren aktiven Konzertreihe Brave New World (BNW) beispielsweise waren nur Bands mit selbstgeschriebenen Songs zugelassen. Ob auf Filipino oder Englisch, die Texte sind wie bei der Band The Beauty of Doubt eigentlich immer politisch. Korruption, politische Morde, soziale Ungerechtigkeit, die Kirche und die Eigenverantwortung sind bevorzugte Themen. Erweitert durch Akteure aus der Heavy-Metal-Szene ist Pinoy Punk heute lebendiger denn je, sogar philippinische Gruppen

☒ Intrumentenbauer auf der Insel Mactan, Hochburg der philippinischen Gitarrenbaukunst

Extrainfo 18 (s. S. 6): Vorführung eines philippinischen Polka-Tanzes

097kp-ags

aus Übersee sind mit ihr vernetzt und touren regelmäßig in der alten Heimat. Und wann immer internationale Stars wie die Beatles, The Commodores, *Julio Iglesias, José Feliciano, Ricky Martin, Madonna* etc. zu Konzerten nach Manila oder in andere philippinische Städte reisten, war ihnen ein begeistertes Publikum sicher. Musik aus aller Welt ist nach wie vor sehr geschätzt. Der fünffache Grammy-Gewinner *James Taylor* hat allerdings sein für 2017 geplantes Konzert abgesagt, aus Protest gegen die massenhafte außergerichtliche Verfolgung und Tötung von Drogenverdächtigen unter Präsident *Duterte*.

Seit dem politischen Machtwechsel von 1986 ist das **Cultural Center of the Philippines (CCP)** in Manila zunehmend zur Bühne der „Einheimischen" geworden. Längst dominieren nicht mehr nur Ballettmusik und Sinfoniekonzerte europäischer Komponisten und Ensembles, wie es zu Zeiten des Ehepaars *Marcos* lange bevorzugt worden war. In dem einst elitären Kulturtempel verstehen sich nun – auch das ist Teil der **Suche nach nationalem Selbstbewusstsein** – die Pinoy Künstler als Repräsentanten einer neuen Volksmusik im Einklang mit lokalen wie internationalen Klassik- und Jazz-Interpreten.

Bei einem sogenannten Outreach-Program fungiert das CCP als Zentrale für künstlerische Aktivitäten, die in verschiedenen Landesteilen stattfinden, u. a. in Verbindung mit sozialen Wohltätigkeitsveranstaltungen. Bei der Veranstaltung „Sopas, Sining at Sorbetes" („Suppe, Kunst und Eiscreme" was so viel heißt wie „Essen schmeckt, Kunst gefällt") beispielsweise richtet sich der Focus auf benachteiligte Jugendliche, für die mittels der Veranstaltungserlöse ein Ernährungsprogramm finanziert wird.

⌃ Groß ist die Vielfalt an regionaler Musik- und Tanzkunst (wie hier auf der Insel Basilan, Sulu-Archipel)

› Freilichttheater in der alten spanischen Kernstadt Intramuros

Theater

Sprechgesänge und **Tanzdramen** mit religiösem, beschwörenden Inhalt, die möglicherweise indischer Herkunft sind, gelten als die vorkolonialen Vorläufer des Theaters. Die Spanier nutzten auch diese Veranlagung der Filipinos als Propagandamittel für die Belange von Kirche und Staat. Der Kampf zwischen Islam und Christentum war ein zentrales Thema im katholisch geprägten Kulturschaffen und somit auch auf den Schaubühnen der Kolonialzeit, auf denen in Heldenepen und Singspielen der Reconquista gerne der Vertreibung der Mauren aus Südspanien gedacht wurde, und die Passionsspiele sind noch heute sehr beliebte Veranstaltungen während der Karwoche.

Wurden bis in die Mitte der 1960er-Jahre bevorzugt klassiche Dramen europäischer Autoren gespielt, ist seitdem wieder eine Hinwendung zum Volkstheater zu beobachten. Das Musikspiel Zarzuela und die Liebeskomödie Walang sugat aus spanischer Zeit erlebten ein Comeback. Noch einen Schritt weiter in Richtung „Kunst für das Volk" gehen manche Intendanten und führen moderne und klassische Stücke, auch Opern und Ballettmusik, auf öffentlichen Plätzen, sogar in der freien Natur auf. Die Freilichtbühne im Fort Santiago von Manila ist Wirkungsort der PETA, der Philippine Educational Theatre Association, die 1967 von *Cecile Alvarez* ins Leben gerufen wurde. Seitdem beeindruckt diese Kooperation aus professionellen und Laienschauspielern und geht mit ihrer bevorzugten Darstellungsform, der **Politrevue** „Panata sa Kalayaan" („Der Freiheit verpflichtet"), auch auf Auslandstournee.

044kp-ags

Kino

Hinsichtlich anspruchsvoller **Filmproduktion** verhält es sich in den Philippinen ähnlich kontrovers wie mit der Literatur (siehe das Kapitel „Schreib ab und zu, lies ab und zu" ab Seite 293). Wirklich aufsehenerregende, weil sich mit wichtigen die Gesellschaft bewegenden Themen befassende Filme haben eher oder zuerst **im Ausland ein Publikum,** bevor sie in der Heimat wahrgenommen werden, wenn überhaupt. In den Studios des Landes, in denen auch immer wieder US-Actionfilme zur Vietnam-Thematik (u. a. „Apocalypse Now" von *Francis Ford Coppola* und „Platoon" von *Oliver Stone*) gedreht wurden, werden jährlich rund 180 Streifen produziert, die Mehrzahl davon gehört den Sparten Brutalo, Softporno, Romanze und Klamauk an. Diese Art der Unterhaltung findet in den städtischen Kinos, auf legalen und illegalen DVDs und online tatsächlich großen Zuspruch. Andererseits kann das Land mit einigen nicht nur in der südostasiatischen Region, sondern weltweit beachteten Filmfestivals aufwarten. Hier nimmt wiederum das CCP (Cultural Center of the Philippines) mit dem **Cinemalaya Philippine Independent Film Festival** eine prominente Stelle ein. Auch das in Bacolod auf Negros veranstaltete Filmfestival **„Bacollywood Cinema Rehyon"** lässt regelmäßig aufhorchen. Es präsentiert vor allem Produktionen aus der Region der Visayas und von Mindanao wie beispielsweise 2012 den Film „Crossfire" („Kreuzfeuer") des Regisseurs **Arnel Mardoquo.** Aufsehenerregende Filmwerke wie die Sozial- und Politikdramen des mehrfach in Cannes ausgezeichneten **Lino Brocka** (geb. 1939), der 1991 leider tödlich verunglückte, oder seines Kollegen **Eric de**

098kp-ags

Guia alias **Kidlat Tahimik** (geb. 1942) zeigten die hohe Qualität philippinischer Filmemacher. Filme wie „Maynila sa mga Kuko ng Liwanag“ („Manila in den Fängen des Lichts“) von *Brocka* oder „Mababangon bangungot“ („ Der parfümierte Alptraum“) von *de Guia* sind gebildeten, interessierten Filipinos bekannt und erfahren dank des digitalen Fortschritts eine zweite, breite Öffentlichkeit. So wurde anlässlich des 150. Geburtstags von *José Rizal* vom Goethe-Institut eine digitalisierte Version des Films „Noli me tangere“ (1990) in einigen Malls präsentiert. Doch ihre wahren Erfolge feiern solche Filme im Ausland. Dazu resümiert der frühere Direktor des Goethe-Instituts in Manila: „Heute fällt dem ausländischen Beobachter [...] auf, dass neueren Filmen philippinischer Nachwuchsregisseure wie Brillante Mendozas Kinatai auf europäischen Filmfestivals Preise verliehen werden, während man in den Kinos hierzulande [in den Philippinen, Anm. des Autors] kaum andere als amerikanische Blockbuster-Filme zu sehen bekommt. Allein auf der 62. Berlinale 2012 standen vier philippinische Filme [...] auf dem Programm [...]“ (Aus *Richard Künzel*, „KINO SINE, 40 Jahre deutsch-philippinische Filmarbeit“ in „Handbuch Philippinen“, 2012).

Imitation und indigenes Erbe – Mode und Zeitgeschmack

Als Schauplatz wichtiger Events im Bereich der **Haute Couture** sind die Philippinen im internationalen Vergleich wenig bekannt. Und doch nehmen Kreationen aus Manila, Baguio oder Cebu City im südostasiatischen Raum eine wichtige Rolle ein. Lokale Designer wie *Happy Andrada* machen regelmäßig auf sich aufmerksam. Fashion Shows finden landesweit, oft an landschaftlich spektakulären Orten statt. Die in höchstem Maße beliebten Schönheitswettbewerbe sind auch immer Multiplikatoren für die aktuelle Mode- und Kosmetikszene. Wie in der Musik sind die Zeiten fleißiger Nachahmungskunst längst vorbei. **Andrada** beispielsweise beeindruckt mit ihrem Talent, Symbole traditioneller Stammestätowierungen der Kalinga in ihre Textilschöpfungen einfließen zu lassen. Damit tourt sie selbst durch Europa und Nordamerika.

Den Hang zum Nativen, sprich die reiche Kreativität der Lumad, der indigenen Bevölkerung Mindanaos, setzt der junge Modekünstler **Jun**

◁ Kino auf dem Land heißt größtenteils Videovorführung mit Schwerpunkt Gewalt

099kp-ags

Artajo aus Davao erfolgreich um. Für die Mehrheit der Bevölkerung, die Indigenen eingeschlossen, sind derartige Kulturschöpfungen absolut exotisch, sie richten sich vornehmlich nach dem Diktat der Werbeindustrie. Sie weckt mithilfe der durch die Medien vermittelten, global vermarkteten Idole Wünsche nach angesagten Marken, nach einem trendigen Haarschnitt, dem neuesten Model des Schulrucksacks, Piercings etc. Und die vielen Tätowierten in den Philippinen ahmen damit kaum – jedenfalls nicht bewusst – ihre indigenen Landsleute nach, sondern manifestieren vielmehr die aktuellen Trends.

Vor Jahrzehnten kamen aus ökologischen Gründen im Westen und in einigen asiatischen Ländern vermehrt **Einkaufstaschen aus Textil** statt Plastik auf, etwas später zeigte man sich auch in den Philippinen mit den Mehrwegtaschen aus Jute, Stoff und Naturmaterialien, die auf den Inseln im Überfluss wachsen und seit Generationen gerade von den Indigenen im Alltagsleben geschätzt werden. Der Trend zur Nachahmung dessen, was „abroad" (im Ausland) angesagt ist, war wieder einmal, zumindest bei der gebildeten und modisch wachsamen Klientel, angekommen.

Lange Zeit wurden **Reis** und **Zucker** in weißer Ausführung auf dem Markt bevorzugt, weil diese offensichtlich der Ernährung in der modernen Welt entsprachen. Die dunklen, nachweislich gesünderen Varianten dieser Grundnahrungsmittel hielten die wohlhabenderen Filipinos als „Arme-

⌃ Lokales Kunsthandwerk wie dieser „Kronleuchter" aus Seeschnecken und den transparenten Capiz-Muscheln ziert so manche Hotellobby

Leute-Nahrung" für rückständig. Inzwischen offerieren aber Märkte und Restaurants für Besserverdienende nicht nur vitaminreichen roten Reis und braunen, wohlriechenden Zucker aus lokalen Plantagen, sondern auch **vegane Kost** ist voll im Trend. Und im Land der Instantkaffeetrinker ist inzwischen ein leichter Umschwung zum Tee zu beobachten, zumindest bei der Upperclass und den neugierigen jungen Großstädtern.

Wie eigentlich alle Lebensbereiche mittlerweile von der Globalisierung vereinnahmt oder zumindest tangiert werden, dürfen im Land der begeisterten Esser die rund um die Uhr ausgestrahlten **Fernsehkochshows** nicht fehlen. Gleichzeitig leben Millionen Filipinos von der sprichwörtlichen Handvoll Reis in den Mund.

Es wären nicht die Philippinen, wenn es an Flexibilität in Bezug auf Trends, auf angesagte Attitüden und mediale Entwicklungen mangeln würde – offene Sinne für die „Dos" und Hypes der Außenwelt haben die Filipinos schon immer gezeigt. Nach dem durch koloniale Unterwürfigkeit und Abhängigkeit inspirierten Motto: Alles Gute kommt aus dem Ausland. Zu der Einstellung, die, wenn auch noch etwas zaghaft, hier und da durch das erstarkende Vertrauen auf eigene Werte aufgebrochen wird, tragen die vielen Auslandsarbeiter nicht unerheblich bei. Doch kein Trend hält ewig und die Täuschungsmanöver und Skandale einiger Großkonzerne wie beispielsweise in der Automobilbranche lassen auch die Filipinos aufhorchen, die so unerschütterlich an die europäischen und nordamerikanischen Werte geglaubt haben.

Natur- und Umweltschutzdenken

Edward S. Hagedorn (geb. 1946), Enkel deutschstämmiger Einwanderer, ist ein bekannter Mann. Vor allem in der Inselprovinz Palawan, wo er sich von 1992 bis 2001 und von 2002 bis 2013 als Bürgermeister der Hauptstadt Puerto Princesa einen Namen machte. Lange Jahre stand er für Natur- und Umweltschutz, für den Kampf gegen **illegales Holzfällen** und das verhängnisvolle **Dynamitfischen.** Zwei Vorgehensweisen der übelsten Sorte, neben *kaingin,* der **Brandrodung,** unter denen nicht nur Palawan, sondern die Natur und die Bewohner vieler Landesteile seit Generationen zu leiden haben. Mittels der von *Hagedorn* gegründeten Kontrollorganisationen – Bantay Dagat („Meereswache") und Bantay Palawan, später in Kilusan Sagip Kalikasan („Bewegung zum Schutz der Natur") umbenannt, wurde die lang gestreckte Insel zwischen Borneo und Mindoro zur Vorzeigeregion des Archipels. In Puerto Princesa führte *Hagedorn* einen Katalog von drastischen Strafen ein, der die Bewohner in bewusster Nachahmung der Hygienepolitik Singapurs zu Sauberkeit und nachhaltiger Müllvermeidung erziehen sollte – mit recht gutem Erfolg. Die Stadt erlangte in den 1990er-Jahren wiederholt den Titel „Grünste Stadt der Philippinen".

Wälder schwinden, Berge rutschen

In dem Land, das oft nur als Ort von Naturkatastrophen, Slums und Müllmenschen wahrgenommen wurde – und wird, zeigte endlich jemand, dass es richtig vorbildlich zugehen kann: Mülltrennung, Rauchverbot an öffentlichen Plätzen, öffentliche Toiletten, saftige Strafen für das Wegwerfen von Batterien, Zigarettenkippen und Kaugummis ... So mancher Tourist fand die Maßnahmen *Hagedorns* fortschrittlicher als daheim. Dessen Kampf gegen Raubbau und die Ausbeutung der Ressourcen machte Schule. Die Autoritäten anderer Städte und Provinzen, Senatoren und Kongressabgeordnete entdeckten Umwelt- und Naturschutzbelange als **Politika,** ahmten manche von *Hagedorns* Aktionen nach und weckten Hoffnungen, dass die Sorglosigkeit und der Raubbau der Vergangenheit noch rechtzeitig eingedämmt werden könnten.

100kp-ags

045kn-ags

Gut ein halbes Jahrhundert lang schwanden die **Urwälder,** die in den 1940er-Jahren noch mehr als die Hälfte der Inseln bedeckten, immer weiter. Besonders auf Mindanao fielen die Hartholzbäume der Gier nach schnellen Dollars zum Opfer und mussten riesigen Obst- und Palmenplantagen sowie anderen Monokulturbetrieben weichen. Nur noch rund 5 % der ursprünglichen Wälder als Rückzugsgebiete der 13.500 Pflanzen- und 17.000 Tierarten sind übrig geblieben, vor rund 70 Jahren war es noch etwa die Hälfte. Die Fortschrittsgläubigkeit siegte allerorten über Bedenken zugunsten der Natur und der mit ihr lebenden indigenen Filipinos. Eine rasant wachsende Bevölkerung erforderte **landwirtschaftlich nutzbares Land,** das die Menschen, wenn es am Heimatort nicht mehr verfügbar war, nach einer von der Marcos-Regierung initiierten Umsiedlung auf andere Inseln wie Mindanao und Palawan urbar machten. An vielen Küsten wurden aus Mangrovenwäldern **Garnelenfarmen** mit all ihren Folgen durch einen hohen Einsatz von Schädlingsbekämpfungsmitteln und Antibiotika.

Optimistische Schätzungen stufen heute gerade einmal 5 % der 34.000 Quadratkilometer umfassenden **Riffe** als einigermaßen intakt ein. Außer der trotz besserer Kontrollen leider örtlich immer noch praktizierten Fangmethode mit Sprengstoff und dem ebenfalls anhaltenden Aufbrechen von Korallenstöcken auf der Suche nach Meeresschnecken, deren Gehäuse ins Ausland geschmuggelt werden, setzen auch Taifune, das El-Niño-Phänomen und das Ausbleichen der Korallen der marinen Flora und Fauna enorm zu.

Auf viele Reis- und Gemüsefelder spritzen die Bauern massenhaft Chemie, wissentlich oder unwissentlich auch Pestizide, die in in ihren Produktionsländern, allen voran Deutschland, schon längst nicht mehr zugelassen

◁ Wertvoller Regenwald muss lukrativen Bananen-, Ananas- und Palmölplantagen weichen

△ Nach einem Felssturz bei Sagada, Mountain Provinz, Nordluzon

sind und von dort günstig, aber immer noch lukrativ in Länder wie die Philippinen „entsorgt" werden. Die Stadt **Ormoc** auf der Insel Leyte, 2013 durch den Taifun Haiyan schwer zerstört, stand schon seit 1991 als Fanal für eine der schlimmsten Umweltkatastrophen weltweit: Durch illegale Abholzung und extensive Brandrodung in den Bergen begünstigt, hatten sich während eines Tropensturms mit tagelangen Niederschlägen verheerende Schlammlawinen ungehindert in die Stadt hinabwälzen können und mindestens 5000 Menschen getötet.

Paradiesisch anmutende **Strände** wie auf dem Eiland Boracay oder an den Buchten von Puerto Galera, beides boomende Touristenhochburgen, bargen unter ihrem Sand lange und immer aufs Neue ein giftiges Geheimnis: **Müll, Plastik- und Metallabfälle,** alte Farbeimer und Batterien, welche die Anwohner bei nächtlicher Ebbe vergruben. Die von Stürmen und Flut aufgewühlte See brachte den Müll häufig wieder zutage und zurück in den Kreislauf. Öffentliches Bewusstsein und strenge Abfallverordnungen haben zugenommen – auch dank des Hagedornschen Nachahmereffekts. Doch landesweit mangelt es noch vielerorts am Willen zur konsequenten Müllbeseitigung und -vermeidung.

Naturschutz ist angesagt, Plastik leider auch

Immerhin lässt es hoffen, wenn Politiker die Thematik in ihre Agenda aufnehmen, zahlreiche Umweltgruppen im Archipel rührig sind, Wissen um die schützenswerte Natur und nachhaltige Schutzmaßnahmen in Schulen vermittelt werden, mehrere Universitäten im Land Master- und Bachelorstudiengänge in „Environmental Science" anbieten und Menschen aus Dörfern an der Küste und an Seeufern, die der unseligen Tradition des Fischens mit Dynamit und Zyanid anhingen, dank mobiler Aufklärungsteams und durch Unterwasserfilmaufnahmen die Biodiversität ihrer Lebensgrundlage sowie die Folgen ihres Tuns kennenlernen.

Angesichts des in erschreckendem Maße dezimierten Waldbestandes, der überfischten Gewässer und höchst gefährdeten Korallenriffe sind **Umwelterziehung** und **-bewusstsein** dringend geboten. Bei Angehörigen der gebildeten, wohlhabenden Bevölkerungsschicht, die zunehmend Wert auf gesunde, umweltverträgliche Ernährung legen, sich Gedanken um artgerechte Tierhaltung machen und die Naturschätze ihres Landes auf Urlaubsfahrten persönlich erleben, kann man zweifelsohne bereits von einem besseren Verständnis zugunsten der gebeutelten Natur ausgehen. Konsequentes Verhalten lässt sich davon jedoch nicht unbedingt ableiten; der Widerspruch zwischen Anspruch und Realität ist schließlich auch bei uns täglich zu beobachten. Für gut ein Drittel der Bevölkerung ist die Sorge um die nachhaltige Erhaltung der natürlichen Ressourcen schlichtweg Luxus, wenn sie nicht wissen, ob sie am nächsten Tag genug zum Essen haben. Sie sind es auch, die den Folgen zu lascher Umweltpolitik am meisten ausgesetzt sind: Müllmenschen und -kinder, die auf oder in der Nähe von Deponien der Städte wohnen und vom Verkauf der wiederverwertbaren Abfälle leben, giftige Hinterlassenschaften aussortieren und – auch aus den Industriestaaten importierten – Elektronikschrott entflechten; die Anwohner und Arbeiter der Bananen- und Ananasplantagen, die die Insektenvertilgungsmittel schon seit Generationen im Blut haben; und auch die vielen Habenichtse, die sich auf der Suche nach Gold in die Erde graben und riskieren, verschüttet zu werden.

Die Philippinen sind eines der fünf asiatischen Länder (neben Thailand, Indonesien, China und Vietnam, Regionen, die von einem gestiegenen Bruttosozialprodukt profitieren und dadurch **mehr Müll** produzieren, ohne über ein adäquates Abfallmanagement zu verfügen), die laut einer Studie der Organisation Ocean Conservancy für 60 % des Plastikmülls in den Meeren verantwortlich sind. Plausibel wirkt das schon, wenn man bedenkt, dass auf den rund 2500 bewohnten Inseln des Archipels die Menschen immer in relativer Nähe zum Meer wohnen und Bäche, Flüsse immer irgendwo ins Meer münden. In ihrem Wasser schwimmen Millionen Wegwerf-Plastiktüten, -Kanister, -Kunststoffflaschen etc. Grüne Initiativen, die im Allgemeinen in den Philippinen vorbildliche Arbeit leisten, beeindrucken durch sinnvolle Projekte wie z. B. die **Mother Earth Foundation** (www.content.motherearth.ph), deren Mitarbeiter an Schulen eine umweltschonende Müllentsorgung erklären. Oder die älteste, 1972 zum Schutz des philippinischen Adlers gegründete und nach ihm benannte Haribon Foundation, die sich in vielen Landesteilen für die Erhaltung der Artenvielfalt einsetzt. Grün ist die Farbe der Natur und der Hoffnung. Sie ist auch **Edward S. Hagedorns** Element, auch wenn er 2016 keinen Sitz im Senat erhielt. Sein Kampf für eine bessere Umwelt zeigt dennoch Erfolge und färbt vielleicht auch noch auf die Visionen des derzeitigen Präsidenten ab. Die abgesetzte **Umweltministerin Gina Lopez** sprach sich offen gegen Bergbauprojekte aus („wo Bergbau ist, da herrscht Armut"). Derartiger Inititiative ist in jedem Fall viel Mut und Durchsetzungsvermögen zu wünschen. Das Land hat neben dem zweiten Rang auf der Liste der gefährlichsten Staaten für Journalisten auch den zweiten Platz bezüglich des Risikos für Umweltaktivisten inne. Wie die Londoner Anwaltsgruppe Global Witness Mitte Juni 2016 meldete, führt Brasilien die Liste von 16 Ländern an, in denen Menschen, die sich für Umwelt und Landrechte einsetzen, ermordet werden. 2015 waren es dort 50 – weltweit 185 (2014: 116) – in den Philippinen 33 und in Kolumbien 26 Morde.

Blick über den Horizont – Rundfunk, TV, Internet und Presse

Seit dem Fall des Marcos-Regimes, unter dem die Massenmedien fast zwei Jahrzehnte lang am staatlichen Gängelband wirken durften, ist eine liberalisierte, pluralistisch geprägte **Medienlandschaft** entstanden, die, wie die jeweiligen Informationsministerien gerne propagieren, im asiatischen Vergleich **besonders freizügig** sei, zuweilen weist sie aber auch anarchische Züge auf. Das rührt laut einer Analyse philippinischer Kommunikationswissenschaftler einerseits aus der Tradition einer antikolonialen Untergrundpresse her. Andererseits wird die Vielfalt auch aus dem ständigen Versuch der politischen, klerikalen und privatwirtschaftlichen Eliten, sich Macht über die Medien zu sichern, genährt sowie aus dem Bestreben unterschiedlichster Gesellschaftsgruppen, mittels ihrer medialen Möglichkeiten eine Kontrolle abzuwehren.

Unter der **Duterte-Regierung** zeichnet sich allerdings eine Situation ab, die nicht wenige Journalisten an die Marcos-Ära erinnert. Die **Zensur** lauere in jeder Nachrichtenredaktion, bloggt die Rundfunkjournalismus-Studentin *Angelica de Leon* bei rappler.com. Berufskollegen im ganzen Land lebten und arbeiteten mit der Angst, bestenfalls ihren Job, schlimmstenfalls ihr Leben zu verlieren, Selbstzensur erscheine vielen als Ausweg, insbesondere seit der Präsident die Ermordung korrupter Medienleute legitimiert habe. Zwar nahm er auf internationalen Druck den Kommentar wieder zurück, doch die Sorge, dass die schwierige Situation sich verschärfen werde, treibt Journalisten um. Zumal die Regierung das Misstrauen, das die Medienvertreter aus der Bevölkerung erfahren, nun weiter schüre, statt ihre Arbeit zu schützen, wie es die **verfassungsgemäße Verpflichtung zur Pressefreiheit** verlange.

Zeitung – zwischen Tradition und digitaler Zukunft

Von den Massenmedien erreichen die inzwischen über 980 Radiosender 85% der Bevölkerung. Landesweit senden rund 300 Fernsehstationen, die etwa 75% der Einwohner bedienen, Presseerzeugnisse in Papierform (ca. 500 Tages-, Wochen- und sporadisch erscheinende Zeitungen, ca. 35 Zeitschriften) werden landesweit gerade einmal von 32%, die vorwiegend der städtischen, relativ gebildeten Bevölkerung angehören, gelesen. Im Großraum Manila, wo rund 30 Tageszeitungen, vier Wochenzeitungen und die rund 35 Zeitschriften erscheinen, liegt die Rate allerdings bei fast 80% dieser Region. Hinsichtlich der **Sprache,** in der sie gedruckt werden, lässt sich der Bildungsstand und das Berufsumfeld des Publikums abschätzen: In und um Metro Manila erscheinen von den 30 Tageszeitungen neun in Englisch, drei in Chinesisch und 17 in Filipino, d.h. es gibt zwölf sog. „Qualitätszeitungen" (Presseerzeugnisse auf Englisch oder zumindest zweisprachig – Englisch und Filipino – sowie mit ausführlichem Auslands-, Wirtschafts- und Feuilletonteil) für Elite und Mittelstand, die anderen Tabloid- bzw. Boulevardzeitungen finden ihre Leserschaft vorwiegend unter Leuten mit niedrigerem Einkommen und weniger Bildung.

Ein Drittel der im Hauptstadtgebiet aufgelegten **Presseprodukte** wird für die Provinz gedruckt. Dort erscheinen in Englisch, Tagalog und den lokalen Idiomen allerdings mehrere Hundert lokale Zeitungen, Zeitschriften und unregelmäßig publizierte Mitteilungsblätter. Der Blätterwald bietet für die, die sich den Kauf einer Zeitung leisten können – für die umgerechnet 50 bis 60 Eurocent bekommt man immerhin eine einfache Mahlzeit oder fast ein Kilo Reis – ein breites **Spektrum an Tages- und Wochenzeitungen.** Darunter sind solche, die sich bemühen, mit hervorragend recherchierten Reportagen und klugen Kommentaren die öffentliche Meinung wiederzugeben und zu beeinflussen, bis hin zu einschlägigen Boulevard- und „Revolverblättern" mit den Schwerpunktthemen Sex, Klatsch und Gewalt. Momentan sind die reinen **Printmedien** wie überall auf der Welt arg gebeutelt; der Siegeszug von Internet, Tablets und Smartphones zwingt die Verlage immer stärker zur Herausgabe von Online-Ausgaben.

Fernsehen – dank Kabel darf's auch etwas mehr sein

Für die **mehr als 300** über den Archipel verstreuten **Fernsehsender** (fast zwei Dutzend allein in Metro Manila) stellt das Internet kaum eine Konkurrenz, sondern eher eine Ergänzung der visuellen Dauerbeflutung dar. Welche hohe Priorität die „Glotze" einnimmt, die zeitgemäß zunehmend in einem mehr oder weniger großen Flachbildschirm besteht, erfährt jeder Hotelgast beim ersten Betreten seines Zimmers. Nach dem Aktivieren der Beleuchtung und der Klimaanlage schaltet der freundliche Angestellte pflichtgemäß den Fernseher ein. In Privathäusern, bei Freunden und Verwandten, nicht selten in Büros und Wartezimmern, in Restaurants und sogar hinter den Obst- oder Fischauslagen der Marktstände **läuft die Flimmerkiste permanent.** Nicht wenige der in Deutschland lebenden Filipinos freuen sich nach einem Heimaturlaub auf zwei Dinge besonders: die größere Auswahl an Brotsorten und die besseren Fernsehprogramme. Die philippinischen Sender, in der großen Mehrheit finanziert durch andauernd unterbrechende Werbeclips, sind dennoch beliebt, obwohl oder weil sie sich gegenseitig mit **Telenovelas, Musik- und Spielshows** und

dem inzwischen global verbreiteten Mischmasch aus **Casting-, Talent- und Shoppingsendungen** übertrumpfen. Das Fernsehen ist auch Bühne für religiöse oder schein-religiöse **Heilsverkünder** und **Prediger. Politische Sendungen** wie Diskussions- und Expertenrunden gibt es auch, im Zusammenhang mit Wahlen oder anstehenden Gesetzesänderungen steigert sich naturgemäß das Zuschauerinteresse daran. Nachrichten werden Tag und Nacht ausgestrahlt – im Schlagzeilenmodus mit Schwerpunkt auf Sensationen und ebenfalls durch häufige Werbespots unterbrochen. Wer sich für gehaltvollere Hintergrundinformationen interessiert, weicht dann lieber auf ausländische Sender aus. Der Empfang mittels Satelliten- und Kabeltechnik, die in den Philippinen eine rasante Entwicklung hinter und noch vor sich hat, ermöglicht den Blick über den eigenen Tellerrand in die weite Welt hinaus. Unter den über 900 Sendern, die auf den Inseln über Kabel empfangen werden können, sind außer den „Großen" wie CNN (sogar mit einer philippinischen Ausgabe), BBC World, Deutsche Welle und TV5 auch chinesische, japanische, arabische und pazifische Sender.

Radio zum Einmischen

Mit **über 1000 Radiosendern,** Tendenz steigend, können sich die Philippinen wirklich hören lassen. Nur etwa 60 davon fallen in die Sparte Erziehung, Religion, Regierung und Militärwesen. Alle anderen bemühen sich lautstark, rund um die Uhr und in heftigstem Konkurrenzkampf um Frequenzen und Werbekundschaft, die in Städten mehr, im ländlichen Um-

⌃ Mit Elektrizität zieht der (vermeintliche) Fortschritt in die eigenen vier Bambuswände

feld weniger üppig anzutreffen sind. Der **Großraum Manila** beherbergt schon an die 50 Stationen, keine andere asiatische Metropole weist eine höhere Dichte an Radiosendern auf. Im regionalen Vergleich führt Luzon, gefolgt von Mindanao und Visayas das Ranking an. **Radio Mindanao Network** auf der großen Insel im Süden mit rund 40 Sendestationen ist beispielhaft für die landesweit anzutreffende Situation: Einige Korporationen in den Händen weniger einflussreicher Unternehmer bestimmen, was im Radio gehört wird, seien es der lokale Verkehrsfunk, die Werbung für den neuen Supermarkt oder aktuelle Berichte über Mord- und Totschlag wie beim Sender „Bombo Radio" auf der Insel Panay. **Öffentlich-rechtlichen Rundfunk** kennen die Philippinen nicht. Dass das Radio so erfolgreich ist, ist zweifellos dem so genannten *Public Service Programme* zu verdanken. Diese seit einigen Jahren fest verankerte Institution ermöglicht es den Zuhörern, per Anruf ein Problem in der Nachbarschaft, mit Behörden oder einzelnen Regierungsfunktionären zu melden und Lösungen anzumahnen. Diskussionen und mehr oder weniger hitzige Debatten mit den kritisierten Amtsträgern im Radio werden so öffentlich und nicht selten bis ins kleinste Dorf leidenschaftlich verfolgt. Damit hat der Rundfunk die Rolle einer Arena übernommen, in der die Arbeit der Regierungsstellen öffentlich unter die Lupe genommen und überwacht werden kann.

Vernetzt mit der Welt und den Tischnachbarn

Seit 1994 sind die Philippinen mit dem **Internet** verbunden. Was zunächst durch die Initiative von einigen Universitäten begann und im Jahr 2000 ungefähr zwei Millionen Nutzer zählte, verbindet heute rund 40 Millionen Einwohner mit der weiten Welt. Vor allem gewinnt aber die Vernetzung untereinander zunehmend an Bedeutung, denn der Drang, sich in sozialen Netzwerken auszutauschen, zu verabreden und sich wichtig zu tun, wächst in einem schwindelerregenden Maße. An allen Ecken, auch in der Provinz, sprießen die Cyber-Läden aus dem Boden, Familien bauen einen Teil ihres Hauses in ein Geschäft um, in dem die benötigte Soft- und Hardware und die neuesten Modelle der digitalen Kommunikationstechnik vorgeführt und verkauft werden. Mindestens **6000 Internetcafés** sind im Archipel registriert, praktischerweise finden Schüler und Studierende sie meistens ganz nah und zum günstigen Tarif an ihren Lerninstituten. Nicht selten sind es Kommilitonen, die sie führen bzw. dort beschäftigt sind und auch ältere Menschen in die neue Art der Verständigung einweisen.

So ist folgende bizarr anmutende Szenerie längst normal geworden: Familienausflug ans Meer und abends in ein beliebtes Fischrestaurant. Tische werden zusammengerückt, an denen die Großfamilie Platz nimmt. Und alle, Kinder, Tanten, Eltern wie Großeltern, Kindermädchen, Leibwächter und Fahrer am Nebentisch beginnen – nein, nicht mit Kreuz-und Quer-Gesprächen, Scherzen und Lachen, sondern mit verkniffenen Augen und flinken Fingern über Tablets und Smartphones zu tippen, jeder für sich. Ab und zu zeigt man sich gegenseitig etwas auf den Bildschirmen, bis die Kellner servieren. Dann ist höchste Zeit für „Selfies" mit Languste und Zackenbarsch, die auch die Verwandten in Übersee entzücken sollen. Jetzt endlich schallt Lachen durch den Raum.

Das Leben ist ein Spiel – mancher verspielt es

Wenn du ein Schwein verkauft hast, setze den Erlös nicht beim Spiel ein, denn du wirst mit Sicherheit verlieren. (Guter Rat aus dem Ort Baroy, Provinz Lanao del Norte)

Zocken, Grübeln, Wetten – und Tiere kämpfen lassen

Schreiende, wild gestikulierende, mit den Füßen stampfende Menschen in einem Raum – richtig, so geht es normalerweise beim Hahnenkampf zu. Diese Kulisse kann aber auch erleben, wer mal eben schnell ins Internet will und das Pech hat, dies in einem Cyber-Shop erledigen zu müssen, in dem Dutzende von Kids ihrer **Computerspielsucht** frönen. Früh übt sich ... denn ein philippinischer Mann und Macho und auch so manche Frau spielt nun mal mit Leidenschaft. Dabei muss es längst nicht immer um Geld, sondern auch um gemeinsamen Spaß kombiniert mit spielerischer Herausforderung gehen. Die Filipinos kennen Spiele, die weder Strom noch ein dickes Bankkonto erfordern, wie das Brettspiel **Sungka,** ein traditioneller Zeitvertreib von Frauen. Spielen à la Filipino kann mit Karten anfangen und mit Black Jack im Casino noch immer nicht aufhören. Dazwischen reizen stundenlange, sehr geräuschvolle Sitzungen in einer Mahjong-Gruppe, stilles Grübeln beim Schach, das Menschen aller Schichten begeistert und dem Land bereits eine Weltmeisterschaft (Baguio, 1975) und den international bekannten Spieler und Landesmeister *Eugenio Torre* eingebracht hat. Ebenso quer durch die Gesellschaft hält das Lotteriefieber die Menschen im Bann und alle paar Jahr auch die das Glücksspiel kontrollierende Politik, weil mal wieder einer ihrer Repräsentanten Schmiergeldzahlungen in die eigene Tasche abgezweigt hat. **Jueteng** heißt das populäre, wenn auch illegale Zahlenzocken, das die Spanier schon im späten 19. Jahrhundert als Privileg des Generalgouverneurs in Manila eingeführt hatten. Zunächst sind es chinesische Einwanderer

Sungka – das Brett für den (kühlen) Kopf

In Zeiten hochgerüsteter Computerspiele, 3-D-Schlachtfeldern und kosmischer Vernichtungsschläge per Mausklick mutet „einfache" Unterhaltung ohne Strom und Soundtrack eher romantisch-altbacken an, wie aus einer längst vergangenen Welt.

„Sungka" ist solch ein Zeitvertreib, die philippinische Variante der so genannten Mankala-Spiele, wie „naranj" auf den Malediven, „dakon" auf Java, „congkak" in Malaysia, Singapur und Indonesien und „tchonka" auf den Marianen-Inseln. Vermutet wird, dass man Mankala-Spiele schon vor Jahrtausenden im nördlichen Afrika kannte; von dort könnten Seefahrer sie nach Asien und Amerika gebracht haben. Es handelt sich dabei um Brettspiele mit zwei bis vier parallelen Reihen und mehreren Mulden, die normalerweise von zwei Personen gespielt werden.

Das längliche Spielbrett („sungka(h)an"), oft kunstvoll aus Holz (z. B. Narra, Mahagoni) geschnitzt, besteht aus zwei Reihen mit jeweils sieben Spielmulden. Zusätzlich befindet sich an den beiden Enden je eine große Speichermulde („bahay") für die gefangenen Steine („Sigay"), gerne nimmt man auch kleine Kaurimuscheln, von denen jeder Spieler zu Beginn sieben in jeder Mulde liegen hat. Jedem Spieler gehört der Speicher, der zu seiner Rechten liegt. Gewinner ist derjenige, der die meisten Steine „fängt". Sungka-Bretter können verschiedene Formen und Größen aufweisen, es gibt sie aus Holz, Metall und zur Not lassen sie sich durch in Sand oder Erde ausgehöhlte Mulden improvisieren. Manche Bretter sind kunstvoll verziert mit geschnitzten Figuren, die Geckos, Fische, Boote oder fantastische Tiere wie Drachen darstellen.

Um einiges handlicher, aber wenig dekorativ und von Elektrizität abhängig sind die zeitgenössischen Sungka-Ableger: als PC-Spiele und sogar als App auf dem Smartphone.

Immer noch soll es weltweit über tausend unterschiedliche Mankala-Varianten mit jeweils unterschiedlichen Spielregeln geben. In den Philippinen und bei philippinischen Migranten ist Sungka nach wie vor beliebt, auch wenn es infolge moderner Konkurrenz seltener gespielt wird.

Wie das eng verwandte Congka war Sungka ursprünglich ein Frauenspiel. Außer in den Philippinen finden in Taiwan, in den USA und Österreich Wettkämpfe statt. Das größte Turnier ist ein Höhepunkt beim Kadayawan Sports Festival in Davao City. In den USA ist das Spiel auch ein Mittel zur Förderung von Schülern, die an Dyskalkulie (Rechenschwäche) leiden.

047kp-ags

gewesen, die das gewinnbringende Geschäft öffentlich betrieben. Expräsident *Estrada* und seine Nachfolgerin *Maracapagal-Arroyo* beispielsweise sollen in **Jueteng-Skandale** verwickelt gewesen sein. Auch der derzeitige Präsident *Duterte* mischt mit, allerdings als Spielverderber: Ende 2016 ordnete er ein Verbot aller Online-Glücksspiele mit Geldeinsatz an, sie seien kein Gewinn für die nationale Ökonomie.

Wetten auf Kosten anderer sind eine beliebte Abwechslung vom Alltagstrott. Gerne werden dazu auch **Tiere** eingespannt: Mal sind es Einsiedlerkrebse, die mit aufgemalten Nummern auf ihren Seeschneckengehäusen ins Rennen geschickt werden, mal müssen von Kindern an Fäden gebundene Käfer brummend ihre Kreise fliegen, bis sich einer losgerissen oder stranguliert hat. Wie schon weiter oben erwähnt (siehe das Kapitel „Feste, Bräuche, Traditionen" ab Seite 112), stellen Wetten auf miteinander kämpfende Tiere immer wieder Höhepunkte einer Dorffiesta dar.

„Sabong", wenn Hab und Gut auf Messers Schneide stehen

Kommt am Tag des Turniers weiblicher Besuch ins Haus des Kampfhahnbesitzers, dann bringt das Pech beim Sabong.

Gehe nicht zum Sabong, wenn du ein Loch in der Hosentasche hast.

Rasieren vor dem Hahnenkampf ist nicht gut; eine der Messerklingen, die an den Beinen des Hahns angebunden sind, könnte brechen.
(Abergläubische Redensarten)

In vielen Ländern rund um den Erdball, von Kuba über Madagaskar bis Polynesien, wird der **Hahnenkampf** (oft geächtet, verboten und doch heimlich) praktiziert. In den Philippinen ist *sabong,* wie das blutige Spektakel auf Filipino genannt wird, eine alte, traditionelle Institution, die schon immer fremde Besucher erstaunte – *Magellans* Männer ebenso wie den italienischen Reisenden *Carletti,* Vertreter der europäischen Zivilisation, in der zu jener Zeit Hexen verbrannt wurden und Vierteilen die „modische" Hinrichtungsart war. An den Vorbereitungen und der Leidenschaft, wie sie der Italiener im 16. Jahrhundert schilderte, hat sich bis zum heutigen Tag nicht viel geändert:

„... und oft veranstalten sie auch Hahnenkämpfe, für die sie die Tiere mit viel Geschick vorbereiten. Dabei werden die Hähne dort, wo der Sporn sitzt, mit scharfen Eisenteilen versehen. Die Eisenteile gleichen kleinen Krummsäbeln, mit denen sich die Tiere gegenseitig Wunden beibringen. ...Sind die Wunden nicht tödlicher Art, so werden sie mit Balsam und kostbaren Ölen geheilt. Dabei werden die Tiere gestreichelt, mit Wein besprengt und anschließend durch besonders gutes Futter wiederhergestellt. Viele Leute strömen herbei, um den Kämpfen zum Zeitvertreib beizuwohnen. Dabei werden Wetten abgeschlossen, und man hinterlegt ziemlich viel Geld zugunsten des einen oder des anderen der kämpfenden Tiere ..." (Aus *Francesco Carletti* „Reise um die Welt 1594. Erlebnisse eines Florentiner Kaufmanns", S. 106.)

Trotz wiederholter Vorstöße von **Tierschutzaktivisten** sowie kirchlichen und politischen Bewegungen, den Hahnenkampf verbieten zu lassen, gehört er auf den Inseln auch nach Jahrhunderten weiterhin völlig legal zum Alltag. Sonntags, in manchen Stadtteilen von Manila sogar täglich, ziehen die Männer in die **Cockpit-Arena,** die gewöhnlich etwas außerhalb vom Ortszentrum und in geziemender Distanz zu Schulen und Kirche Alt und Jung, Reich und Arm für aufregende Stunden vereint. In einer kleinen, staubigen und von brausendem Lärm schwangeren Welt liegen Leben und Tod für die gefiederten Gladiatoren nur einen Messerschnitt, ein paar Sekunden während die Federn flattern voneinander entfernt. Hier setzen die Männer, die auf den Rängen rund um den Kreis herum hüpfen, schreien, pfeifen und mittels nur Eingeweihten verständlichen Handzeichen gestikulieren, in eben dieser kurzen Zeitspanne Haus und Hof oder Auto und Bankguthaben aufs Spiel. *Sabong* ist ehrgeiziger **Sport,** der Nationalsport eigentlich, sagen die einen, es ist **Machismo** und männliche Eitelkeit auf

◁ Sungka – seit langer Zeit ungebrochen beliebt, trotz der Flut von digitalen Spielen

Kosten bedauernswerter Tiere, meinen die anderen. Hahnenkampf ist ein **lukrativer Wirtschaftszweig,** der nicht nur Geldwert schafft und bewegt, sondern auch vielen Menschen Arbeit gibt. In den 1990er-Jahren wollte ein Politiker Stimmung für ein Verbot des in seinen Augen grausamen und menschenunwürdigen Sports machen. Er hatte keine Chance, wie es damals ein Zeitungskommentator auf den Punkt brachte: „Würde der Hahnenkampf verboten, dann hätten wir eine Revolution – die erste richtige Revolution!“

Im frühen 18. Jahrhundert hatten die Spanier, die sogar den Stierkampf auf den fernen Inseln nicht missen wollten, den bei den „Indios“ populären Hahnenkampf legalisiert und besteuert, denn die Kolonialregierung sah hierin eine weitere Gelegenheit, ihre Kassen zu füllen.

Böse Zungen behaupten, dass ein Filipino bei einem Hausbrand zunächst seinen Kampfhahn und erst dann Frau und Kinder retten würde. In der Tat sind viele der hochbeinigen, in glänzenden Federn stattlich anzusehenden Gesellen krähende Geldanlagen, die mehrere Hundert, gar Tausende Dollar wert sind. Für die Aufzucht, Ernährung und Pflege bedarf es zahlreicher **Helfer und Experten,** Ernährungsberater, spezialisierte Veterinäre, Masseure und Kampftrainer inbegriffen. Pfleger verabreichen exklusives, unter strenger Geheimhaltung angerichtetes Futter einschließlich Vitaminpillen und Diätkapseln. Selbst für das Schleifen und Anbinden der extrem scharfen Klingen stehen Fachleute in Diensten der Besitzer,

101kp-ags

die für ihre Lieblinge eigens Grasflächen anlegen lassen. Dort warten sie oft zu Dutzenden vor kleinen Häuschen angebunden, geschützt vor Hitze und Gewittern und bewacht vor Dieben auf den nächsten Kampf. Und wenn der mit schlimmen, aber noch reparablen Verletzungen endet, stehen geschickte „Sanitäter" hinter dem Cockpit bei Fuß, oft sind es Krankenpfleger aus dem örtlichen Hospital, die mit Nadel, Faden und Jodtinktur Hand anlegen. Hat der geliebte Kampfhahn endgültig den Kürzeren gezogen und ist im Suppentopf gelandet, wird sich der Besitzer je nach Finanzlage früher oder später nach einem neuen Rassehahn umsehen – manchmal auch in anderen Landesteilen oder im Ausland, von wo das wertvolle Federvieh per Flugzeug eingeflogen wird. Transportiert werden sie in speziellen Käfigen aus Karton, die besonders vorsichtig, wie rohe Eier behandelt werden und beim Ausladen als erste aufs Gepäckband kommen, noch vor dem Gepäck der Businessclass-Passagiere.

Sport und Geldeinsatz haben auf dem Archipel tiefe historische Wurzeln. Für die Mehrheit der Filipinos, die den Hahnenkampf zu einer Sportart erklären, reicht diese Tradition in vorspanische Zeiten zurück. Die Kolonialherren brachten mit Pferderennen und *pelota* (zwei Spieler schlagen abwechselnd einen Ball mit einem wie ein länglicher Korb geformten Schläger an eine Wand), was in den Philippinen als *jai alai* bekannt wurde, weitere, auch für die Obrigkeiten lukrative Wettspiele ins Land.

Das **Games and Amusement Board (GAB),** die Aufsichtsbehörde für Spiel- und Wettsport-Unterhaltung, soll die bisher wenig transparente Szene, zu der auch Wetten auf Boxkämpfe, Fußball, Volleyball und Tennis gehören, kontrollieren. Den Hahnenkampf überwacht seit 1981 eine eigene, dem GAB untergeordnete Institution, die Philippine Gamefowl Commission.

Wenig wundert es, dass die in Asien generell florierende **Glücksspielindustrie** ein festes Standbein in den Philippinen gefunden hat. Unter dem Konkurrenzdruck anderer Länder wie Südkorea, Taiwan und Vietnam wurden in Manila die Gesetze gelockert; Spielklubs, Kasinos und Online-Wettagenturen haben Hochkonjunktur. Drei der größten chinesischen Wettbüros, welche die internationalen Fußballwetten abwickeln, haben sich hier etabliert. Während die in Sachen Glaubwürdigkeit selbst gebeutelte FIFA sich bezüglich der Kontrolle dieser Zocker-Zentralen mit wenig transparenten Geschäftsmechanismen Gedanken machen muss, warnen Psychologen und Sozialarbeiter angesichts der sich pathologisch entwickelnden Spielsucht vor epidemischen Ausmaßen in den Philippinen.

☒ Die Wette gilt und die Federn fliegen beim Hahnenkampf

Sport, Freizeit, Urlaub

Bei einer Unterhaltung über Kampfsport in den Philippinen ging die Gesprächspartnerin mit ihren Landsmännern hart ins Gericht: Die Spanier hätten für den Stierkampf spanische Matadore und Toreros ins Land holen müssen, Filipinos ließen lieber Tiere gegeneinander kämpfen, weil sie selbst nicht genug Mut aufbringen würden und für internationale Wettkämpfe in der führenden Sportdisziplin Basketball müssten US-Spieler „gemietet" werden, weil die philippinischen Spieler zu klein gewachsen seien.

Zu Weltruhm geboxt, ein Korb an der Wand tut's auch

Sicher würde sie das dem **Boxweltmeister Manny Pacquiao** (geb. 17.12.1978) so nicht ins Gesicht sagen. Der hat ja sein Land in sportlicher Hinsicht und dank überhaupt nicht furchtsamer Einsätze ganz weit nach vorne in die internationale Aufmerksamkeit gebracht. Er ist der erste und aktuell einzige Profiboxer in der Boxsportgeschichte, der in acht Gewichtsklassen anerkannter Weltmeister wurde. Nebenbei zeigen er und Sportkollegen wie *Nonito Dolaire,* dass man auch in den Philippinen im Sport, nicht nur mit Hahnenkampf und Sportwetten, sehr viel Geld verdienen kann.

Als die Volkssportart schlechthin ist **Basketball** im ganzen Archipel beliebt. Ein Ball, ein ebener Platz und ein in passender Höhe angenagelter Korb, der oft auch nur aus dem leeren Ring besteht, sind Accessoires, die sich auch die ärmeren Bewohner leisten können. Mitspieler finden sich überall – auf ziemlich jeder Plaza, vor jeder Schule und nicht selten auf dem Kirchplatz, in der Einfahrt des Wohnhauses, selbst zwischen den zusammengezimmerten Häuschen der Slumsiedlungen und im Gefängnishof hüpft und fliegt der Basketball. Internationale wie heimische Wettkämpfe, bei denen bedeutende Firmen und Konzerne Teams ins Rennen schicken und als Sponsoren präsent sind, bieten alltägliche Unterhaltung in Fernsehen und Radio, die selbstverständlich über jedes wichtige Match in den USA berichten.

Tennis, Badminton, Golf, Bogenschießen, Pferderennen und **Motorsport** (Auto, Motorrad) praktizieren eher Athleten aus wohlhabendem Elternhaus und die geeigneten Trainings- und Austragungsorte können nur die Großstädte bieten. Manila wartet sogar mit einer Eissporthalle auf; von hier aus schaffte es *Michael Christian Martinez* zur Teilnahme an der Winterolympiade 2014 in Sochi. **Segelsport** ist in dem von Wasser umgebenen Land weitverbreitet, sowohl auf modernen, hochgerüsteten Jachten und Katamaranen wie auch auf traditionelle Art wie beispielsweise auf den jährlich in Iloilo zur Paraw-Regatta startenden Auslegerbooten. **Radsport** wird immer attraktiver, da geben die bergigen Provinzen spannende Pisten her. Auch der europäische **Fußball,** von der dortigen Kickerwelt kaum wahrgenommen, hat in den Philippinen eine wachsende Anhängerschaft und eine über hundertjährige Geschichte. *Paulino Alcántara Riestra* aus Iloilo (1896–1964) spielte schon im Alter von 15 Jahren beim FC Barcelona. Er war der jüngste Spieler und nach *Lionel Messi* der bislang zweitbeste Torschütze des Klubs (in 357 Spielen schoss er 369 Tore). Zwischen 1906 und 1910 wurden in Manila drei Fußballvereine (Manila Sporting Club, Sandow Athletic Club und Bohemian Sporting Club) gegründet. In den Provinzen Iloilo, insbesondere im Ort Barotac Nuevo, in Negros Occidental und auf der Insel Mindanao hat Philippine Soccer eine feste Adresse. „Straßenhunde" heißt der Name der Nationalmannschaft übersetzt. Die „Azkals" trainierte von 2011 bis 2014 der Deutsche *Michael Weiß,* 2012 gewannen sie ihren ersten Pokal beim Philippine Peace Cup. Durch die sportlichen Erfolge und die darauf reagierende Werbeindustrie ist der Fußball in den Philippinen heute populärer denn je.

Sipa ist eine der älteren Nationalsportarten. Bei der Art Fußballtennis spielen sich zwei Teilnehmer einen aus Rattanfasern gefertigten Ball ausschließlich mit den Füßen und Beinen über ein Netz zu und müssen versuchen, ihn so lange wie möglich in der Luft zu halten. Das bedeutet im Wettstreit zwischen den Spielern, die auch als Team mit mehr als einem auf jeder Seite auftreten können, dass der Ball dem Gegner so zugekickt wird (*sipa* heißt wörtlich „kicken"), dass der Schwierigkeiten hat, ihn anzunehmen und zurückzuschießen.

Als Liebhaber von Kontaktsportarten praktizieren Filipinos außer Boxen ausgiebig Taekwondo, Karate und viele andere Kampfkunstvarianten. Dazu gehört auch *Amis,* die nationale Kampfsportart.

Viele der **erfolgreichen Sportler** der Philippinen können auf eine solide, vom finanziellen Polster der Familien getragene Ausbildung bauen. Auch das Palarong Pambansa, ein 1948 ins Leben gerufenes nationales und jährlich veranstaltetes Sportereignis, belegt, dass sportliche Qualifikation weitgehend eine Frage der **sozialen Zugehörigkeit** ist. Bei dieser Art Olympiade für Studierende nehmen vor allem private Schulen und Universitäten teil.

Der wachsende Wohlstand bringt bei zunehmendem Bewegungsmangel landesweit ein steigendes Angebot an **Fitnessstudios** mit sich. Amateursportler nehmen an **Marathonläufen** teil, Menschen jeden Alters **joggen** entlang der Straßen und Strandpromenaden, möglichst in den frühen Morgenstunden, wenn kühlere Temperaturen und weniger Luftverschmutzung herrschen. Auch **Tauchklubs,** organisierte Bergtouren und Höhlenexpeditionen werden immer beliebter.

Ernteeinsatz und Shoppingmall – Freizeit auf Philippinisch

Walay nada kay, walay sayaw – „Wo nicht getanzt wird, da ist es nicht gut" (Redensart aus Tacloban City, Leyte)

Ob sich ein Taxifahrer aus Manila, Cebu City oder Naga City vorstellen kann, im Ausland **Urlaub** zu machen? Auf diese Frage wird der Besucher außer einem ungläubigen, verlegenen Lächeln höchstens die Antwort bekommen, dass dies nach der Wiedergeburt als reicher Mann vielleicht möglich sei. Stellt man einem Berufskollegen aus Mitteleuropa die Frage, so wird der sehr wahrscheinlich gleich zwischen mehreren angestrebten Urlaubszielen entscheiden müssen.

Stolz meldete das Tourismusministerium (Department of Tourism) im Juni 2016, dass außer den über 5,3 Millionen ausländischen Besuchern im Jahr 2015 fast 55 Millionen inländische Reisende (2011: 37,5 Millionen) gezählt wurden, was vor allem den vergleichsweise günstigen Flugpreisen und verbesserten Straßenverbindungen zu verdanken sei. Nun heißt das beileibe nicht, dass rund die Hälfte der Bevölkerung Urlaub nimmt und über die Inseln reist. Zwar fallen für Schüler, Studierende und alle im Erziehungswesen Angestellten im Jahr reichlich Ferien an, dazu kommen noch Dutzende von öffentlichen und religiösen Feiertagen, doch diese zur Erholung, zum **Verreisen** nutzen zu können, das ist ein Privileg für wenige Familien aus der wohlhabenden Mittelschicht und die Angehörigen der reichen Minderheit.

Deren Freizeit- und Urlaubsaktivitäten richten sich seit einigen Jahren in der Tat vermehrt auf **inländische Ziele.** Sie scheinen es sich nicht nehmen lassen zu wollen, die Orte in ihrer Heimat zu besuchen, mit denen die Regierungen seit Jahrzehnten werben, um Reisende aus aller Welt ins Land zu holen. Dies hat den positiven Nebeneffekt, dass die Besucher für Schutz und Erhalt des nationalen Natur- und Kulturerbes sensibilisiert werden können.

So stehen die **Insel Palawan** und deren Landschaftsattraktionen mit Regenwald und Strandidylle für mehrtägige Besuche hoch im Kurs. Auch die berühmten **Reisterrassen in Nordluzon,** die alte spanische Stadt **Vigan** und **Baguio City,** traditioneller Zufluchtsort aus der Sommerhitze, finden zunehmend Beachtung unter philippinischen Urlaubern. Mancherorts sind allerdings die logistischen und infrastrukturellen Kapazitäten in Ferienzeiten schnell ausgereizt – Unterkünfte werden knapp, Flüge sind überbucht, der Müll stapelt sich und die Idylle unter Palmen muss einem Massenpicknick mit vielen lärmenden Menschen weichen, die nur noch mit Strandgebühren Zugang finden.

In der kühlen, friedlichen **Bergwelt um den Ort Sagada,** wo sich früher nur eingefleischte Globetrotter aus dem Ausland bei den Bewohnern aufhielten, fallen nun massenhaft Besucher aus dem Tiefland mit ihren SUVs und Familienvans ein. Die Zufahrtsstraßen, deren Instandhaltung immer schon Erdrutsche verursacht hat, soll nun verbreitert werden. Gegen das Fällen der angrenzenden Pinienbäume und die Bedrohung der mit Sagada untrennbar verbundenen „Hängenden Särge" (siehe das Kapitel „Vereint mit den Ahnen – traditionelle Grabstätten" ab Seite 239) protestieren die Ortsansässigen energisch.

Wer auf eine angesehene Schule geht, ist allein durch **Klassenfahrten und Exkursionen** schon in der bevorzugten Lage, mehr vom eigenen Land zu sehen als Gleichaltrige in weniger begünstigten Verhältnissen. Diese sind ihrerseits froh, wenn sie als Binnenbewohner mal an die Küste oder umgekehrt in die Kühle der Berge kommen. Was sich hierzulande nur Kinder aus Haushalten mit knappem Einkommen vorstellen können, ist für die Mehrzahl der philippinischen Kinder die normale Situation: Während der Ferien ergibt sich für sie die Gelegenheit und ruft oft die Pflicht, bei der Arbeit der Eltern mitzuhelfen oder sich als Hilfskraft dort zu verdingen, wo sie durch einen kleinen Verdienst zum Familieneinkommen beitragen können. Die Mithilfe im Metier der Eltern sehen viele Kinder allerdings auch als willkommene Lehrzeit – später, wenn der Junge statt des Vaters zum Fischfang rausfährt, die Tochter die Mutter in der Wäscherei ablösen wird, dann kann die erworbene Erfahrung nur nützlich sein. **Ferienzeiten** fallen vielerorts in die landwirtschaftlich aktiven Perioden des Pflanzens und Erntens, da kommen alle Hände, auch die der Kinder, zum Einsatz.

Es gibt aber auch die Filipinos, die allein, mit Familienmitgliedern oder in Reisegruppen ins nahe oder ferne **Ausland** reisen. Nicht um zu arbeiten, sondern um – im klassischen, uns so vertrauten Sinn – Urlaub zu machen. Mit ähnlichen Ambitionen, zum Shoppen, Erholen, Sightseeing, um Verwandte zu besuchen, andere Kulturen kennenzulernen oder um die Mischung aus all dem zu erleben. Mit Urlaub ließe sich sicher auch die Zeit bezeichnen, die die im Ausland arbeitenden Menschen nach Vertragsende oder zwischen zwei Beschäftigungsabschnitten **zu Hause** verbringen, sofern sie sich die Rückreisekosten leisten können. Für viele tritt so eine Pause nur alle paar Jahre ein und dann verbringen sie die „Ferien" hauptsächlich mit Familienpflichten, mit Besuchen, aber auch mit bürokratischen Angelegenheiten und der Suche nach einer neuen Anstellung.

Ein Freizeitvergnügen boomt besonders: Millionen Bürger entspannen sich beim sogenannten **„Malling"**, den ausgiebigen Streifzügen durch ein oder mehrere Einkaufszentren. Einkaufen scheint dabei für viele zweitrangig zu sein. Das Flanieren in der dank Klimaanlagen unterkühlten Glit-

048kp-ags

zerwelt der Mall, das Gefühl der Gemeinsamkeit mit all den anderen, die sich für eine kurze Weile abheben können von der bescheidenen Alltagsrealität, aber auch das eingebildete Gefühl, für einen Moment zu dieser Welt des Konsums und Glanzes dazuzugehören – das ist, wenn man so will, Urlaub pur. Denn die Mall-"Kultur" bedient gleich mehrere Freizeitambitionen: Gemeinsam **essen**, **Musik** erleben – beim Auftritt von Szene-Stars oder als „Eigenproduktion" im Karaoke-Stil – und auch die **Kinos** der Städte sind zunehmend in Einkaufs- und Vergnügungsparks integriert. Sie leben vom Faible der Filipinos für Action und dem ausgeprägten Sinn für Romanzen gleichermaßen.

Die alte Leidenschaft für das früher vor allem bei Dorffesten ausgeübte **Tanzen** findet ihre moderne, durch internationale, mediale Vorbilder inspirierte Fortsetzung im **Ballroom Dancing,** bei dem sich junge wie ältere Filipinos vergnügen.

Ein nicht neuer, aber immer mehr Menschen „faszinierender" Zeitvertreib ist die Haltung von **Schoßhunden.** Angesichts des nach unserem Verständnis kontroversen Verhaltens der Filipinos gegenüber Tieren mutet der früher vor allem mit dem Wohlstand der Neureichen assoziierte, nun selbst bei ärmeren Bevölkerungsschichten zu beobachtende Trend einigermaßen bizarr an. So auf jeden Fall für Leute wie *Maria-Lourdes,* die vor 30 Jahren nach Deutschland auswanderte und dort bis heute in den Kaufhausabteilungen, wo Nahrung und Schlafmöbel für Hund und Katze angeboten werden, die Nase rümpft und die Bemerkung „so wären viele Kinder in meiner Heimat gerne versorgt" nicht unterdrücken kann.

Ein „Straßenhund" mit V.I.P.-Status

Sprache, Schrift, Literatur

Die sprechenden Inseln

In den Philippinen sind mindestens **90 verschiedene Sprachen und Dialekte** lebendig, einige Linguisten machen fast doppelt so viele aus. Gemeinsam ist ihnen, mit Ausnahme einiger von Indigenen Palawans gesprochenen Idiomen und dem Sama-Bajao, die Zugehörigkeit zur **malayo-polynesischen Sprachfamilie,** die sich im Lauf der Jahrhunderte durch maritime Migration über einen riesigen Raum unserer Erde, von Hawaii über Neuseeland und Südostasien bis zur weit im Westen des Indischen Ozeans gelegenen Insel Madagaskar ausgebreitet hat.

Teilweise sind die philippinischen Sprachen untereinander so verschieden wie Katalanisch und Finnisch, wie Isländisch und Rumänisch. Andere ähneln sich so wie Deutsch und Holländisch. Es gibt Ausdrücke, die in relativ dicht benachbarten Gebieten gleich klingen, aber eine ganz andere Bedeutung haben. Wie zwischen den Provinzen Iloilo und Aklan, wo mit dem Begriff, der in Iloilo den gekochten Reis bezeichnet, in Aklan die gerade geerntete Reispflanze gemeint ist. Oder in einer Gegend von Nordluzon, in der nach einer zwei Kilometer langen Brücke, welche zwei Provinzen und Sprachräume miteinander verbindet, aus dem Wort für Ei das Wort für Küken geworden ist.

Fast alle philippinischen Sprachen beinhalten alte Einflüsse aus Indien, dem arabischen und persischen Raum und aus China, neuere Elemente kamen mit den Spaniern und den Amerikanern.

Die Bezeichnung **„Filipino",** die heute sowohl die **Nationalität** wie die **Nationalsprache** meint, galt in der Kolonialära zunächst für die auf den Inseln geborenen Spanier, später mit dem Engagement von *Rizal* und anderen Reformern auch für die Malaien. Untereinander hatten die Einwohner verschiedener Regionen, teilweise sogar innerhalb der Provinzen größerer Inseln erhebliche Verständigungsprobleme. Zwar gab es 1899 einen Vorstoß, Spanisch zur Nationalsprache zu erheben, doch kam mit Ankunft der US-Amerikaner deren Absicht, Englisch auf den Inseln zu verbreiten, hinzu. Sie hatten wenig Erfolg, die regionalen Sprachen blieben das bevorzugte Verständigungsmittel. Das beunruhigte Präsident *Quezon* (regierte von 1935 bis 1944) nicht wenig. Er befürchtete sogar, dass die Sprachbarrieren zu Feindseligkeiten unter den Sprachgruppen führen könnten. Konsequenterweise erklärte er 1937 **Tagalog,** die am weitesten verstandene Sprache des politischen, wirtschaftlichen und kulturellen Zentrums Manila und der von Tagalen bewohnten Umgebung, zur Grundlage der neuen **Nationalsprache,** die seit 1973 offiziell **Pilipino** oder **Filipino** heißt.

Obgleich die Nationalsprache auch Elemente anderer philippinischer Sprachen aufgenommen hat, zog diese Entscheidung zwangsläufig Kritik und Widerstand anderer Sprachgruppen nach sich. Insbesondere unter den Cebuanos hält der Protest an – bis heute. So wird die **Nationalhymne** in der Provinz Cebu größtenteils nicht in Filipino, sondern in Cebuano gesungen. Dieser Regionaltrotz bedroht zwar nicht die nationale Einheit, ist aber ein deutliches Signal der Cebuanos in Richtung Regierung, von der sie größere Anerkennung ihrer Sprache einfordern.

Cebuano ist nach Tagalog, das von rund einem Drittel der Filipinos gesprochen wird, die am weitesten verbreitete Sprache in den Philippinen. Es ist das Hauptidiom in den Central Visayas, gebietsweise auf Palawan, auf Leyte und in weiten Teilen Mindanaos und wird also in mehr Regionen gesprochen als Tagalog. Präsident *Dutertes* Muttersprache ist Cebuano. Er, der so vieles ändern will und von dem auch viel erwartet wird, dürfte wohl kaum die Nationalsprache ersetzen wollen. Doch im Zuge seiner Ankündigungen zur Föderalisierung wäre eine Aufwertung der zweiten philippinischen Sprache denkbar.

Linguistisches Kolonialerbe

Englisch ist und bleibt die Verkehrssprache, in der Hinsicht haben die US-Kolonialherren, ihre Lehrer und das zeitweise bestehende Verbot der philippinischen Sprache ganze Arbeit geleistet (siehe auch das Kapitel „Um die Unabhängigkeit betrogen – Onkel Sam und seine ‚kleinen, braunen Brüder'" ab Seite 63). In Verwaltung, Handel, Lehre und Medien ist amerikanisches Englisch in Wort und Schrift allerorten präsent, es ist ein attraktives Werbemittel für den Wirtschaftsstandort Philippinen, die sich als Hochburg für Callcenter-Firmen nicht zuletzt wegen des Sprachvorteils einen Namen gemacht haben. Allerdings beklagen Literaten und Pädagogen die zunehmende Verschlechterung der Englischkenntnisse bei großen Teilen der Bevölkerung.

Jahrhunderte währende Einflüsse verschiedener Sprachen hinterlassen Spuren in der Kommunikation, in der visuellen wie in der akustischen. So beinhalten alle großen Regionalsprachen zahlreiche Wörter, die eindeutig aus dem **Spanischen** stammen. Beispielsweise wurden Bezeichnungen für Gegenstände wie Messer, Löffel, Gabel, Glas und Tisch von den Spaniern übernommen, weil die diese Dinge in die Inselkulturen eingeführt haben. Den wenigsten Filipinos ist die sprachgeschichtliche Herkunft allerdings bewusst. Seit den 1980er-Jahren ist Spanisch keine offizielle Lehrsprache mehr. Wer will, kann sie an Universitäten und in privaten Sprachkursen erlernen. Als überlebendes Relikt der Kolonialzeit gilt **Chabacano** oder

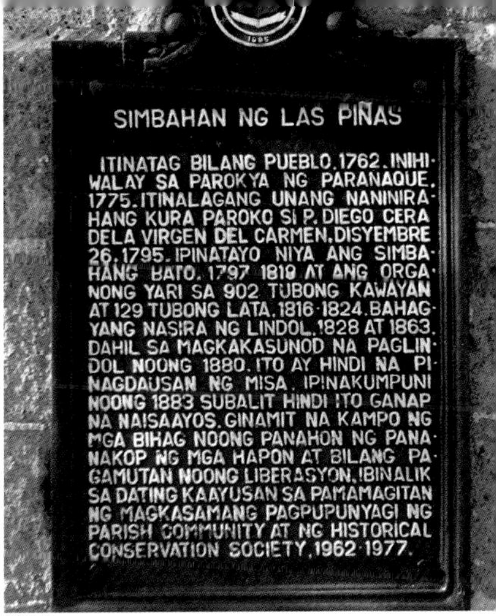

049kp-ags

Chavacano, eine auf Spanisch und Portugiesisch fußende **Kreolsprache,** die in Cavite City, Ternate und vor allem in der Region um Zamboanga in lokalen Varianten heute noch von rund 600.000 Menschen gesprochen wird.

Im Steuer- und Verwaltungsrecht, im technischen Vokabular wie auch in Gesprächen über Gesundheit tauchen immer wieder Begriffe aus den Sprachen der spanischen und amerikanischen Kolonialherren auf. Ständig angereichert werden die vielen Anglizismen natürlich durch die sich rasant ausbreitende digitale Kommunikation und das Internet.

Als **„Taglish“** (aus Tagalog und English zusammengesetzt) verstehen Filipinos die besonders unter gebildeten Landsleuten weitverbreitete Tendenz der Mehrsprachigkeit. Von Filipino-Wörtern und -Sätzen eingerahmt – je nach Grammatik auch am Anfang oder Ende eines Satzes – fallen unweigerlich englische Begriffe. Für Kinder sind beispielsweise Sätze wie die folgenden völlig normal und verständlich: *„Finished na ba yung homework mo?“* („Hast du deine Hausaufgaben fertig?“) oder *„Magsya-shopping ako sa mall mámayâ.“* („Nachher gehe ich in die Mall zum Einkaufen“). Die Eigenart ist nicht auf Tagalog bzw. Filipino beschränkt. Für die Bewohner der Visayas- oder Bisayas-Provinzen hat sich das Pendant *Bislish* eingebürgert. Da Politiker wie Medienstars und klerikale Autoritaten immer auch wegen ihrer Sprachgewandtheit bewundert werden wollen, stellen sie diese so oft wie möglich heraus und scheinen, untereinander im angewandten *Taglish* oder *Bislish* geradezu zu wetteifern. Ob solche Vorredner und -schreiber Vorbilder sind oder sein sollten, darüber gehen die Meinungen von Sprachpädagogen auseinander. Ein Beispiel aus der politischen Debatte, das neben Filipino und Englisch auch noch Spanisch einschließt: *„So I'm sure confident sila na papasa po 'yang FOI bill sa Senado“*. Will heißen: „Ich bin sicher, dass sie darauf vertrauen, dass das FOI-Gesetz (Freedom of Information, Anm. d. Verf.) den Senat passieren wird“. *Taglish* und ähn-

⌃ Die Erklärungstafel zur Kirche in Las Piñas (wo die weltberühmte Bambusorgel steht) bietet ein gutes Beispiel der Nationalsprache liche Patchwork-Sprachen mögen vielleicht den flexiblen Umgang mit verschiedenen Idiomen fördern, sie verleiten aber auch dazu, die zugrunde liegenden Sprachen nachlässig und lückenhaft anzuwenden. So kommt häufig ein Wort, eine Redewendung aus dem Englischen zum Einsatz, weil das philippinische Pendant schlichtweg in Vergessenheit geraten ist.

Konsonantentausch und Kürzelfieber

Eine für Fremde zunächst verwirrende **Eigenart der Aussprache** ist das gelegentliche Austauschen von „F" und „P". Da hört man oft statt „Filipinas" „Pilipinas", die Nationalsprache Filipino kommt als „Pilipino" daher. Die Bedienung im Imbiss serviert „pish 'n' chips". Es „funktioniert" auch im Englischen in die andere Richtung: Verwandte oder Bekannte wollen sich am „airfort" verabschieden, eine gutaussehende Frau hört das Kompliment: „fretty woman!" Erklärt wird dieses Wechselspiel mit dem Fehlen des Buchstaben „F" in den philippinischen Sprachen und der daraus resultierenden Verwirrung bei der Anwendung von Fremdsprachen. Der Tausch von „B" und „V" ist ebenfalls geläufig und dürfte einer Parallele des spanischen Spracheinflusses entsprechen.

Das Englisch vieler Filipinos fällt, wie das zahlreicher anderer Nationalitäten, durch lokale Akzentuierung auf, was der durch die Muttersprache vorgegebenen Intonierung geschuldet ist. Hinzu kommen regionale Besonderheiten wie die melodisch klingende Aussprache in den Visayas oder der weniger weiche Tonfall der Ilokanos. So wird z. B. das kurze „i" in *big* oft zum „beeg", aus *beer* wird „bear" und die Bestellung eines Steaks wird schon mal als „stiek" registriert. Das typische und auch für uns nicht so einfach auszusprechende „Th" des Englischen vernimmt man in den Philippinen häufig als einen Laut, der zwischen „D" und „T" liegt. Umso hörbarer sprechen viele Leute die Wortendung „-ion" (in *situation* oder *condition*) aus, was den singenden, komponierenden Jeepneyfahrer aus Cebu City *Yoyoy Villame* (1932–2007) vor Jahren inspirierte, dazu eine Persiflage zu kreieren. In „Sion...Tion" strapaziert er mehrere Strophen lang die Lachmuskeln, denn fast jede Zeile endet auf Wörtern wie „korrapschonn", „lokäjschonn" oder „polljuschonn".

Sehr beliebt sind **Abkürzungen,** sowohl geschrieben als auch gesprochen. Auch darin imitiert man fleißig die amerikanischen Vorgaben und ist mittlerweile in globaler Gesellschaft: „Not 4 hire", „U-turn", „C U 2 nite", „T Y" (thank you) – das sind die „Klassiker", auch „LBM", die elegante Umschreibung für Durchfall – von „loose bowel movement" (lockere Darmbewegung) hat sich seit langer Zeit eingebürgert und eignet sich immer noch sehr für den Sprachgebrauch der im Lande Reisenden. Befeuert von

Extrainfo 19 (s. S. 9): „Sion Tion"
von Yoyyoy Villame zum Anhören auf YouTube

der relativ neuen Mitteilungsform des „Texting" (via Skype, WhatsApp, Facebook u. a.), das landesweit dem eigentlichen Telefonieren den Rang abläuft, ist die Kürzelsprache inzwischen katapultartig angewachsen. Die negativen Folgen geben, wie bei uns, bereits Anlass zur Sorge: Defizite in schriftlicher wie oraler Ausdrucksweise, Orthografie und Grammatik, sei es in Filipino, Englisch oder der lokalen Sprache.

Mit Augenbrauen und offenem Mund – die Körpersprache

Bei all den vokalen und schriftlichen Nuancen der Kommunikation darf die Körpersprache nicht vergessen werden. Dabei hat der **Mund** (mit dem Lächeln beschäftigt sich ja ein eigenes Kapitel, s. S. 124) eine ganz bedeutende Funktion: Sieht das Gegenüber einen stumm, aber mit weit geöffnetem Mund an, so will er damit ausdrücken, dass er auf die gestellte Frage, die Feststellung oder Behauptung keine Antwort hat – sei es aus echter oder gespielter Unwissenheit, aus Verlegenheit, als Ausdruck von Zweifel, Desinteresse oder Ignoranz. Mit geschlossenem Mund und vorgestülpten Lippen lässt sich im Gespräch bei gleichzeitigem Blick in eine bestimmte Richtung oder zu einer bestimmten Person dezent kundtun, dass man genau über diesen Gegenstand oder diesen Menschen gesprochen hat bzw. reden oder tratschen will. Jemanden fest und starr anzusehen, gilt als unhöflich oder herausfordernd (s. S. 23 im Kapitel „Verhaltenstipps") und vor dem Hintergrund, dass in den Philippinen viele Menschen von der Wirksamkeit übernatürlicher Zauberkraft überzeugt sind, kann dieses Anstarren mit dem „bösen Blick" in Verbindung gebracht werden. Unziemlich ist es aber auch, den Gesprächspartner gar nicht anzusehen. Entspannter wirkt, wer den **Blickkontakt** sucht, ihn jedoch immer wieder kurz unterbricht.

Wenn Filipinos sich begrüßen, kann das per Handschlag, leichter oder inniger Umarmung und Küsschen vor sich gehen. Doch stets haben die **Augenbrauen** ein Wörtchen mitzureden, denn das kurze Hochziehen, von Umstehenden kaum bemerkt, leitet auf beiden Seiten die Begrüßung ein. Das Hochziehen der Augenbrauen muss allerdings richtig dosiert sein. Sollen Erstaunen oder teilnehmendes Interesse zum Ausdruck gebracht werden, bleiben die Augenbrauen länger oben. Ein kurzes Auf und Ab, eine Nuance intensiver, durch einen direkteren Blick als bei der Begrüßung und ein freundliches Lächeln unterstützt, soll die Aufmerksamkeit des „Angezwinkerten" wecken. Es signalisiert oft nicht mehr als ein aufmunterndes „Hallo, hier bin ich!", manchmal auch mit „Hintergedanken": Der Junge, das Mädchen will vermitteln, dass er/es bei der Verteilung von Geschenken nicht übergangen werden will. Der Mann, der sich höflich im Hintergrund hält, teilt so mit, dass er dem Besucher etwas diskret und nicht vor den anderen sagen will. Das „Zwinkern" mit den Augenbrauen zwischen Mann und Frau dürfte in den meisten Fällen mit eindeutigen Avancen und Absichten assoziiert werden, das lässt sich nicht nur in Cocktailbars, sondern auch in der sogenannten guten Gesellschaft beobachten. Eine andere, dezente Art, die Aufmerksamkeit einer Person zu wecken, ist das leichte **Berühren von deren Ellbogen.**

Will ein Karikaturist einen unsympathischen, herrischen oder ungehobelten Menschen darstellen, sind in die Hüfte gestemmte Hände oder Fäuste und vor der Brust verschränkte Arme gern benutzte Sinnbilder. Die Semantik dieser **Körperhaltungen** ist global eigentlich identisch: Hände in die Hüften und abgespreizte Ellenbogen lassen die körperliche Präsenz größer erscheinen und gelten als Zeichen von Aggressivität und Bedrohung; vor der Brust verschränkte Arme werden als Abwehr und Distanziertheit interpretiert. Wir nehmen solche Haltungen täglich ein, meist unbewusst, und denken uns nicht viel dabei. Filipinos reagieren da sensibler und nicht selten verunsichert, wenn ihnen ein Fremder so gegenübertritt.

Auch andere **Bewegungen,** die uns völlig normal erscheinen, fallen im asiatischen und außereuropäischen Umfeld unangenehm auf. Das Winken mit der Hand, beispielsweise das Heranwinken einer Person sollte mit dem Handrücken nach oben und mit nach unten gehaltenen, sich öffnenden und schließenden Fingern praktiziert werden. Die umgekehrte Haltung wirkt auf Filipinos unhöflich, wenn nicht gar, wie das Heranwinken mit dem nach oben gehaltenen Zeigefinger, obszön. Allerdings bei Weitem nicht so beleidigend wie der auch bei uns tabuisierte hochgestreckte Mittelfinger, der als Inbegriff der aggressiven Körpersignale entsprechend unangenehme, gewaltsame Konsequenzen nach sich ziehen kann.

Stützt jemand im Sitzen den **Kopf in die Hand** oder das **Kinn mit der Faust,** so macht er einen bedauernswerten, betrübten Eindruck. Manchmal wird diese Körperhaltung aber auch als abweisend, als misstrauisch beobachtend, als *suplado* – oder bei weiblichen Personen *suplada* – also eingebildet, arrogant aufgefasst.

In den Philippinen ist die rechte Hand die gute Hand, die gibt und nimmt, die das Essen zum Mund führt und die, wenn angebracht, andere Menschen berühren sollte. Die linke Hand ist bei der persönlichen Toilette aktiv – die Mehrheit benutzt und bevorzugt Wasser statt Toilettenpapier – und sie gilt deswegen als unrein (siehe Seite 30 im Kapitel „Verhaltenstipps").

Weitere wichtige Funktionen der Hände bei der zwischenmenschlichen Kommunikation sind im Kapitel „Begegnungen, Begrüßungen, Verabschiedung" ab Seite 307 erwähnt.

Schreib ab und zu, lies ab und zu!

Sie sind nach wie vor zur Stelle, die Männer, Frauen und Kinder, die an Kreuzungen vor wartenden Autos, in Büros und Restaurants ihren im Arm gehaltenen Stapel an Zeitungen zeigen und sich mit dem **Verkauf der Blätter** die tägliche Handvoll Reis verdienen. Zeitungen und Zeitschriften finden noch ihre Leserschaft, auch wenn die Zahl derjenigen, die sich elektronisch informieren, rasant zugenommen hat und dies einen Rückgang für die klassischen Printmedien bewirkt (siehe auch das Kapitel „Zeitung – zwischen Tradition und digitaler Zukunft" ab Seite 272).

Sieht man die vielen Menschen, die heutzutage mit gesenktem Kopf in ihr Smartphone oder Tablet vertieft lesen, könnte sich ja die Vermutung aufdrängen, dass auch E-Books unter der Lektüre sein könnten. Schon bevor die digitale Welle über die Inseln schwappte, stellte sich abgesehen von Schulmaterialien der **Bestand an Büchern** selbst in „Bildungsfamilien" recht übersichtlich dar. Lexikalische Bände, die Klassiker des Nationalhelden und -dichters *José Rizal,* hier und da ein Bildband zu Themen wie Autosport und Innendekoration, Kochbücher, die Bibel selbstverständlich und Romane von englischsprachigen und nationalen Autoren.

Zwar verzeichnen die Philippinen laut **offizieller Statistik** mit rund 98 % eine sehr **hohe Alphabetisierungsrate.** Doch finden sich landesweit viele Menschen, vor allem in Elendsvierteln und in abgelegenen Gebieten und nach Einschätzung von Pädagogen und Entwicklungshelfern wesentlich mehr als 2 %, die des Lesens und Schreibens kaum mächtig sind. Die Annahme, dass in diesen Randgruppen mit einem hohen Anteil an Schulabbrechern wohl sehr wenig „Leseratten" zu finden sind, lässt sich zweifellos auf andere Länder übertragen. Doch auch auf die gesamte Bevölkerung bezogen, ist die Zahl derer, die Bücher, Zeitungen, Zeitschriften und Comics lesen, zwischen 2003 und 2012 um 6 % zurückgegangen, die Zahl derer, die vornehmlich Bücher lesen, hat demnach im gleichen Zeitraum sogar um 10 % abgenommen. In Bezug auf die **Digitalisierung** hat die Untersuchung, die nur Trends konstatiert und keine wissenschaftlich fundierte Bestandsaufnahme geben kann, ein überraschendes Ergebnis zu bieten: Nur 7 % der Buchkonsumenten lesen in elektronischer Form. In der Hinsicht scheinen die Philippinen noch nicht auf den E-Book-Zug aufgesprungen zu sein. Interessant erscheint außerdem das Ergebnis, das vermuten lässt, dass Internet und Fernsehen beileibe nicht die Feinde des auf Papier gedruckten Wortes sind. Unter den Menschen, die zu Informations- und Unterhaltungszwecken häufig auf Presse, Fernsehen, Film und Internet zurückgreifen, ist demnach die Zahl der Leser von Literatur auffällig hoch.

In Bezug auf die bevorzugte **Sprache ihrer Freizeitliteratur** gibt eine klare Mehrheit dem Filipino/Tagalog den Vorrang. Die meisten wollen primär Werke ihrer Landsleute lesen, notfalls auch auf Englisch, aber am liebsten in der Nationalsprache. Damit kollidiert allerdings die Feststellung der Reading Association of the Philippines, dass in den meisten Filialen der Philippine Bookstore-Kette von zehn Büchern nur zwei von philippinischen Autoren geschrieben wurden. Dieser Schieflage entspricht auch die Beobachtung, dass der Trend zur **Aufwertung der nationalen Sprache,** wie beispielsweise im Musikschaffen, in der Filmproduktion und im Fernsehen, in der Literatur noch nicht angekommen zu sein scheint.

Manche Bildungsexperten versuchen, die nie besonders große und nun abnehmende Zahl an lesefreudigen Menschen damit zu erklären, dass die Filipinos ein Volk von Geschichtenerzählern seien, in dem die Mund-zu-Ohr-Tradition bedeutsamer sei als die Überlieferung des geschriebenen Wortes. Doch andere sehen darin ein erzieherisches Problem, vor allem seitens der öffentlichen Schulen, was letztlich mit der Unterfinanzierung dieser Einrichtungen Hand in Hand gehe.

Obwohl es aus der Zeit vor Ankunft der Spanier keine schriftlichen Dokumente mehr gibt, hat die philippinische Literatur tatsächlich eine lange, vornehmlich **in mündlicher Form weitergegebene Tradition.** Es sind die indisch und arabisch beeinflussten **Epen und Legenden** der verschiedenen Völker, die bis heute als Lieder, Erzählungen und Gedichte überlebt haben. Während der Kolonialzeit dominierten religiöse Themen in spanischer Sprache wie **„Doctrina Cristiana“,** ein Buch, das als erstes philippinisches Druckwerk im 16. Jahrhundert erschien. Zum wichtigsten Werk in Tagalog des 19. Jahrhunderts wurde der um 1850 erschienene **Gedichtband „Florante at Laura“** von *Francisco Balagtas,* in dem der Protestpoet die Spanier attackierte. Selbst die erwähnten sozialkritischen Romane von *José Rizal* waren in der Sprache der Kolonialherren verfasst, – auch um diese direkt anzusprechen – und bis in die Gegenwart stützt sich die philippinische Literatur außer auf Filipino immer noch stark auf Englisch. Autoren wie *Bienvenido N. Santos, Nick Joaquin* oder *Gregorio Brillantes,* keineswegs Befürworter der „Neuen Gesellschaft“, erreichen mit ihren gesellschaftskritischen, englischsprachigen Werken in erster Linie die städtische, intellektuelle und auslandsorientierte Leserschaft.

Das Problem, zu Hause nur ein mehr oder weniger exklusives Publikum ansprechen zu können, hat auch der 1924 geborene *Francisco Sionil José,* der bekannteste zeitgenössische Schriftsteller des Landes. In rund einem Dutzend Fremdsprachen sind seine Bücher, Romane, Essays und Kurzgeschichten erschienen, darunter auch auf Deutsch (z. B. der 2014 im Horlemann Verlag erschienene Roman „Gagamba – der Spinnenmann“). In

Extrainfo 20 (s. S. 6): Textbeitrag von Rainer Werning über den philippinischen Schriftsteller Francisco Sionel José

einer armen Landarbeiterfamilie aufgewachsen, nimmt er sich in seinen Werken auf sehr menschliche Weise und doch unsentimental der Unterdrückten, der Opfer von staatlicher und gesellschaftlicher Willkür an. In den fünf sogenannten Rosales-Büchern („Po-on", „Tree", „My Brother, my Executioner", „The Pretenders", „Mass") verbindet der Mitbegründer und erste Vorsitzende des philippinischen P.E.N.-Klubs anhand einer Familienchronik die Probleme der Vergangenheit mit denen der Gegenwart. Die sozialen und psychischen Unterschiede zwischen Stadt- und Landmenschen, heute so aktuell wie damals, sind Schwerpunkte seines Schreibens. Für die frustrierende Tatsache, dass er sich seinen Landsleuten in deren Sprache kaum mitteilen kann, macht er auch den amerikanischen Einfluss verantwortlich. Die gebildete Klasse seines Landes habe den Autoren aus dem Ausland lange Zeit mehr Bedeutung beigemessen als den Landsleuten, die englische Sprache gelte immer noch als das Idiom des Fortschritts. Somit haben literarische Erzeugnisse auf Filipino bis in die heutige Zeit weniger Chancen, gelesen zu werden, als beispielsweise Werke, die – aus der Muttersprache oder Fremdsprachen übersetzt – auf Englisch erscheinen. Hinzu kommt das Dilemma, dass *Josés* sozialkritische Werke, viele während der Marcos-Diktatur entstanden, nur einen kleinen, kritischen Teil des Bildungsbürgertums erreichen konnten.

Einfühlsam betrachtet auch die Literaturprofessorin *Marjorie Evasco* in ihren Gedichten die Lebensumstände in ihrem Land. Sie gehört neben *Ophelia Alcantara-Dimalanta* zu den bedeutenden Lyrikerinnen der philippinischen Gegenwart. Außerdem ist *Ninotschka Rosca* zu nennen, deren Familienroman „Maskentanz" auch als deutsches Taschenbuch erhältlich ist.

Sehen und gesehen werden – Treffpunkte

Filipinos betonen, dass sie *„outgoing persons"* seien. Das stimmt im mehrfachen Sinn: Sie gehen häufig „aus sich heraus", sind also gesprächig und offen für das Fremde, halten sich aber auch **gerne in Gesellschaft** auf und fühlen sich in Gruppen wohl. Um das zu zeigen, sucht man – möglichst gemeinsam – Plätze, Orte oder Veranstaltungen auf. Der kleine Hof zwischen zwei Häusern, die Straße vor der Wohnung, die Plaza oder der Park, der offene, mit Pflanzen und Denkmälern dekorierte zentrale Platz im Dorf, im *barrio,* im Ortsteil – das sind die beliebtesten Treffpunkte, die jeder Filipino schon aus seinen Kindheitstagen kennt. So finden sich dort, wo sonntags auch gerne mal Musik aus Lautsprechern oder von einem kleinen Orchester zur Lässigkeit beiträgt, regelmäßig **mehrere Generati-**

onen ein; wer es nicht mehr aus eigener Kraft schafft, lässt sich von den Jüngeren dorthin bringen und erzählt ihnen derweil von den „guten alten Zeiten".

Ein ständiger Magnet und für viele sicher auch ein Ort der kollektiven Inspiration ist die **Kirche mit ihrem Vorplatz.** Auch in kleinen Orten trifft man sich dort vor und nach dem Gottesdienst und selbst an Wochentagen tummeln sich auf gesegnetem Terrain Kinder zum Spielen, Erwachsene zum Nachrichtenaustausch, Bettler und Straßenhändler hoffen auf die Großzügigkeit der Passanten.

Ähnlich attraktiv zum Flanieren und Schwadronieren ist die **Uferstaße** oder der **Strand** selbst, wenn Witterung und Seegang es zulassen. Mal ist es eine befestigte und großzügig ausgebaute Promenade mit Unterhaltungsprogramm und kulinarischem Angebot wie in Manila entlang des Roxas Boulevards zum Sonnenuntergang, mal eine breite, von Talisay-Bäumen gesäumte und mit Skulpturen lokaler Künstler bestandene Spaziermeile wie in Dumaguete auf Negros. In vielen Küstenorten des Archipels zieht die Ebbe Jung und Alt zum Strand, weil sie dann weit hinauslaufen und nach allerlei Getier wie Muscheln, Schnecken und Krebsen Ausschau halten können.

Wasser bringt die Leute zusammen, auch an den Zapfstellen und Brunnen, wo für einen Großteil der Bevölkerung das täglich benötigte Nass herkommt. An den Orten, wo Frauen und gelegentlich auch Männer die Wäsche waschen, geht es beim Austausch von Klatsch und Tratsch lautstark her.

Biergärten, Restaurants im Freien oder Karaoke-Bars und Diskotheken, Bowlingbahnen – die **„barkada"**, die Freundesclique, findet immer neue Orte zur Unterhaltung, wenn es sie nach Abwechslung verlangt. Ganz „trendy" ist es, sich mit Freunden zum sogenannten „Malling" zu verabreden. In den riesigen Einkaufszentren gibt es immer etwas zu entdecken. Wer mit oder ohne Schutz der *barkada* seiner **Freundin in spe** etwas bieten will, sucht stets nach neuen Gelegenheiten und spannenden Örtlichkeiten, um seinem Ziel näher zu kommen. Der traditionelle „Hofier-Kodex" schreibt vor, dass die Angebetete erobert werden will. Konzerte, Sportveranstaltungen, Freizeitparks, die Ausfahrt mit dem Scooter oder Moped und natürlich die ausgelassene Stimmung einer Fiesta geben dabei den passenden Rahmen her. **Frisch Verliebte** schwärmen in erster Linie für die Zweisamkeit und nehmen deswegen eher romantische, abgeschirmte Orte ins Visier. Das kann immer noch der dunkle Kinosaal sein, aber auch der Schatten unter einem Baum, im Schutz eines Felsens am Strand oder die religiös inspirierte Diskretion einer zu Ehren der Jungfrau Maria angelegten Gebetsgrotte.

Haus, Hütte oder Villa – Wohnen

Eine Schlange im oder am Haus bringt all seinen Bewohnern Glück.
(Redensart aus Cagayan de Oro)

Menschen, die auf Friedhöfen hausen, Kinder, die in Pfützen vor Holzverschlägen im Slum spielen, Pfahlbauten mit wackeligen Stegen über zugemüllten Kloaken – die Bilder, die wir in Europa von den Wohnbedingungen der Filipinos vorwiegend zu sehen bekommen, geben einen wahren Eindruck, doch nur einen von vielen. Die Tochter eines deutsch-philippinischen Ehepaares wurde in einer deutschen Kleinstadt von Mitschülern gefragt: „Philippinen, ist das nicht so ein Land, wo die Leute in Hütten aus Blättern und Pappe wohnen?"

Ganz oben auf der Liste der Wünsche, die sich im Ausland arbeitende Filipinos erfüllen wollen, ist neben der besseren Erziehung für die Kinder ein angenehmes, modernes Haus in guter Lage oder eine komfortable Eigentumswohnung in der Stadt für die eigene Familie oder enge Verwandte wie Eltern und Geschwister. Mindestens ein halbes Dutzend Hochhäuser ist allein in den Stadtteilen Ermita und Malate in Manila zwischen 2012 und 2016 in den Himmel gewachsen, um dem Drang vieler Auslandsbürger nach „Condominium"-Wohnungen Raum zu schaffen: hochmodern, in bester Lage über der Manila-Bay und vollklimatisiert, Tiefgaragenplatz inklusive.

Das eigene Heim – eine Herzensangelegenheit

Traum aller Bewohner ist der von den eigenen vier Wänden auf eigenem Land und viele Filipinos leben im geerbten Familienbesitz. Doch gerade in den Zentren, in Manila und in den größeren Provinzstädten sind Millionen gezwungen, eine Wohnung, ein Apartment oder auch nur ein Bett in einer Gemeinschaftsunterkunft zu mieten. Manche haben das Glück, eine Unterkunft in relativer Nähe zum Arbeitsplatz zu finden, für viele Städter stellt die Bleibe allerdings nicht mehr als einen Schlafplatz ohne viel Freizeitwert dar, denn sie sind vor und nach der Arbeit, den Ausbildungskursen und Vorlesungen noch Stunden im Verkehr unterwegs.

Diejenigen am oberen Ende der sozialen Leiter residieren entsprechend abgehoben in „Subdivisions" (das philippinische Pendant zu den aus anderen englischsprachigen Ländern bekannten „Gated Communities") oder sogenannten „Villages" außerhalb der lärmenden, von Abgasen verpesteten Zentren. Mit einem Dorf im herkömmlichen Sinn hat so ein „Village", „Refuge" oder „Park" kaum etwas gemeinsam, wenngleich es

050kp-ags

verwaltungspolitisch als eigenes Dorf oder als Teil eines *barrio* oder *barangay* registriert ist. Es handelt sich um durch hohe Mauern und Zäune abgeschirmte, von militärisch organisierten Sicherheitskräften und Videokameras bewachte Enklaven des Luxus, Ghettos der Reichen. Manche Anwesen ähneln Palästen und Landsitzen. Swimmingpools, Edelkarossen, ein privater kleiner Golf- und ein Helikopterlandeplatz vereinfachen die Verpflichtungen in der Stadt als Firmenchef, hochrangiger Offizier oder Politikerin.

Auf welcher Stufe des Wohlstands auch gebaut, das eigene Haus ist für Filipinos gleichwertig mit Leib und Seele, bedeutet Heimat, Erbe, Mittelpunkt der Familie, Zukunft für die Kinder. Umso leidenschaftlicher und langwieriger sind dann die Auseinandersetzungen innerhalb der Familie oder mit den Behörden, wenn der Ankerplatz bedroht wird, sei es durch Enteignung, Zwist mit Verwandten, Betrug oder Zwangsversteigerung. Derartige Streitfälle um Haus- und Boden beschäftigen und bereichern alltäglich Tausende von Anwälten im ganzen Land.

Der Haussegen

Wie für andere Lebensbereiche sind für den **Bau eines Hauses** traditionelle, in modernen Zeiten möglicherweise als Aberglaube belächelte **Regeln** zu beachten. Ein Gebot lautet, dass der Bauherr, bevor er den Auftrag zur Grundsteinlegung und zum Einsetzen der tragenden Hauspfosten gibt, Friede mit all seinen Feinden, insbesondere denen innerhalb der Familie und des Klans schließen soll. Auch das Einlegen von Münzen ins Fundament soll Glück bringen. Die Stabilität des Gebäudes erhöht sich, wenn zu Beginn des ersten vertikalen Bauelements (Einsetzen des ersten Pfostens,

Hochziehen der ersten Mauer) der Vater oder das älteste Mitglied der Familie anwesend ist.

Die Situation, dass die Ehefrau des Bauherrn **hochschwanger** ist und im Monat des Baubeginns niederkommen wird – hierzulande wäre das vielleicht ein geeigneter Werbegag einer Bausparkasse oder Versicherung –, ist in vielen Teilen der Philippinen absolut tabu, weil sie Unglück anziehen würde. Die Schwangerschaft der Frau sollte den Mann auch von Reparaturen am Haus abhalten. Ein schlechtes Omen ist es, wenn Material für das neue Haus von den **Altlasten einer Kirche** genutzt wird oder den Baustoffen entspricht, die vorwiegend zum Bau eines Gotteshauses verwendet werden. Aus Alt mach Neu darf ebenfalls nicht gelten, wenn der Bauherr auf Steine oder Hölzer aus seinem alten Haus zurückgreifen würde.

Etliche der alten Hausbautraditionen, die zu einem guten Teil das Verletzen oder Einschränken der natürlichen Umgebung kompensieren soll(t)en, werden längst nicht mehr konsequent eingehalten. So wird beispielsweise die Regel, ein Haus oder einen Teil des Gebäudes weder über einem Ameisenhügel noch dort, wo kürzlich ein Baum gefällt worden ist, zu errichten, kaum noch beachtet.

Doch unerlässlich bleibt der **Segen des Priesters oder Imams. Das Schlachten eines Schweins oder Huhns** wird immer noch hier und da praktiziert und geht auf das alte **Tieropfer** aus vorchristlicher, -islamischer Zeit zurück. Das Blut der Tiere gilt als schützendes Elixier und wird i. d. R. an die frisch gesetzten Eckpfosten oder steinernen Eckpfeiler des Hauses gestrichen. Mancherorts lässt man Schweine- oder Hühnerblut auch auf das zu bebauende Grundstück tropfen. Obligatorisch ist die Schüssel voll mit ungekochtem Reis, die als einer der ersten Gegenstände in das zu beziehende Haus, in die neue Wohnung gestellt wird und den Wunsch nach nie versiegenden Nahrungsmitteln unterstreichen soll – ersatzweise geht auch Salz. Für die im Ausland lebenden Filipinos ist das ebenso verpflichtend. Nichts anderes als den Schutz der Ressourcen soll die oben erwähnte Schlange im Haus sichern, denn sie stellt den lästigen und zerstörerischen Nagetieren nach. Willkommene **tierische Mitbewohner** sind auch Fledermäuse, Geckos und Bienen. So nützlich ein aufmerksamer, wachsamer Hund im Hof ist, so unbeliebt macht er sich, wenn er an den Hauspfosten pinkelt, denn das bedeutet beispielsweise auf der Insel Romblon mindestens sieben Jahre Pech für den Hausherrn.

In den Großstädten, wie hier in Manila, ragen immer mehr Hochhäuser mit Eigentumswohnungen empor

Als Fremder im Kulturkreis

< Junger Bambusflößer im Norden von Mindanao (110kp Foto: ags)

Das Bild von Touristen und von Deutschen

Nicht immer einfach, aber willkommen

Zuallererst personifizieren Touristen in den Philippinen **Reichtum.** Als wohlhabend gelten sie, Backpacker inbegriffen, schon deswegen, weil die Reise aus der Ferne und wieder dahin zurück teuer sein muss, jedenfalls für philippinische Durchschnittsverhältnisse. Reich müssen die Fremden auch deswegen sein, weil sie dauernd irgendetwas kaufen, in feinen Restaurants speisen, in eleganten Hotels und Strandanlagen wohnen. Aber die Touristen geben nicht nur Geld aus, sie machen es auch verfügbar für diejenigen, die sie beherbergen, befördern, ihnen Essen servieren und es für sie kochen, Souvenirs oder einen Tauchgang verkaufen oder sich von ihnen in Bars aushalten lassen. Tourismus ist ein **wichtiger Wirtschaftszweig** und das wissen auch die Menschen auf der Straße. Das Bild vom Devisenbringer projizieren sie pauschal auf alle Touristen, ob sie aus China, Korea, Amerika, Australien oder Europa kommen. Touristen wollen bedient werden, diesen Gefallen tun ihnen die Filipinos gerne, auch wenn manche der Fremden sehr fordernd sind und oft nörgeln.

Dass schon seit Jahrzehnten viele Männer aus der ganzen Welt auf die Inseln kommen, um **Sex mit philippinischen Frauen,** sogar mit Kindern zu haben, empört viele Leute. Sie loben jede Ankündigung der Politiker, die dagegen vorgehen wollen, erklären die Situation, die ihrem Land in der Welt einen schlechten Ruf einbringt, mit der großen Armut ringsherum. Filipinos unterscheiden sehr genau zwischen Touristen, die sich gut benehmen, und denen, die im Schlabberlook, verschwitzt oder in zu knapper Kleidung unterwegs sind. Zuweilen sehr pauschal formulierte Unterschiede zwischen den **Nationalitäten der Fremden** bemerken viele Einwohner, die direkt mit ihnen zu tun haben. So wissen die **Amerikaner** alles besser und geben mehr Trinkgeld als die **Chinesen;** die **Japaner** kommen meist nur für ein paar Tage und haben es gerne schnell und sauber. Die **Australier** sind zufrieden, solange sie eiskaltes Bier bekommen; die **Österreicher** sprechen eine Sprache, die sich wie Deutsch anhört, der Name ihres Landes (Austria) klingt allerdings wie Australia. **Israelis** treten in Gruppen auf, bleiben unter sich und haben es lieber billig. Ach ja, die **Schweizer** machen guten Käse und leckere Schokolade, wenn sie denn mal zu Hause sind. Und die **Deutschen** knausern beim Trinkgeld, trinken aber auch viel Bier, das im Glas möglichst mit Schaum serviert werden soll, meist schauen sie ernst drein. Außerdem ähneln sie manchmal den strammen Typen aus den Weltkriegsfilmen meist US-amerikanischer Herkunft. Sympathisch macht sie, dass sie viel im Land und in der Natur herumreisen.

Stramm, streng und Bierexperten

Das alte, anscheinend nie ausdienende „gute" **Nazi-Bild als Extrem** des Klischees vom zackigen, blonden Teutonen hängt den deutschen Besuchern auch im dritten Jahrtausend und in der Isoliertesten Inselbucht der Philippinen nach.

Ganz abstrus führte 2015 im Vorfeld der Präsidentschaftswahlen ein Kandidat *(José Larry Maquinana)* die gewisse Bewunderung für den Gründer des „Tausendjährigen Reiches" vor Augen, als er mit Hakenkreuz posierte und sich als „Hitler seiner Generation" und „Nazi aus Fernost" aufspielte. Möglicherweise trieb auch ihn die Frage um, die vor Jahren einigen selbsternannten Geschichtsforschern in einem kleinen Ort an der Südküste der Insel Panay keine Ruhe ließ: Ist Nationalheld *José Rizal* vielleicht der leibliche Vater von Hitler, der ungefähr zu der Zeit (vermeintlich unehelich) geboren wurde, als *Rizal* in Österreich und Deutschland weilte? Kleine Statur, Frisur und Schnurrbart reichten diesen „Experten" völlig aus, um eine derart abwegige Verwandtschaft zu konstruieren.

Im Allgemeinen wird die **Herkunft der Deutschen** glücklicherweise mit harmloseren, beständigeren Produkten assoziiert. Das waren und sind teilweise noch die Messer aus Solingen, Kosmetikmarken wie 4711, Nivea und Schwarzkopf, selbstverständlich die auf vier Rädern rollenden Stars aus der Stuttgarter Gegend. Wer als Angehöriger der gehobenen Mittelklasse und des Geldadels seine Gäste beeindrucken will, lässt sie stolz die Sanitäreinrichtung von Villeroy&Boch oder die Porzellankollektion aus Meißen bewundern. Jüngst hat die bewunderte Technologie **„made in Germany"** allerdings infolge des auch in den Philippinen bekannt gewordenen Skandals um die Abgasbetrugs-Software für Dieselfahrzeuge einen Knacks bekommen. Internet- und Zeitungskommentare witzeln über „fake in Germany" und äußern sich nicht ohne Häme über jene, die so akribisch Reinheitsgebote und den Import asiatischer Plagiate kontrollieren. Begriffe wie „German Angst", „Leitkultur" und „Zeitgeist" tauchen in philippinisch-englischsprachigen Medien immer wieder auf, in intellektuellen Kreisen bringt man Deutsche mit Philosophen wie *Bloch, Heidegger* und *Nietzsche* in Verbindung.

Ziemlich bald, spätestens beim zweiten gemeinsamen **Bier,** wird der Besucher aus dem Land der Dichter, Denker und der friedlichen Wiedervereinigung zum Experten für den „goldenen Saft", zu dessen Ehren schon seit vielen Jahren in Manila und anderen Großstädten das **Oktoberfest** gefeiert wird. Die Vorstellung, dass Deutsche Bier wie Wasser, nach philippinischem Standard also den ganzen Tag über trinken, hält sich hartnäckig und ist angesichts des Verhaltens so mancher Urlauber oder Auswanderer nachvollziehbar. Viele von ihnen mögen keinen Reis und sehnen sich nach dunklem Brot. Sie singen kaum, schon gar nicht in Karaoke-Bars. Die Landsleute von *Bach, Beethoven, Händel* und *Haydn,* von *Nena* und The Scorpions kommen vielen Filipinos unerwartet unmusikalisch vor.

Was dem Fremden sofort auffällt

„Die Leibs-Länge unserer Philippiner ist mittelmäßig; der Leib selbst ist wolgestellet, und so wol bey Manns- als Weibs-Personen nicht übel gebärdet. Ihre Farbe ist braunlecht, wie bei einem gesottenem Quittenapfel; ..."

Siehe *W. Bethge,* der den Jesuitenpater *Colin* zitiert, S. 51 (http://bethge.freepage.de/kropff.htm).

Europäische Besucher, die im **17. und 18. Jahrhundert** eine Reise zu den fernen Inseln planten, konnten sich, wenn sie des Lesens mächtig waren und das Glück hatten, **Beschreibungen** wie die oben zitierte zu finden, wenigstens eine vage Vorstellung vom Reiseziel und dessen Bewohnern machen. Und sie verglichen alles, völlig verständlich, mit eigenen oder fremden Erfahrungen in anderen Ländern. Weitere 200 Jahre später, als sich Weltreisende zunehmend auch der Technik der **Fotografie** bedienten, hatten andere Globetrotter ihrer Zeit damit detailliertere Bildvorlagen.

Heute vermag man dank des Internets nicht nur die Meerwassertemperatur am Badestrand des Inselchens A am Tag B zur Stunde C erfahren, sondern ist auch in der Lage, die Qualität der Matratzen in der Pension D mit denen der Pension E auf besagtem Eiland zu vergleichen. Reiseblogeinträge und einige auf die Philippinen spezialisierte Internetforen geben nützliche, aber teilweise recht seltsam anmutende **Tipps** für die, die die Inselwelt und ihre Menschen kennenlernen wollen. Da finden sich zwischen sehr lesenswerten, einfühlsamen Einträgen und Fotos haufenweise Selfies an allen möglichen Sehenswürdigkeiten und detaillierte (Un-)Verträglichkeitsbeschreibungen des täglichen Speiseplans und des Fahrstils der Taxichauffeure. Als Anekdoten gedachte Geschichten über versuchte, vermeintliche oder erfolgreiche Betrügereien arten aus in Rundumschläge auf die „hinterlistigen, nur aufs Geld schielenden" Filipinos. Und meistens fehlen weder ein Vergleich mit so viel „exotischeren" Nachbarländern noch teils wohlgemeinte, teils eurozentristisch motivierte Vorschläge zu

▷ Staunen und möglichst nicht stolpern. Touristen wandern durch die Ifugao-Reisterrassen

dem, was im Verhalten der Besuchten und in deren Land alles besser zu machen wäre. Darin erkennt der aufmerksame Beobachter **auffällige Parallelen** zu Reise- und ethnografischen Berichten der früheren, deutschsprachigen „Philippinenkenner", die zur Kolonialzeit den **rassistischen Ansichten** der dort herrschenden Spanier und nachfolgend der Amerikaner mitnichten nachstanden. So treten sie gewissermaßen als Konkurrenten in Sachen „Entwicklungshilfe" auf, denn, wie *Stefan Rohde-Enslin* in seiner Bestandsaufnahme der deutschen Philippinenforschung im 19. Jahrhundert beschreibt, lassen jene Übersee-Experten durchblicken, dass dem Archipel unter kaiserlicher Aufsicht ein besseres Schicksal vergönnt gewesen wäre.

Auch in Zeiten der uneingeschränkten virtuellen Verfügbarkeit und trotz notwendiger Reisevorbereitung ist es doch spannend, die eigenen Wahrnehmungen vor Ort auf sich zukommen zu lassen. Die Erstankömmlinge in den Philippinen, die noch Platz lassen für Unvoreingenommenheit, werden in spontanes, ehrliches Staunen verfallen, werden fühlen, was es heißt, Neuland zu betreten.

051kp-ags

Zunächst landen die Besucher in den **Metropolen Manila, Cebu oder Davao,** wo außer dem chaotisch anmutenden, anscheinend unablässigen Verkehr ein Gemisch aus Geräuschen, ungewohnten Blicken, Farben und kontrastreichen Szenerien, unbekannten und vertrauten Gerüchen auf die Sinne einprasselt. Haushohe Werbeplakate, Wolkenkratzer, gleißende Lichter zeugen von Wohlstand, Musik und laute Stimmen prägen das **Straßenbild.** Mächtige und weniger auffällige Kirchen sind sonntags richtig gut besucht. Zu beiden Seiten der Straßen kauern Bettler, wuseln ambulante Händler, schlafen regungslose Gestalten auf dem Gehweg, wo es auch mal streng riecht. Fastfood, Straßenküchen, Essgelegenheiten allerorten verdrängen zunächst den Gedanken, dass in diesem Land Menschen Hunger leiden könnten.

Sie treffen auf viele lächelnde Gesichter, vernehmen aber auch viel richtig herzhaftes Lachen. Verstörend wirken andererseits die vielen Uniformträger, die vor und in Büros, Banken, Einkaufszentren, Restaurants, Hotels – größtenteils mit bedrohlichen Waffen und Hunden ausgerüstet – Wache schieben. Auch die Polizei zeigt sich präsent, weitaus mehr als der eine oder die andere es von zu Hause gewohnt ist und möglicherweise sogar vermisst. Selbstverständlich faszinieren die Armada von Taxis und die bunten, wenn auch lauten und die Luft vernebelnden Jeepneys, die

⌃ Eine Fahrt auf dem unterirdischen Fluss auf der Insel Palawan (im Hintergrund ist der Höhleneingang zu erkennen) gilt als „Must-see" für Besucher

wie in Wellen durch die Straßenzüge brausen und sich erstaunlicherweise durch die Ampeln bändigen lassen. Dass die **Temperaturen** tropisch-heiß, mitunter drückend-schwül sind, fühlt man erst, wenn man mittendrin ist. Genauso abrupt wirkt das Gegenteil – die oft unangenehme Kälte aus den Klimaanlagen im Innern der Gebäude. Da sind die sommerlich gekleideten Ausländer verwundert, wenn sie Leute mit Jacken, Pullis oder Schals an ihren Schreibtischen oder auf Wartebänken sitzen sehen. Das Verlangen, endlich die idyllischen Seiten des Landes kennenzulernen, wächst. An zahlreichen Orten in der Provinz allerdings scheinen mehrere Tausend Besucher eben dieses Verlangen gleichzeitig zu spüren, so an den touristischen „Hotspots" wie den Reisterrassen in Nordluzon, den Chocolate Hills auf der Insel Bohol, den Buchten und Inselchen um El Nido im Norden Palawans und natürlich auf der „Trauminsel" Boracay. Da ist das Staunen groß über die routinierte, fröhliche Gelassenheit, mit der Filipinos das Fremde hereinkommen und über sich ergehen lassen.

Überall auf den Inseln, vor allem auf dem Land, fallen die vielen Kinder auf, die im Freien spielen, in Gruppen unterwegs sind, Erwachsenen bei der Arbeit helfen, die hellhäutigen Menschen anschauen, anstaunen und nach Überwindung der ersten, verständlichen Scheu auch schon mal die Haut des/der Weißen berühren wollen. Es dauert nicht lange, bis der gemächliche Takt des Alltags, der einen nach der städtischen Hektik in provinzieller Langsamkeit empfängt, deutlich zu spüren ist.

Begegnungen, Begrüßungen, Verabschiedung

„How are you, Sir?"„Good morning Ma'am!". Viele Urlauber hören das jeden Tag mehrmals und grüßen ebenso freundlich zurück, mal mit, mal ohne *„Sir"* und *„Ma'am"*. Manche Touristen fühlen sich geschmeichelt, andere finden die förmliche Anrede übertrieben; ein einfaches *„hello"*, wie sie es von zu Hause gewöhnt sind, wäre ausreichend. Vielleicht sind sie auch verwirrt und fragen sich, ob eine Antwort in gleicher Höflichkeit erwartet wird. Für den Anfang tut es ohne Weiteres ein gelächeltes *„thank you!"* oder *„salamat po!"* Filipinos sprechen sich auch untereinander mit den **englischen Titeln** an, wenn es der Status des Gegenübers gebietet. Das respektvolle „Sie" in der Nationalsprache ist das erwähnte **„po"** für beide Geschlechter, sehr oft findet es Anwendung im Zusammenhang mit zur Tageszeit passenden Grüßen, in Verbindung mit „wie geht es Ihnen" oder auch einfach mit Verneinung oder Bestätigung. *Po* ist eigentlich dauernd im Gespräch, ein paar Minuten Fernsehen oder Radio beweisen das, wenn beispielsweise Leute ein Interview geben.

Eine höhere Stellung genießen Ältere, wenn sie nicht gemäß ihres sozialen oder vom Arbeitsverhältnis vorgegebenen Rangs eindeutig untergeordnet sind. Der junge Firmenchef im Auto, das der doppelt so alte Parkwächter grüßend herauswinkt, wird diesem freundlich, aber kaum mit der respektvollen Silbe *po* danken. Touristen dagegen gelten grundsätzlich als Gäste, egal in welchem Alter sie sind oder welche soziale Stellung sie in ihrem Heimatland haben, und daher ist es völlig normal, dass sie mit *„Sir"* und *„Ma'am"*, manchmal mit *„po"* oder gar *„Hello po!"* angesprochen werden.

Wohin, woher Fremder? Ich bin hier!

Bis vor einigen Jahren wurden Ausländer – auch die, die im Land leben – mit einem meist fröhlichen *„Hey Joe!"* begrüßt. Der Spitzname für die Amerikaner, mit dem die GIs anfänglich gerufen wurden, hatte sich sogar in den Städten eingebürgert und vereinzelt rufen Provinzbewohner nicht asiatisch aussehende Fremde heute noch so. Kaum jemand erwartet darauf ernsthaft eine wortreiche Entgegnung und Belehrungen darüber, dass nicht jeder Weiße Amerikaner sei oder dass auch ein Tourist ein Recht auf eine dezente Anrede habe, sind unangebracht. Da reicht ein kurzes Hochziehen der Augenbrauen als Zeichen, dass der Gruß registriert wurde und gut ist es. Mit dem aus Lateinamerika bekannten und in der ursprünglichen Bedeutung wesentlich abweisender gemeinten *„Gringo"* (von *„green go (home)"*), wobei die GIs in Panama in ihren grünen Uniformen das Ziel waren, hat *„hey Joe"* nie etwas gemeinsam gehabt.

Hin und wieder heißen wir auch *„Kanó"* (kurz für *„Amerikano"*), bei den Muslimen von Mindanao *„Milikan"* und gelegentlich, wie auf der Insel Camiguin, rufen die Menschen uns tatsächlich mit *„Hello friend!"* Sollte in *„Hey Joe!"* ausnahmsweise mal ein abweisender, herablassender Unterton herauszuhören sein, so stellt man sich am besten taub. Fremdenfeindlichkeit muss das nicht gleich bedeuten.

Die höfliche Hand

Die **Begrüßung mit Handschlag** wird nicht abgelehnt, vor allem im westlich geprägten Geschäftsleben ist das Händeschütteln weitverbreitet. Westliche, besonders deutsche Besucher mögen sich wundern, dass Filipinos den uns anerzogenen festen Händedruck vermeiden. Die Hände greifen zwar, aber nur leicht und kurz. Der kräftig-herzhafte Handschlag, der bei uns Selbstbewusstsein signalisiert, wird in den Philippinen wie auch in anderen Kulturen eher als Einschüchterung verstanden. Der Mann reicht einer Frau zum Gruß nur die Hand, wenn sie die ihre zuerst ausstreckt. **Umarmungen** unter Freunden und Verwandten sind bei Begrüßungen und zum Abschied eher selten, es sei denn, man hat sich lange nicht gesehen oder wird sich längere Zeit nicht wiedersehen. Sozial sehr hochstehende Personen wie (Ur-)Großeltern, Dorfälteste und religiöse Führer lassen sich von Jüngeren („Untergebenen") traditionell und respektvoll begrüßen, indem sie ihre Hand ausstrecken, die sich die Grüßenden mit einer Verneigung an ihre Stirn legen. Eine gute Erziehung macht dabei keinen Unterschied zwischen Nationalitäten und Hautfarben. Das erfuhr der noch junge deutsche Mann mit Vollbart, den mitten auf einer Kreuzung in Iloilo City ein kleiner Junge mit „Good morning Father!" ansprach und sich seine Hand an die Stirn legte. Der verblüffte Mann ließ sich die Ehre erweisen und verzichtete dann dank einer höheren Eingebung darauf, dem Kleinen zu gestehen, dass er kein Priester sei.

Eine Geste, mit der die Menschen Gäste, sozial Höherstehende und ältere Mitmenschen um Erlaubnis bitten, an ihnen vorbei zu gehen, sie womöglich dadurch in der Unterhaltung zu stören, ist in vielen Gegenden Asiens, aber auch in afrikanischen Kulturen gute Sitte: Man **beugt** im Gehen **den Oberkörper leicht vor** und hält die rechte Hand oder beide aneinander gelegte Hände vor sich und passiert so respektvoll die Person, die Gruppe. Besonders in den Häusern der indigenen Filipinos sitzen die Leute gerne oder ausschließlich auf dem Boden, auf Matten oder Decken. Die Höflichkeit gebietet es den Gästen, es ihnen gleichzutun. Oft ist das leichter gesagt als getan, denn die Beine wollen sich nicht immer so einfach in den Schneidersitz einklappen lassen. Wie auch immer es aussieht – die Füße dürfen nicht in Richtung des Gegenübers zeigen. Das leidlich vor allem durch amerikanische Filme bekannte Bild vom Boss, der mit den Füßen auf dem Schreibtisch zum Diktat oder Rapport bittet, ist in den Philippinen Symbol für **schlechtes Benehmen.**

Schuhe und Flip-Flops vor der privaten Haus- und Wohnungstür sind ein vertrauter Anblick, denn der Schmutz der Straße soll draußen bleiben – und bequemer ist das Laufen auf bloßen Füßen oder in Hausschlappen innen allemal. Wer als Besucher der Sitte folgen will, hört meistens „Nein, nein, das ist nicht nötig!" Doch wenn die Trekkingschuhe oder Sneakers erst einmal die Kollektion vor dem Eingang bereichern, wird das lächelnd zur Kenntnis genommen und der „Integrationsgrad" ist gestiegen.

Wiederholte **Fragen nach dem Woher und Wohin** – im malayo-polynesischen Sprachraum völlig normale und höfliche Floskeln der Begrüßung und Kontaktaufnahme – können, gelinde gesagt, ermüden. Meistens ist es nicht mehr als eine Floskel, die nicht auf eine detaillierte Reisebeschreibung abzielt. Zuweilen plätschern aber weitere neugierige und teilweise penetrante Fragen hinterher: „Bist du verheiratet? „Wo ist dein Mann/deine Frau?“ Hast du Kinder?“ „Wie viele?“ Tipps für Globetrotter empfehlen seit Jahrzehnten allerlei flotte, zum lokalen Humorverständnis nicht immer passende Antworten wie beispielweise „Ich gehe den Wind fangen!“, „Ich komme von dort und ich gehe dahin“ oder raten dazu, dieselben Fragen selbst zu stellen. Doch bald können derartige Reaktionen als frech, arrogant, zumindest unhöflich interpretiert und mit Häme quittiert werden. So erging es einem Deutschen, der sein „Rezept“ erfunden zu haben glaubte: Er hatte sich in Manila bei einer T-Shirt-Druckerei ein Dutzend Hemden mit der englischen Aufschrift anfertigen lassen: *„My name is not Joe, I'm German, I'm not married and I don't answer questions!“* Irgendwann während seiner Reise über die Inseln beklagte er sich, dass keiner mit ihm reden wollte.

„Haben Sie schon gegessen?“ – Gastfreundschaft

Die Sonne brennt unerbittlich auf die mit Ascheschlamm bedeckte Landschaft und das Städtchen Bacolor herunter. Ein paar Männer und Frauen stehen in dem Viereck aus Mauern, was einmal ihr Heim gewesen ist, bevor der Vulkan Pinatubo es und die Häuser Tausender anderer Familien verschüttet hat. Jetzt graben sie mit vereinten Kräften und versuchen zu retten, was zu retten ist. Zwei Meter über ihnen machen Ausländer Fotos vom Geschehen und wischen sich den Schweiß aus den geröteten Gesichtern. Bacolor und seine verschütteten Häuser sind – nur Monate nach der Katastrophe – zur Touristenattraktion geworden. Die Hausbesitzer stecken für einen Moment die Schaufeln in den Schutt und blicken lächelnd zu den Fremden hinauf. Dann tun sie das, was sie auch tun würden, wenn sie Besucher in einem unversehrten Haus begrüßen würden: Sie halten eine Plastikkanne hoch und bieten ihnen Wasser als Erfrischung an. Erlebte Gastfreundschaft mitten im Elend, völlig unerwartet, umwerfend, rührend, unvergesslich. Ein anerzogener Reflex?

„Willst du etwas trinken?“ „Hast du schon gegessen?“ „Kommen Sie, setzten Sie sich zu uns, wir essen gerade!“ So etwa lauten die üblichen Begrüßungen, wenn zufälliger, unangemeldeter Besuch vorbeikommt. Ein Glas Wasser, eine Tasse Kaffee, eine Flasche Limonade, ein Stück Gebäck – die Geste zählt und gehört wörtlich zum guten Ton, wie Filipinos schon in frühen Kindheitstagen verinnerlichen. Umso mehr gilt das, wenn

☐ Adobo-Gericht mit Huhn und gegrillter Tintenfisch auf Visayan-Art

Gäste geladen sind. Ihnen das Bestmögliche an Komfort, Wohlgefühl und Kost anzubieten, ist tatsächlich ein „elftes Gebot". Dem Besucher, sei er geladen oder nicht, etwas anbieten zu können, ist nicht jedem möglich. Doch gar nichts ohne aufrichtige Entschuldigung anbieten zu können oder es gar abzulehnen, das käme einer Sünde gleich. Das Zeigen von Gastfreundschaft kommt mancherorts auch dem Verlangen entgegen, Status und Wohlstand zu präsentieren und kann bis hin zur Angeberei und Wichtigtuerei reichen.

Oft hört der Gast, der sich mal mehr, mal weniger überschwänglich bei den Gastgebern bedankt, dass es ihnen eine Freude, ja selbstverständlich sei und – irgendwann, wenn sie selbst bei ihm (dem Gast, auch wenn er im fernen Ausland zu Hause ist) vorbeikommen, er sich revanchieren könne. Als Scherz so dahingesagt, liegt der Kern der philippinischen Gastfreundschaftsphilosophie sicherlich in dem uralten Ausgleichsverhalten, dem **Prinzip von Gegenseitigkeit** unter Individuen, Klans und Inselpopulationen, die sich einerseits abgrenzen und gleichzeitig bemüht sind, Feindseligkeiten untereinander abzuschwächen, möglichst zu vermeiden. Sich gastfreundlich zu zeigen, ist eine der Komponenten, die die stets angestrebte Selbstachtung *(amor-proprio)* ausmachen, es ist also eine anerzogene, immer aufs Neue zu überprüfende Eigenschaft im Sozialverhalten eines jeden Filipinos. Daraus ergibt sich die Forderung, erfahrene Gastfreundschaft auf keinen Fall zu missbrauchen. Ein extremer Verstoß gegen dieses Gebot wäre z. B. ein Diebstahl im Haus des Gastgebers. Allein ein solcher Verdacht gegenüber einer bestimmten Person ließe deren Familie üblicherweise ebenso unter dem Gerede und der Ächtung leiden.

102kp-ags

Filipinos vermeiden den Ruf, gesellschaftlich zu ambitioniert zu sein, sich in den Vordergrund rücken zu wollen. Das macht sich sicher auch in der generell lockeren und unbestimmten Art, Einladungen auszusprechen, bemerkbar. Trifft jemand einen Bekannten und erzählt diesem von einem Umtrunk, zu dem er ihn gerne einladen möchte, dann sollte diese **Einladung** mit einem späteren Telefonat oder einer zugestellten Erinnerung „festgeklopft" werden, um die Ernsthaftigkeit des Angebots zu unterstreichen. Das erste unverbindliche „Ja, ich komme" entspricht andererseits ebenso der Etikette. Sich zweimal bitten zu lassen, ist also kein Zeichen von Unentschlossenheit, sondern von höflicher Zurückhaltung.

Der Begriff *hospitality,* also **Gastfreundschaft**, prangt seit Jahrzehnten auf den Werbebannern der Tourismusindustrie sozusagen als **Aushängeschild für die Willkommenskultur,** die Besucher aus aller Welt im Land erfahren werden. Doch auch für Touristen gilt, dass Gastfreundschaft nicht an allen Ecken gleich ausfällt und manchmal genau das Gegenteil ist. Die Fälle, in denen unbedarfte Reisende von Unbekannten, die vorgaben im gleichen Flugzeug, Bus oder Schiff gereist zu sein oder sie von sonst woher zu kennen, eingeladen wurden, um dann ausgeraubt aus der Betäubung aufzuwachen, sind warnende Beispiele für falsche Gastfreundschaft.

053kp-ags

Ehrlichkeit gilt auch unter Filipinos als Tugend, und die Obrigkeiten, hier die katholische Kirche in Puerto Princesa, erinnern hin und wieder daran

Verabredungen und Ausgehen

Pünktlich mit höflicher Verspätung

Wer anlässlich einer Einladung zum Essen **pünktlich auf die Minute** erscheint, erweckt möglicherweise einen ungeduldigen und gierigen Eindruck. Außerdem könnten die Vorbereitungen noch nicht abgeschlossen sein, die Dame des Hauses noch mit ihrer Garderobe beschäftigt, der Hausherr vom Einkauf der Getränke noch nicht zurück sein – die Peinlichkeit möchte man nicht herausfordern und trifft mindestens ein Viertelstündchen nach der angegeben Zeit ein. Diese wird in der Regel mit „ab Uhrzeit" angegeben. Allgemein gilt: Je höher **Status und Ansehen** einer Person sind, desto später darf sie erscheinen. Doch Vorsicht: Ganz **anders sieht es im Geschäftsleben** und für Arbeitnehmer in Betrieben, Ämtern und ausländischen Firmen aus. Hier ist **Pünktlichkeit oberstes Gebot** und gilt vor allem für die unteren Ränge, während Büro- und Abteilungsleiter sich mit Verkehrsstau oder dem Umweg zur Schule der Kinder entschuldigen können. Auch bei privaten Verabredungen mit Personen, die mit dem europäischen Zeitbegriff vertraut sind, ist mehr Pünktlichkeit ratsam.

Mit ein wenig Einfühlungsvermögen und Rückfragen bei philippinischen oder ausländischen Freunden mit längerer Landeserfahrung kommt man recht schnell dahinter, wie viel Pünktlichkeit zum jeweiligen Anlass und von den betreffenden Gastgebern erwartet wird. Zur Not wartet man vor dem Haus, bis weitere Gäste eintreffen. Um sicher zu gehen, fragen Ausländer vor einem Rendezvous oder einer ausgemachten Zeit auch schon mal, ob „Filipino time" oder „Western time" angesagt sei.

Filipinos legen Wert auf ein **gepflegtes Äußeres** und schätzen das auch bei anderen. Besonders gilt das im Kontakt mit Muslimen. Viel Schmuck, eine teure Uhr und extravagante Kleidung, zu viel Make-up oder das Zeigen von großen Geldscheinen wirken angeberisch und einschüchternd (s. auch das Kapitel „Schlagzeilen aus dem ‚wilden Osten'" ab Seite 332). Mit einer gesunden Portion **Humor,** der in den Philippinen meist auf Gegenliebe stößt – sofern er nicht von bissiger Ironie oder gar Zynismus geprägt ist – lässt sich jede private Unterhaltung in harmonische Bahnen bringen. Nur sollte man es vermeiden mit Leuten und Geschäftspartnern, die einem (noch) nicht so vertraut sind, über Politik, religiöse Themen und Einkommen zu sprechen. Schon eher können gleichgeschlechtliche Gesprächspartner Fragen nach dem Alter des Gegenübers in den **„Small Talk"** einfließen lassen. Wie sich bei uns die Leute einleitend übers Wetter unterhalten, ist in den Philippinen das Frage-und-Antwort-Spiel zur Familie, zu Kindern und Eltern der **Schlüssel zu einer angeregten Konversation.**

Verabredungen finden unter Freunden, Kollegen und Mitgliedern der *barkada* angesichts des allgemein als „outgoing" geltenden Charakters der Filipinos sehr regelmäßig statt. Die Zeit nimmt man sich gerne. Im städtischen Ambiente ist Zeit zwar etwas knapper (siehe auch das Kapitel „Ernteeinsatz und Shoppingmall – Freizeit auf Philippinisch" ab Seite 284), dafür ist dort die Auswahl an Zielen zur Freizeitgestaltung größer.

Wer einlädt, der bezahlt, das ist Ehrensache. Manchmal erlebt der Reisende auch, dass er mit einer Gruppe befreundeter Filipinos ausgeht und einer der Bekannten ganz gegen die Erwartungen die Restaurant- oder Biergartenrechnung übernimmt. Ob um zu beeindrucken oder einfach aus Spendierlaune heraus, das sei mal dahingestellt. Höflich ist es auf jeden Fall, bei einem Wiedersehen selbst zum Geldbeutel zu greifen. Gar getrennte Rechnungen zu fordern, ist unüblich und die Szene, in der die Tischgemeinschaft noch im Restaurant auffällig und akribisch die Kosten auseinanderdividiert, um die einzelnen Anteile demjenigen, der bezahlt hat, zu erstatten, kennt man eher von europäischen Gästen. Filipinos rechnen in so einem Fall lieber diskret draußen und ohne allzu genaues Nachzählen untereinander ab. Im Allgemeinen zahlt der Mann, wenn er mit einer Frau ausgeht, selbst wenn sie die Idee zu dem Treffen hatte. Gehen mehrere Männer und Frauen gemeinsam essen, dann teilen die ersteren die Rechnung untereinander, wenn nicht einer für alle bezahlen will oder kann.

Mit einem Seitenblick auf den **Machismo,** den viele Männer unter Beweis zu stellen bemüht sind, dient das Ausführen der Freundin in spe nicht zuletzt dazu, sie zu „erobern". Sei es in der Gruppe, der *barkada,* die es ebenso zu beeindrucken gilt, oder in intimerer Zweisamkeit. Abhängig vom sozialen Status und finanziellen Vermögen kann so eine Exkursion zu Fuß, im Jeepney oder Tricycle bis zur nächsten Eisdiele, zur allseits beliebten Kneipe oder zum Klub schon den gewünschten Erfolg bringen, der bei Angehörigen der besseren Mittel- oder der Oberschicht aber erst dank eines PS-starken Motorrads, eines Sportwagens oder durch ein Wochenende in einem exklusiven Strandresort realisiert wird.

Noch **eine Generation zuvor** weitverbreitet war die „gute", wenn auch oft lästige Sitte, dass ein *chaperon,* ein i. d. R. von den Eltern des Mädchens beauftragter „Anstandswauwau" – der Bruder, die Schwester, die Cousine – mit dem Paar ausgeht und dann selbstverständlich auch zu allen Aktivitäten eingeladen werden will. In heutiger Zeit, wo die Einflussnahme der Eltern auf Freund- und Liebschaften der Kinder schwindet und diese sich per SMS und unter Nutzung der sozialen Medien verabreden und sich oft fernab der Familienaufsicht kennenlernen, greift das Werte- und Überwachungssystem der Eltern und Großeltern höchstens noch in sehr traditionellem Umfeld und als Thema belustigender Anekdoten aus einer Epoche, als man sogar noch Serenaden singende Jünglinge unter den Fenstern ihrer Angebetenen erleben konnte.

Zu Gast in der Familie

Ob es eine verschwenderisch ausgestattete Villa in einem exklusiven Stadtteil, das einfache Haus einer Reisbauernfamilie oder das auf Stelzen über dem Wasser schwankende Heim eines Fischers ist, jeder Gast im Hause ist ein Ehrengast. Des Privilegs muss sich der Eingeladene bewusst sein, sei es anlässlich einer kurzen Visite bei einem Getränk und einem kleinen Snack oder bei einer Familienfeier mit einem Tisch voller Speisen und vielen anderen Gästen. Folglich sollte man einer Einladung tunlichst Folge leisten und sich rechtzeitig entschuldigen (lassen), wenn wichtige Gründe das Erscheinen verhindern. Kleine Geschenke für die Gastgeber entsprechen ganz dem Anstandsreglement.

Kleine Geschenke öffnen die Tür

Ein *pasalubong* (Mitbringsel) von einer Reise in andere Teile des Landes oder aus dem Heimatland mitzubringen – ein Kuchen aus einer bekannten Konditorei oder frisches Obst – wird als willkommene Geste betrachtet (s. S. 207). Manchmal können die Geschenke auch umfangreicher ausfallen, wenn man sich kennt und lange nicht gesehen hat oder den Kindern der Gastfamilie besondere Freude bereiten will. Wie anlässlich von Geburts- und anderen Ehrentagen ziemt es sich für Filipinos, die Geschenke nach Erhalt zunächst wegzulegen und erst auszupacken, wenn die schenkende Person nicht mehr anwesend ist, um zu vermeiden, dass beide Beteiligte im Fall des Nichtgefallens in eine unangenehme Situation geraten.

Zuweilen bringen Geschenke aus der Ferne unbeabsichtigt die kuriosen Aspekte des globalen Handels ans Licht. So, als die in Deutschland lebende Tante ihrer kleinen Nichte auf der Insel Panay eine aufwendig eingepackte Barbiepuppe übereicht hatte. Das sichtlich aufgeregte Mädchen schaffte es in einem kurzen, unbemerkten Augenblick, das Paket zu öffnen und die Puppe zu entkleiden. Sie kam ja aus dem Ausland und musste schon deswegen inspiziert werden. Ihre Mutter war ebenso neugierig und musste zur allgemeinen Entzauberung der versammelten Verwandtschaft feststellen, dass auf Barbies Rücken „Made in the Philippines" eingestanzt war.

Tischsitten

Der Gast wartet höflich, bis ihm ein Platz am Tisch, in der *sala* – dem Wohnzimmer, wo auch immer Sitzgelegenheit ist, zugeteilt wird. Denn über ihm in der Hierarchie stehen die Ältesten der anwesenden Famlie, die auf jeden Fall ihre festen Plätze einnehmen. Sie sind diejenigen, denen als erste serviert wird, die sich als erste von den aufgetischten Speisen bedienen. Ist ein Buffet angerichtet, spielt diese Rangordnung selbstverständlich eine untergeordnete Rolle. Eine Regel sollen bitte Besucher beachten, sei es bei Tisch in privaten Räumen, sei es in einem Restaurant: **Niemals** senkt man den Kopf über den Teller und riecht an dem vor einem stehenden Essen, das ist höchst unhöflich und wird schon den Kindern, auch denen, die in einfachen Verhältnissen aufwachsen, als grobe Beleidigung „aberzogen".

Auch vernehmbares **Schmatzen** und **Schlürfen** beim Essen sind, im Gegensatz zu anderen asiatischen Kulturkreisen, in den Philippinen als schlechtes Benehmen verpönt. Andere „No-Gos" sind das Füttern von Tieren mit Speisen vom Tisch, das Sprechen mit vollem Mund, lautes Naseputzen, Schüsseln und Teller komplett leer zurücklassen, weil das so verstanden werden kann, als sei nicht genug aufgetragen worden.

Auch die von zu Hause gewohnte Sitte, das **Geschirr auf dem Tisch zusammenzuräumen,** kommt in den Philippinen nicht gut an; dadurch erweckt man den Eindruck, dass man sich angesichts der benutzten Teller und Bestecke unwohl fühle und fordert die Gastgeber indirekt auf, den Tisch abzuräumen. Abgeräumt wird erst, wenn die Leute sich vom Tisch erhoben haben und so kundtun, dass keiner mehr etwas essen möchte. Wenn er nicht ausdrücklich dazu aufgefordert wird, sollte der Gast **nicht einfach in die Küche spazieren** und in die Töpfe gucken. Trotz vieler universell anwendbarer guter Manieren gibt es Ausnahmen. Wer in einem philippinischen Haus zu Gast ist, wird bedient. Das bedeutet auch, dass seine Mithilfe, beispielsweise beim Auf- und Abdecken des Tisches, beim Abwasch und Aufräumen ganz und gar nicht erforderlich ist, das übernehmen die Familienmitglieder und/oder Angestellte. Den Versuch, die eigene Mithilfe anzubieten, werden die Gastgeber wohlwollend quittieren. Das Angebot in die Tat umzusetzen, würde aber eher so interpretiert, dass sie selbst oder das Personal diese Arbeit nicht gut genug verrichten.

Bei **Betreten des Hauses** wird der aufmerksame Gast seine Schuhe nur ausziehen, wenn es dem Brauch der Gastgeber entspricht und nie darauf bestehen. Eine modern lebende Familie wird es nicht zulassen, dass ein Fremder eine – in einfacheren Verhältnissen sicherlich angebrachte – Sitte in ihrem Haus anwenden will, die sie selbst nicht einhalten wollen.

Reisen geht durch den Magen – Ess- und Trinkkultur

Die Philippinen, ein Land zwischen Ost und West – das trifft voll und ganz auf das kulinarische Angebot zu. „Typisch philippinisch" essen, das heißt, sich auf eine **multikulturelle Küche** einzulassen. Malaiische Zutaten mit Reis als Grundlage sind darin ebenso enthalten wie allerlei tropische Zutaten aus der austronesischen Küche. Von den **Gewürzen,** die einst die Europäer nach Südostasien gelockt haben, bevorzugen die heutigen Filipinos, im Gegensatz zu ihren Nachbarn, die weniger scharfen. Über **330 Jahre bestimmten die Spanier,** was und wie in besseren Kreisen gespeist wurde. Dazu hatten sie fleißig Lebensmittel und Rezepte aus Europa und Lateinamerika eingeführt. Feinschmecker **aus Indien** zu Zeiten des hinduistisch-buddhistischen Reiches Srivijaya hatten bereits im Süden des Archipels ihre Spuren hinterlassen und aus den unterschiedlichen Provinzen **Chinas** brachten Seeleute, Händler und eingewanderte Arbeitskräfte während der spanischen Kolonialzeit recht exotische Leckerbissen mit. Schließlich schoben **nordamerikanische Köche** ihre eher faden Geschmacksideen in den schon gut gefüllten Ofen. Und da viele Filipinos gern das aus dem Ausland Eingeführte kurzerhand als qualitativ

103kp-ags

Zu allen Jahreszeiten sind die Obststände der Märkte reich gefüllt hochwertig betrachten, wollen sie bei Tisch gerade Fremden mit dem imponieren, was Fast-Food-Ketten mittlerweile überall auf dem Globus im Angebot haben.

Um so größer ist das Staunen, wenn sich die Gäste aus der Ferne löffelweise Reis auf den Teller häufen, auf das gebratene Hühnerbein, wie es sich gehört, die Soße aus Palmessig und Knoblauch träufeln und um einen Nachschlag von der Fischsuppe bitten. Noch viel spannender als bei solchen **Alltagsmahlzeiten** wird die lukullische Entdeckungsreise, wenn die wahren Schätze der *lutong bahay,* der **Hausmannskost,** angerichtet sind. Vorzugsweise speisen Filipinos in Gemeinschaft und bestellen in Restaurants gleich mehrere verschiedene Gerichte auf einmal. Erst die Spanier führten den Gebrauch von Tischbesteck ein. Die traditionelle Sitte mit der (rechten) Hand zu essen, die die einfachen Leute beibehalten, an der aber auch Familien mit Silberbesteck im Schrank ihr Gaumenvergnügen haben, können fremde Besucher in sogenannten Kamayan-Restaurants (*kamayan:* „mit der Hand") vieler größerer Orte ausprobieren.

Ohne **Reis** kommt die philippinische Küche nicht aus. Doch wer das weiße Lebenselixier nicht mag, kann dank des starken westlichen Einflusses auch auf Kartoffeln, meist in Form von Pommes Frites, und Nudeln ausweichen. Und was vor rund 20 Jahren noch unvorstellbar war: Immer öfter wird der Verzehr von Reis mit Übergewicht und Diabetes in Verbindung gebracht. **Ernährung** ist zu einem sehr präsenten Thema in den Medien geworden. Vegetarische und vegane Gerichte sind längst nicht mehr so schwierig zu finden. Koch-Shows im Fernsehen und Küchen-Kolumnen in Zeitschriften bringen die global diskutierten Ernährungstrends unters Volk, zumindest unter die Minderheit, die sich die Gedanken um die Gefahren von Glukose, Glutamat etc. leisten kann.

Die grundsätzlich eher mild gewürzten Speisen tun ein Übriges, die ersten Berührungsängste schnell abzubauen. Allerdings finden auch Bewohner außerhalb der traditionell an Chili gewöhnten Provinz Bikol Geschmack an scharfem Essen. Viele Restaurants bieten inzwischen Speisen als *spicy* und *non spicy* an. Eine gute Mahlzeit besteht aus mehreren Gerichten und Beilagen, die möglichst gleichzeitig gegessen werden. Sie müssen nicht unbedingt heiß serviert werden, daran sollte sich der Besucher wohlwollend gewöhnen. Hauptsache, der Reis kommt dampfend auf den Tisch. Fisch und Meerestiere sind überall begehrte Delikatessen. Je nach Jahreszeit und Region rundet man die Köstlichkeiten mit dem vielfältigen Obstangebot ab. Wer allein die verschiedenen Bananensorten kostet, bei dem wird zu Hause beim Verzehr einer faden Euronorm-Banane sofort die Sehnsucht nach den Philippinen erwachen, von der Erinnerung an die „weltbesten" Mangos ganz zu schweigen.

Extrainfo 21 (s. S. 6): Kurzer euronews-Filmbeitrag: eine kulinarische Reise durch die Philippinen mit animierender, auf einige Regionen beschränkter Vorstellung der lokalen Küche

055kp-ags

Schwein an der Stange, Huhn im Bambusrohr …

Außer bei Muslimen, Baptisten, Sieben-Tage-Adventisten und einigen anderen Konfessionen wird **baboy,** Schweinefleisch, nach alter austronesischer Art landesweit gerne verzehrt. Als **baboy lechon,** ein über dem Kokosschalenfeuer geröstetes Spanferkel auf der Bambusstange, ist es der Mittelpunkt eines jeden Festessens. Knusprig braun liegt es bei Taufen, Geburtstags- und Hochzeitsfeiern auf frischen Bananenblättern. Entweder wird das *baboy* anlässlich der Feier hausgeschlachtet und im Beisein der erwartungsvollen Gäste zubereitet oder es kommt sozusagen an der Stange von einer in jeder größeren Stadt etablierten Lechon-Braterei. Unerlässliche Beilage ist neben allerlei anderen Gerichten eine aus gestampfter Leber angerührte Soße. Und da ein Apfel in den Philippinen trotz der heutigen Importe aus China und Neuseeland eine exotische Frucht ist, sollte ein richtiges *baboy lechon* einen solchen im Maul halten. Meist in Verbindung mit einem Umtrunk wird *dinuguan* serviert. Diesen Eintopf aus frischem Schweineblut, gehacktem Schweinefleisch, Innereien und Pfefferkörnern isst man ebenfalls in allen Regionen sehr gern. Die philippinische Variante des Eisbeins heißt **crispy pata.** Sie liegt nicht in Sauerkraut, sondern in einer pikanten Soße aus Chilischoten, Essig und Sojaöl. **Adóbo** ist keine bestimmte Speise, sondern eine höchst schmackhafte Zubereitungsart, die regional variiert. Das in handliche Stücke zerkleinerte Fleisch von Schwein, Rind, Geflügel, Fisch und Meeresgetier wird in Knoblauch, Zwiebeln und Kokospalmessig ein bis zwei Stunden mariniert,

⌃ Lechon baboy – Spanferkel auf philippinische Art – gibts der großen Beliebtheit wegen auch „von der Stange“

in Öl und etwas Wasser gut durchgebraten und am besten mit gekochten Mungobohnen (eine Art Sojabohnen) auf einem Bananenblatt serviert. So mögen es die Visayas-Bewohner, nach Tagalog-Art enthält die Marinade zusätzlich Sojasoße und Pfefferkörner. Ein besonderer Gaumenschmaus ist auf den Inseln Panay und Negros erhältlich – *chicken binakol,* Huhn mit Zwiebeln und Zitronengras *(tanglad)* in Bananenblatt oder Bambusrohr gegart.

Gleichermaßen populär sind **Inihaw-Gerichte,** Fisch- und Fleischspeisen vom Holzkohlengrill, die in den Visayas *sinugba* heißen. *Tapa,* womit die Spanier ihre Appetithäppchen bezeichnen, sind für die Filipinos luftgetrocknete, gesalzene und in *suka* (Nipapalmessig) marinierte Rindfleischstreifen, die gebraten oder gegrillt werden. *Kare-Kare,* geschmorter Ochsenschwanz mit Innereien und Erdnusssoße, hat seinen festen Platz auf den Speisekarten der Tagalen. Ein landesweiter Erfolg der chinesischen Küche sind **lumpia,** Frühlingsröllchen, die in reichlicher Anzahl und mit einer pikanten oder süß-sauren Tunke auf den Teller kommen. Knusprig gebraten, mit Fleisch und Gemüse gefüllt, schmecken sie ausgezeichnet. Frisch und weich, mit Palmherzsplittern und Bambussprossen gefüllt, bevorzugen sie die Ilonggos als vitaminreiche Vorspeise. Von den Chine-

Fangfrischer Fisch: Straßenstand bei Dagupan (Golf von Lingayen, Nordluzon)

sen kamen auch die **Nudeln.** *Sotanghon,* Glasnudeln, *bihon,* sehr dünne Teigwaren aus Reismehl, und die eierhaltigen *pancit* ergeben sättigende Nudelgerichte, die gebraten, gekocht, mit Fleisch, Geflügel, Krabben und Gemüse gereicht werden. Lange Nudeln sind bei Geburtstagen und anderen Familienfeiern unerlasslich, denn sie symbolisieren ein langes Leben Da kommt die weltumfassende Vorliebe für Spaghetti gerade recht.

Fisch, wenn's sein muss, mehrmals am Tag

Bei so viel Wasser rund um die Inseln ist der **Verzehr von Fisch ein Muss,** vornehmlich für die Küstenbewohner. In abgelegenen Orten treten allerdings wegen einseitiger Ernährung durch Schuppentiere und mangels frischer Gemüse- und Obstzutaten Vitaminmangel und schwere Erkrankungen wie Tuberkulose auf. **Meeresfrüchte** wie Krebse, Muscheln, Garnelen, Langusten, ja sogar die häufig in chinesischen Gerichten verarbeiteten Seegurken dürfen bei einem guten Menü jedoch keinesfalls fehlen. Fisch *(isda)* wird gegrillt, gekocht, gedünstet, gebraten und als *kinilaw* – roh, in Knoblauch, Ingwer, Zwiebeln, Chili und Essig mariniert. Die **Favoriten aus der See** sind *lapu-lapu* (Seebarsch verschiedener Größe und Art) und *tanguingue* (Spanische Makrele). *Bangus,* so heißt der in Binnenseen gezüchtete Milchfisch, wird vorzugsweise mit Kartoffeln und Gemüse gefüllt. Da er selbst für philippinische Zungen zu viele feine Gräten hat, wird er auch *boneless* serviert. Franzosen lieben ihre Bouillabaisse, die Filipinos ihre *sinigang na isda,* eine kräftige Suppe mit Fisch, anderen Meerestieren wie Muscheln und Krabben, Gemüse und mit dem Fruchtfleisch der Tamarinde, das den erfrischend-säuerlichen Geschmack prägt.

Angebrütete Enteneier und eine Paste, die es in sich hat

Einerseits gehört es sich, **Anstandsreste** auf dem Teller zu lassen, andererseits wird so ziemlich **alles** von Speisetier und -pflanze **zu Essbarem verwertet.** Da sind die Schweinsohren ebenso Delikatesse wie Hühnerkrallen und in Fett gebratene Gedärme. Der Kopf gilt als des Fisches bestes Stück, einschließlich der Augen. Was wäre ein Tintenfisch *(pusit),* wenn er nicht in der eigenen Tinte schwimmen würde? Selbst die Bananenpflanze ist für eine kulinarische Überraschung gut. Aus ihrer kleingehackten, herzförmigen, violettfarbenen Blüte lassen sich Frikadellen für Vegetarier zaubern. Die Papaya muss nicht erst saftig reif werden, schon im grünen, harten Zustand kleingeschnitten und gekocht, gibt sie ein nahrhaftes Gericht ab, das wie auch die Suppe aus ihren Blättern viele Vitamine abgibt und die Leber stärkt.

Dass in manchen Landesteilen traditionell **Hunde im Wok** oder am Spieß enden, wissen wir seit den heftigen Protesten internationaler Tierschützer. Keine Angst, wenn überhaupt, dann wird bei diesem eigentlich traditionellen Mahl der Bergvölker von Nordluzon das bedauernswerte Tier nur außer Haus im Kreis zechender Männergruppen serviert. *Pulutan* nennt man solche Häppchen, die auch aus knusprigen Hähnchenschenkeln oder gebratenen Innereien bestehen können. Auch *balút,* das etwa drei Wochen alte, in heißer Erde angebrütete Entenei, ist mehr ein Leckerbissen abseits der Hauptmahlzeit, die in der Regel abends eingenommen wird. Als zusätzliche Stärkung für die Nacht, so wird dem staunenden Besucher kichernd erklärt, denn *balút* soll die Potenz und den Nachwuchs fördern.

Reis, in unterschiedlicher Qualität, Größe und Farbe, ist mehr als nur sättigendes Grundnahrungsmittel. Das stärkehaltige Getreide aus der Familie der Süßgräser wird seit Urzeiten als Garant und Symbol des Lebens verehrt. In den Bergprovinzen wacht der Reisgott über die Pflanze. Eine Schlange im Reisspeicher gilt allgemein als gutes Omen, denn dann bleiben die Ratten fern. Reis wegzuwerfen, ist ein Frevel, der Not und Krankheit nach sich zieht. Möglichst dreimal täglich kommt er auf den Tisch, etwas feucht und klebrig gekocht, damit man ihn bequem zwischen Daumen und drei Fingern zum Mund befördern kann. Selbst das Filipino-Frühstück besteht aus dem Reis vom Vorabend, mit Knoblauch und Zwiebeln lecker in der Pfanne zubereitet *(fried rice)* und je nach Wunsch mit einem Ei oder gebratenen Fisch zu einer füllenden Mahlzeit aufgewertet.

Eine dem westlichen Gaumen ungewohnte pikant-salzige Note gibt **bagoóng** dem Essen, die **rötliche Paste** aus gestampften kleinen Fischen oder winzigen Garnelen, die man auch gern auf grüner, unreifer Mango isst. Allein ihren Geruch aushalten zu müssen, kommt für manchen Fremden einer mittelschweren Mutprobe gleich. Ausgleich schaffen dann außer einem guten Schluck Bier oder Saft die vielen süßen Nachspeisen aus Reis, Eiern, Süßkartoffeln *(kamote),* Maniok *(kassawa)* oder jungem Kokosnussfleisch *(buko).* Halb Nachtisch, halb Getränk, auch geeignet als Erfrischung für zwischendurch ist *halo-halo,* ein „Mischmasch" aus geraspelten Früchten, Mais, Sagokügelchen, Haferflocken und Gefriereis, der mit Kokos- oder Kondensmilch aufgerührt wird. Und wenn dann noch Platz im Magen sein sollte, wäre *kesoh putih,* ein ganz milder Käse aus Wasserbüffelmilch, zu empfehlen.

☐ Getränke von der Bambusbar

104kp-ags

Flüssige Köstlichkeiten

Überzeugte **Teetrinker** mussten in den Philippinen stets mit dem Beutelaufguss vorliebnehmen, seit Neuestem ist der Trend zum „echten" Tee zu beobachten – bislang noch eher exklusiv bei Städtern und unter diesen sind es eher neugierige Mittel- und Oberständler, die es wagen. Leider ist auch das **Kaffeegetränk** der amerikanischen Instantkultur anheimgefallen und besteht allgemein aus Tütenpulver in (hoffentlich) heißem Wasser. Zeitgemäß brachte ein Lebensmittel-Multikonzern aus der Schweiz vor einigen Jahren die für leidenschaftliche Kaffeetrinker absolute Rausschmeißer-Variante auf den Markt: 3in1, ein Tütchen, das Instantkaffee, Milchpulver und Zucker enthält. Viele Automaten spucken nur dieses Gemisch aus. Gute Restaurants und viele Marktstände auf dem Land bieten jedoch den aromatischen *native* oder *brewed coffee* sowie im Süden von Manila *barako,* den „büffelstark" gebrannten Bohnenkaffee aus Batangas an, zumal internationale Kaffeeketten gewinnbringend demonstrieren, dass es im Land, das Ende des 19. Jahrhunderts Exportweltmeister der braunen Bohne war, auch „richtigen" Kaffee gibt.

Das „Nationalgetränk" *tubig,* **Wasser,** ist leider häufig unrein und in Städten nur genießbar, weil es desinfiziert wird. Ersatz bieten abgefülltes Wasser zahlreicher Marken *(mineral water),* Limonadengetränke der gängigen Produzenten oder das gut bekömmliche, preiswerte San Miguel-Bier. Vitaminreiche Durstlöscher sind Obstsäfte bspw. aus der Kalamansi-Limette, aus Papaya, Guave, Mango oder Ananas. Da sie frisch gepresst nicht immer im Angebot sind, bleiben Dosen und Tetrapacks als Alternative übrig. Ganz Natur und nachweislich der Funktion von Nieren und Blase sehr zuträglich ist das Wasser der jungen Kokosnuss, in der das Fleisch *(buko)* noch weich und dünn entwickelt ist.

Tubá heißt der leicht säuerliche Muntermacher auf dem Land, der gärende Nektar aus den Fruchtständen der Kokospalme. Daraus wird auch Kokospalmessig gewonnen, ohne den bestimmte Gerichte nur halb so gut munden. Destilliert wird *tubá* zum hochprozentigen **lambanog.** Aus Reis entsteht der besonders in den Bergprovinzen Luzons beliebte Tapey-Schnaps. **Basi** ist der Zuckerrohrwein in Ilocandia und in der Visayas-Region, wo auch die bekannten Rumsorten wie *Tanduay* und *Añejo* industriell abgefüllt werden. Importierter Wein wird bei der wohlhabenden Schicht, vor allem bei ihren jüngeren Mitgliedern immer beliebter.

Verlockend und verwirrend zugleich mutet es an, wenn es in den Ortschaften an jeder Ecke nach Essen riecht. Müssen sich doch die meisten der über 100 Millionen Menschen Tag für Tag mit der sprichwörtlichen Handvoll Reis, einem Süppchen, etwas magerem Fisch und Gemüse begnügen. Fleisch, von dem ein Kilo mehr kostet, als ein einfacher Arbeiter als Tageslohn erhält, gilt für viele als Luxus.

Namen und Anrede

Kosenamen wie Glockentöne

„Rody", „Digong" oder Präsident *Rodrigo Duterte,* der sich gerne auch mit dem Label *Du30* schmückt (die „30" steht für die in Pinoy-Art gesprochene Zahl *terte),* setzt die „Nickname-for-President-Serie" fort. *„Cory",* die erste Frau im Amt des Staatschefs, war die Frau von *„Ninoy",* gemeinsame Eltern von *„Noynoy"*. *„Erap"* – rückwärts gelesen heißt das *pare,* „Kumpel" – wird der derzeitige Bürgermeister von Metro Manila und Ex-Präsident *Josef Estrada* gerufen. Unpersönlicher wirkt dagegen das Kürzel *„GMA"* für dessen wenig volksnahe Nachfolgerin und Kontrahentin *Gloria Macapagal-Arroyo.* Kurz- und Kosenamen bereichern die Kommunikation. Die Prominenten und Politiker haben nichts dagegen, denn so werden Popularität und der Anschein von Volksnähe vermittelt oder vorgetäuscht.

Kurz, man kennt sich

Zwischen Familienmitgliedern, unter Freunden, im Kreis von Arbeitskollegen oder Geschäftspartnern ist die **Verwendung von Kurznamen an der Tagesordnung** und hilfreich. Wenn beispielsweise drei Töchter in guter katholischer Tradition auf den Namen *Maria* getauft worden sind, *Maria Lourdes, Maria Asuncion, Maria del Pilar,* dann heißen sie *fortan „Malu", „Sony"* und *„Pilar"*. Viele **Söhne** tragen den gleichen Vornamen wie der

Vater und werden ihr Leben lang *„Jun“* (von *junior*) gerufen. Geschrieben heißt der Sohn z. B. *Adriano jun.* oder *Adriano I“*. Die Varianten der Kosenamen sind unerschöpflich und klingen in unseren Ohren oft kurios bis bizarr, wie Türschellen oder Xylophon-Klänge: *„Dong-Dong“, „Ding-Ding“, „Ging-Ging“, „Bebot“*. Wer sich als Fremder nicht völlig isoliert und in sozialer Hinsicht abschirmt, was von Filipinos wie eine schwere Krankheit aufgefasst würde, wird bald hier und da Bekannte, Kollegen oder Freunde, vielleicht sogar Aufnahme in eine *barkada* finden und bekommt unter Umständen auch gleich einen Kurz- bzw. Kosenamen verpasst. Der kann sich aus dem Vornamen, aus körperlichen oder charakterlichen Eigenarten ableiten oder auch an die vermeintliche Ähnlichkeit mit einer bekannten Persönlichkeit erinnern.

Viele **Mädchen** erhalten schon in Kindheitstagen ein **„-ing“** an den Taufnamen angehängt. Aus *Rosa* oder *Maria Rosario* wird *„Rosing“, Iris* wird zu *„Iring“, Maria Montserrat* ist allen als *„Monching“* oder *„Monchi“* bekannt. Generell lieben Filipinos abgekürzte Vornamen, da stehen sie den Nordamerikanern in nichts nach. Unvermindert favorisierte angelsächsische Vornamen werden so zu *Al, Bernie, Freddy, Betty, Lissy, Tessie*. Neben Menschen, die ihre Namen von Vorbildern aus der Unterhaltungsbranche, von Leinwand- und Kriegshelden haben, sei es „Heidi“, „Arnold“ oder „Rommel“, sind Namen von biblischen Idolen und Namenspatronen immer noch häufig, z. B. *Mary, Maria, Joseph, Ephraim, Jonathan* und selbst ist *Jesus* als Vorname erlaubt und gebräuchlich. Kinder werden häufig nach Heiligen, an deren Namenstag sie geboren oder getauft wurden, benannt. Trotz der interkulturell gefärbten Namensgebung hört man jedoch auch recht ausdrucksstarke Tagalog-Namen wie *Kidlat* („Blitz“, für Jungen), *Bituin* („Stern“, für Mädchen) oder *Amihan* („Nordostmonsun“, für Mädchen), ähnlich wie bei den indigenen Filipinos, bei denen sich westlich-moderne mit traditionellen Vornamen mischen.

Titel, wem die Ehre gebührt

Im täglichen Umgang spricht und berichtet man über *„Mr.“* bzw. *„Mrs. Mayor“*, aber auch über *„Mr.“, „Mrs Lopez“, „Mr.“, „Mrs. Marcos“* und in Ergänzung über deren Funktion, Position oder Beruf. Respektvoll reden Schüler wie Eltern Schulleiter mit dem Titel *„Mr.“* oder *„Mrs. Principal“* an. *„Mr. Engineer“* und *„Mrs. Architect“* sehen sich in ihrer Kompetenz bestätigt, wenn sie von den Arbeitern oder Auftraggebern so angesprochen werden. Beim Arzt redet der Patient mit und von *„Doctor Serra“*, wenn das Verhältnis lange und vertraulicher besteht, wie bei einer Hausärztin, dann kann nach dem Titel direkt der Vorname, *Doctor Annabelle* genannt werden. Auch Notaren und Anwälten wird die Ehre der **mit dem Berufsstand verbundenen Anrede,** *„Mr. Attorney"*, erwiesen. eine Selbstverständlichkeit ist die ehrwürdige Anrede, wenn man es mit Vertretern des Klerus und der Kirchenorden zu tun hat - von *„Father"*, *„Brother Manuel"*, *„Sister Letitia"* bis *„Your Eminence"*. Und wie lässt sich der Präsident anreden? Sicherlich hat er nichts dagegen, wenn über ihn mit dem oben zitierten Kurznamen gesprochen, berichtet oder geschimpft wird. Doch wer ihn öffentlich oder in Privataudienz interviewt, tut gut daran, ihn mit *„Mr. President"* und nicht *„Mr. Rody"* anzusprechen.

Die Herkunft im Familiennamen

Vielfach können philippinische Nachnamen aus **zwei Familiennamen** zusammengesetzt sein. Der mittlere Name gibt i. d. R. den Geburtsnamen der Mutter wieder, wie im iberischen Namensystem. Wer immer sich für den weiteren familiären Hintergrund einer Person interessiert, sei es der Beamte des Standesamts oder die neugierige Nachbarin, hat so einen Hinweis auf **Herkunft, Klanbeziehung, Bekanntheitsgrad** und **Leumund.** Aber auch für Familienmitglieder und Nachkommen ist das Wissen um die mütterliche Abstammung eine Sache des Respekts. Wenn man berücksichtigt, dass die Zahl der Nachnamen auf einen eigentlich recht beschränkten **Grundstock aus der spanischen Kolonialzeit** zurückgeht – von ca. 66.000 Familiennamen ist die Rede, verringert die Nennung des Mittelnamens die Möglichkeit der Personenverwechslung. Die spanischen Kolonialherren waren bei der Verwaltung von Land und Bewohnern ganz pragmatisch vorgegangen: Allen Leibeigenen, die ihre Besitztümer bearbeiteten, hatten sie zur besseren Kontrolle und Identifizierung ihren eigenen Familiennamen gegeben bzw. einen, der mit dem Anfangsbuchstaben ihres eigenen Namens begann. Daher fällt es Filipinos auch heute noch ziemlich leicht, von Nach- und Mittelnamen auf die Herkunftsregion, sogar auf die Provinz zu schließen. Manchmal übertragen sie das Detektivspiel auf den Rest der Welt: Ein Hotelportier in Cebu City erzählt dem Gast aus Deutschland, dass seine Schwester dort verheiratet sei, mit einem Mann, der Müller heißt. Ob er den, dessen Familie vielleicht kenne?

Die **Behörden** im Land sehen es wegen der schnelleren Zuordnungsmöglichkeit generell nicht so gerne, wenn die Bürger den ursprünglichen Mittelnamen ändern oder ganz weglassen.

[>] Über die Ausbeute an Muscheln freuen sich die jungen Fischer in angeregter und lautstarker Unterhaltung

Wer das Wort hat – Gesprächsverhalten

Wenn du nichts Gutes über einen anderen zu sagen weißt, sage überhaupt nichts.

Bevor du sprichst, denke siebenmal darüber nach. (Redensarten)

Auch in diesem Zusammenhang soll er erwähnt werden: Präsident *Duterte* ist in aller Munde, weil er den eigenen sehr voll nimmt und sogar den Papst und den früheren US-amerikanischen Amtskollegen Obama mit unflätigen Schimpfworten beleidigt. Höchst bizarr: Ein Staatsoberhaupt fordert äußerst energisch – in einem gewaltigen Feldzug – Moral und Gesetzestreue ein und straft gleichzeitig die allgemein als dezente und „leise" gerühmte Gesprächskultur seiner Landsleute Lügen! Trotz vieler guter Ratschläge von Politikbeobachtern und Beratern, die ihm Kurse in Rhetorik und Selbstbeherrschung empfehlen, scheint sein Motto zu lauten: „Egal, was die Leute, die Medien reden, Hauptsache, sie reden über mich".

Normalerweise sind Filipinos bemüht, die alltägliche Kommunikation so zu gestalten, dass sie mit der auf **Harmonie und Wahrung des Gesichts** abzielenden Einstellung einhergeht (siehe auch das Kapitel „‚Hiya' – Selbstachtung, Schande, Scham – was denn nun?" ab Seite 117). Das heißt, dass Ton und Inhalt eines nicht allzu persönlichen Gesprächs möglichst wenig an unangenehmen, indiskreten Mitteilungen preisgeben sollen, um bei dem anderen negative Empfindungen oder Unbehagen zu

111kp-ags

vermeiden. Hier dominieren unverfängliche, neutrale Angelegenheiten wie die Frage nach Kindern und Familie. Erreicht die Unterhaltung ein **vertraulicheres Niveau** oder sind die Gesprächspartner gut miteinander bekannt, kommen selbstverständlich auch Themen wie Krankheit, Sorgen oder Frustration zur Sprache. Tonfall und Lautstärke müssen generell zurückhaltend, auf jeden Fall der eigenen Stellung und der des Partners angepasst sein. Der sozial, beruflich oder altersmäßig höherstehende Gesprächspartner übernimmt die aktive Rolle und lenkt das Gespräch, die anderen beteiligen sich und reagieren entsprechend. Der Angestellte würde demnach nie so respektlos sein, seinem Vorgesetzten ins Wort zu fallen, von sich aus das Thema zu wechseln oder gar das Gespräch abzubrechen. Oft kann man beobachten, dass ein Gesprächspartner den Arm, Ellbogen oder die Schulter des anderen mit den Händen berührt – auch diese Vertrautheit geht i. d. R. von dem aus, der sozial höher steht. Filipinos lernen schon sehr früh, zwischen den Zeilen zu hören, vor allem, wenn das Gesagte mit eigenen Befindlichkeiten oder mit einem bestimmten erwarteten Verhalten zu tun hat. So sollte man z. B. während eines Besuchs im Haus oder bei der Unterhaltung über das Eigentum des anderen nicht zu viel Lob oder Bewunderung über Gegenstände, vor allem kleine Dinge, kundtun. Der Besitzer könnte sich dann verpflichtet fühlen, die Vase, den Wandschmuck, das Armband herzuschenken.

Gerade bei einer Unterhaltung mit Fremden ist **Höflichkeit** angebracht, sie beginnt oft mit der floskelhaften Einleitung: „Darf ich Sie etwas fragen?" Selbst wer nicht des Tagalog oder einer anderen lokalen Sprache mächtig ist, wird feststellen, dass die ruhigen Tonlagen und Gesten überwiegen. Und wenn tatsächlich mal **kritische Bemerkungen** fallen, dann verstecken sie sich hinter vermeintlichen Scherzen oder ironischen Zweideutigkeiten, die vordergründig als Spaß erscheinen. Im Grunde genommen ist diese Gesprächsstrategie auch westlich-europäischen Gemütern nicht unbekannt. Gewöhnungsbedürftig sind allerdings die verschiedenen Nuancen der **philippinischen Bejahung.** Denn außer uneingeschränkter Zustimmung und Bestätigung kann „ja" auch „vielleicht", „ich weiß nicht", „wenn Sie meinen, dass das so ist", „wenn es dir gefällt, dann ist es eben so" ausdrücken. Oder es steckt die Hoffnung hinter einem eher gleichgültig klingenden „Ja", dass das Gegenüber es wie ein „Nein" verstehen wird. Manchmal kommt ein wie auch immer gemeintes „Ja" nicht akustisch, sondern mittels der hochgezogenen Augenbrauen rüber. Der Fremde ist schnell geneigt, Unaufrichtigkeit in diesem Verhalten auszumachen. Wenn er sich unter Filipinos zurechtfinden will, sollte er die tief verwurzelte Ablehnung, ein klares „Nein" auszusprechen, kennen und tolerieren. Als praktisches Beispiel sei nochmals betont, dass man eine Einladung zwei-, dreimal, notfalls über einen Dritten bekräftigen sollte, damit die Zielperson ihr erstes, höfliches „Ja, ich komme" letztlich als „Ja, ich komme ganz bestimmt" bestätigen oder sich im umgekehrten Fall, ebenfalls mithilfe eines Vermittlers, entschuldigen kann.

In modernen Zeiten findet man immer seltener Gesprachspartner, die kein **Smartphone** in Dauerbetrieb haben. Auch in den Philippinen verändern die digitalen Zauberkästen das zwischenmenschliche Verhalten, und so scheint auch dort der Zwang zur permanenten Vernetzung eine gute, uralte Sitte zu verdrängen – sich während der Unterhaltung anzuschauen.

Wenn zwei sich streiten, vermittelt der Dritte – Konfliktverhalten

Alle Köpfe haben Haare, aber nicht alle Gehirn.

Erzähle eine Lüge, damit die Wahrheit ans Licht kommt!

Leichter ist es, das Meer bis zum Grund auszuleeren, als einen wahren und aufrichtigen Freund zu finden.
(Philippinische Redensarten)

In vorherigen Kapiteln sind bereits Strategien und **Verhaltensregeln** angesprochen worden, die auf philippinische Art den zwischenmenschlichen Umgang erleichtern und dabei helfen können, in unangenehmen Situationen angemessen zu reagieren. Ob am Arbeitsplatz, wenn etwas nicht so läuft, wie es soll, in der Schule, wenn die Eltern eines auffälligen Jungen zum Lehrer zitiert werden, sei es, dass ein Busfahrer ein Gepäckstück vergessen hat oder das Wasser für den Kaffee lauwarm serviert wird. Die Suche nach einer für alle Beteiligten befriedigenden Lösung steht im Vordergrund. Selbstverständlich sind Missgunst, Eifersucht, Überheblichkeit und die Lust am Intrigieren Charakterzüge, die den fremden Reisenden ohne engeren Kontakt mit Filipinos weniger tangieren, dennoch sind sie wie in jeder Gesellschaft und in allen Schichten weitverbreitet. Jemand, der **länger im Land lebt, arbeitet und familiäre Beziehungen unterhält,** kommt naturgemäß um angespannte, kontroverse Auseinandersetzungen nicht herum. Und gerade wenn das Gefühl aufkommt, dass man ungerecht behandelt, vielleicht ausgenutzt, gar betrogen oder bestohlen wurde, dann ist es nicht mehr weit, bis die eigene Streitkultur sich meldet und man geneigt ist, das Problem auf die gewohnt direkte Art anzugehen: Jemanden zur Rede stellen, auf den Tisch hauen ... Was sogar manchmal verständlich und angebracht zu sein scheint, bringt den „Schuldigen" jedoch in eine unerträgliche, bloßstellende Position. Und die derart unverblümte Aufklärungsmethode kann für das eigene Ansehen nachteilig sein, denn der offensichtliche **Gesichtsverlust** wird für beide Beteiligten rufschädigend sein. Schlichtend bringt sich in derlei Streitfällen ein Vermittler ein, auf jeden Fall eine dritte Person, die möglichst mit beiden Seiten bekannt ist. Am konkreten Beispiel verdeutlicht: Der Vermittler wird der Angestellten im Strandresort in Absprache mit dem deutschen Manager vom Verdacht des Getränkediebstahls Mitteilung machen, ihre Stellungnahme anhören und diese ans Management weiterleiten. So ist, unabhängig davon, welche Konsequenzen die Beschuldigung nach sich ziehen kann, erst einmal die „heiße Luft" raus. Je nach Verhältnis zwischen den beiden Parteien wird die vermittelnde Person dann die Kontrahenten zu einem klärenden Gespräch zusammenführen oder der Beschuldigten eine Warnung, Abmahnung oder direkt die Kündigung überbringen.

Mit **Humor** sind Filipinos reichlich gesegnet. Sie haben allerdings auch ein feines Gefühl dafür, wenn Witze auf ihre Kosten ausfallen, also bissig, sarkastisch oder beleidigend sind. Das quittieren sie wohl zunächst mit einem Lachen, innerlich ziehen jedoch Wut und Rachegedanken auf. Vorsicht ist geboten, wenn Themen zu Politik, zu kulturellen und entwicklungsrelevanten Unterschieden zur Sprache kommen. Da sollten ausländische Reisende es vermeiden, die vermeintlichen Nachteile in den Philippinen anzuprangern. Gerade während feucht-fröhlichen Beisammenseins ist die Zunge oft schneller als der Verstand und wenn sich dann jemand in der Runde provoziert fühlt, kann die sonst so kontrollierte Höflichkeit dem Fremden gegenüber in Ablehnung und sogar in körperliche Aggressivität umschlagen.

Umgang mit Behörden und Polizei

Ausländer, die sich länger im Land aufhalten, dort leben und arbeiten, kommen um den einen oder anderen gelegentlichen Behördengang nicht herum. Da muss das Auto an- oder umgemeldet werden, für ein Gesundheitszeugnis sind fünf Unterschriften verschiedener Ämter notwendig, die Verlängerung der Aufenthaltsgenehmigung ist fällig, eine Internetverkabelung muss bei drei verschiedenen Stellen beantragt werden oder die Hilfslieferung für ein soziales Projekt hängt beim Zoll fest. Ist Land- oder Hausbesitz betroffen (als dessen mehrheitlicher Eigentümer offiziell nur ein Filipino registriert sein kann), fallen wesentlich mehr **bürokratische**

Formalitäten und Missionen an (siehe auch das Kapitel „'Come back tomorrow' – die Tücken der Bürokratie" ab Seite 135). Wie und warum auch immer, die Auseinandersetzung mit dem Behördenapparat ist lästig, zeitraubend und kann **nur mit Geduld** zum Erfolg führen. Außer geduldig zu bleiben, eine für Filipinos ganz wichtige Eigenschaft, sollte sich der Ausländer, der selbst keine kostbare Zeit mit Klinkenputzen und Schlangestehen verbringen will, mit einer weiteren, sehr lokaltypischen Umgangsweise anfreunden: Jemanden zu kennen, der den passenden Draht zu den Leuten an den Schaltstellen hat – oder zumindest jemanden, der jemanden kennt ... Das kann ein Angestellter im Büro sein oder der Mitarbeiter auf dem Golfplatz, der weiß, wer in welcher Amtsstube welche Funktion innehat. Der **Helfer** kann ein Verwandter eines Freundes sein, der allein durch häufige Behördenbesuche darüber Bescheid weiß, welche Wege das benötigte Formular nimmt und wo eventuell eine Station übersprungen werden kann, weil dort jemand die Unterschrift auch ohne genaue Prüfung aufs Papier setzen wird. Nicht aus reiner Nächstenliebe, versteht sich ... eine wechselseitige Gefälligkeit, ein Geschenk ist willkommen. Ebenso wenig bemüht sich der erste Kontakt, der sozusagen als Abgesandter fungiert, ohne eine Zusicherung der „Unkostenerstattung". **Lagay** oder „überzeugende Kommunikation" heißt in wohlwollender Umschreibung, was Kritiker als ungesetzliche, unmoralische **Bestechung** oder schlicht **Korruption** bezeichnen.

Selbstredend verurteilen unsere in den Philippinen lebenden Landsleute, Firmenvertreter wie Privatleute, die Praxis des *lagay* und lehnen sie in öffentlichen Erklärungen strikt ab, besonders in Zeiten, da *Duterte* auf die Kriegserklärung gegen das Drogenmilieu folgend schon den nächsten Feldzug gegen die Korruption angekündigt hat. Da bleiben die zahlreichen Vermittler gerne unerwähnt, die jede ausländische Firma auf der inoffiziellen Gehaltsliste führt.

Auf den normalen Reisenden, der sich zur Einwanderungsbehörde zwecks Visumverlängerung begeben, am Flughafen ein verspätetes Gepäckstück suchen lassen muss oder mit den Zollbeamten ein Problem zu lösen hat, sind solche Winkelzüge kaum übertragbar. In solchen Situationen sollte man sich auch keine Gedanken über das Für und Wider der Korruption machen, eher selten werden Touristen entsprechende Avancen gemacht (siehe auch die Verhaltenstipps „Bestechung/Schmiergeld", Seite 22, und „Bürokratie", Seite 23).

Angesichts der hohen **Korruptionsanfälligkeit unter Polizisten** und mitunter auch deren Beteiligung an Verbrechen, ist die unter Filipinos generell **misstrauische Haltung gegenüber den Ordnungshütern** durchaus angebracht. Kommt es nun dazu, dass man sich mit Polizisten auseinandersetzen muss, weil man bestohlen wurde oder wegen einer Schlägerei als Beteiligter oder Zeuge vernommen wird, dann gilt ebenso: Höflich, geduldig, sachlich und besonnen bleiben, auf gar keinen Fall provozieren, auch nicht mit schrägen Witzen, denn dann stellen die im Allgemeinen zu Ausländern freundlichen Beamten auf stur und unnahbar. Die Telefonnummer der Botschaft parat zu haben, ist nützlich, die Polizei ist generell verpflichtet, Ausländern eine **Kontaktaufnahme mit der diplomatischen Vertretung** zu gestatten.

Schlagzeilen aus dem „wilden Osten" – die Sicherheitslage

Seit Beginn der Duterte-Regierung im Juni 2016 sind die Philippinen fast täglich in den internationalen Schlagzeilen – und die haben hauptsächlich Gewalt, landesweit operierende Killertrupps, den „Krieg" gegen die Drogenkriminalität, Entführungen und kriegerische Zusammenstöße zwischen Militär und Terroristen bzw. Rebellen zum Inhalt. Kann man sich in dem Land, das zudem ein hohes Risiko in Sachen Naturkatastrophen aufweist und seit Sommer 2016 regional (wie in der Provinz Iloilo) auch mit dem Zika-Virus konfrontiert ist überhaupt noch sicher fühlen?

Statistiken, so unvollkommen sie auch die Realität widerspiegeln, können die bedrohlich klingenden Gegebenheiten teilweise relativieren:

Der Vergleich zwischen Zahlen der Philippine Statistics Authority und der von den Vereinte Nationen (UNODC) publizierten globalen Verteilung von Drogenkriminalität und anderen Verbrechen überrascht: Demnach wurden 2014 in den Philippinen 232.685 Gewaltverbrechen unter den knapp 100 Millionen Einwohnern registriert. Im selben Jahr sind unter den ca. 64 Millionen Einwohnern Großbritanniens rund 375.000 Verbrechen dieser Kategorie begangen worden. Vergewaltigungen sind 2014 in den Philippinen rund 10.300 mal angezeigt worden, in Großbritannien waren es mehr als 30.000, in Schweden mit (nur) 9,5 Millionen Einwohnern kamen 6300 Vergewaltigungen zur Anzeige. Bei Raubdelikten scheinen die Philippinen ebenfalls nicht „so schlecht" abzuschneiden: Davon gab es 52.126, während in Costa Rica mit 4.8 Millionen Einwohnern 52.800 und in Belgien (11,2 Millionen Einwohner) über 171.000

[›] Wie für unruhige Vulkane ist auch das Tsunami-Frühwarn- und Sicherheitssystem der nationalen Seismologen verbessert worden

Raubüberfälle gemeldet wurden. Beim Vergleich von Handfeuerwaffen in Privatbesitz stellt eine Studie der University of Sydney's School of Public Health fest, dass auf 100.000 Filipinos 4,7 angemeldete Revolver und Pistolen kommen, während unter ebenso vielen Australiern und Finnen 30 bzw. 45,3 Knarren einsatzbereit sein sollen. Dieser Vergleich mag jedoch kaum beruhigen, da in den Philippinen von einer weitaus höheren Dunkelziffer an Waffenbesitzern als in den anderen erwähnten Ländern ausgegangen werden muss.

Mit Beginn des von Präsident *Duterte* legitimierten **„Krieges gegen die Drogenkriminalität"** ist die **Tötungsrate** allerdings rasant angestiegen: Von Juni 2016 bis Frühjahr 2017 sind in dem Zusammenhang schon mehr als 7000 Menschen, davon ein Drittel bei gezielten Polizeiaktionen, zwei Drittel (ca. 4300) durch „illegale" Kommandos, auch *Vigilantes* (die philippinische Variante von „Todesschwadronen") landesweit umgebracht worden – darunter Verdächtige, aber auch unschuldige Opfer einschließlich Babys, Kinder, Großeltern, die von Querschlägern getroffen wurden. Weil *„Du30"* sein Wahlkampfversprechen, den Drogensumpf innerhalb von sechs Monaten auszutrocknen und die Kriminalität drastisch zu reduzieren, nicht erfüllen konnte, hat er die Verlängerung für die „Lizenz zum Töten", notfalls bis zum Ende seiner Amtszeit angekündigt. Die Polizeibehörden betonen immer wieder, dass den Verdächtigen, die sich stellen, kein Haar gekrümmt würde. Sie verweisen auf die über 700.000 Drogenhändler und -konsumenten, die sich landesweit zwischen Juli und September 2016 bereits „ergeben" hätten. Doch Augenzeugen berichten von Einzelfällen, in denen selbst unbewaffnete und unbeteiligte Menschen erschossen worden seien. Das wirft zweifellos ein unheimliches Licht auf die Sicherheitslage in den Philippinen.

056kp-ags

In manchen Regionen wurde ein **nächtliches Ausgehverbot** verhängt, über das sich ausländische Besucher dringend informieren müssen. Ebenso eindringlich warnen Auslandsvertretungen vor **Reisen in die notorisch unruhigen Krisen- und Entführungsgebiete** der Insel Mindanao und im Sulu-Archipel.

So real solche Gefahren auch sind und so tragisch es ist, dass auch zahlreiche Ausländer durch Raubmörder, Terroristen und gemeine

Kriminelle zu Tode gekommen sind, **die Philippinen sind nicht das in Gewalt und Panik versinkende Land,** als das die derzeitige politische Führung und die Medien es darstellen. Im nahen und fernen Ausland, von wo schließlich viel Investorenkapital kommt, soll der Eindruck gefestigt werden, dass man das Problem mit starker Hand bearbeite und bald unter Kontrolle habe.

Tricks und Ideen zur **illegalen Bereicherung** scheinen den Ganoven, einschließlich derer in Uniform, nicht auszugehen. Im Jahr 2015 machten Berichte über den *„Bullet scam"* in philippinischen Medien die Runde. So hatten Angehörige des Zolls und Sicherheitsdienstes am Flughafen in Manila abfliegenden Passagieren Patronen und andere Munition ins Gepäck geschmuggelt. Bei der anschließenden Kontrolle konnten die verdutzten Reisenden die „Gesetzeswidrigkeit", die im günstigsten Fall eine beachtliche Verspätung oder den Verlust ihres Fluges, schlimmstenfalls bis zu 12 Jahre Gefängnis zur Folge haben kann, nur durch sofortige Barzahlung regeln.

Das Risiko bei nächtlichen Streifzügen in eine **Schießerei** zu geraten, hat zugenommen, insbesondere wenn Polizei oder Bürgerwehren Jagd auf vermeintliche Drogenkriminelle machen.

Wer mit dicken Geldbündeln in der Hand oder mit dem sichtbar gefüllten Portemonnaie in der Hose herumläuft, wird bei flinken **Taschendieben** leicht Aufmerksamkeit erregen.

Der Weg ist das Ziel – Verkehr und Transportmittel

Lachende Menschen in und auf dem Jeepney, der eine Bergpiste erklimmt, Schulkinder, die eng gedrängt aus einem Tricycle heraus den aufgerichteten Daumen in die Kamera halten, ein bunt bemaltes Auslegerboot, das mit erwartungsvollen Touristen durch türkisfarbene, leicht bewegte See von einem Palmenstrand zum nächsten schippert. Es sind reale, täglich zu beobachtende Szenen. Doch sie sind nur die eine, die fröhliche Seite des philippinischen Verkehrswesens.

Auf den Straßen

In der **Megastadt Manila** stecken täglich Hunderttausende Pendler in Staus fest und die wenigsten von ihnen benutzen eigene Fahrzeuge. Lange Schlangen an den Haltestellen, auch an denen der überfüllten Hoch-

005kp-ags

bahnen, die die Stadtteile verbinden. Jede Regierung verspricht regelmäßig Abhilfe. In den vergangenen Jahrzehnten hat die Hauptstadt sich immer mehr in einen von Diesel- und Benzinabgasen verdunkelten **Moloch** verwandelt, obwohl Hochtrassen, Vorstadteisenbahnlinien, Umgehungsstraßen für den Schwerverkehr und ein nach Kennzeichennummern geregeltes Fahrverbot für die Innenstadt für Entspannung sorgen sollen.

Auch die Großstadt **Cebu**, die „Queen City of the South", strapaziert die Geduld und Orientierungsfähigkeit von Fahrern, Passagieren der öffentlichen Verkehrsmittel sowie Fußgängern gleichermaßen. Der von einem US-Navigationsgerätehersteller jährlich veröffentlichte „Driver Satisfaction Index", der 2016 186 Städte rund um den Erdball untersuchte, hat Cebu City auf dem letzten Platz bewertet, Angeles City in Pampanga landete auf Rang 147 und Manila auf Rang 170.

Mehrere Faktoren bedingen die **Dauerverstopfung der urbanen Zentren** und ihrer Einzugsgebiete: Die Bevölkerung wächst, die Migration vom

Verkehrsstau und Luftverschmutzung in Manila, eine enorme Belastung für Millionen Bewohner

Land in die Städte hält an bzw. die Verstädterung breitet sich weiter aus, mehr Menschen werden zu Pendlern, weil ihre Wohnorte weit entfernt von den Arbeitsplätzen liegen, mit Zunahme des mittelständischen Wohlstands kommen jährlich mehr Privatfahrzeuge auf die Straße.

Für **Reisen auf und zwischen den Inseln** stehen den Filipinos mehrere, in starker Konkurrenz zueinander operierende Verkehrsmittel zur Verfügung. Über Land, auf „Expressways" (Autobahnen mit Mautzahlstellen), Highways (mit unseren Bundesstraßen vergleichbar) und Landstraßen sind Tag und Nacht **Busse aller Größen und Standards** im Einsatz. Große, teilweise doppelstöckige, klimatisierte Luxusgefährte, die Toilette, mediale Unterhaltung, WLAN und auf sehr langen Distanzen – wenn die Gesellschaft mehr Wert auf Sicherheit legt – einen zweiten Fahrer an Bord haben. Die **Busgesellschaften** haben das Straßennetz schon seit Jahrzehnten untereinander aufgeteilt. Die meisten operieren innerhalb einer Provinz oder Region, andere verkehren überregional, setzen mittels Fährschiffen sogar auf andere Inseln über. Sie sind größtenteils ganz modern mit Internet- und medialer Präsenz ausgestattet. Einfach ausgestattete Busse bringen die Passagiere für einen geringeren Fahrpreis ans Ziel, da weht anstelle der meist recht kalt eingestellten Air Condition die pure Landluft durch die Fenster und es werden mehr Haltestellen auf der Route angelaufen. Das hat, zumindest tagsüber, für ausländische Reisende den Vorteil, dass sie Land und Leute intensiver erleben können. Vor allem zur **Regenzeit** und in Bergregionen sind überschwemmte, ausgewaschene und teilweise von Erdrutschen blockierte Straßen an der Tagesordnung. Und wenn Reparaturen und Ausbauarbeiten anstehen, verhindern Korruption und Verwaltungsklüngel häufig den Fortschritt. Folglich ist der **Straßenzustand** regelmäßig ein Wahlkampfthema auf Gemeinde- und Provinzebene. In oder etwas außerhalb von allen größeren Orten sind sogenannte **„Busterminals"** Start-, Zwischenhalte- und Zielpunkte, die über Toiletten, Restaurants, Schalter der verschiedenen Transportgesellschaften, viele ambulante Händler, uniformierte Sicherheitsleute (vor denen sich die unvermeidlichen Taschendiebe in Acht nehmen) verfügen. Wer am Terminal seine Busreise beendet hat, findet i. d. R. dort oder in der Nähe Jeepneys, Tricycles (Motorräder mit angebauter Fahrgastkabine) und Pedicaps (Fahrradrikschas) für den lokalen Weitertransport.

☐ Nach uraltem Vorbild verkehren die Inselbewohner in Auslegerbooten

In der Luft, zu Wasser und auf Schienen

Den **Luftraum** über den mehr als 7000 Inseln teilt sich **Philippine Airlines,** Südostasiens älteste Fluggesellschaft mittlerweile mit gut einem Dutzend anderer inländischer Kontrahenten, die täglich oder mehrmals wöchentlich rund 250 Flughäfen verbinden. Das Flugzeug, ob Jet oder Propellermaschine, ist für die Bevölkerung die schnellste und teuerste Art, im Land zu reisen. Hin und wieder, anlässlich von Ferien und Feiertagen bieten die Airlines *Promo-Fares* (Werbetarife) an, die auch bei den mehrheitlich wohlhabenden Kunden guten Anklang finden.

Zur See sind Filipinos besonders in Bewegung. Dutzende von Fährschiffen verkehren täglich zwischen den Inseln. Darunter inzwischen auch Roll on – Roll off- (RoRo-) Fähren, die auch Autos, Busse und LKWs transportieren. „SuperFerry" und „Super Cat Fast Ferry" heißen modern ausgestattete Passagierschiffe, die die wichtigsten Hafenstädte im Archipel anlaufen und auch für Touristen, die mehr Zeit mitbringen, attraktiv geworden sind. Unterschiedlicher Komfort, von einfacher Deckspritsche bis Zweierkabinenklasse repräsentiert auf dem Schiff die philippinische Gesellschaft. Doch der Seetransport in den Philippinen wurde in den vergangenen Jahren immer wieder von zum Teil verheerenden Unglücken erschüttert. Unvergessen ist neben anderen Unglücken das **Passagierschiff Doña Paz,** das 1987 nach einem Zusammenstoß mit einem Öltanker versunken ist; nur 24 Menschen von insgesamt mehr als 4360 Passagieren und Crewmitgliedern sind damals gerettet worden. Diese Katastrophe der

057kp-ags

„Titanic von Asien" gilt als das größte Seedesaster im 20. Jahrhundert zu Friedenszeiten. In diesem und anderen Fällen spielte die verantwortungslose Überbelegung aus Profitgier eine besonders erschreckende Rolle. Inzwischen sind die Kontrollen hinsichtlich der zulässigen Passagierzahlen und Sicherheitsausrüstung auf Schiffen verschärft worden, was das Vertrauen in die Unternehmen bedingt verbessert hat.

Doch **Seefahrt** tut Not, die Transporte von Waren und Menschen zwischen den Inseln, an den Küsten entlang bewerkstelligen vor allem Fahrzeuge, die, wenn auch heute mit kräftigen Motoren ausgestattet, ihre Ursprünge in ganz alter Bootsbautechnik haben: **die Auslegerboote.** Sie sind als kleine, zwei bis drei Meter messende *banka,* per Paddel oder Wasserpumpenmotor angetrieben (weswegen sie dann *pump boat* heißen), im Einsatz, als über 20 Meter lange Fracht- und Fischereiboote *(balanghai)* mit mehrere Meter weit seitwärts abstehenden Auslegern und von einem starken Lkw-Dieselmotor angetrieben oder als schnittige *paraw,* die Segelboote der Visayas-Inseln. Sie alle sind Nachfahren der vorgeschichtlichen Ausleger- und Doppelrumpf-Fahrzeuge, mit denen die frühen Austronesier die südostasiatischen Inseln besiedelten und sogar bis weit nach Westen, nach Madagaskar und Ostafrika, gelangen konnten.

Ein Massenverkehrsmittel, das in Europa und in anderen durch weite Entfernungen geprägten Kontinenten nicht wegzudenken ist, war auch im Süden von Luzon und auf der Insel Panay noch bis in die 1980er-Jahre häufig frequentiert: **die Eisenbahn,** die staatliche PNR oder **Philippine National Railway.** Von Manila bis zum Ort Ligao (30 km nördlich von Legazpi) können Reisende auch heute noch den sogenannten Bikol Express nehmen. Sie sind allerdings länger unterwegs als auf der Straße und zahlen für die Touristen und De-Luxe-Klasse mindestens genauso viel wie die Buspassagiere. Auf Panay reisten die Leute früher von Iloilo City im Süden bis Roxas City im Norden durch hügeliges Terrain mit Zuckerrohrfeldern und zwischen Reisfeldern auf dem Schienenstrang – doch die Lobby der Busunternehmen machte schließlich das Rennen. Auf der Nachbarinsel Negros waren Dampflokomotiven (richtige Oldtimer) jahrzehntelang ein vertrauter Anblick. Auf den riesigen Zuckerplantagen transportieren heute kleine Dieselloks die Güterwagen mit den geschnittenen Stangen in die nächste *Central,* die Zuckerfabrik, auf dem Schienenweg, der immer wieder neu verlegt wurde. Derzeit werden Überlegungen zwischen den Philippinen und Spanien, das sich entwicklungspolitisch verstärkt in der ehe-

▷ Luftig, knatternd und ziemlich robust sind die Tricycle im Einsatz

maligen Kolonie engagieren will, diskutiert, in Ballungszentren wie Manila, Davao und Cebu City die städtischen Schnellbahnen auszubauen bzw. neu einzurichten. Sogar ein wegen der Erdbebenhäufigkeit immer wieder verworfener Plan, eine U-Bahn im Großraum Manila zu bauen, könnte dabei aus der Schublade hervorgeholt werden, heißt es.

Bunter, lärmender Nahverkehr

Wie die **Auslegerboote** ein Wahrzeichen philippinischer Gewässer sind, repräsentieren **Jeepney und Tricycle** den regionalen Landverkehr mit Lokalkolorit. Den bunten, adaptierten Nachkommen des amerikanischen Militärfahrzeugs porträtiert der Exkurs „Kollektive Lebensfreude auf Rädern – der Jeepney" ab Seite 126. Sein kleiner Verwandter, das Motorrad mit angebautem Fahrgastabteil, wegen der insgesamt drei Räder „Tricycle" genannt, ist nicht minder beliebt, bei Besitzern, Chauffeuren wie Passagieren. Bei ersteren, weil sie ihrem Gefährt, auf dem regionalen Design aufbauend, einen persönlichen Touch verpassen, es dekorieren, tunen und gewinnbringend an einen oder abwechselnd an mehrere Fahrer verpachten können. Diese wiederum haben in Anbetracht des großen Bedarfs an robusten, tragfähigen Beförderungsmitteln ein bescheidenes, aber relativ sicheres Einkommen. Die Kundschaft, die im Allgemeinen selbst geringe Distanzen nicht gern zu Fuß zurücklegt, hat fast immer ein zuverlässiges Transportmittel parat, um die Entfernungen für Einkäufe, Besuche, Schul- und Arbeitswege überwinden zu können. Wenn das Tricycle dann mal so richtig voll besetzt ist, weil der Fahrer entweder wiederholt Kunden entlang der Strecke einsteigen lässt oder sich gleich bei Abfahrt mehrere Personen auf einmal ins Gefährt zwängen, dann nimmt man das gerne in Kauf. Es geht ja vorwärts und bringt Laune, wenn Schlaglöcher und Bodenwellen lautes Gelächter produzieren. So eine **Sammelfahrt** fällt außerdem für den Einzelnen günstiger aus, weil sich die Passagiere den zuvor verhandelten Fahrpreis teilen. Knattern und Hupen der Tricycle-Geschwader, das ist der Sound, der den Alltag in den Provinzorten begleitet.

058kp-ags

SALVADOR, JA
RJC

Anhang

< Wachposten in historischer Uniform am Tor zum Fort Santiago, Intramuros (108kp Foto: ags)

Literaturtipps

- Agoncillo, Teodoro A.: **A Short History of the Philippines,** New York, 1969. Von der ersten menschlichen Besiedlung bis in die Marcos-Ära beleuchtet der Autor die Geschichte seiner Heimat und stützt sich dabei auf eine Vielzahl von Quellen.
- Andres, Tomas D.: **Dictionary of Filipino Culture and Values.** Giraffe Books, Quezon City, 1994. Eine umfangreiche, stellenweise sehr amüsante und lesenswerte Sammlung philippinischer Ausdrücke, Redensarten und Abkürzungen, die Einblick gibt in das vielschichtige Wertesystem der Filipinos.
- Constantino, Renato, Constantino, Letizia R.: **The Philippines: THE CONTINUING PAST,** Manila 1978. Kritische Auseinandersetzung mit dem andauernden Einfluss der Kolonialgeschichte auf die philippinische Gesellschaft.
- Jagor, Andreas Fedor: **Reisen in den Philippinen,** Jens Peters Publikationen, Berlin, 1982. Die gekürzte Wiedergabe der Originalausgabe („Reisen in den Philippinen", Weidmann, Berlin 1873). Außer einer wertvollen Sammlung von Zeitzeugnissen ist das Buch auch als Inspiration für diejenigen geeignet, die den Archipel auf historischen Spuren bereisen wollen.
- Pigafetta, Antonio: **Die erste Reise um die Erde, ein Augenzeugenbericht von der Weltumsegelung Magellans 1519-1522,** Horst Erdmann Verlag, Tübingen, Basel, 1969. Spannende Erzählung, die, basierend auf den Tagebuchaufzeichnungen von *Magellans* Chronisten, den Höhepunkt im Leben des portugiesischen Seefahrers wiedergibt.
- Genzor, Jozef und Bombová, Viera: **Philippinische Märchen,** Verlag W. Dausien, 1978. Anmutige, heitere und traurige Märchen aus dem Inselreich und verschiedenen Kulturepochen lassen das Alltagsleben, Sehnsüchte und gesellschaftliche Zwänge, aber auch den traditionell tief verankerten Respekt vor der Natur und den Ahnen lebendig werden.
- Hanewald, Roland, Hanewald-Guerrero, Flor: **Tagalog/Filipino – Wort für Wort,** REISE KNOW-HOW Verlag, Bielefeld, 2016. Der praktische und hilfreiche Begleiter für Reisende, die sich nicht nur auf Englisch verlassen wollen, sondern durch eigene Sprachentdeckungen den Menschen näherkommen wollen. In der bewährten Reihe des Verlags „Kauderwelsch für Globetrotter" ist auch der Band **„Cebuano"** von Volker Heinrich erschienen für die Visayas, Palawan und Mindanao.
- José, Francisco Sionil: **„Szenen aus Manila",** Horlemann Verlag, Bad Honnef, 1990. Das Buch ist der einzige ins Deutsche übersetzte (Origi-

naltitel „Mass") der fünf Romane, in denen der international berühmte Schriftsteller in der „Rosales-Saga" („Po-on", „Tree", „My Brother, my Executioner", The Pretenders", „Mass") in einer Art Familienchronik mit autobiografischen Elementen ein ganzes Jahrhundert (1872–1972) philippinischer Geschichte, geprägt von Liebe, Leidenschaft, Gewalt, Politik, Korruption und Intrigen, Revue passieren lässt.

- José, Francisco Sionil: **Viajero – A Filipino Novel,** Solidaridad Publishing House, Manila 1993. *José* gelingt es auf fesselnde Weise, den großen Bogen zu spannen von der vorkolonialen Zeit über das Eindringen fremder Einflüsse und Mächte bis zur modernen Bewegung der philippinischen Arbeitsmigranten.
- José, Francisco Sionil: **Gagamba – der Spinnenmann,** Horlemann Verlag, Angermünde 2014. In einem seiner jüngeren Romanwerke („Gagamba The Spider Man"), das in der deutschen Übersetzung auch als E-Book (Unionsverlag, Zürich, 2015) verfügbar ist, nimmt *José* das schwere Erdbeben von 1990 in Manila als tragischen Anlass, um die Geschichten der Geretteten und tödlich Verunglückten zu porträtieren. Mit schonungsloser Sozialkritik skizziert der Autor das korrupte Gesellschaftswesen.
- Kotte, Heinz: **Das Parlament der Straße. Berichte von den Philippinen 1983–1987,** Fischer Taschenbuch Verlag, Frankfurt/Main 1987. Unter Einbeziehung persönlicher Erfahrungen zeichnet *Kotte,* Ex-Priester und Krankenpfleger in Vietnam (gest. 2003), den Höhepunkt der Marcos-Diktatur, das Ringen um Demokratie und den schwierigen Beginn von *Corazon Aquinos* Präsidentschaft nach.
- Nimmo, H. Arlo: **The Songs of Salanda and Other Stories of Sulu,** University of Washington Press, Seattle & London, 1994. Englischsprachige Erzählung des Ethnologen *Nimmo* über seine Erfahrungen bei den Badjao zwischen und auf den Inseln im Sulu-Archipel. Die Schilderungen einer so ganz anderen, weltvergessenen Lebensweise und Kultur haben an Faszination bis heute nichts eingebüßt.
- Postma, SVD, Antoon: **Treasure of a Minority. The Ambahan: A Poetic expression of the Mangyans of Southern Mindoro,** Manila, 1981. Ein Büchlein für linguistisch Interessierte, die sich mit der eigenständigen, sehr alten Sprache und Schrift dieser indigenen Gruppe näher beschäftigen wollen.
- Reese, N., Werning: **Handbuch Philippinen,** Horlemann Verlag, Berlin, 2012. Wer sich eingehend mit Land, Zivilgesellschaft, Geschichte und Kultur befassen will, kommt an diesem Buch eigentlich nicht vorbei. Zahlreiche PhilippinenkennerInnen geben Einblicke in das Alltagsleben mit seinen vielen sozialpolitischen Konflikten.

- Regenhardt, Katharina (Hg.): **Frauen auf den Philippinen, Erzählungen, Gedichte und Berichte,** dtv, München, 1987. Die kurz nach der auch von Frauen mitgetragenen „People-Power Revolution" erschienene Anthologie, die bedeutende Lyrikerinnen und Erzählerinnen der Philippinen vorstellt, will auf die Frauenliteraratur des Landes aufmerksam machen. Gleichzeitig bringt das Buch die Lebensumstände der Filipinas näher.
- Rizal, José: **Noli me tangere,** Transwing-Verlag, Darmstadt, 2000 (ins Deutsche übersetzt). Der Roman, den *Rizal* in spanischer Sprache geschrieben hat und 1887 in Berlin drucken ließ, sorgte in seiner Heimat für hohe politische Spannung. Prangert er doch vehement die Macht von Klerus und kolonialer Obrigkeit an. Im selben Verlag ist 2016 *Rizals* anderes berühmtes und gleichermaßen brisantes Werk **„El Filibusterismo"** unter dem deutschen Titel **„Terror in Zeiten des Kolonialismus"** erschienen. Hier geht es um philippinische Studenten, die versuchen, mit friedlichen Mitteln gegen die koloniale Unterdrückung zu kämpfen und die Verflechtung von Kirche, Staat und Geld aufzuzeigen. In gekürzter Form und moderner Übersetzersprache ist der Roman parallel auch als „Die Rebellion" im Morio-Verlag erschienen.
- Rohde-Enslin, Stefan: **Östlich des Horizonts – deutsche Philippinenforschung im 19. Jahrhundert,** WURF-Verlag, Osnabrück, 1992. Viele Sichtweisen, mit denen heutige Reisende auf den Inseln unterwegs sind, haben ihre Wurzeln in den Reiseberichten aus früheren Epochen. Dass diese stets vom kulturellen, politischen Zeitgeist beeinflusst waren und sind, versucht der Autor am Beispiel deutschsprachiger Forschungsreisender zu belegen. Ein lesenswertes Buch, dass zum Nachdenken über aktuelle Auslandsberichterstattung anregt.
- Rosca, Ninotchka: **Tanz der Masken,** Hoffmann & Campe Verlag, Hamburg, 1990. „State of war" heißt der Roman der philippinischen Autorin im Englischen und reflekiert viel direkter den Inhalt, als es tanzende Masken „vorgaukeln". Im Land, das so viele kriegerische Auseinandersetzungen erlebt (hat), repräsentieren die Protagonisten aus einer Familie die verschiedenen Epochen sowie deren Gewalt- und Beziehungsgeflechte vom 19. Jahrhundert bis in die Ära von *Marcos.* Die Autorin war selbst politische Gefangene während der Marcos-Diktatur und musste anschließend im Exil in den USA leben.
- Scott, William Henry: **Cracks in the Parchment Curtian and other Essays in Philippine History,** New Day Publihers, Quezon City, 1985. Exzellent recherchierte und beschriebene Facetten aus historischen, religiösen, kulturellen und soziopolitischen Bereichen der Philippinen während der langen Fremdherrschaft.

- Siebert, Rüdiger: **3-mal PHILIPPINEN. Das andere Asien.** Piper-Verlag, München, Zürich, 1989. Der Autor, langjäriger Asien-Redakteur bei der Deutschen Welle, beschäftigt sich einfühlsam mit den sozialpolitischen Konflikten und versucht, die historischen Hintergründe des Kampfes um Macht und Identität in dem kontrastreichen Land aufzudecken.
- Stiftung für Kinder (Hg.): **Lesezeichen Philippinen, Insulare Streifzüge durch Geschichte, Politik, Gesellschaft, Wirtschaft, Kultur,** WURF-Verlag, Altenberge 1993. Philippinische und internationale Autoren tragen in 60 Aufsätzen dazu bei, das Phänomen Philippinen aus unterschiedlichen Gesichtspunkten zu betrachten und annähernd zu verstehen.
- Thielke, Thilo: **Philippinen – unterwegs im Land der 7000 Inseln,** Brandes & Apsel Verlag GmbH, Frankfurt/Main, 2011. Der Buchautor und Korrespondent des „Spiegel" stellt hier die Philippinen vor, indem er Menschen ganz unterschiedlicher sozialer Herkunft besucht und begleitet. Müllmenschen sind ebenso darunter wie *Imelda Marcos,* Umweltschützer, Boxweltmeister *Pacquiao* und Waffenschmiede.
- Werning, Rainer: **Krone, Kreuz und Krieger: Europäische Vermächtnisse in den Philippinen; Crown, Cross and Crusaders, European Legacies in the Philippines,** Verlag Neuer Weg, Essen 2011. In dem auf Deutsch und mit englischer Übersetzung gedruckten Büchlein beschäftigt sich der Philippinenexperte Werning mit den Anfängen, dem Wirken und der Allgegenwärtigkeit europäischer Kolonialstrukturen, die den Archipel prägen. Er lädt den Leser unter Nutzung vieler historischer Quellen zu einer Zeitreise ein, die von der Suche nach Gewürzen über die Macht der katholischen Kirche, die Arroganz der US-Verwaltung bis in heutige, aus der Kolonialzeit stammende Wirtschaftsbedingungen führt.
- Zweig, Stefan: **Magellan – Der Mann und seine Tat,** Suhrkamp/insel taschenbuch, 2013. *Stefan Zweig* lässt die Leser teilhaben an den Eindrücken, Hoffnungen, Ängsten und Leiden der Seeleute, die endlich die ersehnten Gewürzinseln erreichen. Vor allem ist das Buch als Biografie von *Ferdinand Magellan* sehr lesenswert.

Informatives aus dem Internet

- **https://www.auswaertiges-amt.de/DE/Aussenpolitik/Laender/Laenderinfos/01-Nodes_Uebersichtsseiten/Philippinen_node.html** – Neben einem länderkundlichen Überblick vermittelt die mindestens einmal jährlich aktualisierte Seite offizielle Auskünfte zu den politischen, wirtschaftlichen und kulturellen Beziehungen zwischen Deutschland und Philippinen.
- **https://iponnegros.wordpress.com/** – englischsprachige, engagierte Seite zu Menschenrechten auf der Insel Negros
- **http://www.philippinen-tipps.com** – aktuell gestaltete, informative Website in deutscher und englischer Sprache, die in ihrem Forum auch den Austausch von Fragen, Notizen, Eindrücken und Auskünften zwischen Betreiber, Urlaubern und in den Philippinen lebenden Landsleuten ermöglicht
- **http://www.philippinecountry.com/** – englischsprachige ansprechende Seite mit gut illustrierten (Fotos) Informationen zu aktuellen Nachrichten, Wetter, Festivals, Reisetipps,Telefonnummern u. v. m.
- **http://masipag.org/** – Bauern und Forscher arbeiten zusammen, um den Reisanbau zu verbessern, auch und gerade im Hinblick auf das Phänomen Klimawandel.
- **http://www.uni-hildesheim.de/~haensch/culturescan/6Link.pdf** – Die Studie von *Lisa Fink* (Universität Flensburg aus dem Jahr 2003 behandelt interkulturelle Kommunikation in der Entwicklungszusammenarbeit (EZ) in den Philippinen. Basierend auf Interviews mit philippinischen und deutschen EZ-Partnern befasst sich dieser Beitrag mit den interkulturellen Unterschieden und deren Wahrnehmung.
- **http://www.ibon.org/ibon_institution.php** – Die IBON Foundation mit Sitz in Quezon City ist eine unabhängige Non-Profit-Organisation, die 1976 gegründet wurde, um Entwicklung und Erziehung in ländlichen Bereichen und für unterprivilegierte Bevölkerungsgruppen zu fördern. Die englischsprachige Seite informiert über aktuelle Ereignisse, die Zusammenarbeit mit NGOs, gesellschaftlichen und privaten Gruppen und bietet Zugang zu themenbezogener Literatur.
- **http://www.unicef.org/philippines/ChildPovertyinthePhilippines_web.pdf** – in Zusammenarbeit mit dem nationalen philippinischen Statistikbüro gesammelte und kommentierte Daten zur Situation der Kinder im Land, mit Schwerpunkt auf Gesundheit, Erziehung, Armut und familiärem Umfeld in den Provinzen.
- **http://www.rappler.com** – vielseitige Informationen zum Zeitgeschehen, zu Historie, Kultur, Lifestyle und Kunst, ja sogar zu Sport in den

Philippinen. Zudem bietet das Portal ausgezeichneten Journalismus, kritische Kommentare, einfühlsame wie knallharte Reportagen und Blogs.

- **http://bethge.freepage.de/** – sehr umfangreiche Sammlung und Einblicke in den Erfahrungsschatz des Autors, jede Menge nützliche Hinweise zu Geschichte, Kultur, Politik, Natur, Alltag. Leser, die nach eher unbekannten und doch wertvollen Literturhinweisen suchen, werden hier fündig.
- **http://www.preda.org** – PREDA ist eine philippinische Organisation, die sich seit 40 Jahren für Menschenrechte und gerechte soziale Entwicklung einsetzt. Durch fairen Handel hilft sie den Ärmsten und Schwächsten der Gesellschaft, Ungerechtigkeit und Armut zu überwinden. Die Seite verlinkt mit anderen kirchlichen Hilfswerken, gibt aktuelle Nachrichten und informiert ausführlich zu den einzelnen Projekten.
- **https://www.liportal.de/philippinen/ueberblick/** – relativ aktuelle Informationen zu Politik, Wirtschaft und Gesellschaft, außerdem interessantes Angebot an historischen Videos
- **www.asienhaus.de** – die Informationszentrale für alle, die nicht nur über das integrierte Philippinenbüro e. V. an den Philippinen, sondern dem Großraum Südostasien/Fernost interessiert sind. Schwerpunkte sind Menschenrechtsbelange, Frauen-, Umweltschutzbewegungen, Landrechte und Unterdrückung der indigenen Kulturgruppen. Aktuelle Berichte zu Politik, Wirtschaft und Kultur können eingesehen und abonniert werden.

Register

C, D

E

F

G

H

M

N

O, P

Q, R

S

T

Philippinen

MINDORO
BURIAS
LEGAZPI CITY
SIBUYAN ISLANDS
BUSUANGA ISLANDS
SAN JOSE
MASBATE
SAMAR
CALBAYOG CITY
CULION ISLANDS
KALIBO
ROXAS CITY
PANAY
TACLOBAN CITY
ILOILO CITY
BACOLOD CITY
CEBU CITY
PUERTO PRINCESA CITY
KABANKALAN CITY
PULO NG BOHOL
CEBU
SURIGAO CITY
NEGROS
TAGBILARAN
PALAWAN
DUMAGUETE CITY
CAMIGUIN ISLANDS
SIQUIJOR ISLANDS
BUTUAN CITY
CAGYAN DE ORO CITY
SULU SEE
BISLIG
PAGADIAN CITY
MINDANAO
COTABATO CITY
DAVAO CITY
ZAMBOANGA CITY
UNGKAYA PUKAN
SULU
GENERAL SANTOS CITY
SANDAKAN
MALAYSIA

112kp-ags

Der Autor

Bereits vor seinem Universitätsabschluss in Ethnologie, Publizistik und Romanistik hatte *Albrecht G. Schaefer* einen Teil der außereuropäischen Welt bereist. Als er 1980 zum ersten Mal und mit einigen Klischees im Kopf philippinischen Boden betrat, wusste er nicht viel über das Land der mehr als 7000 Inseln. Zahlreiche berufliche Einsätze als Journalist, Fotograf und Reiseleiter, führten ihn in verschiedene zu anderen südostasiatischen und ozeanischen Staaten gehörende Regionen – im Zusammenhang mit der wissenschaftlichen, maritimen Expedition „Sarimanok" sogar bis nach Madagaskar. Fast zehn Jahre lang lebte er bei Iloilo City auf Panay, der Heimat seiner Frau, mit der er zwei Töchter hat. Obwohl er sich während der Wirren nach der „People's Revolution" entschloss, mit der jungen Familie zu seinem ersten Wohnsitz in Bingen am Rhein zurückzukehren, hält die enge Verbindung zu den Philippinen bis heute an. Neben zahlreichen Büchern zu den Philippinen verfasste er im Reise Know-How Verlag außerdem den Band „KulturSchock Madagaskar".

Dank

Marami salamat po! Vielen Dank sage ich allen, die mich auf unterschiedliche Weise bei den Recherchen, während meiner Aufenthalte in den Philippinen und beim Umgang mit dem nicht immer spürbaren Kulturschock unterstützt haben. Stellvertretend für alle hilfreichen Menschen nenne ich *Dr. Wolf Dietrich,* den kritischen Beobachter gemeinsamer Erfahrungen in den Philippinen, *Rosario Perlas* und *Gina Sevilla,* die stets mit Rat und Tat zur Stelle sind. Sehr dankbar bin ich *Sheryl Gadow,* deren schwierige Suche nach ihren kulturellen Koordinaten mich maßgeblich zu diesem Buch inspirierte.

Tief verbunden bin ich meiner Frau *Maria-Lourdes* und unseren Töchtern *Stephanie* und *Katharina,* denn sie haben mir durch das Erzählen von Familiengeschichten und mit neugierigen Fragen viele Denkanstöße gegeben.